ÉRASE UNA VEZ ATARI

COMO LOGRE HACER HISTORIA DESTRUYENDO UNA INDUSTRIA

HOWARD SCOTT WARSHAW

Derechos reservados 2020 Howard Scott Warshaw, MA, ME, LMFT: (California MFT #52529)

Los derechos de autor están reservados y por lo tanto ninguna parte esta publicación puede ser reproducida, almacenada o introducida en un sistema de reproducción, o transmitida, en cualquier forma o por cualquier medio (electrónico, mecánico, de fotocopia, de grabación o de otro tipo), sin el permiso de los propietarios, de los derechos de autor y del editor de este libro.

Publicado por: Scott West Productions

Traducción: Rosário Navarro Bermúdez

Diseño del libro por: Tommy Owen (TommyOwen.com)

Numero ISBN: 978-0-9862186-8-2

Versión: 1.0

Impreso en Los Estados Unidos de América, todos los derechos reservados.

Todas las imágenes e ilustraciones fueron aprobadas, creadas, o se ha concedido permiso para utilizarlas.

Índice

INTRODUCCIÓN

Dedicatoria	-5
Prólogo	-3

CAPÍTULOS

Capítulo 1	Rayos y centellas	1
Capítulo 2	El *Learjet* (avión privado) del rey	7
Capítulo 3	Los finales y los comienzos	18
Capítulo 4	Ahora viene la caída	63
Capítulo 5	¿Estás dispuesto?	86
Capítulo 6	¿Qué hay de nuevo?	120
Capítulo 7	Un país del mundo de los nerds	129
Capítulo 8	Los juegos y sus creadores	145
Capítulo 9	Sentimientos encontrados	162
Capítulo 10	Hazlo el 5 semanas	181
Capítulo 11	Demasiadas preguntas	198
Capítulo 12	El bulto dentro de la serpiente	218
Capítulo 13	La recta final	235
Capítulo 14	Los reconocimientos, el agotamiento y el abandono	254
Capítulo 15	La trayectoria del camino	273
Capítulo 16	Perdiendo el tiempo mientras se queman las memorias	292
Capítulo 17	¿Quién detendrá la lluvia?	301
Capítulo 18	Un acto difícil a seguir	324
Capítulo 19	Más dulce la 2ª vez	336
Capítulo 20	El inicio de la obra	348
Capítulo 21	El impacto	360
Capítulo 22	El resplandor	371

Prólogo	374
Autor	375
Referencias	376

ESTO ES LO QUE ESTÁN DICIENDO SOBRE ÉRASE UNA VEZ ATARI:

"Érase una vez Atari" es sin duda un libro de videojuegos llenos de nostalgia; habla de una leyenda que se desprende en una época de oro y que para muchos de nosotros representa el amanecer de una especie de arte que ha cambiado poderosa e irrevocablemente nuestras vidas y nuestro mundo. En el se narra una anécdota personal de esos tiempos. Es un viaje emotivo, conmovedor, repleto de detalles é historias interesantes que fueron narradas por alguien que estaba incrustado en ellos como si formase las partes esenciales de un tejido. El propósito de este libro es hablar de lo más profundo de la jornada de un hombre con un gran talento - un programador de computación– quien fuese arrastrado por una máquina de codicia y que negligentemente lo escupe después de haberlo dado todo para todos. Esta fue una jornada de aprendizajes y redenciones, en un mundo en el que todo parecía ser mágico, sin el mínimo esfuerzo para poder crear momentos de diversión y alegría. Este libro es la gran culminación de esa jornada y al leerlo es como formar parte de aquella odisea, al igual que formar parte de las enseñanzas que desafían el aprender".

- **Seamus Blackey, Padre de Xbox**

"Howard desprende las luces del periodo más turbulento de Atari. Yo les recomiendo leer este libro si desean descubrir la verdadera historia de la caída de los videojuegos".

- **Nolan Bushnell, Fundador de Atari**

En los pocos años que Howard estuvo en Atari, él vivió más de lo que la mayoría de nosotros hubiésemos vivido en muchos más años que llevábamos trabajando en este mundo descabellado.

Todos los momentos álgidos y profundos se condensaron en un breve y agotador incendio que fue a su vez hermoso y que sirvió como una alegoría de trampas de una creatividad que fuese sacrificada sin control. Este libro es para aquellos quienes desean conocer el comienzo de los videojuegos, al igual que para aquellos que se dedican a todo tipo de actividades artísticas.

Él mira hacia atrás desde el punto de vista de un terapeuta consumado, sin advertencias ni orientaciones manifestadas, pero con una emoción contagiosa para algunos que estaban felices con el desempeño de su trabajo, el optimismo del futuro de una industria que ayudó a crear. He trabajado en videojuegos por más de veinticinco años y conozco a Howard la mayor parte de estos. Francamente puedo decir que Howard representa mucho más que nadie el corazón y el espíritu en la industria de los videojuegos.

- **Mike Mika, programador de videojuegos. Autor e historiador**

"Érase una vez Atari" me lleva a los videojuegos en los días de mi infancia, donde todo se desplegó viviendo en el Valle del Silicón. Howard levantó el telón de una industria que entró en nuestros hogares y ahora comparte increíbles historias de un desplazó detrás de los bastidores. Él nos narra cómo los videojuegos se derrumbaron en el lugar menos esperado. Este es un libro que debes leer.

- **Bret Burkhart, Emisor de radio, KGO**

Octubre de 2016, Afuera de nuestro restaurante favorito

Oficina de Atari en 1982

DEDICATORIA

Dedico este libro a mi gran amigo, Jerome Domurat.
Jerome fue un gran técnico en el mundo del arte, así como yo fui un artista en el mundo de la tecnología. Ambos estábamos cómodamente fuera de lugar de nuestros respectivos ambientes. Ambos fuimos espejos encontrados el uno del otro, que infinitamente nos reflejamos a un universo que ambos compartimos. -Quizás nunca logres leer este libro, pero me alegra que lo hayamos vivido juntos- ¡Te deseo mucha suerte con el *D-phone!*

Esta dedicatoria es también para mi esposa Sherri, ella es la responsable muchas de las mejores anécdotas que ahora podrán leer y al igual de algunas peores que nunca les compartiré. Sherri coincide con mi creatividad y así es como me ayuda a calmar mis caos, de lo cual le estoy eternamente agradecido. Mi relación con Sherri comenzó al mismo tiempo cuando yo iniciaba la jornada de convertirme en psicoterapeuta. Siempre recordaré que desde un principio la vida se esmero a interponerse entre nosotros, pero ninguno de los dos la dejamos vencer. Mi esposa Sherri y mi profesión continúan siendo lo más importante en mi vida.

Para Bob Saenz, de quien más tarde hablaré de él.

Gracias a Emily Boykin por EM y Pen, quién con su conocimiento editorial ayudo a perfeccionar el proceso.

Gracias a Tommy Owen (www.TommyOwen.com) cuyas ideas creativas ayudaron a perfeccionar este resultado.

Gracias a David Staugas, que además de ser un gran programador en computación, también es un gran fotógrafo y pronosticador. David fue quien tomó la fotografía de la portada de este libro muchos años antes de que yo supiera que este existiría.

Un especial agradeciendo a Tod Frye, simplemente sin ti, ATARI no hubiese existido.

PRÓLOGO

Existe un viejo adagio que dice; evita conocer a tus héroes, porque existe la posibilidad de que de alguna forma terminan decepcionándote. Por fortuna, este nunca ha sido mi caso. He tenido suerte de conocer personalmente a varios de mis héroes e incluso trabajar con algunos de ellos. Nunca me han decepcionado, al contrario, siempre termino admirando a esa persona aun mucho más que antes cuando solo le conocía a través de su creatividad. Algunos héroes de mi infancia se han convertido en mis grandes amigos. Howard Scott Warshaw es uno de ellos.

Yo crecí en los 70's y los 80's en un pueblo pequeño en Ohio. El cine y los videojuegos fueron las diversiones favoritas de mi infancia y fue así que por primera vez conocí a Howard. Él creó La venganza de Yars, un videojuego para el sistema Atari 2600 que fue uno de mis favoritos, así como este fuera el primero en incluir un libro de historietas que narraban la historia. Además Howard creó por primera vez la adaptación de una película a un videojuego Los cazadores del arca perdida. Los cazadores del arca perdida fue una de mis películas favoritas y con la adaptación de Howard entonces este videojuego se convirtió en uno de mis favoritos de todos los tiempos. ¿Quién lo pudiese imaginar? Un videojuego que permitiera transformar a un joven ordinario en Indiana Jones, mientras que un sábado por la mañana este permaneciera sentado de piernas cruzadas frente a su televisor. Eso era algo novedoso y eso cambió completamente mi concepto de lo que un videojuego pudiese ser.

Quizás Howard sea más conocido por también ser el creador del videojuego de E.T., otro que fue basado en una película de Steven Spielberg. ¡A mí me regalaron este videojuego en la Navidad de 1982 y me encantó! E.T. fue el videojuego de Atari 2600 con muchos más detalles y características avanzadas que yo jamás haya jugado. El videojuego contenía todo un mundo en la forma de un cubo para que el jugador lo pudiese explorar, existían tesoros que encontrar, además había que esquivar los enemigos e incluso existía un amigo humano de E.T., él era Elliott, quien se aparecería para ayudar cuando las cosas no iban como se esperaban.

Yo felizmente jugué este videojuego por horas y horas. *E.T.*, fue el primer videojuego que contenía muchos Huevos de Pascua para que el jugador los pudiese encontrar. Además, este fue el primer videojuego que me hizo llorar, esto sucedió cuando por primera vez logré ayudar a *E.T.* a comunicarse telefónicamente con su familia....

Años después, cuando llegó el Internet, yo miraba cómo la gente se empeñaba en considerar a *E.T.* como el peor de los videojuegos que jamás haya existido, yo sabía que todos eran unos viles mentirosos. Y aún lo creo. *E.T.* fue uno de los videojuegos más innovadores y revolucionarios de toda la historia. Al igual que los dos videojuegos anteriores de Howard, su contenido estaba totalmente compuesto de cosas que ningún otro programador en computación jamás había pensado incluir. Y lo mejor de todo, es que no era un juego fácil de vencer. Este era increíblemente desafiante, y requería usar mucho el cerebro, especialmente durante una época en la que la mayoría de videojuegos no requerían pensar mucho. Yo estoy inmensamente agradecido que Howard haya tenido el valor de intentar algo diferente, y además de la genialidad en la programación para lograrlo.

Al igual, agradezco inmensamente que Howard haya decidido compartir sus experiencias durante el tiempo en él que trabajó en Atari. Si tu creciste jugando los videojuegos de Atari tanto como yo, es muy probable que hayas pasado gran parte de tiempo imaginándote cómo hubiese sido si algún día tú hubieses podido visitar la sede de Atari en Sunnyvale, California, y de esta forma poder conocer a todas esas extraordinarias personas que habían creado tus videojuegos favoritos. Ahora, ya no lo tendrás que imaginar, todas las respuestas están incrustadas en este libro que ahora tienes en tus manos.

Hay un episodio de Los Simpsons donde Bart se presenta a las oficinas de la revista *MAD* con la esperanza de conseguir una visita. Sin embargo, en la recepción le niegan la visita y le dicen: "Mira niño. Seguramente piensas que dentro de la revista ocurren muchas locuras. Este es solo un lugar para hacer negocios". Bart, ya estaba a punto de marcharse muy triste y abatido y en ese momento se abren las puertas y el logra captar una emocionante escena de Alfred E. Neuman. Él ve como el resto del equipo de redactores de *MAD* estaban sumergidos completamente en un sin número de locuras. Se da cuenta que ese lugar era un manicomio, tal y como siempre Bart lo hubiese imaginado. Mi reacción al leer este libro, fue como que si yo hubiese encontrado un billete ganador en el envoltorio de un dulce y en el haberme ganado una gira turística a la fábrica de chocolate en compañía del mismísimo Willie Wonka

Espero que al igual que yo, todos disfruten de la descabellada aventura de Howard.

Ernest Cline -Austin, Texas 19 de noviembre de 2020.

CAPÍTULO 0

"Puedes ignorar la realidad, pero no puedes ignorar las consecuencias de ignorar la realidad".

Ayn Rand

CAPÍTULO 1
RAYOS Y CENTELLAS

LA TEMPESTAD ANTES DE LA CALMA

¡Ay!

Fragmentos de arena vuelan en el aire y los trozos de basura me golpean sin piedad. Sinceramente, jamás me hubiese imaginado que alguna vez me encontraría aquí.

Estoy parado en medio de un basurero en el desierto de Nuevo México. Hace mucho calor y hay mucho RUIDO. Una enorme tormenta de arena ruge a nuestro alrededor. Me encuentro aquí rodeado por cientos de personas de todo el país y de repente se desliza una avalancha de arena, que por suerte todos logramos apiñarnos como pingüinos para protegernos de ella. Hay gente de la prensa, trabajadores de la construcción, trabajadores del sector alimentario, personas del mundo cinematográfico e incluso algunos políticos locales, pero en su gran mayoría son fans. Aquellos, los cuales son los aficionados a los videojuegos convencionales, son ellos las personas que se emocionan con el solo escuchar la palabra "Atari".

Nos encontramos todos aquí reunidos soportando el inmenso calor y la tormenta de arena, al igual estamos mirando cómo las enormes y ruidosas máquinas amarillas se sumergen en las profundidades de la tierra y con mis mismos ojos puedo mirar como estas desentierran mi pasado. El enorme brazo hidráulico de la máquina se sumerge en un agujero sacando viejos escombros en otro cubo de basura. La máquina gira, descarga la basura y vuelve de nuevo a recoger otro montón dejando atrás desechos viejos y una pila polvorienta. El terreno está cercado con una maya de plástico delgado, el movimiento de las excavadoras salpican continuamente los montones. Cada uno de los montones encierran en ellos mismos la promesa de una "pepita". Las personas se acercan más y más a la cerca esperando ver con detalle. ¿Está ahí? ¿Puedes ver alguno? o ¿Eso solo es una más de las incesantes tormentas de viento?

Todos nos preguntamos, ¿Qué estamos haciendo aquí? Estamos buscando pruebas. Acaso estamos aquí tratando específicamente de desenterrar aquella arma homicida con la que supuestamente a principios de los 80 yo destruí a una industria multimillonaria. Y como todos los buenos culpables, yo no niego que esta exista. Por décadas siempre he dicho que esa idea me resulta ridícula, pero ahora de verdad espero equivocarme. Al igual, en numerosas ocasiones he explicado el porqué esta operación no tiene ningún sentido.

Se me olvida que existe la regla cardinal; el respeto al derecho ajeno.

Cuando uno espera que las cosas tengan sentido, entonces estamos perdiendo el toque en Atari.

El sábado 26 de abril de 2014 se marca como otro día importante en mi vida. Yo he tenido muchos, pero este es muy especial. El 26 de abril de 2014 también se convirtió en el día más amargo de mi existencia -puesto que éste mismo inició el 27 de julio de 1982-.

LA LLAMADA TELEFÓNICA

Estaba sentado en mi oficina en la sede de Atari la tarde del martes 27 de julio de 1982. La sede estaba localizada en Gibraltar Dr. número 275, Sunnyvale, California. Los cazadores del arca perdida, fue el proyecto más extenso de todos mis videojuegos, un día trabajando en el, Jerome y yo le estábamos dando los últimos toques, al terminar me quede platicando con Jerome Domurat. Jerome es el diseñador gráfico y de animación al igual que un gran amigo. Jerome y yo acostumbramos a divertirnos tomando turnos a leer en voz alta las cartas al editor de la revista Nacional Lampoon. Entonces en eso recibo una llamada: "¿Puedes esperar, tienes una llamada de Ray Kassar?".

¿Esperar para hablar con Ray Kassar? ¿El director ejecutivo de Atari?

¿El jefe del jefe, del jefe del jefe, del jefe de mi jefe?

¿El señor que firma los cheques? "Claro que sí espero".

Yo sabía que una llamada telefónica de Ray Kassar era algo inusual. Sin embargo, esta no es la primera vez que amablemente conversó con el director ejecutivo. La primera vez fue en un evento de prensa, donde yo estaba haciendo la demostración de mi primer videojuego, La venganza de Yars. Esta demostración se llevó a cabo en uno de los primeros televisores de pantalla gigante (esa era una monstruosidad de proyector). Durante la demostración las personas de los medios se paseaban por las salas y entonces Ray se apareció en medio la multitud, él se acercó a mí y me dijo: "Hola Howard, me enteré de lo que hiciste con Yars".

"¿Oh sí Ray y qué tal te pareció?"

Se medio se sonrió, "sigue haciendo videojuegos, Howard", se dio la vuelta y de nuevo se desapareció entre la gente, ese fue mi primer encuentro con Ray Kassar.

La última vez que nos encontramos fue sin duda un poco más agradable...

Recuerdo que aproximadamente dos meses antes de contestar la llamada de Ray Kassar, estaba terminando los últimos detalles de Los cazadores del arca perdida, que fue el primer videojuego el cual estaba basado en la historia en una película. Por fin llega, el espectáculo del circo, lo que significaba que los ejecutivos más importantes se la pasarían caminando por el área de ingeniería en busca de demos (se podría decir que sería poco similar como a la visita al zoológico) y aquí es cuando los técnicos de computación mostramos a cualquier persona que vaya acompañada de nuestros jefes la fase actual de nuestros videojuegos. Las demostraciones de videojuegos para mi son algo muy importante, pero esta vez era muy especial. El mismísimo Ray Kassar bajaba desde su oficina para hacer su gira. Él llegó acompañado de su escolta, que incluía extras de marketing, personas del departamento de asesoría jurídica y alguno que otro vicepresidente. Nosotros nos dábamos cuenta cuándo Ray se iba acercando, ya que él usaba un perfume muy peculiar. Cuando llegó, entró flotando é inmediatamente se sentó en la silla de los invitados mientras que sus acompañantes permanecían a su alrededor como un aura de complicidad. Él videojuego estaba preparado tal y como la "obertura de Tchaikovsky en el 1812", (la de los cañones puestos en marcha), en la oficina este estaba acompañado con música de fondo. Yo sentía que la música dispersaba un ambiente impresionante a la demostración y era mucho más allá de la capacidad *development station* (del área de mi oficina).

(Una nota para los Non-Nerds: *Dev Station* (sistema de programación), es una pieza de hardware especializada para el sistema de alta y baja tecnología (a menudo está colocada en una caja negra de metal) y con ésta el programador de videojuegos se encuentra con un sistema seguro donde el software se puede probar y perfeccionar. Esta pieza está diseñada para prevenir que el programador culpe a alguien más en caso que surgiese algún problema y que el mismo se responsabilice del producto. Aunque, este es requisito que no siempre se cumple).

Cuando llega el momento y antes de hacer la demostración, prendo el estéreo, presiono el botón play, tomó el control del videojuego, me pongo a jugar y así es como concluyo la demostración. Durante el tiempo de la demostración y ocasionalmente Ray hace comentarios y sus guardaespaldas con entusiasmo confirman cada uno de ellos.

Ahora, no es todos los días que Ray Kassar visita mi oficina, así que a mis veintitantos años siendo el rebuzno del asno, como en ocasiones se me atribuye, aproveché la oportunidad para compartir algunas ideas y hacerle algunas sugerencias (se lee: críticas y sugerencias) y esas eran para decirle como un administrador podría manejar mejor una empresa. No siempre es buena idea criticar al jefe, aunque es mucho más fácil hacerlo cuando tu trabajo representa una gran parte de las ganancias de la compañía, tanto en el pasado como en el futuro.

Después de permanecer amablemente sentado más del tiempo normal, Ray interviene y dice: "Tus ideas son interesantes". "Quizás deberíamos intercambiar posiciones de trabajo por un día".

De inmediato le respondo: "Me parece muy bien, Ray. Aquí está mi Dev station. Nada mas me das tu perfume y listo".

Y todos se quedaron congelados.

Uh-oh, ¿me habré pasado la mano esta vez? (esta es una pregunta) que me hago con frecuencia.

El lugar se forró con un silencio ensordecedor y que ocasionalmente interrumpen aquellas risas contenidas. El guardaespaldas estaba a punto de reírse, pero no quería ir a la guillotina. Todos los miembros del rey trataron de contener la risa y lo hicieron hasta que pudieron ver la reacción de Ray. Después de lo que parecieron horas de silencio, finalmente, Ray lo consideró gracioso y entonces se desató el torrente. Las carcajadas continuaron mientras todos se marchaban a la siguiente oficina.

Como no me despidieron por eso, entonces sobreviví para contestar su llamada....

Cuando Ray llama por teléfono él va directo al grano: "Howard, necesitamos un juego de *E.T.* para el 1 de septiembre. ¿Lo podrías hacer?

Le contestó sin perder ningún segundo: "¡Claro que puedo! Siempre y cuando tú y yo lleguemos a un acuerdo". Ray sabía que al decir eso, me refería a dinero.

"Está bien", dijo Ray," hay que estar en el aeropuerto de la ciudad de San José el jueves por la mañana, a las 8. Ahí te estará esperando el Learjet para llevarte a la oficina de Spielberg, en donde podrás presentar el diseño del videojuego.

Y ahí estaba, ¡haciendo el videojuego de *E.T.*! Lo primero que se me vino a la mente fue: Wow, solamente tengo 36 horas para completar el diseño y preparar la presentación para el proyecto del videojuego más rápido que jamás se haya realizado. Después se vino a la mente un segundo pensamiento: Será mejor que hoy cene bien, para que la comida me dure en el estómago un buen rato ya que quizás no pueda volver a comer por buen tiempo. Aún continuo en el teléfono.

Yo le asegure a Ray estar totalmente preparado el jueves por la mañana cuando abordara el express de Spielberg, nos despedimos y terminamos la conversación por teléfono. Este no sería mi primer encuentro con Steven Spielberg. Nosotros ya nos habíamos encontrado varias veces antes, sin embargo yo sabía que este encuentro requeriría de mucha más imaginación, creatividad y de un zapateado elegante mucho mejor que antes.

En realidad yo sé lo que estoy prometiendo. Se toma alrededor de 6 meses para hacer videojuegos que trabajen en este sistema y yo me estoy comprometiendo a hacerlo en solo 5 semanas. ¿Estaré seguro de lo que estoy haciendo? Mi arrogancia no me deja pensar más allá de este momento. Por ahora, estoy demasiado ocupado para poder considerar eso.

Estoy a solo 36 horas de entregar mi primer gran logro. Tengo muy poco tiempo y sé que para poder lograrlo tengo que trabajar demasiado mentalmente. Por fortuna, mi cerebro está acelerado. La parte más difícil es saber cómo balancearme, mantenerme enfocado, pero sin visión limitada....

¡Que lluevan las ideas!

Y ahora .... ¿a dónde voy a ir a cenar?

CAPÍTULO 2

EL LEARJET (AVIÓN PRIVADO) DEL REY

NUEVAMENTE DE REGRESO AL DESIERTO

Nuevamente en el año 2014, una vez más nos encontramos de regreso en el desierto de Nuevo México, antes que nada debo de aclarar, que esto no es solo un relato, esto es también una máquina del tiempo que nos ayuda a recordar cómo aquella llamada de hace algunas décadas fue el comienzo a pavimentar el camino que me trajo a este lugar en un día como hoy, y a una tormenta de arena en el basurero del desierto.

Me quedé hospedado en un hotel que se encuentra a casi 5,000 pies de altura en la cima de la montaña y esta mañana me desperté un poco más temprano que de costumbre. El hotel está muy lejos de todo el caos. Después de desayunar, mis compañeros y yo nos subimos a la van que nos llevó al basurero de la ciudad de Alamogordo. Cuando nos subimos a la van y nos dirigimos de camino por las montañas al basurero, yo sentía curiosidad y ansiedad; curiosidad por lo que se encontraría enterrado y ansiedad por lo que eso podría significar. Al llegar al basurero me encuentro con algo muy sorprendente... había una gran fila de gente esperando. Era larguísima. ¿Cuándo fue la última vez que se ha visto cientos de personas haciendo fila para entrar en un basurero?

Quizás debería explicar con un poco más de detalle lo que está sucediendo aquí. Hoy, Lightbox & Fuel Entertainment (empresas de producción de Hollywood), Xbox Entertainment Studios (una pequeña entidad de una enorme corporación) y la ciudad de Alamogordo, Nuevo México, juntos están organizando (y filmando) un evento arqueológico y a su vez moderno. Se trata de una excavación (de "escarbar") con el fin de descubrir, en una manera literal, aquella verdad que se esconde detrás de un mito histórico. Unas décadas atrás, la empresa Atari tiró en este desierto millones de cartuchos de *E.T.* que no se vendieron y fueron enterrados en este basurero. La razón por la cual yo estoy aquí, es por que yo fui el causante de eso. Yo soy el único responsable.

¡Yo diseñe el peor videojuego de todos los tiempos!

Debo de aclarar que esto no es lo que yo pienso, esta es la conclusión a la que llegaron muchos de la lista de la historia. Si lo quieres saber, solo busca en Google "los peores videojuegos de todos los tiempos" y verás lo qué encontrarás. Muchos de mis fans, al igual que muchas personas de los medios de comunicación no dejan de recordarme ese "hecho ".

En el año 1995, la revista New Media dijo que a principios de los años 80 el videojuego de *E.T.* fue tan malo que este fue el que causó la caída en la industria de los videojuegos y que al igual destruyó a una industria con ganancias casi a cuatro billones de dólares.

¡El videojuego de *E.T.* fue tan malo que para deshacerse de esa peste Atari no tuvo otra opción más que enterrarlo en las profundidades del desierto! Porque eso es lo que cuenta la historia. Snopes.com asegura que eso es verdad. Yo siempre lo he negado y ahora les narro el porqué....

Cuando una empresa se encuentra con una montaña de un inventario sin valor y con ella tiene una pérdida financiera de cientos de millones de dólares, yo me pregunto, ¿por qué habría que gastar aún más dinero en transportarlo, aplastarlo, enterrarlo y cubrirlo con cemento? Es un proceso muy costoso. ¿Por qué no reciclar el material a bajo costo, hacer un nuevo producto y poder venderlo? Yo creo que por lo menos, se deberían abrir las puertas del almacén y dejar que la gente entre y se lo lleve gratis. ¿Por qué el gastar una gran cantidad de dinero para deshacerse de un producto al que se considera no tener ningún valor? Eso aun no logro entender.

Como dije antes, cuando uno espera que las cosas tengan sentido, es cuando se pierde el toque con Atari.

El pertenecer Atari era solo para divertirse, ahí no se buscaba dar sentido a las cosas. La compañía se idealiza a inventar cosas que nunca hubiesen existido antes y de una forma que jamás nadie las hubiese imaginado. Atari no era un lugar que tuviera sentido; al contrario era un lugar escandaloso, estaba idealizado con la obsesión de creatividad e innovación y a su vez protagonizada por el elenco de personajes más excéntricos que he conocido y tenía una inmensa capacidad de atracción. Para mí, Atari era el lugar perfecto en el momento perfecto...., aunque al principio el mismo Atari no lo haya considerado de esa manera.

Después de varias entrevistas en Atari, no me aceptaron para trabajar con ellos...., pero sin embargo, yo me negué aceptar el rechazo. Por mucho tiempo estuve hablando y tratando de convencer a Dennis Koble (quien fue el me entrevistó y era el director de recursos humanos). Después de mucho negociar, finalmente accedió a darme la oportunidad (por un plazo de prueba y un salario significativamente bajo) (lo cual yo acepté de inmediato). Yo sabía en lo más profundo de mi que Atari sería mi nuevo

HOWARD EN EL LUGAR DE LA EXCAVACIÓN

hogar así que seguí insistiendo. Atari era todo lo que yo necesitaba para mi sustento y para el crecimiento en mi vida. Yo sabía que pertenecía ahí.

Cuando mi vida terminó en Atari yo estaba consciente que jamás nada volvería a ser igual, (sabía que eso un día iba a suceder, ya que nada desequilibrado puede permanecer de pie por tiempo indefinido). Existieron muchos obstáculos, pero a pesar de todos estos y casi después de treinta años en búsqueda de profesiones y trabajos, finalmente logré convertirme en lo que siempre había soñado ser: un psicoterapeuta. Una vez más, mi vida es inmensamente recompensada y hoy, me encuentro en el desierto en medio de una tormenta de arena cubierto de polvo. Estoy aquí para finalizar un largo y turbulento camino el cual comenzó años atrás con una llamada telefónica. Nuevamente, estoy esperando ver si mi pasado se levantará una vez más. ¿Estará mi famosa creación lista para brotar de un pozo en el cual fue enterrada hace años en lo más profundo del desierto?

Yo espero que así sea. De esa forma, esa sería mucho mejor película. De hecho, la posibilidad de equivocarse nunca ha sido más atractiva y en lo más profundo de mi eso yo lo hubiese deseado. Además, a mi me gusta que mis videojuegos sean innovadores. ¿Podría finalmente mi tercera creación abrir el paso a una nueva e inesperada versión? Sería muy irónico, y como estoy hablando del tema, ya me está dando hambre.

TE ESPERA EL LEARJET

Yo odio levantarme temprano. Por lo mismo, siempre me he esforzado en mantener un estilo de vida en el que no sea necesario un despertador. Un tiempo trabajé en el sector comercial inmobiliario, en ese entonces el levantarme temprano era necesario. Para mi el despertador no es la mejor manera de empezar el día. Aunque, cuando te espera un Learjet para llevarte a la oficina de Steven Spielberg, es un agrado despertar temprano.

Llegué al aeropuerto a la hora indicada, al llegar me encontré con la sorpresa de que me esperaba un Learjet. A mi me fascinan los aeropuertos y los aviones. Mi primer vuelo en avión lo hice cuando solo tenía dos semanas de nacido y desde entonces disfruto viajar en avión. Y el día de ahora estoy muy feliz, parecería como que este fuese otro día especial.

Al abordar el avión me siento en el primero de los seis asientos. Mire que el piloto tuvo la amabilidad al dejar la puerta de la cabina abierta, (después de todo, estamos hablando del año 1982). Desde mi asiento puedo ver a través de las ventanas de la cabina sin tener que mover un dedo de aquella silla tan cómoda. Al sentarme me relajo y con calma espero que comience la función. El despegue fue suave y pronto nos elevamos sobre las nubes. Para mi ver el mar de nubes es algo fascinante, se ve tan suave, tan sereno y tan infinito. El lugar parece tan hermoso que dan ganas de pasear en él, pero aun así decidí mantenerme sentado en mi lugar. El itinerario indica que viajaremos a Burbank y después iríamos a Warner Studios donde Spielberg nos espera en su enorme oficina. Para mi sorpresa, no nos dirigimos directamente a Burbank, al menos no ahora. Primero, hicimos una parada en Monterrey para recoger a más pasajeros.

Cuando nos acercábamos al área de Monterey, pude captar una desagradable imagen a través del parabrisas del piloto. Aquel tradicional y suave tapiz de nubes blancas se ve ahora perforado por un cúmulo de cimas montañosas. Conforme descendemos a través de aquella brillante capa blanca y al mismo tiempo la visibilidad se reduce a cero, no puedo evitar pensar que las cimas de las montañas suelen tener montañas debajo de ellas. En tal caso, espero equivocarme.

Por fortuna, el piloto logró esquivar a cada una de ellas y pudo aterrizar sin ningún problema en la pista del aeropuerto. El avión rodó un poco, finalmente se detuvo en una sección vacía de la pista. La pista estaba vacía y justo cuando el avión se detuvo, se acercó una limusina negra y se detuvo al lado del ala izquierda. Se abren las puertas de la limusina y en eso salen Ray Kassar (director ejecutivo), Skip Paul (asesor jurídico jefe) y Lyle Rains (ingeniero de videojuegos de árcade). Parece ser que, Lyle está haciendo la versión de *E.T.* en videojuegos árcade. ¡También puedo apostar que le darán más de 5 semanas. Ok, creo que no pensé lo que acabo de decir. Después de todo, solo son 40 horas en el proyecto, así que aún no me ha llegado la amargura. Cuando Ray y Skip subían al avión, escuché a Skip decirle a Ray, "¿Qué? ¡¿No pudieron conseguir el *Hawker?!* Skip se escuchaba un poco decepcionado, aunque eso para mí, era difícil de imaginar. Los dos tomaron sus asientos y en ese momento despegamos. El despegue fue muy tranquilo, las montañas no parecen verse tan aterradoras después de pasar las nubes.

Al curso de vuelo, Ray y Skip están conversando, pero Lyle y yo permanecimos en silencio. Se acerca el momento de la presentación, lo que significa que la tensión y la concentración son cada vez mayores. Finalmente cuando llegamos al aeropuerto de Burbank, una vez más, justo cuando el avión se detiene, otra limosina se para a un lado del avión. Me dije a mí mismo "Esto es como en las películas", pues eso sería lo más lógico ya que nos dirigimos a conocer a Steven Spielberg en Warner Studios. Esto es estupendo. Apenas si puedo creer que este es un día de trabajo.... y si lo es, lo cual lo hace aún más interesante. Esto me está gustando mucho.

Al llegar al aeropuerto de Burbank nos subimos a la limusina, que a propósito estaba muy bien equipada. Tenía unos asientos lujosos y además había un teléfono, una televisión, un pequeño refrigerador e incluso un lavamanos. Skip se acercó al lavamanos y jala la manija para ver salir el agua, pero no sucedió nada. Lo que resultó más sorprendente fue ver la expresión en su rostro. Y dijo: "¿Lo pueden creer?, no sale nada de agua". ¡*OMG!* ¿Es verdad lo que está diciendo? Este hombre se acaba de bajar de un jet privado y de este entrar en una limusina que le estaba esperando y se molesta que no salga agua en el lavamanos. Es obvio que somos de mundos muy diferentes, y por más que me gustaría pertenecer al de él, yo se que eso no es lo mío. A mi me gusta conocer las ideas y punto de vista de otras personas. Aunque no siempre es lo correcto, pero aun así lo considero interesante.

Cuando llegamos a Warner, el guardia que estaba en la entrada principal nos saluda y nos deja entrar. Entonces nos dirigimos a la oficina de Spielberg. Al entrar todos nos saludamos. Por fin, ha llegado el momento de la presentación y el primer turno es de Lyle, lo cual me da un poco más de tiempo para relajarme. Mientras esperaba me doy cuenta que mis pensamientos empiezan a desviarse; la oficina de Spielberg es pequeña.... comparada con un apartamento de lujo. Es muy bonito estar de regreso. La calma se apodera ...., aunque no por mucho tiempo. "Espera un momento", pienso y me pregunto a mí mismo, "¿Qué estoy haciendo aquí?".

En ese momento me doy cuenta que no puedo contestar a mi propia pregunta. Me di cuenta de que es porque yo dije que "sí ", claro, pero ¿por qué Ray me habría llamado a mi directamente? Eso jamás había sucedido. Todo esto ha sido tan sorprendente que me olvidé de cómo todo esto se siente tan extraño. La cultura de Atari y sus formas de comunicación están llenas de secretos, y por lo cual siempre existe algo que no uno sabe. Y esto es algo de lo que yo no sabía:

Yo no fui el primero a quien Ray había llamado para preguntarle que hiciera el videojuego de *E.T.*, la primera llamada fue para George Kiss, el jefe de mi jefe. George es el director de Ingeniería del sistema de videojuegos domésticos de Atari. George le dijo a Ray lo que cualquier persona sensata y con un gran conocimiento le hubiera dicho bajo estas circunstancia: No se puede hacer un juego en 5 semanas. Definitivamente, ese no es tiempo suficiente.

En su mayoría a los directores ejecutivos no les agrada escuchar un "no" como respuesta. Raras veces ayudan a enviar productos o a ganar dinero. Así que después de que el director de ingeniería le dijera a Ray que eso no era posible, Ray consideró que valdría la pena hacer otra llamada. Aparentemente, yo había logrado la fama necesaria o había logrado realizar aquella impresión para que él creyera que yo era capaz de hacerlo cuando otros no pudieron. Tal vez tenga que ver con aquella vez que Ray vio mi agenda personal y me pidió que lo dejara hojeara. Se la presté y me la regresaron unos días después por el correo interno de la empresa el ella venía una nota anexa. "Gracias, Howard. Eres un hombre erudito". Eso fue lo más bonito que he escuchado a alguien decir de mi.

Todo esto me era muy halagador, pero ahora que lo pienso, me es aterrador. Le dije a Ray que definitivamente lo lograría, justamente después de que mi jefe le hubiese dicho que él no podría. Y precisamente eso era lo que yo no sabía y me alegro de no haberlo sabido. Vaya la manera de menospreciar a las personas.

De repente, suele la pregunta "¿Howard, que tienes para nosotros?" y eso me hace regresar al presente. Ahora es mi turno y comienzo mi presentación.

La última vez que le presenté algo a Spielberg fue a principios del mes de junio, y hace como mes y medio que los dos nos encontramos en el Consumer Electronics Show de Chicago, yo tenía el cartucho del videojuego. En esos días estaba a punto de finalizar el videojuego de Los cazadores del arca perdida que este sería mi segundo proyecto en Atari, pero el primero para Spielberg. Atari necesitaba encontrar la manera de como poder demostrarle el videojuego a Spielberg en Chicago, hubiese sido sencillo que lo hubiese podido jugar para él, aunque creí que sería mejor hacer una cinta demo e igual que este nos sirviera para usarlo en otras promociones. Los ejecutivos estuvieron de acuerdo y me mandaron a un estudio de grabación de vídeo para hacer la cinta.

¿Alguna vez has hecho algo absolutamente perfecto? ¿Y en el momento exacto? Yo lo hice. Solamente una vez. Eso fue en el estudio.

Cuando llegué al estudio me sentaron, me pusieron un micrófono, conectaron la videoconsola a una grabadora y así fue como impecablemente jugué y narré todo el juego. Eso jamás había ocurrido en ninguna de mis demostraciones, ni antes ni después. Fue un momento mágico. Toda una maravilla. Le añadimos unos cuantos efectos especiales, creamos un máster y listo. Por cierto, la duración del videojuego fue de un total de 12 minutos y 27 segundos. Si tardas más que eso en jugarlo y llegar al final de Los cazadores, es posible que no hayas sido tú quien diseñó el juego.

Desde el momento en que salí del estudio en Sunnyvale hasta la reunión en Chicago, el cartucho del videojuego nunca estuvo fuera de vista. DE NINGUNA manera me iba a perder la reacción de Spielberg.

Para ser honesto, soy un fanático del cine y Steven Spielberg es uno de mis ídolos. Me encanta todo su trabajo, desde *Duel*. Además creo que El cazador del arca perdida es una obra maestra y para mí el participar en ella de esta manera es un honor. No solo estoy conociendo a mi ídolo, sino que también estoy trabajando con él, aunque una cosa es conocer a tu ídolo y otra que éste evalúe tu trabajo. Aunque es muy diferente evaluar un trabajo el cual es el resultado del trabajo de él. Esto significa mucho para mí...., siempre y cuando a él le guste.

Para una persona seria y creativa, con una auto-imagen de sí mismo (y con un gran bienestar mental) un momento como éste está en juego. Estaba tranquilo, pero muy nervioso. Soy uno de los mejores creadores de videojuegos de mis tiempos aunque lo que verdaderamente me gustaría ser es director de cine.

Finalmente ha llegado el momento. Allí estaba, en el nido de cuervos en el gigantesco kiosco de Atari, con un televisor y un cartucho y Steven Spielberg. Entonces coloqué el cartucho y presioné *PLAY*. Spielberg la miró con mucha atención y muy detenidamente. Él se mantuvo sin moverse alrededor de 12 minutos y 27 segundos, lo sé porque lo observé cuidadosamente durante los 12 minutos y 27 segundos. Cuando se terminó el juego, por un momento se quedó pensativo, asimilando lo que acababa de ver. Después me miró y dijo: "Howard, esto es realmente maravilloso. Se siente como si fuese la misma película". Todo mi interior explotó de alegría. Steven Spielberg siente que la demostración de mi videojuego para su película es como la misma película. ¡Yeah BABY!

Ese fue uno de los momentos más grandes de mi vida..., pero eso fue entonces y ahora es hoy. Cuando terminó de presentar el diseño del videojuego de *E.T.,* Spielberg se quedó pensando por un momento, asimilando. Después me mira y me dice: "¿No podrías hacer algo más parecido a *Pac-Man?*".

Mi mundo interior se derrumbó.

¿Algo más parecido a *Pac-Man?* ¿Uno de los directores más innovadores del cine de todos los tiempos quiere que haga una imitación? Y mi reacción fue decir: "Vaya, Steven, ¿no podrías hacer algo más parecido como "El día en que la tierra se detuvo?"

Afortunadamente, mi cerebro reacciona en microsegundos y es mucho antes que mi boca. Contrólate, Howard. Él es Steven Spielberg, y obviamente a él le gusta el *Pac-Man*. Entonces en ese momento recordé las palabras de mi padre, a quien le gustaba decir: "¡Saca la cabeza de tu culo, límpiate la micrda de los ojos y concéntrate!".
Vaya para recuerditos.

En mi mente todo esto dura una fracción de segundo, luego me reagrupo y adoptó una táctica totalmente diferente. "Steven, *E.T.* tiene una calidad de una película extraordinaria y necesitamos algo especial para que la complemente. *E.T.* es un videojuego innovador para una película innovadora". Creo que esto es cierto, pero también estoy consciente de la otra verdad y esta es esencial: el videojuego que propongo, es uno que yo podría terminar de diseñar en solo 5 semanas, lo cual es un factor muy importante para el éxito del proceso y del logro de la presentación.

Es por eso que necesito defender este diseño a capa y espada. Preferiría no tener que tener que darle una explicación porque no quiero parecer que estoy desesperado, aunque lo haré si es necesario. Nos remite a una de las grandes aportaciones lingüísticas de la informática: Viabilidad (sustantivo, la capacidad de poder hacerlo, en castellano viabilidad significa cualidad de viable). Si le preguntamos a cualquier ingeniero de software sobre las características de un proyecto o diseño, su respuesta girará en torno a la palabra "factible". Estoy convencido de que este diseño tiene la suficientemente factibilidad para que valga la pena lograrlo. Esto es distinto de la otra aportación: La falsedad (sustantivo, la cualidad de ser irreal, una falsedad). La falsedad y la viabilidad son dos características las cuales son independientes la una de la otra. En otras palabras, crear un juego en cinco semanas puede tener una factibilidad significativa y puede seguir siendo representado a simple vista a un alto grado de falsedad. En otras y otras palabras, la posibilidad de poder hacer algo no lo convierte en una buena idea. Creo que este párrafo es una prueba de ello.

[NOTA para los Non-Nerds: Muchas personas no consideran que los nerds sean personas lingüísticas o que puedan comunicarse con facilidad. Tenemos que tomar en cuenta: La construcción y el uso de nuevas palabras son piezas esenciales en el vocabulario de los nerds. Aclarando, me refiero específicamente a los nerds o geeks de la tecnología. El lenguaje de los nerds y/o la policía gramatical están más allá del alcance de este contexto.]

Tras contener la respiración por unos minutos, finalmente Steven desiste a la idea de hacer *Pac-Man* y acepta que la proposición de mi diseño es la adecuada para el proyecto (el castigo depende del crimen) En ese momento, me doy cuenta de que mi diseño es aprobado. He conseguido mi primer logro y por fin he resucitado mi interior (aunque no estoy convencido al 100%) y en ese momento se escucha de Steven un largo y profundo suspiro, parecido a un rojo resplandor. Yo tengo una teoría sobre esto..

Ahora no es momento para teorías. Hay que afrontar acontecimientos muy difíciles:

- La aceptación del diseño solo abre la puerta al comienzo de un momento crucial. Es un regalo que nunca termina.
- Mañana es cuarto de los 35.5 días asignados para mi proyecto, ya he perdido el 10% del tiempo asignado.
- Antes de que llegue la hora de la cena, tengo que volar de regreso a casa en el Learjet. (OK, no todos son acontecimientos difíciles).

El diseño del proyecto ya está preparado y aprobado. Ahora es el momento de la implementación. !No hay nada más que hacer, más que hacerlo!

Y mientras que el resplandor del atardecer acaricia los terrenos de los estudios Warner, la comitiva de Atari sube a la limusina que les espera y emprenden camino al aeropuerto.

CAPÍTULO 3
LOS FINALES Y LOS COMIENZOS

ESTE ES MI DESTINO

Debo aclarar que no es una casualidad que me encuentre aquí en este desierto. Yo realice mi primer viaje en avión después de tan solo de dos semanas de nacido, dejando atrás Colorado para ir a los suburbios de Nueva Jersey, que ahí sería donde pasaría 18 años de mi vida cultivando una vida destinada a la gran alta sociedad, después de todo ese era el plan cuando solo tenía dos semanas de nacido. Ahora 56 años después, estoy protegiendo la cara de la arena y de los remolinos de basura en Alamogordo, Nuevo México. Este no era el lugar donde me dirigía, sin embargo es el lugar al que he llegado.

¿Cómo fue que llegué hasta aquí? Lo sucedido por muchos años de malas decisiones, pasos y mal pasos, pensamientos enredados, sueños perseguidos, desvíos, oportunidades perdidas y una larga cabalgata de curvas inesperadas, de la misma manera que con frecuencia sucede en la vida. El camino que me condujo hasta aquí fue tan imprevisible al igual que fue inevitable. Yo tengo repulsión por la palabra "inevitable", porque no creo en el destino. El destino es sencillamente el lugar donde embarcamos cuando dejamos de remar por el río de la vida. Lo que sucedió fue lo contrario del plan. Es el azar, una circunstancia de intención sin motivo. Si quieres arriesgar tu "destino" en la vida, solo empieza a remar. Azar vs. Destino es un contexto de dos aguas.

La realidad es que hoy *me* encuentro aquí y eso es la confirmación de la inevitabilidad. Y en cierta forma fue algo imprevisible porque yo jamás aprendí a remar. Consecuentemente, he pasado gran parte de mi vida a la deriva.... una deriva bastante centrada. Ello se debe a los dos factores importantes que guían mi vida y son: el aburrimiento y la ignorancia. Necesito hacer algo porque estoy aburrido, y no sé lo que es porque soy ignorante. Continuamente voy divagando de un proyecto a otro, terminando algunos y abandonando otros. Me la paso haciendo cualquier cosa y de todo, con la esperanza de descubrir la "correcta".

He aquí la breve historia de Howard:

De preescolar yo estaba muy seguro de lo que quería ser de grande, porque ya sabía lo que no quería ser de niño. Yo quería ser bombero, científico, oficial de caballería, astronauta, bailarín de ballet, piloto, oficial de policía y aparentemente siempre artista. De hecho, solía hacer presentaciones en la sala mientras que los adultos veían la televisión, cuando menos esa era mi intención.

Gritaba "¡Vean esto!" y me decían: "Espera a los comerciales". "Una respuesta razonable, con excepción de una cosa: a mí me encantaba ver los comerciales. Para mi los comerciales eran historias compactas que se ajustaban con facilidad al límite de mi capacidad de atención. Durante el programa les pedía a gritos que me prestaran atención, algo que jamás logré. Entonces al llegar los comerciales todos decían: "Ok, ¡vamos a verlo!" Y era entonces cuando yo me sentaba a ver los comerciales. Después, enjuáguese y repítalo de nuevo. La receta perfecta para la frustración tanto de los adultos como la mía. En aquel entonces yo no sabía que la frustración es un componente crucial de los videojuegos. Me estaban preparando para ser un gran experto.

Desde niño siempre me gustaron las palabras y el hablar. Las palabras son el código secreto para conseguir lo que uno quiere y yo siempre intentaba descifrar ese código. A consecuencia se inició una verdadera obsesión por la lengua y hasta hoy esta se ha quedado conmigo toda mi vida. Tanto, que una vez me entrevisté con la Agencia de Seguridad Nacional para ser un descifrador de códigos. Alerta *spoiler*: eso no funcionó.

Al igual, siempre me han gustado los comienzos. Todo lo nuevo me emociona. Disfruto ver lo empinado de la curva del aprendizaje y para mi, lo más importante de un nuevo comienzo es la oportunidad que estos mismos ofrecen. Desde pequeño, con frecuencia me preguntaba a mí mismo: ¿Estaré finalmente llegando a donde se supone que debo llegar? ¿Acaso esto traerá consigo una verdadera satisfacción? Seguía buscando la respuesta a mis preguntas, porque yo sabía que aún no la había encontrado. Aunque siempre existió la esperanza mirando cada vuelta como otro giro de la ruleta, una nueva oportunidad para ganar la lotería de la suerte. Aunque me siento desilusionado cuando eso no sucede, entonces vuelvo a preguntarme en dónde más buscar. ¿Cómo lo encontraré? Sé que está en algún lugar. Soy muy optimista, ¡maldita sea!

Fue muy cómodo crecer en los suburbios de Nueva Jersey, aunque sabía que esa no sería mi vida. Todos los días iba al buzón del correo con la ilusión de que algo estuviese dentro y me llevara a una aventura emocionante. Yo sabía que mi camino me dirigía a otro lugar. En eso yo tenía razón. También sabía que jamás me casaría. Sin embargo, no acerté.

Mis metas se volvieron más concretas después de comenzar la escuela.

En la escuela primaria: entrar a la escuela secundaria.

En la escuela secundaria: entrar a la preparatoria.

En la preparatoria: salir de la preparatoria.

Podría decir que gran parte de mi vida y hasta el llegar a la preparatoria fue prácticamente de no hacer nada..., pero aun así me gradué. Aunque estas no eran grandes metas no dejaban de serlo. Felizmente en junio de 1975 logré alcanzarlas.

Eventualmente llegó el tiempo de ingresar a la universidad. Mi historial académico de la preparatoria era lo suficientemente sólido como para ser rechazado de la mayoría de las universidades. Finalmente fui aceptado por la Universidad de Tulane en Nueva Orleans. Jamás me hubiese imaginado que la preparatoria contribuye en gran parte en esa etapa de mi vida, por otra parte pensaba que la universidad sí era. Entonces en ese momento decidí que ya era hora de dejar de hacerme el tonto. Por fin había llegado el momento para dar comienzo a los años de un compromiso filosófico y fue entonces cuando decidí dedicarme a los estudios. Sin embargo, yo sabía que esto requeriría una forma diferente de pensar. Al ingresar en mi primer año de la universidad, elegí especializarme en Economía. ¿Entonces qué pasó?

Al ingresar al primer año en la universidad, yo decía: Esto no se puede terminar aquí. Quizás por ahora termine esto y después me voy a la Universidad de Chicago a hacer un doctorado en economía.

A mediados del segundo año: continuaba diciendo, esto no puede terminar aquí. Quizá adhiera una carrera de matemáticas, algún curso de teatro y quizás otro de computación.

Al final de mi último: al igual que antes, siempre decía, esto no puede terminar aquí, para mi esto de la computación me es impresionante. Es posible que haga un posgrado de ingeniería en computación.

En la Facultad de Posgrado: al igual que antes continuaba diciendo, esto no está nada mal, aunque esto no puede durar para siempre. Ahora quizás encuentre un trabajo en computación.

En Hewlett-Packard (donde ejercitaba mi carrera como ingeniero): se podría decir que cualquier persona pensaría que ese trabajo debería ser el todo, pero no lo era. Siempre me decía a mí mismo, quizá encuentre algo mejor que hacer, en camino a... a dónde exactamente?

Tal vez notaran la correlación del mismo patrón. Aún no estoy seguro de lo que quiero hacer, pero de lo que sí estoy seguro es que no quiero hacer lo que estoy haciendo.

Esa manera de pensar me lleva indudablemente a la inquieta idea de que sí quiero ser feliz tendré que abandonar la empresa, pero no sé a dónde ir. Esa manera de pensar continúa repitiéndose. No me gusta, ¿pero qué puedo hacer? Con esa idea en mente continuó hacia delante buscando mi próximo billete de lotería kármica.

OK, tal vez haya sido un poco breve en la historia anterior. Ahora, les voy hablar de un historial más breve (espero que esta les sea un poco más concreta).

Desde niño me di cuenta que el mundo que yo percibía era muy diferente al mundo que los adultos idealizaban a que yo aceptara. Con frecuencia los adultos me decían cómo deberían de ser las cosas, cuando claramente yo podía ver que no eran en la forma que ellos lo describen. Cuando eso pasaba, entonces yo les pedía que me explicaran la diferencia. Desafortunadamente los niños jamás reciben explicaciones claras, esta fue la causa de mucha confusión en mi infancia.

Después de ese momento no me llevó mucho tiempo darme cuenta de la falta del poder que existe en la niñez, la cual nunca me importó. Nunca olvidaré la falta de poder me la recalcaron un día, sucedió cuando solo tenía seis años. Yo siempre le pedía a mi madre que me escogiese mis cambios de ropa y últimamente ella me había empezado a decir: "Tienes seis años, puedes hacerlo tú solo". Lo cual hubiese estado bien, si no fuese porque todo el tiempo estaba mal lo que escogía. Ella solo me daba un vistazo y me decía: "Eso no te va bien. ¿De verdad crees que eso coordina? Ugghhhh. Terminaba "cambiándome" después de todos esos sermones. Aunque eso no era ninguna novedad. (Para ser justos, me gustaría añadir que, hasta la fecha, nadie quien se preocupa por mí, confía en la forma de que yo me pueda vestir).

Recuerdo que la tarde de ese mismo día, le pregunté a mi madre si podría ir a jugar con un amigo y su respuesta fue: "Tú no puedes ir, solo tienes cinco años". La respuesta de mi madre ofendió en lo profundo la sensibilidad de aquel niño de cinco años y medio. "¿Le contesté, cómo es que cuando quieres que yo haga algo, tengo 6 años, pero cuando no quieres que lo haga, solo tengo 5?".

Esta fue la primera de las muchas ocasiones en que yo desafiara el razonamiento de mi madre y la forma en la que ella forjaba sus reglas. Para mi madre, su lógica no podía atravesar la coraza de su autoridad maternal. Aunque creo que eso a veces la hacía retorcerse dentro del casquete, a pesar de que jamás lo demostraba. Su típica respuesta en este tipo de situaciones era siempre algo así como: "Porque soy tu madre". Me imagino que ella se frustraba el que la cuestionara. Al igual que para mi eso era bastante frustrante. Los alegatos de mi madre ante las apelaciones de mi padre confirmaban mis argumentos, pero esto no servía de nada. La respuesta estaba marcada.

Siempre me molestaba la naturaleza arbitraria y sin sentido, ya que esta estaba saturada de reglas paternas. Muy pronto me di cuenta de que no habría alivio alguno mientras no llegase a la gran tierra prometida de la edad adulta. Existía algo de lo que sí estaba totalmente seguro y eso era que: Los adultos pueden hacer lo que les venga en gana.

En mi infancia, el aburrimiento fue otro motivo de dolor. Sobre todo porque el aburrimiento era la carencia de la distracción que yo necesitaba para poder ver dentro de mí que raramente en mis años de juventud el aburrimiento era una experiencia grata, y me tomó mucho tiempo para darme cuenta de que siempre hay cosas de las que necesitamos reflexionar, por lo cual el aburrimiento era innecesario.

Existen dos cosas para balancear algunas observaciones que hice en mi juventud y esas son: mi optimismo y mi sentido del humor. Siempre he creído que en el futuro nos espera algo mejor siempre y cuando podamos encontrar el camino para llegar a el. Este ha sido una fuente inagotable de pasión e inspiración para mi futuro. Ahora que para mi presente, regularmente encuentro algo de diversión o de alegría en lo que ocurre en el momento. Al igual que, me gustan las circunstancias irónicas, las cuales parecen abundar a mi alrededor. Siempre suelo encontrar algo de diversión, incluso en los momentos más amargos. Aunque no siempre las personas se unen a mí en esta labor, ya que no siempre aplico el uso necesario a la discreción como lo debería hacer. A decir verdad, constantemente me bombardean ideas (que podrían ser divertidas) y para mi es muy difícil resistirme de ponerlas en práctica. Yo lo veo como la prueba de un producto. Quizás otros lo describan en términos menos agradables. El caso es que mi sentido del humor se mantiene intacto, aunque no haya tacto en mi sentido. Simplemente y sencillamente esa es mi manera de ser.

Se que también que existe mi naturalidad, en mi familia el hacer reír a los demás es de gran valor y habilidad. A mí, mi padre me enseñó el significado del sentido del humor y mi madre me enseñó la importancia de este mismo. Me enseñaron que el utilizarlo cuidadosamente puede mejorar muchas situaciones sin dañar la gravedad de este mismo, aunque he llegado a darme cuenta de que no todos pensamos de la misma forma. El humor también nos puede reajustar de un momento difícil, nos muestra el camino hacia adelante aun cuando no exista alguno. El sentido del humor es algo que utilizo con regularidad en mi vida y en mi trabajo. Me fue de gran utilidad en mis años de adolescencia, ya que en esa época solía tomar las cosas con bastante intensidad. De no haber existido el sentido del humor, las cosas se hubiesen podido poner muy feas.

Al igual, creo que todo problema tiene una solución, eso es si soy lo suficientemente inteligente para verla. El aburrimiento fue un gran problema en mi niñez y en mi adolescencia. La solución era jugar juegos. Los juegos eran mi dispositivo contra el aburrimiento. Cualquier juego de cartas, de mesa, de habilidad o de azar, todos me fascinaban, me interesaban, les prestaba atención y me hacían pensar. Me fascinaba poder modificar los juegos. Disfrutaba creando nuevas técnicas y nuevas formas de jugar, intentaba todo lo que fuese necesario para aumentar la diversión de un juego. ¿Podría ser posible que un juego aburrido se convirtiera en algo divertido? ¿Podría un juego divertido ser aún más divertido? Cuando jugaba juegos, mi objetivo principal siempre era aumentar la diversión a lo máximo. Me extrañaba que un juego estuviera bien diseñado y que no se me ocurriera alguna otra forma de mejorarlo, experimentarlo y poder jugarlo. Por mi mente jamás pasó la mínima idea de dedicar mi vida a hacer videojuegos.

Existen dos razones del porque cuando era niño la escuela me era difícil: Una; era rara la vez que esta captaba mi atención, y dos; mi nombre es Howard (lo cual es un problema si no prestas atención). "Howard" suena así como *"How are"* cuando sueño despierto. Hay muchas preguntas que empiezan con "¿Cómo qué ....?" imagínate que te despiertas cuando un profesor te ha hecho una pregunta. Mi corazón se acelera y mi cerebro se sacude para poder recordar lo que se me ha olvidado, intentó evitar la angustiosa humillación de ser descubierto una vez más. Muy pronto, la pregunta se termina y el momento se queda en suspenso justamente antes de verme obligado a admitir mi lapsus... entonces alguien más contesta la pregunta o simplemente el maestro continúa. Que gran alivio, aunque la recuperación de la adrenalina no es instantánea. Bienvenidos a mi experiencia de los años del kínder hasta el doceavo grado, la continuación del despertar de los ensueños a las pesadillas. Esos años fueron una serie de mini traumas interminables. Al recordar esos años, se me viene a la mente el viejo proverbio: Cuando adhieres poco a poco, entonces recibes mucho.

Poco después de cumplir los quince años ingresé a la preparatoria. De alguna manera, esto me llevó a reflexionar muy seriamente acerca del resto de mi vida y la imagen que veía extenderse ante mí era abromadamente desalentadora. Sufrí una breve crisis de existencia: "¿Valdrá realmente la pena hacer este viaje?" Cuál fue la conclusión final: "¿Qué no depende de mí el poder lograr que esto de verdad valga la pena?" (Aparentemente mis reflexiones internas se reflejan en preguntas retóricas). A partir de ese momento me comprometo a dedicarme a llevar una vida más interesante. Aunque no estaba seguro de lo que esto significaba y mucho menos de cómo podría lograrlo, sin embargo me hice la promesa que si me iba a empeñar en vivir toda una vida, entonces tendría que hacer todo lo posible para que el tiempo y el esfuerzo requerido valieran la pena.

Así que lo primero que hice en mi nueva y audaz aventura fue ver mucha televisión y jugar lo más posible al póker. Aunque, este no era lo ideal del "siguiente paso a seguir" tal vez pudiese esperar alguna revelación interna para poder hacer un cambio de vida. En eso estoy completamente de acuerdo. La intención era buena, pero se necesitaban tres años más para empezar a ponerla en práctica. Podríamos decir que, aunque la idea ha sido plantada, aún le faltaba mucho tiempo para germinar.

La idea germinó, justo a tiempo para volver a plantarla en el suelo fértil de mi carrera universitaria. Por fin había llegado a la conclusión de que la universidad era algo importante, algo que jamás había sentido en ninguna otra experiencia escolar. Exactamente no sabía lo que quería hacer, pero parecía que la universidad valía la pena. Por lo tanto, elegí cosas que parecían razonables y las hice a lo grande, por si acaso me resultaban útiles.

¿Cómo me fue mi experiencia en la universidad? Bastante buena, considerando que no tenía experiencia previa (o deseo de) ser un buen estudiante, lo cual puede ser un gran problema en la universidad.

Asistí a la Universidad de Tulane en Nueva Orleans y obtuve un grado de educación muy importante, pero una de las mejores enseñanzas de toda mi experiencia universitaria no formaba parte del plan de estudios. Era un lagniappe "un regalo" (como se dice en *The Big Easy*), presentado nada menos que por Dick Cavett, un famoso personaje de la televisión estadounidense (el que ni siquiera era miembro de la Facultad de Tulane).

Dick estaba moderando un debate en un simposio de conferencias de Tulane. El tema era de antropología, en el participaban dos antropólogos muy destacados de esa época. Una era Margaret Mead, gran portavoz y de un espíritu alegre. El otro, cuyo nombre no recuerdo, era un poco pretencioso. Me referiré a él como "El estirado". Yo asistí a la conferencia para ver a Cavett, puesto que admiraba su sutileza y agilidad mental. La antropología solo me interesaba un poco. Nunca imaginé que tan solo treinta y seis años después esta volvería a entrar de nuevo a mi vida, en el epicentro de una verdadera excavación en busca de mi creación aún no creada.

La presentación de Margaret, Cavett y el estirado fue muy vivaz. En un momento Cavett hizo una broma que no le sentó bien al estirado, cuya respuesta demostró que la "gracia" no era parte de su estirades: "Sr. Cavett, si usted no es capaz de tomar en serio el estar aquí ¿cuál es la razón por la cual lo está?" Sin titubear, Cavett miró al estirado justo en el botón del cuello de su camisa y dijo:

"Por favor, no confundas mi frivolidad con la superficialidad, más de lo que yo confundo tu gravedad con la profundidad".

BAM! Esas palabras se incrustaron en mi mente de una forma indeleble, puesto que estas se referían a una gran parte esencial de mi vida. A mi me molesta que la gente intente minimizar y limitarme con sus presunciones. Aunque me es divertido reñirles cuando lo hacen y la respuesta de Cavett maneja cautelosamente ambas cosas. El sentido del humor es algo esencial de quien soy, aunque en ocasiones este me presente desventajas. Las personas asumen que si bromeo entonces no soy capaz de captar la seriedad de una situación. Creo que puede existir espacio para ambas cosas, no pretendo ser insensible, pero tampoco me es bueno la seriedad. Como podrán imaginar, no siempre soy de agrado en los funerales. Jamás me ha importado que las personas dicten el cómo me debo sentir. Me entristece cuando lo hacen y la misma vez encabrona. Aunque debo aclarar que, desde que escuché a Dick Cavett, ya eso ya no me molesta tanto. Dick me dio una perspectiva positiva y muy saludable, ¡Mi estilo favorito! Que hasta ahora lo agradezco.

Gracias a la Facultad de la Universidad de Tulane y a Dick Cavett, en esos cuatro años me fue bastante bien, tan bien como para convencer a Hewlett-Packard de que me contratara. La empresa me trasladó al Valle del Silicón, en California. Finalmente llegó el momento de incorporarse al mundo laboral y de ser el adulto que siempre había querido ser. Por fin había llegado el momento de integrarse al mundo adulto.

Yo estaba muy emocionado por llegar a Hewlett-Packard. Sabía que finalmente experimentaría la *realidad de la vida*, era el lugar al que con mucha ansiedad había esperado tanto tiempo y que con mucho esfuerzo finalmente logré llegar. Mi pasión en las computadoras me impulsaba a seguir adelante y en ese momento era muy bonito el sentir el soplo de viento pasar por mi cara. Era algo muy emocionante... aunque duró muy poco tiempo.

En muy poco tiempo se esfumó la alegría en la programación de computadoras. Yo pensaba que había encontrado mi camino, mi destino, mi llave hacia el reino. Debería de sentirme muy feliz, pero no lo estaba. Sentía que aún no había encontrado esa dirección a la que quería llegar. Una vez más, me encuentro en el lugar donde no sé lo que quiero, pero se que no es este. Estoy de regreso en alta mar.

El otoño de mi desconexión fue cuando se acercaba el final del año 1980 en Hewlett-Packard; La más difícil hasta hoy. Mi tristeza se profundizó por la idea en que yo creía que finalmente desde que estaba en la universidad ahora había encontrado el placer por la computación. Esa no existió. Resulta que la única respuesta que había encontrado era aquella del que realmente es peor haberlo amado y haberlo perdido. Esto causó la primera depresión de mi vida (claro que sin contar las de la preparatoria).

Entonces, como una coincidencia más... aquel otoño de desconexión se transformó en un invierno de resurrección, eso sucedió cuando la perspectiva de los videojuegos surgió y me atrapó en su rayo de luz. Fue tras una conversación casual con un compañero de trabajo, donde surgió el tema de Atari.

¿Atari? Yo había visto sus comerciales en la televisión. Sabía que hacían videojuegos, pero jamás había pensado en ellos como lugar de empleo. ¿Para qué me voy a dedicar a los videojuegos?

¿Cómo no iba hacerlo? Me había pasado mi juventud preparándome como programador de videojuegos. A mi me apasionan los juegos y soy un híbrido de inventor, analista de sistemas y animador, el currículum perfecto para un trabajo que unos años atrás nadie, pero sabía que existía. ¿Y cómo fue que me preparé? Definitivamente fue sin darme cuenta.

Cuando era niño los inventos eran una de las pocas cosas que me llamaban la atención. Siempre amontonaba todos mis juguetes rotos y las piezas de juegos e intentaba crear algo nuevo. Aunque rara vez lo conseguía, sin embargo continuaba sentado con la intención de inventar lo mismo. Cuando leía, solía leer sobre inventores y sus inventos ¿Existirá algo más interesante que inventar cosas?

Los sistemas; Esos siempre me interesaron, en particular los sistemas humanos. Que eran estrictamente para defensa propia. Sabía que existían corrientes y caminos secretos, que conducen a conseguir lo que uno quiere o necesita. Me parece que existía una forma de navegar por ese mundo elusivo de los adultos, la misma que me llevó hasta allí. Siempre era el forastero hambriento, el que se la pasaba mirando y babeando a través de la ventana.

En cuanto al artista que llevo dentro de mí, eso tengo que agradecérselo a mis padres. Después de todo, ellos me criaron para que fuera un gran actor. Por favor no me malinterpreten, ellos no eran padres del mundo del espectáculo. Solo se aseguraron de que yo tuviera las suficientes inseguridades, una necesidad de aprobación y el mínimo concepto de límites o de barreras. Las cuales son las características perfectas para terminar... ¿en una tormenta de arena en el desierto?

Yo terminé aquí, pero ¿dónde se inició ese camino hasta aquí? ¿Sería al nacer? ¿Acaso fue la llamada telefónica de Ray Kassar? Principios y fines. Así era Atari. Y punto. Se iniciaron y se terminaron los proyectos de los videojuegos. Cada videojuego es un nuevo comienzo. Eso me gusta. De esa forma se resume un aspecto desagradable de mi vida.

No existe la puntuación en la vida, ¡y punto!

Grandes momentos, devastadoras pérdidas, diversión, dolor, alegría, lágrimas, nada interrumpe la marcha. Los pájaros siguen volando, los relojes siguen sonando, la vida nunca se detiene. Siempre anhelé los momentos decisivos de la vida, Atari logró hacer una gran aproximación de ellos. Sin embargo, estoy divagando.

Mi primer día en Atari fue sin duda un nuevo comienzo, pero también el final de una larga búsqueda. Una búsqueda de un destino y una dirección. Una búsqueda de identidad y descubrimientos de verdaderos sueños.

Antes de hablar de la llegada del diseño y la realización del videojuego

E.T., mejor hablemos de cómo fue mi llegada a Atari. Este fue el inicio que cambió mi manera de pensar sobre los ambientes laborales y profesionales. El abrir de ojos no es suficiente para describirlo. Es más bien alucinante. Fueron momentos muy inolvidables, otro de los muchos días increíbles de mi vida...

BIENVENIDO ATARI

Es el 12 de enero de 1981, segundo lunes del año. Mi primer día en Atari inició de manera normal igual que cualquier nuevo empleo, pero nada podía prepararme para conocer las realidades del mundo en el que me estaba introduciendo.

Como programador de videojuegos, el universo Atari está formado por dos edificios situados en ambos lados de la avenida Borregas en Sunnyvale, California, a los que internamente se les conoce por las direcciones: 1272 y 1265.

El edificio 1272 es el de ingeniería y en este se fabrican todos los videojuegos, el edificio 1265 es la sede mundial de Atari, en este se encuentran los departamentos de administración, marketing, ventas, recursos humanos y todo aquello que no tenga que ver con la fabricación o ingeniería. Mientras que el edificio 1265 contaba con una sala de videojuegos, un mini salón recreativo con todos los videojuegos de Atari (con acceso gratuito e ilimitado), que prácticamente es la única razón por la que alguien como yo quisiera ir al edificio 1265. En el edificio 1272, hay jacuzzi, gimnasio y la cafetería. Además, como programador de videojuegos, se pasa más tiempo probando los prototipos de los nuevos videojuegos que los que ya han salido al mercado, así que no había necesidad de ir al edificio 1265. De hecho, para la as personas que estaban ubicadas en el edificio 1272 la frecuencia de los recorridos al 1265 era una muestra de la posición que ocupaban en la empresa. Entre más se ascendía, más tiempo se pasaba "cruzando la calle".

Todas mis entrevistas de trabajo fueron en el edificio 1272, o en una casa rodante estacionada detrás del edificio, la cual funcionaba como un apéndice temporal del mismo. Las instalaciones de Atari estaban casi siempre en estado de "nos vamos a", por lo tanto cualquier oficina se considera transitoria/temporal siempre lista para la reubicación. La mayoría de las reubicaciones son permanentes por un periodo de seis semanas antes de que se reanuden las conversaciones de una nueva mudanza. Así que, cuando me presento a mi primer día de trabajo, llego al único lugar que conozco, la planta alta del edificio 1272. Al llegar al trabajo lo primero que hacen es mandarme al edificio 1265 para la sesión de orientación. Los representantes de Recursos Humanos me explican sobre los beneficios y de otras cosas, pero nada sobre lo que es realmente la vida en Atari. Francamente, no se sí sepan. Después de mirar el vídeo de introducción a la empresa y de completar algunos documentos, me dirijo al edificio 1272 para ver lo que sigue.

[NOTA para el Non-Nerd: Atari se compone de tres sectores para que un programador de computación pueda trabajar, estos son; computadora doméstica, videojuegos de monedas y videojuegos de videoconsola. Los videojuegos de monedas corresponden a los de los salones de juegos y se paga cada vez que se juega. Los videojuegos de videoconsola se juegan en casa en una videoconsola conectada al televisor. Estas se compran una vez por un precio mucho más elevado y se puede jugar todo el tiempo. La videoconsola de Atari, es una consola en la que se juegan todos los videojuegos domésticos, es comúnmente conocida como VCS o 2600.]

Ya estando en la oficina me siento a conversar con Dennis Koble, quien ahora es mi director, me hace una pregunta que definirá mi experiencia durante los próximos años. La pregunta: "Nosotros tenemos VCS o computadora doméstica. ¿En cuál te gustaría trabajar?" Dentro de pocos meses, con el don de la perspectiva, esta opción sería dolorosamente obvia para una persona tan ambiciosa como yo. Sin embargo, esto es hoy, y no tengo razón alguna para escoger ninguna de las dos, tal como la suerte del novato. Así que hago lo que acostumbro a hacer en situaciones como éstas: Respondo a la pregunta con una pregunta. "¿Cuál de los sistemas es el más sucio, el más feo y el más viejo?" Odio tener que moverme de los sistemas de mayor a menor capacidad, supongo que si empiezo por el más bajo, me ahorraré una pesadilla más adelante. En la vida, la mayoría de nuestras decisiones dependen de uno de los dos factores: maximizar el beneficio o minimizar el dolor. Como aún no puedo captar el potencial de la satisfacción de estas opciones entonces elijo el último recurso.

Ok, confirmó Dennis "ese es el VCS". Inmediatamente después, queda definido mi destino. Me dedicaré a hacer videojuegos de videoconsola.

Entre las innumerables implicaciones de mi respuesta, la primera es buscar un lugar donde sentarse. Como programador de VCS, mi estación de trabajo estará en algún lugar del cuadrángulo principal. El edificio 1272 está dividido en varias sesiones. En la planta baja está el departamento de ingeniería de Coin-Op, la cafetería, el jacuzzi y el gimnasio. En la planta alta está el departamento de ingeniería VCS y la división de computación doméstica.

El departamento VCS ocupa un ala del edificio en la planta alta que está en forma de U. La característica principal de la planta alta es un pasillo central que divide el cuadrángulo en un rectángulo interior y un círculo exterior. En la parte interior se encuentran los baños y los laboratorios donde se desarrollan los sistemas. En ellos no hay ventanas. La programación y depuración se realiza en los laboratorios, donde todo el mundo puede ver lo que estás haciendo. En el ala exterior se encuentran las oficinas. Allí sí hay ventanas. La gente se sienta en la oficina a pensar y a escribir códigos, después van al laboratorio donde prueban el código en un sistema de programación y averiguan cómo arreglarlo. Las oficinas también sirven como una incubadora de travesuras. El mismo pasillo funciona como una pista de experimentación para todo tipo de juegos de carreras que nosotros queramos explorar, al igual que hacer presentaciones de

la ejecución de las travesuras, las cuales forman una parte esencial de la vida en Atari.

Ya en la oficina, Dennis se levanta de su escritorio y me hace la seña para que lo siga. Me lleva a un cuarto que estaba en una esquina de la planta alta. Este parecía un armario de almacenamiento de escritorios puesto que estaba lleno de ellos y había muy poco espacio para una persona pudiera alcanzar. Aparentemente soy la tercera persona que asignan a esta oficina: Dennis me dijo; "Tú estarás aquí con Tod y Rob". En ese momento eso no significaba nada, aunque pronto descubriría que la frase "Tod y Rob" tenía un gran significado en el cuadrángulo. Yo disfruto contemplar los comienzos desconocidos de muchas etapas importantes en mi vida. Tod

Frye y Rob Zdybel son grandes personas quienes hasta la fecha continúan siendo grandes amigos. Con el tiempo Tod y Rob se convirtieron en dos personas muy importantes. Aunque en este momento, me encuentro en medio de un mar de escritorios y por unas horas más ambos continúan en mi cerebro como neuronas sin asignar ya que ninguno de los dos está aquí. Estoy seguro que ambos existen puesto que dos de los escritorios junto a la puerta tienen cosas sobre ellos. Agradecido por la oportunidad, empiezo a desempacar mis cosas en el tercer escritorio y continúo el recorrido con Dennis. Al salir de la oficina no puedo dejar de preguntarme: ¿Qué si Tod y Rob se darán cuenta que mis cosas están ahí y que si ambos se darán cuenta de mi existencia?

Dennis me lleva por el cuadrángulo y a medida que encontramos a las personas voy tomando nota de sus rostros. Algunos de ellos son conocidos de cuando me entrevistaron para el empleo y otros son caras nuevas. Con prontitud Dennis me presenta a la personas. Después por un pasillo dobla a la izquierda y cuando doy la vuelta a seguirlo, se me brotan los ojos. Entramos a uno de los laboratorios donde hacen los videojuegos. Hay televisores enormes por toda la sala, junto a ellos cajas negras colocadas en el anaquel superior de las mesas de trabajo. Sobre las mesas hay teclados y documentos impresos. En cada una de las pantallas están sucediendo cosas interesantes. Algunas son simples, otras elaboradas, pero cada una con colores, movimientos y sonidos, este momento es sin duda el más increíble que haya visto en un lugar de trabajo. Los ingenieros de videojuegos de Atari están sentados frente a cada estación. En este momento me doy cuenta de que estas personas ahora forman una nueva parte en mi mente: Son colegas. Me parece maravilloso el poder estar aquí. Esto es exactamente lo opuesto al aburrimiento.

Hay una cosa en mi vida que siempre ha sido claramente dolorosa: No sé lo que quiero hacer. No consigo imaginar un lugar donde poder integrarme. Lo que sí he sabido es que "este no es". Mientras estoy aquí en este laboratorio, me doy cuenta de que "aquí y ahora" es precisamente el lugar donde quiero estar. Por primera vez en mi vida, siento que he llegado. Dennis y yo caminamos por el laboratorio y Dennis me va presentando con los programadores, aún no lo logro asimilando. Estoy abrumado por tanta alegría.

Después de dar el recorrido al laboratorio, Dennis me muestra dónde guardan los materiales. También me dice quiénes administran las llaves las cuales podría recurrir en caso de que lo necesite. Por último, me entrega un paquete básico de documentación y unos cuantos disquetes para que los utilice en mi proyecto aún no asignado. Me asegura que muy pronto se me asignará un trabajo y recomienda que mientras explore sobre la programación con otros compañeros. Este proceso de introducción es menos formal que el de mi empleo anterior en Hewlett-Packard. En HP el proceso de orientación es mucho más elaborado. Aunque mi comparación no es muy firme, para mí está muy bien. Yo no soy alguien que se apoye en la formalidad, a menos que esté saltando sobre ella tratando de aplastarla.

De regresó al escritorio que me han asignado, me pongo a reflexionar un poco sobre lo que ocurrió ese día. Mirando todas las pantallas en el laboratorio de programación, me doy cuenta que son videojuegos que están a punto de salir al mercado. Hay millones de personas que esperan con ansiedad este producto. Esperan con ansiedad el poder tenerlo en sus manos. Yo estoy en el epicentro. Esto es un medio de transmisión y me encuentro en el estudio. Esta es mi oportunidad para poder demostrar el artista que existe en mí, les mostraré lo que tengo. Espero tener algo bueno que mostrarles.

Estar sentado aquí en las oficinas es como una especie de pecera. La gente pasea constantemente. Algunos sienten curiosidad por las novedades y otros no, pero mis ojos se dirigen a cada uno de ellos. No quiero cerrar la puerta y esconderme, pero leer un manual es algo que podría hacer mejor sin distracciones, así que bajó a la cafetería, que en este momento se encuentra vacía puesto que no es hora de comer. La conmoción de la gente es mucho menos intensa y yo me estoy deleitando de nueva información.

Al cabo de un rato, Jim (uno de los programadores) pasa por la cafetería y se detiene a conversar, algo que me pareció de buen gesto. Mientras estamos hablando, no puedo evitar darme cuenta de que hay algo enganchado a una de las trabillas de sus jeans. Por segunda vez dirigí la mirada y confirmé que se trataba de una pinza de cocodrilo, y por la decoloración de la punta, era una que ha sido usada recientemente como pinzas de cigarrillo.

[NOTA para el que no tiene mucha cabeza: La pinzas de cigarrillo es un dispositivo mecánico que se utiliza para sujetar los últimos trozos de un cigarrillo de marihuana (coloquialmente conocido como "*roach*") se usa con el fin de no quemarse los dedos mientras se extrae lo más posible del cigarro. Las pinzas *alligator* son pinzas metálicas con resorte. Sus dientes alargados y entrelazados se parecen al hocico de un lagarto. En muchas ocasiones se confunden con pinzas de cocodrilo.]

Suponiendo que se haya olvidado, entonces le señaló con el dedo y le digo. "Oye, creo que se te ve la pinza. No quiero abusar de la cercanía y causarle incomodidad. Jim mira el clip, me sonríe de una forma muy simpática implicando que el nuevo empleado piensa que esto podría ser un problema, "oh, eso no es un problema".

A partir de ese momento me quedó claro que la marihuana era algo real en Atari. Incluso durante las entrevistas de trabajo, la gente me tanteaba sobre el tema, algo que no me preocupaba. Yo estaba encantado de poder participar ocasionalmente en ese aspecto de la cultura. El hecho de que sea tan descarado es un concepto totalmente nuevo. Empiezo a darme cuenta que tal vez tenga que reajustar mi sentido del decoro en el trabajo.

Jim me pregunta cómo me ha ido hasta ahora. Le digo que me gusta mucho y que espero con ilusión poder quedarme aquí. Entonces me dice: "Sí, está bastante bien, pero este lugar ya no es lo que antes era "Este lugar era increíble..."Es cierto que aún no sé mucho de él, pero esta frase me parece un poco extraña. Yo no me podría imaginar un mejor ambiente de trabajo. Aunque sé que algunas a veces la gente pierde de vista el bosque por ver los árboles y no logran darse cuenta de lo bonito que esto es, puesto que se ha convertido en algo normal. Esto para mí es atribuido al privilegio burgués, pues no tengo la mínima intención de considerar este ambiente como algo normal. Mi experiencia en Atari hasta ahora ha sido increíble y ningún comentario la podrá cambiar.

Después de leer un poco más el manual, decidí regresar al departamento VCS y continuar con la socialización. Voy caminando por el pasillo y mirando los laboratorios, pregunto cosas a las personas que encuentro. Les habló brevemente sobre mi experiencia y doy mi opinión sobre el juego que están diseñando. En una de mis caminatas por el pasillo, sucedió algo: (presumiblemente un ingeniero de videojuegos) camina en la dirección contraria. Cuando pasa, me doy cuenta de que este emite una serie de sonidos los cuales no puedo descifrar. Considerando que esto sucedió antes de los teléfonos celulares, él no está hablando con nadie en particular y no puede reconocer la lengua que habla. Al ver eso me quedo estupefacto, en ese momento mis ojos y oídos se ven obligados a seguirle por el pasillo hasta que dobla la esquina y desaparece completamente. Por lo visto, no es inusual ver estupefactos ante este tipo manifestaciones, una persona que pasaba por el pasillo se da cuenta de mi reacción y me ofrece una explicación que no le he pedido, pero que se la agradezco: "Oh, él fue criado con su gemelo y ambos crearon su propia lengua. La piensa en voz alta". "Después de escuchar esa explicación una sonrisa brotó en mi rostro. Por ninguna razón que pueda articular, esto tiene sentido y me siento más orgulloso de ser parte de Atari. Estoy muy contento de estar aquí.

Al regresar a mi oficina, miro hacia afuera por una enorme ventana. El temprano anochecer de la noche de invierno me anuncia que se acerca el final de mi primer día en este nuevo mundo. Continuaba leyendo unas páginas más del manual cuando Tod entra en la oficina y a su paso la puerta se cierra. Saca una bolsita de plástico cuyo contenido parece verde con chispas brillantes de color violeta. Me mira y, sin ninguna preocupación inicia el intercambio más inolvidable que jamás haya tenido en mi primer día de trabajo: "Me voy a fumar un cigarro. Puedes retirarte si no quieres estar cerca".

Agradecido por la amabilidad de Tod por darme la opción de retirarme, le aseguré que no sería necesario. De hecho, yo preferiría quedarme y acompañarlo, lo cual está de acuerdo. Recordando mi entrevista de trabajo, me preparé con mi propio cigarro, lo había preparado esa mañana. ¿Qué no es parte del ritual laboral del primer día de un nuevo empleo? Puse mi mano en el bolsillo y elaboré mi contribución ofreciéndole a Tod. Tod me dirige una mirada que podría ser de desinterés o de desdén, (pero sin ningún indicio de sorpresa) me dice: "No te ofendas, pero yo me voy a fumar algo real".

Por lo visto, mi nuevo compañero de oficina es un clásico presumido de la marihuana. Como novato, ¿quién soy yo para opinar? Estoy aquí para aprender. Cuando abre la bolsita, sale un aroma mucho más dulce de lo que esperaba. Luego procede a enrollar un cigarro con bastante maestría y después nos lo fumamos. Con el tiempo me di cuenta de que él no era un presumido. Tod es un conocedor. Su mercancía era mucho mejor que la mía. En ese momento me doy cuenta de que voy a tener que mejorar mi nivel de calidad en mi nuevo empleo. Después de pasar un buen rato conversando con Tod, había llegado la hora de dar por terminado el día.

De camino a casa, doy repaso a las experiencias de las últimas horas. Es muy emocionante estar en medio de un motor mágico, que continuamente está generando nuevas formas de entretenimiento y saber que millones de personas en todo el mundo lo esperan con ansiedad. Podré ver los videojuegos, jugarlos, influir en ellos e incluso crearlos nuevos a diario.

Por primera vez en mi vida, sé que no quiero estar en algún otro lugar o con alguien más, o hacer algo más. Finalmente, mi futuro es perfecto tal y como es. Esto es lo que hace a Atari tan excepcional. Algo muy especial está ocurriendo ahí, y ahora soy parte de ello, ¡lo cual es maravilloso!

Es también evidente que Atari reajustará por completo mi concepto (al igual que las expectativas) de la vida en el trabajo, para disgusto de los futuros directores ejecutivos.

Simultáneamente, las palabras de Jim la pinza de cocodrilo aún resuenan en mi mente: "este lugar ya no es lo que antes era". Imagínate llegar al empleo ideal y escuchar a la personas quejarse de cómo la empresa ha decaído. Cómo que antes esta era tan maravillosa, pero ya no es. Estoy pensando. "Sí, mira esto. Es un sueño hecho realidad. ¿¡De qué diablos estás hablando!?"

Al parecer yo había llegado en el momento de una enorme transición cultural. Con unas ramificaciones nefastas para Atari, eso era la industria del videojuego y el mundo de la tecnología. Lo que aún no logro entender es cómo la personas dicen "esto antes era mejor", creo que lo que quieren decir es "no me gusta el rumbo al que nos lleva la administración". Al igual se siente el soplo de un nuevo viento, que es mucho menos comprensivo a las necesidades de los programadores. Soy muy nuevo y estoy demasiado cerca, no tengo los ojos lo suficientemente abiertos para darme cuenta. Sé que llegaré a comprobar la verdad y, por imposible que parezca, pronto estaré cantando esa misma melodía.

Me encuentro sumergido en una envoltura de vida, envuelto en un terremoto de realidad. Atari redefinirá en total el sentido de quién soy, hacia dónde voy y lo que necesito. Quizás, Atari me permita por fin escuchar las respuestas que yo siempre he sabido. De cualquier forma, este es el primer de más de mil días consecutivos en Atari, pero eso aún no lo sé. Lo que sí se, es que en este momento no tengo idea absoluta de la increíble aventura que me espera. Aún no me doy cuenta de que aquella promesa que me hice a los quince años el día de hoy ha empezado a hacerse realidad.

Lo que sí sé es que: no puedo esperar a regresar mañana por la mañana. Lo necesito como parte de mi vida. En Hewlett-Packard no existían días de esta índole, ahora estoy sintiendo ese día y me gusta.

Y también sé algo más: finalmente he encontrado mi hogar.

EL PRIMER PROYECTO - LA VENGANZA DE YARS

Tras dos días de leer manuales, por fin recibí mi primer proyecto de trabajo: convertir el videojuego de monedas *Star Castle* a la videoconsola Atari VCS.

[NOTA para los Non-Nerd: Los derechos de autor de los videojuegos de monedas que hoy existen solo eran el enfoque común para VCS sobre el desarrollo y una estrategia de marketing. Si te gusta este videojuego como videojuego de árcade ¿por qué no jugarlo en casa las veces que quieras?. Aunque hay un problema con esta estrategia. La tecnología de los videojuegos de monedas evoluciona con cada juego nuevo, mientras que la tecnología de las videoconsolas domésticas (como la VCS) siempre permanece inalterada. Dado que la tecnología de la videoconsola de VCS tiene ya unos cuantos años en el mercado, la tecnología de las máquinas de monedas está mucho más avanzada que la de VCS, lo cual hace más difícil realizar transformaciones de calidad. La forma de mejorar los videojuegos de las videoconsolas domésticas es el descubrimiento/explotación de capacidades no antes conocidas... o diseñando videojuegos que lo utilicen de una manera más eficaz. Este hecho demostrará ser más favorable para mí .... eventualmente.]

Ok, ¡aquí vamos!

La clave del éxito en la planificación de un proyecto es saber lo que se quiere hacer. Lógicamente, se podría suponer que el objetivo consiste en adaptar *Star Castle* a la VCS, pero en eso nos estaríamos equivocando. *Star Castle* es mi primer videojuego para Atari. Consecuentemente los propósitos a mi diseño son:

1. Hacer un Splash- Quiero que mi debut sea una verdadera aportación, algo que me consagre como artista en el mundo de la creación de los videojuegos.
2. Poder crear una experiencia sensitiva - Quiero que sea una extravagancia distintiva, que llame la atención y que no pueda ser ignorada.
3. Quiero abrir nuevos caminos: no quiero repetir el material que ya existe, sino crear algo nuevo e innovador.

¿Estaré pidiendo demasiado? Claro que sí, pero ¿por qué aspirar a poco?

Esto es lo que voy a buscar y los resultados llegarán a donde deban llegar. Ahora, como ejemplo vamos a usar a *Star Castle* y vamos a ver cómo funcionan estos tres objetivos. Después de jugar el videojuego por un tiempo y después de viajar a los salones recreativos para observar a los jugadores expertos. He llegado a las siguientes conclusiones.

1. ¿Splash? *Star Castle* es un juego muy interesante. *Star Castle* fue creado por Tim Skelly para la empresa Cinematronics, en su momento a nivel técnico este videojuego fue una creación extraordinaria. Contiene técnicas innovadoras y creo seria una gran pesadilla recrear sus particularidades. Aún soy nuevo trabajando en los sistemas Atari, pero he aprendido lo suficiente como para ver que en la VCS este videojuego solo va a ser una *porquería*. ¿Será esta una aportación a la empresa? Más bien creo que podría ser una obra de caridad.
2. ¿Una experiencia sensorial? Es muy interesante ver el movimiento en pantalla, pero el punto de enfoque visual se queda en el centro de la misma. Las líneas blancas y negras de las gráficas se desconocen

por sus impresionantes efectos visuales. En realidad, todo el color de este videojuego proviene de una capa de plástico. Eso no es lo que yo busco. Los sonidos se sienten un poco limitados y poco monótonos. *Star Castle* es kinético pero no ofrece dinámica. Necesito hacer algo mejor.

3. ¿Nuevo terreno? Reconozcámoslo, cuando se trabaja de una reproducción, la innovación no es el eje del proyecto. No tardé mucho en darme cuenta de que las conversiones de videojuegos son todo lo contrario de lo que yo quiero hacer.

Para mí lo mejor es hacer un videojuego de acción al que disfrute jugando, es evidente que *Star Castle* no lo será. Esta situación es inaceptable.

En Atari el mundo de programación de videojuegos es un club, un club al que me encantaría pertenecer. Mi primer videojuego es prácticamente la solicitud para ingresar a el. No solo estoy diseñando un videojuego, sino que estoy preparando la tarjeta de membresía. Para mi es muy importante ganarse un lugar entre los programadores de videojuegos de Atari y convertir el videojuego de *Star Castle* no me servirá de nada, así que .....

Es claro que la primera misión es cambiar la tarea y crear un nuevo margen para realizar algo mejor.

Como un veterano de tan solo una semana en Atari, me dirijo a Dennis y le digo que el convertir el videojuego *Star Castle* en VCS sería solo una porquería. A continuación, comparto mi plan para tomar algunas técnicas básicas y ajustarlas para que funcionen mucho mejor en nuestra videoconsola. OK, aunque no era tan sencillo. Hice toda una presentación, incluyendo muestras de las pantallas y de las reproducciones que había creado utilizando papel cuadriculado y entre otras cosas más. Afortunadamente, Dennis aceptó la idea, y dijo: "¡hazlo!".

Me es difícil aceptar mi suerte. ¡Dennis me deja hacerlo! Esto jamás hubiese ocurrido un año después, menos mal que eso es ahora.

La conversión de los videojuegos de monedas a los videojuegos gratuitos ya se había realizado, ahora mis opciones eran muy amplias...

Ok. Ahora vamos a reforzar esa teoría. ¿Qué voy a hacer?

Me vi obligado a hacer algo que rara vez la gente en producción técnica hubiese considerado. Lo que hice fue recurrir a mi educación. Tengo títulos en ingeniería en computación, matemáticas, economía y teatro. Los títulos de computación y matemáticas me ayudaron a adquirir este empleo, pero la economía y el teatro serían la clave para el éxito como creador de videojuegos. Sin olvidar que este será complementado por mi talento natural del teatro.

Algo que aprendí en el teatro fue el de evaluar la obra a través de los ojos del público. ¿Qué es lo que busco que experimente el jugador?

Quiero que mi primer juego sea desenfrenado, que tenga una síntesis de color y movimiento, combinado con una acción intensa. Quiero que el jugador esté en constante peligro, y saber que si deja de moverse estará acabado, ¡Debe ser dinámico, convincente e irresistible, además de visualmente impactante! Que cuando las personas pasen cerca, se vean forzadas a parar y preguntar: "Wow, ¿qué es eso?".

Este plan también contribuye al cinematógrafo que existe en mí. El videojuego tiene que ser tan divertido, para que la acción del videojuego atraiga la mirada hacia toda la pantalla. Además, el sonido debe de resaltar la experiencia. También me gustaría crear un paisaje musical que dicte el estado de ánimo y genere tensión.

Todos y cada uno de estos son componentes importantes para el diseño del primer videojuego de acción. Este tiene que causar el efecto, splash. Necesito innovar. Apenas acabo de empezar a planearlo y ya estoy tratando de expandir la idea de lo en esta máquina puede ser posible.

Como dije antes, ¿por qué señalar hacia abajo?

Aunque en algún momento, yo continúo respondiendo a una pregunta: ¿Y exactamente cómo voy a conseguirlo? Es aquí donde resulta útil mi título en economía. Después de todo, la economía es la ciencia de la asignación de escasos recursos y el VCS es un medio desesperadamente limitado para la programación. Todo el tiempo escucho hablar sobre lo restrictivo que es el VCS. Yo me voy a enfocar en la creación de los videojuegos tal y como un economista, eso significa el incrementar la percepción al máximo, minimizando el costo y el esfuerzo.

[Nota para el nerd de *Hard-Core*: ¿estaba limitada la VCS? Para el código teníamos 4000 de ROM y solo 128 bytes de RAM para el videojuego. Hoy en día existen estructuras individuales en que la memoria es mucho más grande que todo el producto entonces disponible. Hoy en día los videojuegos de las videoconsolas son un millón de veces más potentes. Definitivamente son mejores, pero ¿serán un millón de veces mejores?]

Ok. Ahora vamos a reforzar esa teoría. *¿Y qué voy a hacer?*

La verdad es que: No lo sé. Aún no estoy seguro, pero confío en que esta es una jornada de descubrimientos. Voy a empezar a dar golpes construyendo aquellas cosas que sé que hay que hacer y ver qué posibilidades se presentan en el camino.

Existen dos cosas a mi favor: 1) mi naturaleza obstinada, 2) que a menudo hago las cosas de manera inusual. Así soy yo. Siempre flexiono mi perspectiva compulsivamente, buscando sin descansar aquellas posibilidades no antes vistas. Cuando las cosas me parecen demasiado limitadas, empiezo a buscar huecos y válvulas de escape, maneras de captar diferentes aspectos de los que los previos exploradores lograron ignorar o pasar por alto. Nunca me detengo, aunque esto sea incómodo para algunas personas. Ocasionalmente algo interesante aparece, lo cual en un ambiente creativo es siempre bienvenido.

Es por eso que para mí Atari es el lugar perfecto. Al fin me encuentro en un lugar donde el ser diferente y poco convencional es una ventaja y no desventaja. Estoy en medio de un grupo de inadaptados, y me adapto perfectamente.

Por cierto, ¿en qué consiste un buen entorno creativo? ¿Cómo podemos planear ser creativos y acoger nuevas ideas? Esta pregunta ha perseguido a muchos creadores durante mucho tiempo. Yo, ahora voy a intentar responder a esta pregunta en una de las incubadoras más creativas que jamás hayan sido creadas, y eso es apenas estoy entrando en calor.

LOS AMBIENTES CON CREATIVIDAD: PRODUCTIVIDAD VS PÉRDIDA DE TIEMPO

La majestuosidad de las enormes nubes de polvo que se levantan sobre el suelo del desierto es un contrapunto interesante a la determinación de las enormes máquinas amarillas. El monstruo mecánico se mantiene firme en su esfuerzo por cavar la tierra sin que le moleste el viento. Aquí se puede ver el poder de la naturaleza vs. la maquinaria. La incertidumbre de la tormenta de arena se refleja en el comportamiento de los espectadores, con excepción de una cosa: La tormenta arroja basura sin cesar y el comportamiento de las personas parece mucho más placentera.

Las personas de la televisión se mueven de un lado a otro buscando su siguiente toma, todos se mueven en grupos y cada uno de sus integrantes porta sus accesorios especiales. La gente encargada de la comida anda rondando en sus camiones, preparándose para alimentar a la multitud. Los periodistas preparan su equipo, cubriendo la más mínima abertura por la que pueda entrar la arena y al igual están estabilizando los reflectores contra las corrientes de viento. Las luces se prenden y se apagan. Los micrófonos se mueven con el viento. Las entrevistas comienzan y terminan constantemente. Todo esto está sucediendo en medio de un mar de aficionados desesperados, que corren de un lugar a otro con sus recuerdos y reliquias sujetados en la mano. Todos ellos están desafiando los factores del clima porque desean tener la oportunidad de ver algo histórico ante sus ojos y las cámaras. Una cabalgata de actividades que parecen al azar, sin embargo estamos conscientes que cada movimiento tiene un propósito y cada paso tiene un destino.

Se ve que todos los grupos de personas están trabajando y relacionándose entre ellos mismos. Los grupos se integran entre ellos mismos influyendo una armoniosa mezcla de productividad llena de energía y conmoción. Esto es lo que veo hoy en el desierto. Es un caos muy organizado.

¿Es productivo? No existe la garantía que algo importante salga de las profundidades. ¿Qué tal si no sale nada? Todo este trabajo, esfuerzo y dedicación podrán ser en vano. Si no sale ningún videojuego del pozo, ¿Tendrá sentido estar aquí? ¿Aporta algún valor o acaba siendo solo una pérdida de tiempo y energía?

Este momento me recuerda a una sesión que realicé en una convención de videojuegos en Texas, se trataba de preguntas y respuestas. Después de compartir con la audiencia algunas historias de mis travesuras, un espectador me preguntó: ¿Qué no fue eso una pérdida de tiempo en Atari?

Sin duda, esa es una gran pregunta con una respuesta muy difícil de contestar.

El desorden organizado es la mejor manera de describir el estilo de vida en el departamento de VCS en Atari. Siempre con diferentes intereses, pero con un objetivo común: el siempre presionar para que surja algo emocionante sin garantía al éxito.

¿Qué significa emplear el tiempo de forma productiva cuando se está haciendo un invento? Uno puede pasar 10 meses creando un producto de mala calidad, terminarlo a tiempo y por debajo del presupuesto. O se puede pasar 2 meses perdiendo el tiempo y terminar con una brillante idea que produzca un excelente producto en tan solo 7 meses. ¿Cuál será la mejor forma? ¿Cuál de ellas es una pérdida de tiempo? ¿Qué método utilizarías para desarrollar el plan del proyecto? Si solo puedes medir en retrospectiva los resultados obtenidos, entonces ese se convierte en un problema difícil de planear.

¿Y qué vas a hacer durante los dos meses que pasaste perdiendo el tiempo para poder maximizar las posibilidades para que se te ocurra una idea y que está justifique todo ese tiempo? Tampoco hay forma de garantizarlo. Por otro lado, es más fácil dedicar una cantidad predecible de tiempo a un producto mediocre que nunca llegará a ninguna parte y al igual produce una pérdida económica. ¿Si eso sucediera, podrías considerar una pérdida total del tiempo invertido del principio al fin? ¿Estarías mejor económicamente si no lo hubieses hecho? No debemos olvidar el balance de los beneficios económicos con el resultado de la experiencia. ¿Hemos aprendido algo que nos permitirá que el próximo producto sea mucho más exitoso? Es difícil saber lo qué hay que hacer. Lo que no queremos hacer es pasar 2 meses perdiendo el tiempo y después ya con retraso pasar 10 meses tratando de entregar un producto mediocre. De eso estamos totalmente seguros.

Desde mi punto de vista, la creatividad consiste en diferentes formas (o ideas) unas que no están relacionadas entre sí y el poder unirlas de una forma novedosa (quizás de forma contraria a la intuición), creando una nueva capacidad u oportunidad. ¿Cómo puedo conseguirlo?

El caos organizado es precisamente lo que se busca en un ambiente de creatividad. Yo diría que eso es una característica necesaria, aunque no la suficiente. También existen componentes fundamentales que son la clave para la integración. Deben existir estimuladores que generen los relámpagos de inspiración para que estos puedan captar los momentos importantes en medio del desorden. Este es un aspecto crucial y ambas funciones deben de coincidir, puesto que si no puedes atrapar los rayos cuando caen, el tiempo y el esfuerzo para crearlos se convierte en una pérdida de tiempo. En Atari tuvimos muchos motivadores, los motivadores fueron personas que eran ambas cosas y otras que no eran ninguna. Sin embargo, los que no eran ninguna, sabían tomar decisiones creativas y presentarlas adecuadamente en su momento.

Todo esto me parece bien para lo que necesitábamos, sin embargo, hay cosas importantes que debemos de evitar en un ambiente creativo. Las dos cosas que ahora vienen a mi mente son el conflicto y las expectativas de la empresa. A medida que pasaba el tiempo ambas brotaron como consecuencia de las interacciones con el departamento de marketing. Prometo que más adelante hablaré con más detalle sobre los problemas de los departamentos de ingeniería y marketing. Mi amigo Bob Sáenz aborrece todo este drama. Bob es un escritor cinematográfico ganador de múltiples galardones, él ha producido muchos libretos. Bob no aborrece el conflicto entre los departamentos de ingeniería y marketing, puesto que eso genera escenas muy atractivas para sus películas, lo que sí aborrece es el que yo le diga: "Te lo contaré después" Ya sé que no debería de hacer eso, y gracias a Bob, comparado a los proyectos antes realizados se que hoy digo esa frase con menos frecuencia. Por ahora, me gustaría terminar la parte creativa del contexto y solo decir: "Lo siento, Bob".

Como gratificación, solo me queda decir que: Al departamento de marketing le gustan las cosas seguras, predecibles y bien organizadas. Por lo contrario el departamento de ingeniería quiere que las cosas sean impredecibles y que estén organizadas en una forma incoherente, al departamento de ingeniería le gusta poder incrementar la oportunidad de una invención revolucionaria y poder ofrecer una forma organizada. Estos dos énfasis funcionan respectivamente en cada uno de sus propios ángulos, ¿pero qué pasa cuando el río suena y los dos se mezclan? Nolan Bushnell, el fundador de Atari, mejor conocido como el "padre de los videojuegos", nos explica cómo esto sucede de una forma simple: "[El departamento de ingeniería necesita] un ambiente con poca disciplina y al mismo tiempo metas claramente establecidas. Por lo general esa mezcla es un conflicto empresarial."

He trabajado en ambientes de creatividad donde las personas piensan que para poder inspirarse es necesario que exista un conflicto. No estoy de acuerdo con eso. Creo que el conflicto y la competencia son distracciones. Al igual, creo que el caos organizado con bajo nivel de conflicto, alto nivel de compañerismo y alta capacidad son partes esenciales para poder seguir sobrepasando límites y rompiendo las barreras... Para mi esa es la mejor de las recetas...

En Atari, siempre hacíamos cosas con el propósito de poder inspirarnos. Nos gusta intentar nuevas cosas, intentar cosas viejas en formas nuevas, siempre estábamos buscando ver las cosas diferente manera. Una nueva perspectiva.

A mi me gusta jugar con la perspectiva, sobre todo cuando esta nos muestra el cómo nosotros mismos nos limitamos. ¿Está el vaso lleno a la mitad o está a la mitad vacío? Quizá el vaso es demasiado grande. ¿Qué tiene el vaso? ¿Tengo sed? El poder cambiar la perspectiva abre nuevos caminos y nos ayuda a crear fuentes de luz. La perspectiva consiste en poder resolver problemas. Para mí no existen problemas fáciles o difíciles; solo sé que existen perspectivas positivas y negativas. Todos tendemos a resolver los problemas adoptando perspectivas útiles para cada situación. Un ejemplo de esto son los rompecabezas.

¿Recuerdan algún rompecabezas que no hayan podido resolver? Tal vez en su momento esto parecía difícil, pero cuando lo lograron esto se convirtió en una tarea más fácil de resolver.

El rompecabezas nunca cambió y lo pudieron armar, ¡lo lograron! Lograron incorporar una nueva perspectiva y eso lo cambió todo.

Cuando nos atamos a nuestros propios límites, también reducimos nuestro propio mundo. Cuando somos libres de incorporar diferentes puntos de vista, disponemos de más soluciones. Cuando nos enfocamos menos en los nuestros problemas podemos crear más eficacia para solucionarlos y así poder enfocarnos más en nosotros mismos.

Ahora me pregunto; ¿Cuántos de los problemas de mi vida se hubiesen podido simplificar si hubiera sabido utilizar nuevas perspectivas? ¿Cómo podré aprender a cambiar de perspectiva más fácilmente? ¿Cómo podré ser más productivo? En mi consultorio terapéutico ayudo que mis pacientes respondan a esas preguntas, esos detalles están en otro libro.

Nuestro trabajo como ingenieros de videojuegos en Atari, consistía en inventar nuevas ideas, ideas que crearán diversión. ¿Cómo se puede conseguir eso? ¿Cómo se podrá ser productivo un ambiente creativo? Aunque, nosotros solamente hacíamos locuras, siempre buscábamos nuevas ideas y analizamos diferentes puntos de vista.

Al fin y al cabo, los videojuegos eran nuestro negocio. Jugar videojuegos era la forma de crear nuevas ideas. En general los videojuegos se inventan de una forma espontánea. En Atari el concepto de perder el tiempo no era algo que existía, puesto que cualquier actividad que fuera considerada una pérdida de tiempo podía ser un nuevo concepto de un videojuego, lo cual se considera trabajo. Cuando la pérdida de tiempo fuese de forma activa y no de forma pasiva, era considerado como una contribución al proyecto. ¿Y cómo saber cuál se está haciendo? Si caes en la pereza, tienes que estar consciente que el reloj sigue caminando. Rob Fulop lo resumió de manera muy precisa: "Las distinciones entre el trabajo y el juego se pueden volver muy borrosas y si no eres lo verdaderamente disciplinado, es posible que nunca terminen nada de su trabajo".

Frecuentemente nosotros jugábamos a las bochas de limones, mejor dicho, lanzábamos limones por el pasillo e intentábamos acercarnos al objeto que teníamos marcado, ese objeto podría ser cualquier cosa que alguien lanzara por el pasillo, pero que no fuese un limón. He aquí la clave de la respuesta a la pregunta: ¿Cuáles son las implicaciones de jugar a un juego de física rodante con una pelota que no es esférica? Después surgió una pregunta: ¿No creen que deberíamos de colocar espejos en las esquinas de los pasillos para no bombardear con limones voladores a los transeúntes inocentes?

En Atari los cambios de oficinas eran muy frecuentes. Yo tuve cinco diferentes oficinas en los cuatro años que trabajé en la empresa. Cuando llegaba la asignación de una nueva oficina era un gran descubrimiento, puesto que no sabías de quién o qué había sido antes de ella. El espacio de estas se iba creando a medida que se iban necesitando y era evidente que la planificación de nuevos espacios nunca era una prioridad en Atari.

Recuerdo que una vez nos instalamos en un área que había sido una especie de laboratorio industrial. Lo cual nos llevó a crear un nuevo pasatiempo. Esa área tenía salidas de aire super-presurizadas que todavía funcionaban. Cuando nos dimos cuenta que las salidas de aire funcionaban, juntamos varios tipos de comida y nos turnamos para meterlos en la boquilla antes de disparar la válvula. La repentina ráfaga de aire vaporizaba el material o lo lanzaba a través del cuarto y la comida estallaba contra la pared opuesta. Los plátanos eran los mejores para usar en este juego. Una nota importante: si los chícharos no estaban cocidos, estos se convertían en proyectiles muy peligrosos. OK, dado que nuestra consola de videojuegos no tenía interfaz para el olfato, esta pudo haber sido una pérdida de tiempo. Sin embargo, eso resultó juego muy divertido.

Hubo un tiempo en el que jugábamos en el estacionamiento a la demolición de coches con modelos a control remoto. Este fue un juego bastante caro. El jugar a demoler coches nos sirvió para aliviar la tensión y la frustración de las exigencias y expectativas para una nueva creación. El jacuzzi también me sirvió para aliviar el estrés, sobre todo cuando lo utilizaba de una forma creativa.

Para poder trabajar utilizamos nuestras propias herramientas, nuestros propios juguetes, las instalaciones y hasta nosotros mismos en una manera un poco extraña y ortodoxa. Éramos creadores y trabajábamos en los últimos adelantos de la tecnología. Algo a mencionar, los inventores tienen problemas con sus propios límites y trabajando es como evitan ser víctimas de los límites "de rutina". Sin embargo, cuando los rompe-límites se sueltan, estos pueden crear daños que afecten a personas inocentes que respetan las reglas. Cuando se pierde el control de una situación, todo se puede salir muy rápido de las manos.

Similarmente como en los eventos de la empresa. En Atari había tres tipos de eventos. Estaban los famosos eventos corporativos, que eran relativamente discretos. También existían los pequeños eventos intra-departamentales que sin duda eran más divertidos. Estos se iniciaban de manera sencilla alrededor de una o dos mesas en un bar o un restaurante, aunque estos podrían terminar de diferentes formas. Era una tontería pretender mantener el orden (incluso la sensatez), así es como lo consideraban los dueños de los negocios locales donde nos reunimos. Incluso el hacerlo en un lugar cerrado en ocasiones resultaba un verdadero problema. En una ocasión, en un estacionamiento se desató el juego de la gallina ciega. El juego consistía en que los empleados más delgados se sentaban en los hombros de los empleados más robustos y trataban de "desacoplar" a los otros equipos. No cabe duda que cuando el suelo y los árboles se ven relativamente suaves es (porque todo el mundo está borracho y/o drogado), eso puede parecer una buena idea. A pesar de las grandes propinas que se les otorgaba a los negocios y que jamás fue necesario llamar a una ambulancia, la mayoría de los negocios locales decidieron no volver a colaborar en ninguna otra fiesta para los empleados de Atari. No los culpo por tomar esa decisión. El tercer tipo de fiesta, era la fiesta "semanal" de los viernes por la tarde. La intención de la fiesta del viernes era para ayudar a la descompresión, la cual era menos escandalosa que las dos primeras. Esas fiestas eran casi todas las semanas.

Además de las fiestas, existían actividades de todo tipo. Las actividades como el trabajar en el puesto de la Feria de Consumer Electronics Show (CES) (Electrónica de Consumo), acudir a grupos de trabajo, acudir eventos de demostración de los consumidores y a diferentes convenciones. Conforme pasaba el tiempo, había reuniones con asociados de alto nivel y perspectivas de licencia.

Hmmm, al mencionar todo, parece que lo único que no hicimos fue trabajar. Estas cosas sucedían a lo largo del año. La mayoría del tiempo estábamos frente a nuestros teclados, tratando de obtener el máximo beneficio de la simulación y de la inspiración que cosechamos de todos los pasatiempos.

Todo esto era posible gracias a la abundante entrada de fondos procedentes del éxito de la venta de videojuegos en todo el mundo. Las recompensas de un medio productivo y creativo son muy claras... pero el objetivo sigue siendo difícil de alcanzar. Como dije antes, el diseño de videojuegos consiste en ver las cosas de nuevas formas que sean interesantes y divertidas. ¿Y cómo puedo planificar nuevas ideas y avances creativos?

Nuestro enfoque era hacer cosas extravagantes con la esperanza de obtener buenos resultados. En Atari yo siempre buscaba refrescar mi punto de vista, y lo hacía dedicándome a las tareas rutinarias en una forma habitual. No era solo en mi oficina. Por ejemplo: ....

Durante la mayor parte de mi estancia en Atari yo vestía con barba y bigote. Un día, solo para cambiar un poco las cosas, decidí afeitarme. Siempre que contempló un cambio como éste, me detengo a pensar en las oportunidades que esa transición puede brindar. Por ello, me puse a pensar en lo que podría hacer y en lo que jamás haría con mi barba, sin dudar este era el momento de hacerlo. Mientras lo asimilaba llegué a la conclusión de que sería divertido afeitar la mitad de la barba, irme así a trabajar un par de días y después afeitarme completamente. Así que esa mañana me afeité la mitad de la barba y la mitad opuesta del bigote, haciendo de mi cara como una especie de tablero de ajedrez.

Lo primero que noté fue que muy pocos de mis colegas se dieron cuenta de lo que había hecho, cosa que me molestó bastante. Casi tuve que poner mi cara frente a la cara de las personas para que se dieran cuenta de la mía. Eso es solo un testimonio de cómo la mayoría de las personas estaban concentradas en sus propios proyectos/mundo. Para mí lo más interesante fueron las oportunidades de desarrollo, como la asamblea departamental que se llevó a cabo la misma tarde del día que decidí afeitarme.

Como no estaba preparado para la asamblea y después de un poco de práctica, logré cubrir la mitad de mi cara con una de las dos manos. Si usaba la mano izquierda solo tenía barba y si usaba la mano derecha solo tenía bigote. La asamblea la conducía una persona que no pertenecía a la empresa, me fui temprano para llegar antes de que llegara el conferencista y así poder asegurar un asiento en la primera fila. Puse mi mano derecha a mi cara, cubriendo la parte de la barba, apoyé mi codo en la mesa y esperé a que comenzara la reunión.

El hombre llegó y comenzó su presentación. Yo me mantenía en la misma posición y hacía todo lo posible por mantener contacto visual con el portavoz. Al cabo de unos minutos, cuando se dirigió a la pizarra, yo cambié de mano. Cambiaba de mano cada vez que se me presentaba la oportunidad. Al principio, el cambio de mano le pasó totalmente desapercibido, pero después de algunas rondas y antes de continuar se detenía a mirarme por un segundo. En la siguiente ronda su mirada se convirtió un poco más inquisitiva. Cuando de nuevo cambié de manos, el portavoz se apartó de la pizarra, me miró, dejando atrás todo intento de continuar y me dijo. "¿Qué te pasa?" Me quité las dos manos de la cara, encogí los hombros y dije: "¿A qué te refieres?". Cuando por fin asimiló los parches de mi cara, en su rostro se reflejó en una expresión de incredulidad, como si dijera: "¿A quién se le puede ocurrir esto?". Fue un momento inolvidable.

Si él hubiese preguntado eso en voz alta, la mayoría de los presentes hubiesen dicho: "Oh, Howard haría eso. O Tod". Así eran las cosas en el departamento de VCS. Al ver la reacción del portavoz me di cuenta que el experimento en mi cara había valido la pena.

Numerosos predicamentos y hechos interesantes proceden de la persecución de una inspiración creativa. En Atari uno de los retos principales era el pensar en las diferentes formas de impulsar el flujo de los jugos creativos.

Una de las aventuras más interesantes en este campo fue la de Tod Frye, quien nos dio uno de los mejores ejemplos de los resultados impredecibles en los halagos de la musa. Este es uno de los momentos más memorables de Tod, conocido como Rociador de lobotomía…

Como siempre, esto empieza de la misma manera que las grandes historias, con un desafío por límites y fronteras. Nosotros fuimos pioneros en el campo del tecno-entretenimiento y como buenos pioneros compartimos un mismo rasgo: El impulso irresistible de toparse con nuevas normas y reglas, el encontrar los puntos débiles y el abrirse nuevos pasos. Siempre hay que recordar que las creaciones son personas con conflictos con un sinnúmero de límites. Límites por la tecnología, por las normas de corrección, de la autoridad en general o incluso de la tolerancia química, ¡pusimos a prueba todos nuestros límites! Eso es justo lo que somos. Esta vez, el objetivo de Tod es la gravedad.

Tal vez nos sea de utilidad saber que Tod había trabajado en la construcción, lo cual lo relaciona con las estructuras, tanto en el interior como en el exterior. No existen muchas personas que exploren un edificio como lo hace Tod, lo cual era de gran ayuda para muchos socorristas.

En el último edificio donde trabajamos, habían pasillos de diferentes tamaños. Algunos lo suficientemente angostos como para que Tod pudiera saltar en el aire, poner un pie en cualquiera de las dos paredes y poder balancearse a unos veinte centímetros del suelo. Esto es divertido.... aunque solo sea por unos minutos. Sin embargo, para Tod, esto no es solo una nueva manera de hacer algo; para él esta es la oportunidad de ampliar un concepto. Igual y como dice Tod en la serie documental Érase una vez ATARI: "Nosotros somos ingenieros. Lo que hacemos es desarrollar un nuevo sistema, analizamos sus capacidades y posteriormente desarrollamos nuevas funciones". Con el enfoque a esta filosofía, Tod analiza cómo podrá hacer con ese nuevo descubrimiento y así poder conectarse al a las paredes del corredor.

Primero, se inclina verticalmente por las paredes. Llega a un punto en que puede levantarse a un metro y medio del suelo antes de chocar con las vigas del techo. Una vez que domina escalar, entonces comienza a moverse hacia el techo. Al principio puede hacer movimientos cortos y lentos solo avanzando unos cuantos centímetros a la vez. Al continuar caminando Tod finalmente descubre que, cambiando su peso de lado a lado, él podría empezar a caminar por el pasillo de forma normal y bastante alto del suelo. Si continúa así pronto podrá correr a muy buen ritmo. Esto no solo es impresionante, al igual que es impactante. Cuando digo impactante, me refiero al ensordecedor estruendo que producen sus pies contra las paredes. ¡BUM! ¡BUM! ¡BUM! Todos sabemos que nada es un secreto cuando Tod está haciendo algo. El traqueteo de los tapices y el fuerte golpe de los pies contra los muros hablan sin ambigüedades. Si estás en tu oficina y oyes que Tod se acerca, sabes que debes quedarte quieto hasta que pase el efecto *Doppler* que te indique que no hay moros en la costa, de lo contrario podrías terminar con las huellas de los sus zapatos en el pecho o en la cara.

Para Tod los paseos por las paredes eran una rutina diaria en Atari. El tiempo de los paseos variaba dependiendo en la cantidad de puertas abiertas que se encontrara. Solo una puerta abierta es causa de la prohibición de caminar por la pared. Cada vez que Tod tropieza con una puerta abierta, se "despega" de la pared saltando al suelo volviendo a un desplazamiento a pie (por ejemplo, caminando).

Un día, Tod intento probar hasta dónde podría llegar hacia "arriba" del techo. Él estaba corriendo muy cerca del techo cuando se encontró con una puerta abierta. Al soltar los pies, se dio una ligera sacudida hacia arriba y se golpeó el cráneo con uno de los regadores para incendios que cuelgan del techo. El impacto tomó a Tod por sorpresa y los bordes filosos que sobresalen le cortaron la piel. Tod cae al suelo, aturdido y sangrando en exceso.

Varias personas se acercaron a ver qué pasaba después de escuchar los gritos de agonía de Tod, esta vez los sonidos eran diferentes a los que regularmente se escuchaban cuando caminaba por las paredes. Después que las personas de la empresa analizaron la situación, entonces decidieron de que Tod debería irse al hospital para que lo examinen y recibiera tratamiento médico. Dos de esas personas se ofrecieron a llevarlo al hospital. Los que nos quedamos en el edificio y después platicamos sobre el accidente, nos dimos cuenta de que Tod había dejado un poco de cabello (y un poco de sangre) en la cabeza del rociador. Decidimos que el cabello debería de quedarse en ese lugar como un recuerdo al accidente, igual como un recordatorio de los peligros asociados a nuestra industria.

Cuando Tod y las otras personas llegaron a la sala de emergencias, el personal de admisión lo cuestionó puesto que necesitaban saber lo ocurrido. Él les comienza a explicar cómo de manera imprevista el rociador de incendios había interrumpido su caminata por la pared y su cabeza continúa sangrando. Todos los ingenieros de Atari están acostumbrados a escuchar a Tod relatar sus hazañas con meta niveles concordantes, auto observaciones y digresiones filosóficas. En esta ocasión, Tod cuenta un relato convincente del accidente. Obviamente las enfermeras no le creyeron.

Con el intento de ganar poco de credibilidad, Tod comenzó a explicar con detalle la originalidad del concepto el porqué "camina por las paredes". Por alguna razón la narración de la historia no logró que el personal del hospital se inclinara a creerla. Ante la sospecha de que Tod hablaba por delirio o conmoción cerebral, el personal del hospital continuó investigando la verdad de los hechos con los otros ingenieros. Los otros ingenieros respaldaron su versión al 100% y de esta forma fue como lograron atenderlo, aunque las dudas del personal aún existían. Me temo que al final de cuentas, la sangre fue más convincente que la historia.

Tod les asegura a todos que él va a estar bien y entonces se regresan Atari. Claro que sin antes asegurarse de que Tod llame Dave Staugas por teléfono, para decirle que estaba en el hospital. Dave es fotógrafo y hace videojuegos, pero lo que es impresionante es que es el compañero de transporte de Tod. Los dos viven en Berkeley y trabajan en el Valle del Silicón, ambos viajan juntos en el mismo coche dos horas todos los días. Cuando Dave se entera claro que se preocupa por la noticia, no tanto por la sorpresa sino por la curiosidad de ver el daño. Cuando conoces a Tod, te das cuenta de que no tiene mucho sentido acelerarse a hacer un pronunciamiento dramático sin que se haya narrado toda la historia. Eso no es falta de preocupación por Tod, es solo para evitar el estrés, porque con Tod el drama siempre existe. Lo más interesante de esto es que eventualmente Dave trabajaría con nosotros en Atari, él se incorpora a la empresa a pesar de ser testigo de los peligros inherentes del trabajo.

En las próximas horas los médicos curan la herida de Tod, la limpian y la cubren para que sane sin problemas. El área debajo de la herida, es decir el cerebro, fue evaluado y examinado varias veces. El recuento repetitivo del accidente es tan consistente como increíble. Aunque no estoy seguro que crean que Tod estaba corriendo por un pasillo a una altura del nivel de los hombros, pero también creo que todos saben que él no tiene otra versión de la historia. En las salas de urgencias de los hospitales del Valle del Silicón se atienden a muchos programadores de computación, pero jamás a causa de que la herida fue causada por el caminar por las paredes. Finalmente, los doctores confirman su estado mental, terminan el papeleo y lo dan de alta para que se vaya a casa con Dave.

Este episodio queda perfectamente captado por una frase, que no solo expresa la absurda verdad literal del caso, sino que también comunica la experiencia metafórica de muchos programadores de videojuegos:

> Motivo de la visita médica: Paciente lesionado mientras escalaba las paredes.

Esta es la historia de la lobotomía del rociador. Una clásica de Atari. Es la historia que nos enseña cómo la gente creativa usa la agresividad y a veces peligro para aumentar sus experimentos en busca de avances difíciles de encontrar. Tal vez es por eso que los residentes del Valle del Silicón se refieren al estado de la técnica en computación como "Una navaja de doble filo".

Nosotros en Atari éramos ingenieros del entretenimiento los que navegamos por un contexto de creatividad en busca de nuevas ideas y descubrimientos. ¿Qué significa ser "creativo"? ¿Cuánta chispa se necesita para lograr un producto de alta calidad? Estas son algunas de las preguntas que nosotros mismos aún intentamos contestar. Todo fue una meta totalmente vaga. Con un proceso de pruebas y errores, donde teníamos que mostrar el trabajo ya realizado.

Era como que si no teníamos ninguna forma de proceso o estructura, incluso algunas veces buscábamos ayuda para poder estallar la chispa de la inspiración para la creatividad. Una importante actividad en innovación en Atari fue conocida como MRB. (El equipo de MRB) suele estar formado por expertos en la materia "PYMES" procedentes de diversos campos como la calidad, el diseño, el estrés, la fabricación, la planificación, etc. MRB estaba ubicado en el baño de mujeres en el segundo piso del edificio de ingeniería (edificio con número 1272). Al cabo de un tiempo, la empresa consideró inapropiado ver a los hombres con la mínima preocupación entrando (y saliendo) del baño de mujeres. Lo que fue razón que MRB fuera asignado a otros lugares en la empresa. A pesar de lo que parece, en el fondo eso no era algo extraño. El baño de mujeres tenía una sala justo a la entrada de la puerta. Uno tenía que pasar por allí para llegar al baño, por lo tanto, eso no era una cuestión de decencia. Sin embargo, existía la duda que si fuese necesario que alguien atravesara por MRB en rumbo al baño podría resultar una falta de cortesía (o incluso un delito), por lo tanto, la relocalización de MRB era lo mejor para todos.

De vez en cuando se escuchaba anunciar: "MRB en el despacho de fulano" o "MRB en el anexo superior", lo que significaba una zona de la azotea del edificio siempre tomando en cuenta que no estuviera lloviendo. A diferencia de las reuniones departamentales, MRB no solía ser un requisito. Aunque había que tomar en cuenta que existían varios niveles de participación.

Había miembros que eran los fundadores, los semi-regulares, los invitados irregulares y algunos que solo participaron una vez. MRB es el acrónimo del Consejo de revisión de marihuana.

Cuando se hacía el anuncio, ya fuera por interfono o al estilo "Paul Revere", el equipo se reunía y fumaba cigarrillos. Generalmente en estas reuniones se iniciaban gran cantidad de debates creativos. Durante las reuniones de MRB se creaban y/o elaboraban conceptos de videojuegos, se corregían errores y se resolvían problemas técnicos. Además, que se evaluaba la calidad de algunas de las mejores cosechas del producto del condado de Humboldt, la evaluación era con medida a cuestiones esenciales, porque una cosa que se aprende en Atari es que las pruebas de productos forman una parte esencial dentro de un proceso creativo.

Entonces cuando aquel miembro del público en la conferencia en Texas me preguntó: "¿Acaso no fue una pérdida de tiempo tu estancia en Atari?" Simplemente le conteste con la verdad "¡En Atari no se desperdiciaba tiempo. Fue Atari quien desperdició a los *ingenieros*"!.

En Atari siempre se había especulado sobre el consumo de drogas. Me gustaría aclarar y poner el punto final a esas especulaciones y eso se hace aclarando de que en Atari sí se consumían varios tipos drogas. Aunque el consumo nunca fue de forma universal puesto que existían abstinentes al igual que consumidores. Sin embargo, el consumo de diferentes sustancias y el uso de ellas siempre existió en diferentes formas, al igual que por diferentes personas en los diferentes departamentos. Ninguna droga fue consumida por todos y nadie consumió todas las drogas, pero todas las drogas fueron consumidas por alguien en un momento dado. Aclarando, que dichas drogas eran simplemente productos químicos.

¿Impulsaron u obstaculizaron la productividad? ¿La creatividad? Aunque estos son temas que se pueden debatir, aún existe algo que no se puede discutir:

Esa, la verdadera *droga* en Atari, la que todo el mundo en el desarrollo de productos perseguía obsesivamente era conseguir que su nombre saliera en el lanzamiento de un nuevo videojuego. Déjenme contarles sobre esa sensación. La sensación de entrar a una tienda y encontrar en los estantes nuestro videojuego, o aún mejor, el poder probarlo en los sistemas de demostración. El poder ver los comerciales de tus videojuegos en la televisión nacional. Al igual el poder ver cómo tu trabajo asciende a las listas de ventas de Billboard. Si eres una persona que crea o inventa cosas, presenciar esto es enormemente satisfactorio. La validez es algo que todos buscan en el negocio del entretenimiento y sin duda todos sabemos que Atari estaba en el negocio del entretenimiento. Atari se disfrazaba como una empresa de la tecnología, pero realmente era una empresa del entretenimiento. Eso es lo que yo más amaba de Atari.

LA REUNIÓN DEL DEPARTAMENTO

¿Han sido tus 25 años realmente memorables? O, si aún no los cumples, ¿planeas hacer una fiesta grande? Para mi, mi cumpleaños empezó un poco interesante y el progreso del día se convirtió en algo absurdamente inolvidable. Es el viernes siguiente al martes en que recibí "la llamada". Si el lunes me hubieran dicho que en mi cumpleaños iba hacer un 10% del programa de una producción que aún no existía, entonces les hubiese pedido que me compartieran algo de lo que obviamente estaban fumando. Ese hubiese sido un bonito regalo de cumpleaños. Lo que no sabía, es que me estaban preparando un mejor regalo.

El día ya está preparado, me estoy despertando después de doce horas de mi retorno en el jet privado y de haber completado la presentación de mi diseño en la oficina de Steven Spielberg. Mi diseño ha sido aceptado, y está listo. Solo me quedan 33 días para completar el videojuego y con excepción del trabajo no existen otros planes para hoy. Malditas sean las parrandas, si quiero tengo todo el mes de septiembre para celebrar mi cumpleaños, así que a trabajar.

Al llegar a Atari, fui recibido con un toque sutil, podría decir que demasiado sutil para mi estado mental de maniático de proyectos híper concentrados y con visión túnel. Mientras caminaba por los pasillos rumbo a mi oficina, no pude evitar de ver como todos mis compañeros de trabajo llevaban vestido el mismo color naranja. En Atari no usamos uniformes, por lo me pareció un poco extraño. De hecho, es el mismo tono naranja que se encuentra en los paquetes de los productos de La venganza de Yars, algo que, parece no ser una coincidencia. Al mirar con más cuidado, me doy cuenta de que eran camisetas con un diseño muy familiar. El dibujo en las camisetas es una caricatura mía. En la caricatura, soy un Yar, con alas, antenas e incluso las clásicas sandalias. También estoy usando un látigo (igual como en el videojuego de Los Cazadores del Arca Perdida). Debajo de la imagen (en letra gruesa) se puede leer *"HOW-WEIRD!"*¡QUE RARO!". Un apodo que yo mismo había conseguido.

Todo el departamento lleva las camisetas puestas. Mi novia lo había organizado todo. Ella pudo conseguir que uno de los diseñadores gráficos/ de animación dibujara la caricatura, después la imprimieron en las camisetas y estas llegaron a tiempo de la impresora para poder distribuirlas antes que yo llegara. Esto es increíble y me encanta.

Ese día por la mañana y como cuestión de suerte, el departamento tiene una reunión programada. Ocasionalmente tenemos reuniones para todo el departamento de VCS. En estas reuniones me gusta hacer bromas o chistes, a diferencia de otras veces en el trabajo donde me gusta contar chistes o hacer bromas. Un clásico ejemplo fue la vez que hablábamos sobre el tema del funcionamiento interno de los laboratorios. En Atari tenemos tres laboratorios: A, B y C. Por alguna razón, el laboratorio A no tenía puerta y nadie sabía por qué. Yo de inmediato dije que eso se podría resolver muy fácilmente, pues existen animales criados y entrenados específicamente para este propósito. Cuando todo el mundo me lanzó la mirada de; "¿De qué estás hablando, Howard?" les expliqué que lo único que teníamos que hacer era conseguir un lab-ra-dor. Quien haya trabajado conmigo está familiarizado con ese síndrome. No digo que les guste, solo digo que están familiarizados.

Como es costumbre, las personas entraban a la reunión, y todos llevaban puesta la camiseta de *HOW-WEIRD*. Reconozco que, en lo que respecta a las reuniones departamentales, es el mejor atuendo antes visto.

Eventualmente todos toman asiento y da comienzo a la reunión. George, el jefe de departamento, anuncia que yo voy a hacer el videojuego de *E.T.* Al dar la noticia el ambiente de la reunión inmediatamente se transforma. La gente no se ha olvidado de que yo acababa de completar los últimos toques al videojuego de "Los cazadores del arca perdida". El eco de mi látigo aún

MARILYN CHURCHILL & HSW EN LA REUNIÓN DEPARTAMENTAL.   FOTOGRAFÍA POR **DAVID STAUGAS**

resuena en los pasillos. Sí, mi látigo. Permítanme explicarles...

Cuando trabajaba en mi segundo videojuego, Los cazadores del arca perdida, creí que sería divertido entrar en el personaje. Un día al salir de compras encontré un sombrero de piel y un látigo de 10 pies de largo. Practiqué mucho, hasta poder azotarlo sin lastimarme. Cuando daba un buen golpe se escuchaba un ruido increíble, como si fuese un disparo.

De vez en cuando me tomaba un pequeño descanso y caminaba por los pasillos con mi sombrero y mi látigo. Todos sabían cuando yo estaba fuera de mi oficina, se notaba de la misma forma que cuando Tod caminaba por las paredes. De vez en cuando me encontraba con un conocido de marketing, me le acercaba por detrás y lo asustaba con una fuerte azotada. Los jefes de nuestro departamento pasaron momentos incómodos explicando los fenómenos extraños a los visitantes novatos. Una de las cosas que tenían que explicar eran los fuertes sonidos de los azotamientos que se escuchaban por los pasillos. Al igual que el fuerte olor a cuerda quemada. Sin duda, el departamento de VCS era un lugar muy interesante.

Recuerdo que un día estaba caminando "con mi disfraz" y decidí entrar en el laboratorio B para ver qué estaba sucediendo. Al entrar me encuentro con un equipo de noticias que estaba grabando "un reportaje" para el noticiero de esa noche. Esto ocurría de vez en cuando, ya que Atari era bueno para dar buenos rodajes para la televisión. En cuanto vieron el látigo, la cámara se giró hacia mí y el reportero se acercó con el micrófono en mano y preguntó: "¿Es un látigo de verdad?

"Sí"

"¿Y para qué sirve?"

Levante la mirada hacia la cámara y lo único que se me ocurrió decir en ese momento fue; "Esto es para I & D. Investigación y Disciplina. "Creo que mi comentario de esa noche fue el inicio de una conversación muy interesante en la reunión del departamento de producción.

De regreso a la reunión del departamento, se escucha el bullicio y los gruñidos de las personas desde los varios rincones del cuarto de conferencia, todos tienen diferentes reacciones sobre el tema: "¿Cómo es que Howard consigue hacer todos los videojuegos de los títulos más importantes?"

Todo esto me es muy incómodo. No me gusta sentir la frialdad en las miradas de mis colegas (al no ser de que acabé de contar una broma sin chiste). Además, que hay muchos títulos importantes y yo solo he hecho uno, así que no entiendo a lo que se refieren cuando mencionan "todos los títulos importantes". Bueno, soy un tipo de igualdad en las oportunidades. Así que..

Me levanto de mi silla y digo. "Escuchen, *E.T.* está programado para el 1 de septiembre (es decir, en menos de 5 semanas). Si alguien lo quiere, pues que lo diga. Se lo pueden quedar".

grillos

El silencio en ese momento es tan intenso que se podría escuchar el sonido de una gota de agua al caer. Una aura de incertidumbre se apodera de las personas cuando me escuchan decir que el videojuego debe estar terminado para el "1 de septiembre", no se escucha ni el mínimo murmullo de oposición. Me vuelvo a sentar, y como es costumbre la reunión continua. Jamás volví a escuchar una sola queja con respecto a que yo hiciera el videojuego de *E.T.* Al menos no hasta mediados de los 90 y esto surgió con la propagación de Internet. Eh incluso así, hasta hoy, jamás nadie me ha dicho "ojalá yo hubiese hecho el videojuego de *E.T.*"

Hay, sin embargo, un cambio en la historia. Ya no es "Howard siempre consigue hacer los títulos importantes". Ahora es "*OMG*, ¡Howard está fuera de sus cabales!"

Eso no consistía en ser seleccionado para hacer el videojuego de *E.T.* Eso era simplemente estar *dispuesto* a hacerlo. O como algunos lo dirían, ser lo suficientemente tonto como para hacerlo. De cualquier manera, yo estaba dispuesto a arriesgarme y a correr el riesgo. Era algo bastante arriesgado. En un solo proyecto estoy arriesgando mi reputación profesional en un periodo sumamente corto. Quizás no comprendí en su totalidad las implicaciones que eso me causaría. Aunque no tenía la menor duda de que el videojuego era algo que tenía que hacer, y estaba muy claro que nadie más estaba dispuesto a intentarlo. Francamente, si me pudiera regresar, sabiendo lo que ahora sé, de cualquier forma lo volvería hacer. Haría varios cambios, pero más por las negociaciones que por el diseño. No se preocupen, ya llegaremos a ese momento. Una vez más, lo siento, Bob.

De esta forma se desvanece el drama y la reunión continúa. Después de tomar nota sobre algunos temas y de hacer algunos comunicados la reunión más monocromática de la historia del VCS por fin llega a su fin y todas las camisetas naranjas vuelven a sus respectivas oficinas. Y eso es todo. Lo que no quiere decir que el tema nunca vuelva a surgir.

A medida del desarrollo del proyecto, hay algunos programadores que comparten sus inquietudes con respecto a la posibilidad de hacer un videojuego en 5 semanas. Al principio las personas estaban empeñadas a decir que no se podría hacer y que sería una estupidez intentarlo. Desde el momento que acepté el reto, los compañeros comenzaron a considerar las ramificaciones que esto podría causar. ¿Y si pudiera hacerlo? ¿Qué pasará con las expectativas de la empresa en el futuro de los proyectos? ¿Qué pasará si los jefes de la empresa deciden que dos meses es un plazo razonable? En Atari ésta no es una forma ilógica de pensar las cosas, incluso hay quienes consideran imprudente el tratar de llegar hacer algo semejante.

Sin embargo, algo estaba claro: eso era que nadie más podría tocarlo... y eso era justo lo que yo quería. Estaba buscando una montaña donde escalar, buscaba un enorme reto que me validara y ahí fue cuando apareció el proyecto *E.T.* Ten cuidado con lo que deseas.

Regresé a mi oficina y me hundí en ella. A lo largo de la tarde, me apresuré a crear algunos códigos y a instalar algunas pantallas para esa misma tarde poder hacer algunas pruebas del proyecto. Cuando se acercan las cinco de la tarde, me llaman con un pretexto para que acuda a la enorme sala de gráficos, solo para descubrir que se ha organizado una fiesta en mi honor, en la que se ha incluido un pastel que tenía la misma caricatura del diseño de la camiseta. Incluso me toca dar un discurso, y todas las personas están forzadas a escucharlo. Es una gran fiesta de cumpleaños. Me encanta este trabajo y amo a toda su gente.

Todo marcha de maravilla, estoy comiendo pastel y deleitándome con todas las festividades. Después de un rato me doy cuenta que me puedo relajar y disfrutar de la fiesta puesto que me quedaré todo el fin de semana trabajando relativamente tranquilo.

Estoy consciente de que si lo voy a hacer, tengo que buscar la manera

FOTOGRAFIA POR
DAVID STAUGAS

de separarme de todo este ambiente. Mi lugar de trabajo, tan lleno de energía y de entusiasmo, el maná para mi espíritu se ha minimizado a una distracción por la limitación de mi propia agenda. Hoy me doy cuenta que debo apartar las cosas que más me gustan de Atari para así poder lograr este proyecto. En medio de esta maravillosa fiesta, existe un momento muy triste y doloroso.

A principios de la semana siguiente, se instaló todo un equipo de programación en mi casa.

CAPÍTULO 4
AQUÍ VIENE LA CAÍDA

Parece que el calor en el desierto de Nuevo México es cada vez más intenso. En parte porque la tormenta de arena finalmente ha cedido y en parte porque es mediodía y el día se está calentado como suele pasar en los desiertos. La tormenta de arena nos ha castigado, aunque también ya refresco un poco. Al menos no estamos siendo atacados por los escombros volando del basurero, por poco que dure tal dicha.

Desde la profundidad del basurero veo como los enormes brazos de las máquinas continúan sacando noticias viejas. Estoy sintiendo como la sensación del miedo poco a poco va aumentando en algunos de los espectadores. Al igual como algunos de los líderes de la ciudad de Alamogordo les preocupa que el gas de mercurio y otras toxinas puedan salir de la basura fermentada de antaño al violar las capas que por décadas se formaron sobre los basureros. A mí, eso no me preocupa tanto. ¿Qué tal una nube de negatividad y mal karma? Esta parecía una verdadera posibilidad. No ingresé a Atari por los videojuegos, fue todo lo contrario, yo ingresé a la empresa por su cultura y los microprocesadores. La cultura era increíble y aun así existían personas que se quejaban de que un tiempo atrás esta había sido mucho mejor. No me podía imaginar que esto hubiese sido mejor, aunque sí pude ver cómo la situación de la empresa empeoraba. De hecho, pude ser testigo de cómo todo se derrumbaba. Los conflictos tóxicos de la cultura en Atari se han convertido en una leyenda. Pude presenciar cómo los cimientos se derrumban por debajo de mis pies y como el desfile de la historia demostró ser más alto que el mismo puente.

Atari era el pañuelo de los videojuegos. Nadie lo llamaba su sistema de videojuegos, o su VCS, era simplemente "mi Atari". ¿Quieres jugar Atari? ¿Tienes algo nuevo para tu Atari? A finales de los 70, los videojuegos explotaron como un tsunami. Atari fue la compañía con el mayor crecimiento en la historia de los negocios americanos. ¿Cómo se desaparece algo así?

En 1983, el mundo de los videojuegos pareció entrar en crisis de una forma muy repentina. Fue un mundo que se evaporó en la cima de la gloria, dejando atrás solo preguntas. ¿Qué pasó con Atari? ¿Qué pasó con los videojuegos? ¿Cómo puede una industria multimillonaria desaparecer tan repentinamente, como si hubiese sucedido por arte de magia? ¿Qué tipo de magia tiene tanto poder?

Mirando hacia el horizonte recuerdo lo que sucedió cuando se hizo la primera prueba de la bomba atómica cerca de la ciudad de Alamogordo. Vaya que oportunos. La historia de la gran caída de los videojuegos de la década de los 1980s es muy parecida a la de una bomba atómica. ¿Sabían que se necesitan dos detonaciones para crear un hongo nuclear? Primero se necesita activar una carga en el interior de la bomba, lo cual genera una implosión. Cuando la carga se activa, esta genera la energía suficiente para que se produzca una explosión, el gran boom. La caída de la industria de los videojuegos fue también el resultado de dos detonaciones. Las filosóficas y las prácticas empresariales de Atari fueron las que provocaron la primera explosión, esas fueron las que azotaron por completo la empresa. Entonces, a raíz de las consecuencias de las acciones (e inacciones) de Atari, éstas retumban y se extienden, y eso fue lo que finalmente provocó ese gran *BOOM*, arrasando la industria.

Esa caída fue algo que nadie se esperaba, quizás algunos sí, pero a la mayoría les tomó por sorpresa. Así es cómo sucede en las caídas. Si alguien lo hubiera visto venir, entonces ellos hubieran tomado las medidas necesarias y esto jamás hubiese sucedido. Sin embargo, sucedió, y mientras mi juego de *E.T.* se convertía en la cara de la caída, la vergüenza se agrandó significativamente.

A través de los años he aprendido a sacar mis propias conclusiones, las causas e indicaciones claras sobre la caída de la empresa; fue una multitud de manantiales que se mezclaron para formar un caudaloso río que, inevitablemente acabó atravesando el muro de la negatividad, el cual terminó inundando el valle de los videojuegos arrasando la empresa. Hmmm, ahora tengo sed.

El increíble fenómeno de los videojuegos fue muy parecido a la tormenta de arena de esta mañana. Surgió de la nada, se metió por todas partes, volvió nuestro mundo de patas para arriba y desapareció en un abrir y cerrar de ojos. ¿Cómo pudo ser posible?

HACIENDO HISTORIA DESTRUYENDO UNA INDUSTRIA

¿Qué fue lo que provocó la caída de los videojuegos a principios de los de 80s? Eso es muy sencillo de contestar.

Fue el videojuego de E.T. el que destruyó la industria.

Eso todo mundo lo sabe.

En la película Atari: *Game Over*, Nolan Bushnell nos señala: "Una respuesta simple y precisa siempre tendrá más poder en el mundo que una complicada y verdadera". Yo creo, que esta es la razón por la cual muchas personas culpan al videojuego de *E.T.* (y a mí por) la destrucción de la industria multimillonaria de los videojuegos a principios de los ochentas. Y lo culpan con justa razón.

Atari pagó demasiado dinero por la licencia del producto. Después fabricaron millones de cartuchos mucho más de los que se vendieron. Aunque debemos de recordar que este fue el peor videojuego de la historia. Este fue el videojuego que lo destruyó todo. ¿Verdad?

Finalmente, la empresa de más rápido crecimiento de la historia pasó a convertirse en la empresa de más rápido descenso de la historia. El curso cambió. La suerte cambió. La repentina destrucción de una industria que en su momento fue tan fértil, se convirtió en una verdadera tragedia para muchos. A lo largo de los años, los noticieros nos han enseñado que: Cuando se narra la historia de una tragedia, uno nunca debe limitarse a dar la versión exacta de la misma. Si se desea aumentar el énfasis, es necesario describir la historia a través de los ojos de alguien que esté relacionado con el videojuego. Cada tragedia necesita una careta, y esta no sería diferente. El videojuego de *E.T.* se convirtió en el personaje protagonista de la caída de los videojuegos, y yo me convertí en hazmerreír de todos.

La leyenda continua; el videojuego de *E.T.* destruyó la industria. Es una explicación sencilla. Eso es lo que creen muchas personas, pero se que ninguna de ellas trabajaron en Atari a principios de los 80s. Entonces ahora yo les pregunto...

¿Fue el videojuego de *E.T.* quien causó la destrucción?

Esa misma pregunta la he contestado en más de 100 entrevistas.

No fue el videojuego de *E.T.* lo que causó la caída, lo que causó la caída fue una manifestación del pensamiento y las acciones. Además, como es costumbre, siempre es más fácil señalar las causas de los problemas que identificar las razones básicas y sus dinámicas.

Vamos a pensar: Supongamos que Atari perdió 50 millones de dólares con el videojuego *E.T.*, lo cual no sucedió. ¿Son 50 millones de dólares lo suficiente para derrumbar una industria multimillonaria? Eso no me parece razonable.

Vamos a considerar lo siguiente: Una de las más grandes producciones del mundo de los videojuegos recibió el más corto tiempo para ser producida, fue como una quinta parte. ¿Creen que esto sea una forma razonable para planear las cosas?

Si quieres una explicación sencilla que sea realmente cierta, puedo dártela. He aquí la explicación más sencilla de por qué se hundió el mercado de los videojuegos.

Fue el primer ciclo de vida del producto..

Bueno, ahora ya lo saben. Esta fue la primera vez que un videojuego para el hogar hubiese logrado tan significante integración en el mercado y se convirtió en el pilar para millones de familias. Se cometieron muchos errores, pero también se aprendieron de ellos. Naturalmente, fueron los futuros fabricantes de videoconsolas los que llevaron esas lecciones al éxito en un camino pavimentado por los errores de Atari. Así son las aventuras de los pioneros. Siendo el primero de dos primogénitos, me puedo identificar mucho con ellos. Mi madre siempre decía: "Todos los errores se cometen en la primera vez". Gracias, mamá.

Aunque es cierto, "que era el primer ciclo del producto" eso es una aclaración poco excesiva, y no quiero ser grosero. Por ahora debería esforzarme para hacerlo más sencillo y por una muy justa razón: La historia de la desaparición de Atari y de la temprana desaparición de la industria del videojuego no es tan sencilla como parece. Es una telaraña de personajes y circunstancias y agendas y motivaciones y ramificaciones matizadas. Es una gran historia. Es grandiosa.

¿Y quién mejor que yo para contarlo? Después de todo, soy licenciado en economía, matemáticas, ingeniería informática y psicología. Además de la experiencia de antemano, puesto que por muchos años trabajé en las fosas de Atari. No olvidemos adherir décadas de reflexión y como resultado, es la variedad de ideas sobre la infinidad de razones por la rápida destrucción de mi adorada empresa. Actualmente en muchas empresas del sector de la tecnología estos problemas continúan ocurriendo. Por lo tanto creo que vale la pena compartir y quizás poder evitar futuras caídas (tal como la antes mencionada).

A lo largo de este libro me desviaré ocasionalmente de la autopista narrativa y exploraré los muchos y variados factores que contribuyeron a la gran caída de los videojuegos. Narraré cuentos de conflictos internos, choques culturales (mejor dicho, la cultura corporativa), rasgos pintorescos de algunas personas y los rasgos de algunas de las sombras que se esconden en los rincones más oscuros de nuestras almas. Sin embargo, esta es una historia de Atari, así que primero está la diversión.

Estoy de acuerdo de que la mejor forma de contar la historia es a través de los ojos de individuos, personas que fueron influenciadas y moldeadas durante los sucesos. En este caso, esa persona es Rob Fulop. Rob fue una de las primeras personas que conocí en Atari y una de mis favoritas. Él es una persona simpática, muy inteligente y de ideas claras. Rob decía que las únicas personas que de verdad podrían triunfar en Atari eran los que querían divertirse a lo máximo y aún así ir al cielo. Eran aquellos que podrían lograr el difícil equilibrio entre perder el tiempo y cumplir con el trabajo. Rob era el vivo ejemplo de esa filosofía. Ahora con su permiso, voy a aprovechar para compartirles algunos de los momentos esenciales de la historia de Atari y de la misma forma mostrar algunas de las características fundamentales, las cuales provocaron la gran caída. Contaré la anécdota compartiendo mi propia opinión basada en las experiencias de Rob en ....

EL CUENTO DE LAS TRES NAVIDADES

(Las navidades es en plural)

... tal y como se ve a través de los ojos del joven Rob Fulop (y reinventado por mí, su anfitrión en nuestro viaje de pasado navideño).

Navidad #1, año 1980

A mediados de diciembre de 1980 todos los niños y niñas que se habían portado bien todo el año estaban ansiosos por recibir su aguinaldo en Atari. Nadie más que el famoso Rob Fulop está sintiendo el espíritu navideño. Rob Fulop creó y terminó el videojuego Missile Command para la videoconsola 2600 y dicho videojuego es una preciosidad. Todo mundo sabe que ese videojuego está saliendo de los estantes como pan comido. Fueron muchos meses de dedicación y como resultado el videojuego está generando decenas de millones de dólares a la empresa. Ahora le toca a la empresa expresar su agradecimiento y Rob está escuchando todo con lujo de detalle.

Rob se preguntaba "¿Qué nos darán aguinaldo?" ¿Será un cheque con cinco dígitos? ¿Quizás las llaves de un bonito coche nuevo? Al paso de los días, podemos ver como esos pensamientos giran por su cabeza. Será algo sustancial que pueda gratificar la dedicación y el gran esfuerzo de Rob. Un toque de gratificación. "Me he portado bien, es hora de ver que les pasa a los niños que se portan bien".

El día por fin llega, y el gerente llega caminando por el pasillo con "los sobres" en la mano. Y aquí está el de Rob.

Cuando Rob recibe el sobre lo primero que hace es sacudirlo, para ver si suena y luego lo acerca hacia la luz. Finalmente lo abre y ve que el contenido es una hoja de papel doblada, la cual se podía desdoblar con facilidad. Al mirar el contenido del sobre se queda paralizado, totalmente anonadado. Nunca, ni en sus peores sueños se hubiese imaginado que su aguinaldo era nada más y nada menos que ....

Un certificado para un pavo gratis.

Desesperado Rob busca el cheque en el suelo lo cual piensa que se le había caído cuando abrió el sobre... rompe el sobre de par en par y nada. Fue ahí, en ese momento cuando Rob juró que jamás volvería a hacer un videojuego para Atari, y seis meses después (junto con el gerente que le entregó el sobre, y otro gran programador de Atari) renunció a la empresa con el propósito de formar Imagic, Inc. Por consiguiente, la segunda traición de Atari resultó cuando intentaron gratificar como aguinaldo a una ave de corral. Ojalá que esta historia sirva como lección para muchos ejecutivos de la tecnología en todo el mundo.

Como podrán ver, este pavo no creció de la noche a la mañana, Rob ya estaba acostumbrado a este tipo de trato por parte de la administración y como resultado de la primera traición de Atari se fundó la empresa: Activision, Inc.

Aunque yo no tenía momentos agradables con nuestro director ejecutivo, es importante señalar que la relación entre Ray Kassar y los programadores también no solía ser muy placentera.

La trayectoria de Activision es bastante interesante. Aquí les platico como sucedió:

Un día de primavera en el año 1979, unos programadores vinieron a hablar con Ray Kassar. Ellos no eran cualquier programador, a este grupo se les conocía como Los cuatro fantásticos. El grupo estaba encabezado por David Crane, hasta hoy Los cuatro fantásticos han sido los creadores de la mayoría de los videojuegos que se produjeron en Atari. En su reunión ellos señalaron que Atari estaba obteniendo enormes ganancias por todo su trabajo, y que su compensación no concordaba con el trabajo que ellos estaban desarrollando. Los programadores consideran la producción de los videojuegos como la industria musical, en donde los artistas obtienen los derechos de autor por su trabajo. Aquellos que hacen la canción más popular (la que gana más dinero para los productores) son los que ganan más dinero por su trabajo. Esto suena lógico para muchas personas, pero el CEO de Atari, Ray Kassar, no era una de ellas.

Ray no venía del mundo del espectáculo, tampoco del mundo de la tecnología. Antes de su llegada a Atari, él trabajaba como vicepresidente ejecutivo de Burlington Industries, la cual era una gran empresa textil. Después de varias décadas y su ascenso de posiciones en la clásica escalera corporativa, Ray creía tener una muy buena idea de cómo se debería administrar una empresa. Alerta *spoiler*: No se trataba de dar más dinero del necesario a los empleados de bajo nivel.

Consecuentemente, Ray era bastante claro en expresar su punto de vista, es decir, que para él la contribución hacia un producto no era más que la de cualquier otro trabajador en la cinta transportadora ensamblando un producto. De hecho, él señaló que ellos no eran más que diseñadores de toallas (algo en lo que Ray sí tenía experiencia), y si no les gustaba, podían marcharse a la hora que desearan puesto que era muy fácil reemplazarlos. Esto fue más o menos el final de la conversación.

En ese mismo año se publicó una nota en un periódico en la que Ray aseguraba que los programadores de videojuegos eran un grupo de "divas arrogantes". No estoy en desacuerdo con sus opiniones, pero también es cierto que a las "divas" de alto nivel se les paga mucho más que a los cantantes, solo me estoy expresando.

Algo más sucedió a finales de ese año, tras meditarlo durante un tiempo. Los programadores en cuestión llegaron a la conclusión de que si Ray creía que era fácil sustituirlos, pues entonces que debería de hacerlo. Y así fue como Los cuatro fantásticos abandonaron Atari.

Los cuatro fantásticos no solo se fueron. También se unieron a un ejecutivo de la industria musical (obvio) y crearon una nueva empresa llamada Activision. Muy pocas personas quisieron reconocerlo en su momento, pero éste fue el momento decisivo que marcó el principio del fin de Atari, al igual que este fue el que rompió la primera barrera en la autopista de oro la que llevó a la destrucción (o casi a la herida mortal) del principio de la industria de los videojuegos.

La aparición de Activision (y después la de Imagic) fueron solo efectos sintomáticos de la crisis que ya se estaba formando y la que acabaría por hundir a la industria. La verdadera causa fue la transición de Nolan Bushnell hacia Ray Kassar, al igual que sus diferentes filosofías culturales y lo que estas significaron para la empresa y para todos sus empleados.

Activision fue la primera empresa de programación independiente en la industria de los videojuegos. Los programadores independientes son las personas que crean productos para otras empresas. La regla antes de que esto sucediera era que: Los que hacían las videoconsolas, también tenían que hacer los videojuegos. Nadie hacía videojuegos para VCS debido a que la videoconsola era demasiado complicada y nadie sabía cómo hacerlos. No es necesario ser un productor de discos para poder producirlos y venderlos, en teoría, cualquier empresa podía crear y vender un videojuego para la VCS. Eso es algo que sí se puede hacer, pero nadie lo había intentado.... hasta que llegó Activision. A partir de ese momento eso cambió la perspectiva de producir videojuegos. Ese cambio fue algo muy importante.

Las empresas independientes se formaron por la ira de los programadores antes de que estos se fueran, y estas mismas se convirtieron en la amargura de Atari después que se marcharon. Todo esto se hubiese podido evitar de no ser por la avaricia de los ejecutivos de Atari presionados por Warner. En este caso, fueron penique sabios y libra tontos los que rompieron una de las reglas fundamentales de los videojuegos: ¡La codicia mata! Lamentablemente, los ejecutivos de Atari no jugaban con videojuegos, por lo cual nunca aprendieron esa lección.

En Atari, la filosofía era la siguiente: no hay mejor traje que le quede a un ex-empleado como lo es una demanda.

Si no los puedes detener, demándalos. Atari (bajo el mando de Ray Kassar) contaba con un excelente departamento legal. Luego contrataron al que fue jefe de seguridad del ex-presidente Nixon. Nosotros teníamos la sospecha que habían puesto micrófonos en todas las oficinas, en parte porque así lo decía un programador que se acostaba con uno de los guardias de seguridad. Sin duda, en el mundo de la comunicación todos tenemos nuestros propios medios para obtener información.

Rob fue contratado por el fundador de Atari, Nolan Bushnell y esto sucedió a mediados de 1978. Nolan fundó Atari en 1972 y en 1976 la vendió a Warner Communications por la cantidad de 28 millones de dólares. Como parte del convenio él se quedó en calidad de director/asesor. A finales de

1978, Bushnell se marcha de la empresa tras ser obligado por Warner, es probable que Warner consideró que Nolan era un estorbo cuando él trataba de manejar la empresa utilizando la "sensatez". No se perdió el amor.

Rob fue testigo de la salida de Nolan en Atari y del ascenso de Kassar. De antemano él fue testigo de todo el drama entre Ray el "K" y Los cuatro fantásticos. Cuando él mira cómo se forma Activision, se prepara para tomar el próximo tren de salida. Aquel certificado de un pavo gratis fue el boleto para tomar el tren. Yo perdí un buen compañero de trabajo, pero Atari perdió mucho más.

De la misma manera que eso le enseñó a Rob de lo que lo que le podía esperar y le ayudó a prepararse para la pelea en su propia demanda.

Ahora, detengámonos un momento para responder a una pregunta muy importante: ¿Acaso son los diseñadores de videojuegos grandes estrellas del rock o solo son diseñadores de toallas?

¿Es una pregunta un poco extraña? Quizás, pero esa era la diferencia entre la Atari advenediza de Nolan Bushnell y de la Atari corporativa de Ray Kassar. Y conforme pasaba el tiempo, la diferencia era cada vez más grande.

En la Atari de Nolan, los creadores de videojuegos se consideran personas muy importantes. Lo que significaba que ellos podían drogarse en sus oficinas y fastidiar todo el tiempo que quisieran, siempre y cuando hicieran un videojuego que estuviese bien hecho y de vez en cuando él pasara un rato con ellos.

En la Atari de Ray, los creadores de los videojuegos ocupan un puesto más bajo, lo que significaba que podían drogarse en sus oficinas y fastidiar todo lo que quisieran, siempre y cuando cumplieran con las agendas de marketing y él no tuviese que relacionarse con ellos.

Nolan creía que la creación de los videojuegos era única e importante, él estaba consciente que se requería de una combinación rara, y peculiar de talentos para poder diseñar un buen videojuego y luego poder adaptarlo a la videoconsola VCS.

Ray consideraba a los creadores de videojuegos como algo desechable, ya que estos se encontraban en la sección baja del diagrama de la empresa, esa sección es donde los trabajadores son sustituibles.

A los creadores de videojuegos les fascinaba trabajar para Nolan. A nosotros no nos gustaba trabajar para Ray. Espero sea fácil de entender.

En el primer cuento de Navidad podemos ver cómo la administración subestimó a sus ingenieros. El caso del Rob y el pavo es un poco exagerado, pero definitivamente refleja el cambió de mentalidad de la empresa entre Nolan Bushnell y Ray Kassar. Desde el punto de vista filosófico y cultural esa transición fue extremadamente significativa. Además de que tuvo repercusiones muy graves para el resultado final.

Navidad #2, año 1981

En esta Navidad existía un poco de ironía dentro de la empresa de Atari, pues aquel sueño inalcanzable que motivó que Rob se marchara en busca de capital de riesgo estaba a punto de convertirse en realidad para muchos de los que nos habíamos quedado en Atari, en gran parte porque él, el gerente y el otro gran empleado ya se habían marchado.

Pues como dice el dicho: Una vez quemado, dos veces reservado. Sin embargo, cuando se quema dos veces, es momento de revisar la parrilla para ver si no tiene más problemas. La creación de Activision solo sirvió para que los talones de Ray se hundieran un poco, pero tras la creación de Imagic, hasta los ejecutivos de Atari se preocuparon por la posibilidad de que más gallinas de los huevos de oro volaran del gallinero. Precisamente fue para el día de Acción de Gracias donde ellos presentaron el primer plan de regalías de Atari, lo cual fue una gran sorpresa. Desafortunadamente, el plan no garantiza absolutamente nada, el aplazamiento de pagos durante años terminó cayendo de un fuerte golpe, lo cual no fue ninguna sorpresa. El hecho de que esto no creará ninguna motivación fue comunicado directamente a los empresarios. Por lo regular, se esperaría que la administración reprendiera a los programadores por ser mal agradecidos y no apreciar las migajas encausadas por el agua. En esta ocasión, parece ser que la administración por fin nos ha escuchado, pues justo antes de Navidad nos entregaron una considerable cantidad de bonos, !lo cual es una gran sorpresa! Esto hizo que la Navidad en Atari haya sido mucho más grata. Muchos de los programadores estaban muy contentos y todos teníamos una gran deuda de agradecimiento .... con Rob y sus colegas claro.

En esos tiempos, no existía ninguna feria exclusivamente para los videojuegos. Solo existía el Show de Electrónica de Consumo o CES, y los videojuegos eran el último truco en el mar de las artimañas de los *clics-flash-beep*. Todos los años, solo dos veces al año dichas convenciones se convocan en las mismas fechas y en las mismas ciudades la de Chicago era en junio y la de Las Vegas poco después de Año Nuevo. La de Chicago siempre ha sido divertida, pero la de Las Vegas era increíble. La simple idea de que alguien nos soltara la rienda en Las Vegas (con todos los gastos pagados) era realmente increíble. Aunque no sabríamos decir si Las Vegas nos hacía relucir o si nosotros hacíamos relucir a las Vegas, CES en Las Vegas era algo realmente mágico. En ese viaje, nuestra *obligación profesional solo era caminar* todo el día de un lado para otro y ver los últimos avances en videojuegos y los juguetes electrónicos. Lo que restaba del tiempo era para dedicarse a "distribuir los gastos ya pagados en la cuenta" todo con el fin de divertirse. Abundaban las bebidas gratis y los MRB. Estaban los casinos, los shows, los buenos restaurantes y nuestra única responsabilidad era el guardar los recibos.

Durante CES nosotros pasamos momentos muy inolvidables y uno de los mejores corresponde a Rob Fulop, este ocurrió en una mesa larga forrada de terciopelo verde la cual estaba lista para jugar a los dados con algunos de los ejecutivos de Atari. Solo dos semanas después de la Navidad de 1981. Rob fue quien creó *Missile Command* para la videoconsola 2600 en Atari, después que abandonó Atari se ingresó a la empresa Imagic y ahí creó *Demon Attack* para la videoconsola 2600. Ambos videojuegos se encontraban entre los primeros lugares de cualquier lista de los mejores videojuegos del mercado. En Atari hubo algunos que creían que *Demon Attack* debió de haberse hecho bajo el nombre de este mismo. Cuando Rob y sus compañeros se marcharon para formar Imagic, crearon un fuerte rival. Este acto causó enfurecimiento para algunos ejecutivos de Atari, y a nadie más que un vicepresidente que se había hecho amigo de Rob y tomó el éxodo de Rob como un descaro personal de primer orden. Es muy interesante ver cómo las personas que menos colaboran para evitar que uno renuncie de una empresa son las que más sufren cuando uno se va. Después de que Rob, el gerente y el otro gran programador renunciaron, dejaron un vacío que en muy poco tiempo comenzó a cubrirse con un aura de ira y de amargura... claro que esto fue en algunos ejecutivos de Atari y principalmente más por el vicepresidente.

Así que viene a *pasar* (por decirlo así) (si es que estamos hablando de dados) varios empleados importantes y mediocres de Atari se reunieron alrededor de la mesa de juego, y entre ellos se encontraba el vicepresidente ya antes mencionado. Todos empezaron a beber alcohol y apostar y a divertirse tal y como sucede en Las Vegas... de repente se acerca al otro extremo de la mesa ni más ni menos que el reconocido Rob Fulop, el ambiente de la noche se transforma bruscamente. Los jugadores llegaban y el juego continuaba su curso, tal y como suele pasar en una mesa de juego. Sin embargo, las bromas que están haciendo se las están llevando a un extremo muy alto. El nivel de testosterona es tan grande que los jugadores rompen los dados para dárselos como propina a la coctelera. Finalmente es el turno de Rob para lanzar los dados, y los ejecutivos de Atari hacen un gran alboroto apostando en contra de él y todos aplauden cuando Rob falla. Y nadie aplaude más fuerte que el mismo vicepresidente.

Rob, siempre siendo el cliente tranquilo que es, solo le da un pequeño trago a su bebida y espera a que los dados lleguen a las manos del vicepresidente. Después que el vicepresidente hace su apuesta, este levanta la mirada y desafía a Rob a apostar contra él. Eso es algo muy infantil y ridículo, y es justamente el tipo de situación a la que Rob no puede resistirse. Rob coge un montón de fichas y hace una fuerte apuesta. Entonces en lugar de apostar contra el vicepresidente, apuesta con él. Así es Rob. Entonces el vicepresidente no sabe qué hacer, él odia la idea que Rob saque ganancia de su costilla, pero no puede apostar contra sí mismo. Está enojado y en conflicto, y hace el esfuerzo de no mostrarlo. Finalmente el vicepresidente lanza los dados... ¡y está que arde de coraje! Esta es la tirada de dados más emocionante de la noche, y aunque él está ganando mucho dinero, Rob está ganando mucho más. Se puede ver que la presión sanguínea del vicepresidente aumenta con cada tiro de dados. Nunca ha habido un tirador de dados tan furioso por su propia suerte. Cuanto más trata el vicepresidente de ocultarlo más se desborda. Finalmente es su turno el vicepresidente lanza los dados, y todos los de la mesa aplauden al mejor jugador de la noche, pero nadie aplaude más fuerte que el mismo Rob. El vicepresidente está que hecha chispas. En medio del caos y del resplandor del mejor jugador, Rob dirige la mirada hacia el vicepresidente y le dice: "Tenías mucha razón".

A que te refieres?

"Siempre me dijiste que si me quedaba contigo, ganaría mucho dinero".

En ese momento se necesitaron dos directores y un jefe de ventas para detener al vicepresidente mientras Rob se dirigía a la caja cargando bastidores llenos de fichas y una sonrisa pícara.

Atari no desarrolló el carácter, lo reveló. No hay duda que existen personajes, pero en esta historia se habla de las diferentes personalidades de las personas. La amargura y la envidia son dos cosas que no son difíciles de encontrar en una empresa que sufre conflictos de poderes entre los trabajadores esenciales. Atari no era la excepción.

Ya que estamos hablando de personalidades, ¿sabían que las corporaciones se definen como "personas jurídicas"? y como terapeuta, se me ocurre que si una corporación es una persona, entonces es probable que esta tenga una personalidad corporativa. Si reconocemos esta idea, es lógico que esta sea susceptible de sufrir trastornos de la personalidad corporativa, y los TPC no son algo que debemos de pasar por alto.

Al repasar el libro de las predicciones problemáticas de una personalidad, llegó a la conclusión que el diagnóstico que mejor describe los síntomas de Atari es el Narcisismo Corporativo. Al final de cuentas, ellos se creían totalmente infalibles, esperaban la lealtad a ciegas de todo el mundo, se mostraban enfurecidos (y despreciaban enormemente) a cualquiera que se alejara de ellos o se cruzara en su camino. Continuamente culpaban a los demás por sus propios errores, siempre tratando de controlar esa constante preocupación de ser expuestos como los impostores que no poseían la capacidad de reconocer en su totalidad lo que realmente eran. El narcisismo corporativo no es algo agradable. ¿Les suena familiar alguna de ellas?

Navidad #3, año 1982

Para concluir la historia, Rob se sintió traicionado por Atari en 1980. En 1981 se le gratifica con una muy buena compensación (y una buena cantidad de dinero en bonos). Ahora es la Navidad de 1982 y el famoso Rob está a punto de lograr la mejor de sus venganzas... el poder vivir con lujos.

Durante todo el año de 1982, Imagic lanza grandes títulos de videojuegos y les va bastante bien. Tan bien, que están a punto de hacer públicas sus acciones, o "*IPO*" como decimos en el Valle del Silicón. Este es el gran sueño de toda "*start-up*" (nueva empresa), la cual promete hacer muy ricos al famoso Rob, al gerente que llevaba los sobres y a todos los compañeros "imaginarios de Imagic"

En la empresa se respira un ambiente de felicidad, y el famoso Rob una vez más se reencuentra con una anticipación llena de alegría. Como podrán ver, aparte del espíritu navideño, una vez más Rob está a punto de alcanzar la ilusión de poder disfrutar del verdadero significado del aguinaldo navideño. Es posible que el Papá Noel de este año no sea un ejecutivo de Atari. El Papá Noel de este año es un grupo de funcionarios financieros de Wall Street vestidos con trajes muy caros, y el regalo de ellos es siempre el mismo. El fantasma de las navidades pasadas no tendrá absolutamente nada que decir sobre lo que Rob reciba o no como su aguinaldo de este año. Es la temporada más feliz de la Navidad y Rob está totalmente recuperado de los daños de la versión de 1980.

Al pasar los días y conforme se acerca la llegada del gran EL DÍA, los sueños que danzan en la mente de Rob poco a poco se van transformando. Los sueños de coches y cheques de 5 cifras ahora se sustituyen por una casa y un patrimonio con muchos más ceros de los que se hubiese podido imaginar. Y Rob siendo Rob, también está contemplando la idea de poder tener dinero para malgastarlo en un sinfín de bromas con las que siempre ha soñado. Él es el maestro de las bromas graciosas y de las respuestas irónicas a los desaires. Ahora, en lugar de soñarlas, podrá hacerlas. De hecho, Rob ya tiene una muy buena en su lista de espera, está preparado y listo para arrancar: Él lleva muchos meses planeando su primera compra y lo hará el día que se realice el IPO. Es hora de llamar y hacer la reservación... de docenas de pavos congelados. Un pavo para cada ejecutivo de Atari, el cual se les entregará justo antes que se vayan de vacaciones de Navidad, cada pavo vendrá con su propia tarjeta y una dedicatoria donde Rob les expresa su agradecimiento por la contribución al éxito actual. Él no querría pasar desapercibido a sus benefactores en este momento especial de un año muy especial.

Sin que el famoso Rob lo pudiera imaginar, los ejecutivos de Atari también estaban pensando en él. De hecho, los peces gordos de Atari tienen preparado un regalo a las personas de Activision, Fox, Coleco y Mattel, y sobre todo a Imagic y a todos los felices "imaginarios de Imagic". Es algo muy especial. Al fin y al cabo, esta es la temporada en la que compartimos nuestros verdaderos sentimientos con aquellos que significan algo especial en nuestras vidas. Muchas veces también compartimos lo que llevamos en la cartera. La verdad es que recientemente, Atari ha estado cuidando mucho su cartera.

A decir verdad, todo el mundo en la industria de los videojuegos está interesado en conocer lo que había en dicha cartera. Aunque faltan muchas semanas para poder compartir esa información, solo faltan 48 horas para que la empresa Imagic se desprenda como un regalo navideño, regalo que dará respuestas a las plegarias de muchas personas entre ellas las plegarias del famoso Rob.

Para honrar esta ocasión tan prometedora y en un acto de generosidad sin precedentes. Atari decide publicar sus resultados financieros antes de tiempo en vez de hacer esperar a todo el mundo. Como verán, a medida que las hojas de los árboles comenzaron a caer en el otoño de 1982, en este otoño también comenzaron a caer las perspectivas y las proyecciones de la mala administración de Atari, pero nadie dijo ni pío.... y hasta la fecha. Toda la industria se reúne para celebrar el éxito de las publicaciones de Atari. Para su sorpresa, los resultados son malos. Realmente malos. Tan malos que estamos hablando de cerca de medio *billón* de dólares.

Los resultados financieros fueron tan malos que los financiadores gritaron "¡oh, Dios!" y todos salieron corriendo. De pronto, no se ve ningún Papá Noel vestido con ropa de gala. No hay nadie disponible para entregar los regalos. El IPO (salida a la bolsa) de Imagic se canceló en menos de 24 horas antes de la fecha de inauguración. En ese momento Rob podía escuchar un coro de pavos congelados cantando una serie de comentarios dolorosos. Los pavos estaban proclamando la llegada de una Navidad muy triste... para toda la industria en general. En particular para los imaginarios de Imagic.

Esta es la historia de cómo Atari menospreció a Rob Fulop, y luego Rob se vengó de Atari, y luego Atari se vengó de Rob (y de muchos otros más). Todo esto fue lo que creó el colapso de toda la industria. Hay quienes consideran que las acciones de Atari son increíblemente inmorales, pero no el famoso Rob. Él mismo lo resumió así:

"¿Por qué se habría de esperar algo diferente?" Desde el principio este fue un juego sucio".

[NOTA para quien aún continúa leyendo: es probable que yo lo estoy describiendo en otras palabras.]

LA GRAN HISTORIA

Como mencioné antes, la historia de la caída es sin duda una gran historia. Esta historia llegó a captar el interés de muchísimas personas y cuando un sin número de personas profundizan un suceso, entonces eso nos abre el camino y nos conduce a la búsqueda de preguntas sin respuestas. La exploración exige una explicación, esa es la forma de cómo nuestros cerebros están programados.

La caída de los videojuegos en los años 80s no es nada más que otro acontecimiento. En años pasados, se han llevado a cabo numerosas exploraciones, resultando en muchas y diversas explicaciones. He aquí algunas de ellas:

El nuevo paradigma tecnológico: Los accionistas pierden el interés. El fraccionamiento y faccionamiento interno. La primera fase nunca antes vista del ciclo de vida de un producto. Los conflictos de cultura empresarial. Los "principiantes" intentan caminar por el camino de los expertos. Todo eso fue una moda pasajera. Todos ellos estaban demasiado ocupados para mejorar nuestros propósitos. La pérdida de estímulo de la creación. La lentitud en adoptar nuevos conceptos de administración. La inocencia e ineptitud legal. La pérdida del compromiso hacia la integridad. La llegada de un nuevo mercado laboral. Las viejas miradas hacia los nuevos problemas. La incapacidad de comunicación intraempresarial. La intolerancia hacia los colegas. La malinterpretación de las normas del mercado y la falta de conocimiento...

Es obvio que existen un sin número de explicaciones que puedan justificar la caída de Atari. Sin embargo, en el fondo de todo esto hay algunos factores fundamentales, los pilares sobre los que se edificó el derrumbe. Estas son las causas principales, las que ahora nos llevan a una gran historia. Es realmente, la GRAN HISTORIA detrás de la una gran historia.

Al decir GRAN HISTORIA me refiero a: La prepotencia, la ignorancia y la codicia. Los tres componentes esenciales de una dinámica que realmente destruyó (o por lo menos mutiló gravemente) la industria de los videojuegos a principios de 1980.

Analicemos una por una....

La prepotencia (también conocida como arrogancia) - Cuando pienso en la prepotencia de Atari, hay dos frases que me vienen a la mente:

> "El éxito tiene miles de padres,
> pero el fracaso es huérfano".

COUNT CALEAZZON CIANO, DIPLOMÁTICO ITALIANO. [PARAFRASEE] 1942

> "Sí, Aunque camine por el Valle
> de la sombra de la muerte, no temeré ningún
> mal...
> porque soy el más malvado, el peor hijo de
> perra del Valle"

BRUCE H. NORTON, DIARIO DE RECONOCIMIENTO, 1969

En cualquier ambiente exitoso, siempre existirán personas que quieran sentirse como parte esencial de ese triunfo. Entre más dure el éxito, más aumenta su seguridad por su aportación. Cuando eso sucede es posible que al paso del tiempo desarrollen una percepción de invencibilidad. Algo así como si nadie pudiese acercarse o competir con ellos. Si no se es cauteloso, esa situación puede ir más allá del sentimiento del orgullo y es posible que pueda cruzar la línea de los obstáculos. Hubo un tiempo en que muchas personas de todos los departamentos fueron víctimas de *BMOBS* en Atari. Para aquellos que no sepan lo que significa *BMOBS*, solo les puedo decir que no se preocupen, lo acabo de inventar. Para mi, *BMOBS* es un acrónimo muy importante pues me permite explicar lo sucedido y el porqué las cosas se vinieron abajo de una forma tan agresiva. *BMOBS* (pronunciado *Bee-Mobs*) significa "*Believe My Own Bullshit Syndrome*" (los que creen en sus propias estupideces).

Las personas tienden a dejarse llevar por sus fortalezas, independientemente de que estas fortalezas se apliquen o no a su situación actual. La única herramienta que tengo es un martillo....

De una cosa sí estoy seguro, cuando hago las cosas con la intención de lograr un propósito, y cuando lo consigo, entonces eso me confirma que soy un factor causante. Cierto o no, es probable que yo así lo crea. También existe algo más, cuando se emplea a alguien basado por su historial laboral de la previa empresa y a este se le paga mucho dinero, cuando eso sucede el mensaje no se está enviando de forma correcta puesto que no saben lo que está haciendo. Cuando la compensación es alta, solo se les está reafirmando la credibilidad de lo que ellos consideran es lo correcto. Es posible que conozcan detalladamente lo que ellos hacían en su trabajo anterior, pero eso no significa que el mismo sistema vaya a funcionar en el nuevo empleo. Los *BMOBS* pueden ser muy peligrosos para aquellas personas que creen saber lo que hay que hacer (a diferencia de las personas que buscan descubrir lo que hay que hacer). Atari se convirtió en un imán para muchas de esas personas que creían saber lo que tenían que hacer. En Atari muchas personas portaban la insignia de la prepotencia con un gran orgullo.

La ignorancia- Es importante tener conocimiento sobre la ignorancia. También debemos de estar conscientes de que la ignorancia no se confunda con la estupidez. La ignorancia es la falta de información. La estupidez es la falta de capacidad para utilizar la información. Otra manera de verlo es: El aprendizaje puede curar la ignorancia, pero no existe una cura para la estupidez. La ignorancia y la estupidez son dos características totalmente distintas, a menudo estas suelen caer a los mismos abismos.

En Atari existían muy pocas personas estúpidas, pero había muchas personas ignorantes. Después de todo, estábamos en la vanguardia de lo último en el entretenimiento de la tecnología. Trabajar en lo último de la tecnología es algo muy interesante. En Atari había un ingeniero que lo definía de una manera muy eficaz. Él decía: "Trabajar en lo último de la tecnología significa que cuando algo está roto, nadie sabe cómo arreglarlo". Eso es muy cierto. También hemos logrado conocer una interesante moraleja: "Cuando este funciona, nadie sabe qué hacer con el".

La ignorancia no es mala. Todos solemos tener un poco de ella, incluso este es el punto del despegue de nuevas jornadas. Ahora, vienen las preguntas mágicas: ¿Podrás reconocer tu ignorancia antes de que te perjudique? Si lo haces, ¿empezarás a aprender a sanar? He aquí otra pregunta: ¿Tu crees que la prepotencia puede mejorar un panorama, o no?

La codicia - Esto es algo que nunca nos cansamos de hacer en Atari. En los tres GRANDES temas de la historia, la codicia es la única que se menciona de forma explícita en los siete pecados capitales. Por codicia, Atari estaba tan ocupado ordeñando la vaca que se olvidó de buscarle una pareja y lanzar su siguiente proyecto. Cuando estamos demasiado ocupados en mejorar todos y cada uno de los métodos, lo único que estamos haciendo es seguir cavando más la tumba. En el departamento de ingeniería la necesidad de crear una nueva videoconsola era un tema muy candente. Sin embargo, los directivos nunca lo tomaron como algo importante. Ellos prefirieron seguir ordeñando y ordeñando la vaca del dinero de la videoconsola VCS como si nunca se les fuese a secar la producción. Cuando a la vaca se le empezó a secar la leche, no se preocuparon por llamar a un asesor especializado en lactancia bovina pues estaban demasiado ocupados corriendo de un lado para otro cargando sus cántaros de leche. Simplemente continuaron ordeñando la vaca y aparentando que todo funcionaba a la perfección.

Entonces... mientras ellos continuaban ordeñando la vaca, los problemas continuaron acumulándose y todo el ambiente comenzó agriarse. En poco tiempo el dinero pasó de ser el objetivo principal y se convirtió en la solución de los problemas. Atari continuaba tratando de comprar la salida de sus problemas en lugar de resolverlos, lo cual ocasionó muchos más problemas por resolver. A final de cuentas, las personas que no podían obtener lo suficiente obtuvieron demasiado y fue ahí cuando las cosas cambiaron de una forma repentina y muy negativa.

La prepotencia, la ignorancia y la codicia. Siempre que vemos estos tres componentes juntos, sabemos que los *BMOBS* no pueden estar muy lejos. Cuando estoy lleno de mierda, sin darme cuenta que es mierda y no me canso de esa mierda, es obvio que voy a empezar a creerme de mi propia mierda. Estos tres factores fueron la mezcla que contribuyeron a la caída.

Existen diferentes versiones sobre la caída; tenemos versiones financieras, versiones de los medios de comunicación, versiones de los videojuegos y versiones del mundo del entretenimiento. Ya que están leyendo esto en un mundo lleno de videojuegos de todo tipo, ahora podrán darse cuenta que esa caída no fue el final de la industria. He aquí un argumento que quizás nunca antes hayan escuchado:

La versión de la evolución- La industria del videojuego es como un insecto (pensemos en toda la gente a la que le *fastidian* tanto los videojuegos). Durante mi estancia en Atari, tuve la oportunidad de presenciar la fase final de las larvas, al igual que pude presenciar la fase de las pupas, en las cuales Atari se mantuvo como un capullo durante muchos años. Algunas personas asumieron que Atari había muerto, hasta que un día este resurgió, retoñando en la edad adulta como una resplandeciente mariposa, que hasta hoy revolotea en los corazones de millones de personas. ¡Corazones que laten de emoción ante el próximo lanzamiento de un videojuego!

¿No les parece esta una bonita versión? Ahora bien, independientemente de la metáfora, la industria sí cayó y cayó con *fuerza*. Hubo personas que resultaron lastimadas. La gente quería respuestas; respuestas sencillas que les permitirán conservar sus recuerdos. Como dice Nolan: "Una respuesta clara y precisa siempre tendrá más poder en el mundo que una complicada que sea verdadera". Tomando en cuenta que para algunas personas, la simplicidad y la comodidad son más importantes que la precisión.

En cada tragedia se necesita una imagen y el videojuego de *E.T.* era la imagen perfecta. Al final *E.T.* resultó ser la imagen de la caída de los videojuegos, pero más bien fue el indicio y no la causa. Las verdaderas causas son muchas y muy complicadas.

"La primera fase del ciclo de vida del producto" es un buen resumen de los motivos que provocaron la caída. Del mismo modo, la "GRAN HISTORIA y LOS *BMOBS*" resumen las razones personales.

Al final, las experiencias humanas son una mezcla de lo práctico y lo personal. Los jugadores y las circunstancias son dos cosas que no se pueden separar. A principios de los 80s, dicha mezcla resultó ser mortal para muchos novatos en la industria de los videojuegos.

Volviendo el tiempo atrás, he llegado a la conclusión de que el motivo principal de la caída de Atari fue el cambio de los directivos. Ese cambio provocó un terremoto cultural el cual retumbó por años hasta hacer temblar los cimientos de toda la industria de los videojuegos. Cuando Nolan se fue de Atari y las riendas del control con carta blanca se le entregaron a Ray, todo fue un giro de estrellas del rock a diseñadores de toallas, y el resultado no fue nada bueno. Ahora volveré a la historia principal, no temáis, nos desviaremos un poco por el camino y regresamos a la caída.

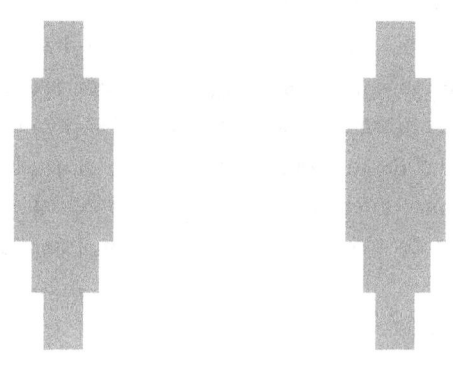

CAPÍTULO 5
¿ESTÁS DISPUESTO?

DESARROLLANDO MI PRIMER VIDEOJUEGO

Después de haber recibido la primera asignación para mi primer videojuego, me enteré de que me iban a cambiar a otra oficina. Se había desocupado un espacio en otra sección del edificio y aparentemente tres éramos muchos los que la ocupábamos "El mar de escritorios". Al llegar el momento me despido de Rob y Tod y me mudo al otro lado del edificio. Parece ser que compartiré la nueva oficina con un alma gemela llamada Brad Stewart. Cuando los compañeros se enteraron de que me iba a instalar con Brad, todos me advirtieron y me dijeron que me preparara porque "a Brad le gusta hacer muchas bromas. !Eso es horrible!". Aunque ellos no se logran explicar del porqué de mi sonrisa. Ellos solo ven que mi estancia con Stuart va a ser como un encarcelamiento; pero yo estoy ansioso de pasar tiempo en esa cárcel. Como ustedes se podrán imaginar, Brad y yo no congeniamos en lo absoluto. Por alguna razón, a muchos de los visitantes no les gustaba quedarse por mucho tiempo.

Una vez ya establecido en mi nueva oficina, me dediqué de lleno a trabajar. Comencé haciendo lo básico, mostrando un avatar como un jugador, usando el control para moverlo de un lado a otro, añadiendo armas (misiles y un súper cañón). Adhiriendo blancos a los que había que atacar con armas. Los componentes básicos de un juego de acción.

El videojuego que no sería *Star Castle* aún no tenía nombre. En mi mente, yo le he nombrado "Congelar el tiempo", eso se refería a una recompensa visual y espectacular a la cual me había comprometido. Este videojuego es una secuencia de animación muy elaborada, la recompensa de poder lograr "la gran maravilla" del videojuego. Aún no sé en qué consiste esa gran maravilla, lo que sí sé es que se hace con el cañón y al hacerlo ocurre algo increíble. En mi mente todo eso parece totalmente espectacular... Seguramente ustedes están pensando que estoy poniendo la chispa antes que el bistec y tienen toda la razón. Es el artista que existe en mí y por ahora está contemplando la idea de asar su propio bistec.

Originalmente, un videojuego estaba formado con solo dos componentes: El diseño gráfico y la dinámica del videojuego. Los programadores pasaban gran parte del tiempo haciendo dos preguntas básicas: ¿Qué voy a poner en la pantalla? (gráfica) y ¿Qué voy a hacer con ella? (dinámica del videojuego). Al final, ambos objetivos se deben cumplir, pero el punto de partida varía de un proyecto a otro; Yo decidí primero concentrarme en la gráfica. Es el brillo antes que la esencia.

Siempre me hago la misma pregunta en todo lo que hago: ¿será esto suficiente? Un ejemplo es el de cómo poder integrar la gráfica de un jugador en una pantalla. Algunas personas se concentran en un rectángulo enfocándose solamente en la dinámica del videojuego y después se preocupan en cómo integrar la gráfica. Cuando se está trabajando en este tipo de proyecto, este se queda inactivo por semanas o hasta meses mientras que se perfecciona la mecánica del videojuego. Para mi, esa no es la manera correcta. Antes de empezar a trabajar en el proyecto preparé una animación, la hice para poder distraerme por todas las horas que iba a pasar mirando la pantalla mientras pensaba en las otras cosas. Por lo menos eso me daría una visión más realista. Hacer eso no es bueno ni malo, solo difiere las prioridades. Para mi es muy difícil ver una pantalla sin efectos.

Todo proyecto tiene sus altas y sus bajas, se obtienen ideas y tratas de implementarlas. A veces se pueden hacer y a veces no. Si logras incorporarlas en una pantalla, a veces son divertidas y a veces son una porquería. Altas y bajas, vueltas y más vueltas. Todo esto con la esperanza de poder crear un producto divertido y cautivador.

Al principio las cosas marchan muy bien, parecía ser que la estrategia original de tratar de brillar al principio del proyecto está dando buenos resultados. Estoy logrando más resultados visuales y dinámicos en la pantalla lo cual está atrayendo bastante atención. Cada vez se acercan más personas para preguntarme qué es lo que hace mi videojuego. "Eso parece divertido. ¿Para qué sirve?" Mi plan estaba funcionando, excepto por un detalle, aún no tengo respuesta para ello.

Logre llegar al punto en el que hay brillo en la gráfica, pero no hay chispa en el juego. Ha llegado la hora de concentrarnos en la dinámica del videojuego. Adoptó los componentes básicos de *Star Castle*, de quitar algunas, añadir otras y reestructuró por completo la geometría de la pantalla. Algo que mantengo en su totalidad es el esquema del control. Todo marcha bien y siento que voy avanzando razonablemente. Siempre debemos tomar en cuenta que una cosa es crear todas las piezas del videojuego y otra muy distinta es jugarlo.

En cada proceso de una nueva creación llega un momento en el que todas las reglas y los componentes necesarios están estrictamente definidos. Puede que no se vean bien, pero funcionan correctamente. Ahora, por fin, podrán experimentar la dinámica del videojuego. Esta es una característica muy importante en todo videojuego. Se le llama (como era de esperarse). El primer videojuego.

Después de un par de meses, terminé la versión original del primer videojuego. Por fin, podré hacer la prueba del videojuego. Todo esto es muy emocionante, tomó el control aunque me cuesta mucho creerlo. Estoy jugando mi propio videojuego. Todo funciona exactamente como lo planeé. Después de jugar un rato, les pedí a los demás programadores que lo jugaran. Esto es lo que aprendí.

El juego es bastante complicado y no tiene fluidez. Algunos de los mecanismos tienen menos accesibilidad de la que deberían. Los controles de mando no son fáciles de usar. Me es difícil aceptarlo, mi primer videojuego es muy malo. Yo necesito que este videojuego sea excelente... y no lo es.

Sin duda, tendré que hacerle algunos ajustes, sea lo que sea que eso signifique. Estoy muy desilusionado. No fue así como me imaginé que sería el proceso de mi propuesta inicial a Dennis. Y la cosa se pone peor.

Después de hacerle algunos ajustes y jugar un poco más, me doy cuenta que un ajuste aquí y allá no me servirá de nada. Se necesita cambiar algo que es fundamental, pero no tengo ni la menor idea de lo que es, lo cual es mucho más frustrante. El videojuego es tan malo que es un desastre, pero lo que realmente me hunde es el hecho de que esta era mi gran idea. Si me hubiese quedado en el proyecto original, por lo menos podría ser un fallo del videojuego. Sin embargo, todo esto es mi culpa porque yo quise hacerlo muy *especial*; fui víctima de mi propia avaricia.

Creo que debo ser flexible un poco con mi idea original, pedir ayuda a los colegas y hacer algunos cambios sustanciales. Antes necesito un descanso, y así poder aclarar mi mente y reiniciar mi pensamiento. En este momento me ayudaría bastante un intercambio de lluvia de ideas con mis colegas. Por fortuna, se acerca la oportunidad perfecta. La próxima semana habrá una reunión empresarial fuera de la sede, se llevará a cabo en Monterey, California. ¡Mi primer viaje de negocios! Aunque no tengo ni la menor idea de lo que se espera, estoy muy emocionado.

LLUVIA DE IDEAS

En ocasiones, cuando mi mente se siente un poco nublada, siempre tengo la esperanza de que ésta florezca en una verdadera lluvia de ideas. Una lluvia de ideas es la base principal del proceso en la creación de un nuevo proyecto. Si aplicamos la teoría de que el diseño es una cuestión de ideas, también hay que aceptar que esas ideas tienen que venir de algún sitio y ese sitio está en la lluvia de ideas.

Muchas veces las lluvias de ideas son accidentales, al igual que muchos de los momentos "a ha" en la ducha o las chispas de luz mientras se está parado en el tráfico. Estos son momentos maravillosos, llenos de emoción y alivio, pero son difíciles de planear o predecir.

Algunas veces, intentamos transformar la "lluvia de ideas" de un sustantivo a un verbo. Nos ponemos nuestra vestimenta de mejor pensar, tomamos nuestras bolsas de ideas y comenzamos a hacer una lluvia de ideas, por lo menos esa es la idea. Cuando planeamos llegar a las nuevas ideas, nuestras expectativas no están garantizadas. Sin embargo, la lluvia de ideas parece aumentar las posibilidades, ¿verdad? Muchos directivos están de acuerdo con eso, especialmente los directivos no-creativos que están a cargo del desarrollo de proyectos creativos. "Oigan, vamos a reunirnos para crear creatividad. Ustedes exponen las ideas y nosotros las escribimos. Listos, ¡VAMOS!"

En Atari, teníamos una gran variedad de actividades de lluvia de ideas. Existían las informales y espontáneas de las que se llevaban a cabo en la oficina, en un bar o en una fiesta. Luego estaban las sesiones que eran formalmente patrocinadas y programadas, donde durante varios días grupos grandes se reunían fuera de las instalaciones en un lugar con un ambiente agradable.

Hay dos preguntas que me vienen a la mente: 1) ¿Cómo es que alguien pague para enviarte a un resort a la orilla de la playa, cubra todos tus gastos y el único requisito es que presentes nuevas ideas que puedan ayudar a crear productos para entretener a las personas utilizando la nueva tecnología de una forma entretenida y que esto genere ingresos? 2) ¿Qué se siente al leer una pregunta corrida?

Las reuniones formales de intercambio de ideas solían realizarse en enormes salas de conferencias. Los asientos estaban colocados en forma de círculo para que fuese más "interactivo" y supuestamente fuera más fácil presentar las ideas. Estas reuniones no eran igual de productivas como las pequeñas reuniones espontáneas. No me refiero a que no se generarán nuevas ideas, pero el ambiente no era muy agradable. Se suponía que tenías que exponer tu idea a todos los participantes presentes, mientras que otras personas con poco conocimiento del producto (y carencia de vocabulario de la tecnología) estaban sentadas para juzgarte. Esto ocurría a diario, solo duraba unas cuantas horas y el resto del tiempo se asignaba a sesiones en grupos pequeños (código para divertirse). Nunca logré entender si estas reuniones tenían el propósito de encontrar nuevas ideas o si solo era un beneficio adicional del trabajo, pues no parecían crear ideas productivas. Sin embargo, en mi se crearon momentos maravillosos.

Mi primera lluvia de ideas sucedió cuando solo tenía dos meses de edad (en los años de Atari). Sucedió durante una reunión que se llevó a cabo en un hermoso resort junto al mar en Monterey, California. La mayor parte de mis colegas de más edad que yo ya estaban acostumbrados a este tipo de ambiente y tenían muy poco interés en participar, pero yo estaba lleno de entusiasmo y tenía ganas de dejar una huella, así que se surgieron un par de ideas. No estoy seguro si estas se podrían adaptar a la tecnología de 1982 o a las tiernas sensibilidades de los directivos, pero ¿qué diablos? Lo intenté.

Una de las ideas que propuse fue una llamada Viñeta de vídeo, me agradaba la idea de poder establecer rasgos de personalidad en distintos personajes y luego liberarlos para que pudieran interactuar entre sí y poder ver cómo se desarrollaban. Aunque en la actualidad este concepto no resulta innovador, en 1982, con las capacidades gráficas del sistema VCS, era muy probable que este llegara demasiado lejos. La idea de crear nuevos panoramas y poder contemplar el drama era una gran satisfacción, pero si alguien me hubiera dicho "excelente idea, hazlo", yo jamás hubiese tenido la menor idea de cómo hacerlo.

La propuesta de la segunda idea, como bromeando y no, la hice basada en la directiva actual, mi propuesta fue de que debíamos de tratar de incorporar otros aspectos del universo Atari en los planes de elaboración a nuestros nuevos productos. He aquí un hecho un poco conocido: a principios de los 80, Atari tenía el laboratorio de holografía más avanzado del mundo. Los hologramas eran la nueva tecnología y aunque podíamos crearlos, no teníamos ni idea de qué hacer con ellos. Bueno, casi ninguna. Mi propuesta fue hacer hologramas del tamaño normal de una persona usando mylar; el mylar es un material que puede adherirse fácilmente al cristal o al azulejo. Si pudiéramos conseguir que mujeres y hombres famosos posaran (preferiblemente desnudos), entonces podríamos comercializar hologramas de "Lluvia de Estrellas". O al menos conseguir hombres y mujeres desconocidos (de preferencia atractivos y desnudos) a los que podríamos reemplazar con la palabra "Estrellas".

Por obvias razones los directivos rechazaron mi propuesta, ellos la consideraron bastante desagradable, aunque utilizáramos los servicios de una empresa externa y de esa forma poder proteger a Atari o Warner de las filtraciones. Sin embargo, creo que ellos se estaban olvidando de una de las reglas fundamentales de los medios de comunicación: Frecuentemente la pornografía se encuentra entre las primeras aplicaciones lucrativas de todo nuevo medio. Al menos mi concepto encajaba perfectamente en el campo del "entretenimiento interactivo", tal y como ellos lo buscaban. Después de todo, soy un buen compañero de equipo, por lo menos durante el día.

[NOTA para el aspirante a director creativo: Consideren que existen muchos libros referentes a la lluvia de ideas. Si buscan lluvia de ideas en YouTube, obtendrán títulos como "¡La lluvia de ideas correctamente hecha!" hasta "¡La lluvia de ideas que son una porquería!", (para decir verdad, este último es excelente). Durante todos los años de mi carrera he buscado y practicado la forma de generar nuevas ideas. Permítanme ahorrarles un poco de su tiempo con el siguiente resumen: Cuando nos referimos a una lluvia de ideas, la mayoría de las personas comparten diferentes técnicas sobre cómo planear las ideas, cotejarlas, evitar que se descarten o se critiquen y como sacar el brillo de las cosas, pero estas son solo técnicas. Creo que la verdadera respuesta está en la materia prima. Si deseas mejorar tus técnicas sobre la lluvia de ideas, asegúrate de por los menos tener contigo una o dos personas auténticamente creativas. Luego cosecha sus ideas como mejor te guste, con la certeza de que has plantado las semillas correctas.]

Ahora, pasemos a las actividades fuera de horas de trabajo en lugares como éste, porque durante esta lluvia de ideas en Monterey, hubo una noche inolvidable que (por definición) jamás olvidaré. Fue una introducción más que me abrió los ojos a este mundo extraordinario en el que ahora me encuentro totalmente arraigado.

Una de las cosas que llegué a comprender cuando trabajaba en Atari fue que no existe ninguna forma de anticipar el próximo espectáculo, el próximo

TOD FRYE DISEÑANDO *BALLBLAZER*.
FOTOGRAFÍA POR DAVID STAUGAS

deleite o el próximo momento de la historia. Simplemente sabes que el momento va a llegar y esperas poder estar allí y poder presenciarlo. En el mundo de los momentos Atari, Tod Frye siempre ha sido el protagonista.

A solo de estar unas cuantas semanas en mi nuevo trabajo, hasta cierta forma yo ya había seleccionado a mis colegas. Tenía la confianza de haber elegido con certeza a quién de ellos debería de seguir, todos nosotros nos hicimos la promesa de pasar una buena velada. Sabíamos que la noche no nos defraudaría.

Después de un largo día de lluvia de ideas, intercambio de conceptos y la evaluación de los productos de la competencia, finalmente nos reunimos a cenar. Como suele suceder en Atari, todo comienza con unos tragos. Ocho de nosotros pasamos por el bar una o tres veces y después nos sentamos en el área del comedor en una mesa redonda. Todos nos estamos divirtiendo y platicando tranquilamente cuando, de repente, Tod golpea fuertemente su vaso ya vacío sobre la mesa, asustándonos a todos. Cuando los volteamos a ver, el grita:

E...S...T...E...

El ambiente del convivio en el restaurante desapareció instantáneamente. Todos los clientes estaban preocupados al ver la situación y todos dirigieron sus miradas hacia nuestra mesa. Por la manera en la que ellos nos miraban creo que estaban esperando algún tipo de explicación (como es costumbre en el caso de Tod). Nadie de los que estaban en nuestra mesa se sorprendió, puesto que es común escuchar a Tod cuando anuncia su último acrónimo. Por ejemplo, todos conocemos MOO, que significa Los amos de lo obvio, que es lo que Tod pregona ser. Luego está VOB, un clásico de Tod que significa Víctimas de la biología, lo que él cree que nosotros somos. El nombre VOB estaba destinado al título de la empresa de software que Tod un día él iba a crear (*BOVSOFT*) o sería el nombre del grupo musical que también él planeaba formar. Incluso ya había escrito una canción. La letra es más o menos así:

Vida, tengo el cerebro dañado, pero todo está bien,
Hoy tuve mi T.E.C.
Terapia de electrochoque, eso es lo que te quiero decir,

La terapia de electrochoque es realmente intensa.
La terapia de electrochoque es buena para ti,
Transforma tu cerebro en una sustancia sutil...etc.

Quien haya pasado algún tiempo con Tod, está muy familiarizado con esta canción.

El punto es: Que para nosotros este arrebato de Tod no nos sorprendió tanto como a las demás personas que estaban en el restaurante, pero esta noche su nivel de intensidad sobrepasó lo de costumbre. Sin embargo, no menos curiosos que los demás, pues la expresión "ESTE" era toda una novedad para todos nosotros.

Afortunadamente, la espera es corta pues Tod continúa viento en popa.

"!E...S...T...E.. Tod ... esta... borracho!"

Después de unos cuantos segundos de completo silencio, todos los que estábamos en la mesa estallamos a carcajadas y a partir de ese momento, ¡comenzó la velada! Eso me recuerda a Bette Davis en el clásico de la película "Hablemos de Eva":

"Abróchense los cinturones. Que esta noche será muy turbulenta".

Durante toda la cena nos reímos y bebimos, llegó el momento de retirarnos al hotel y poder disfrutar de un aperitivo que se disfruta mejor en un lugar menos público. En este momento, el grupo se compone aproximadamente por siete personas, la mayoría eran programadores, había un director del departamento con la vista fija de poder llegar a ser vicepresidente. Le llamaremos "Jack" Jack es un hombre bastante divertido que se deja llevar y esta noche nadie está haciendo nada que lo pueda frenar.

Estábamos hospedados en el quinto piso de un hotel muy elegante, pasando un rato agradable y disfrutando del paisaje a través de las puertas de cristal que se abrían hacia al balcón.

Después de haber sido partícipe un poco, Tod afuera en el balcón haciendo su acrobacia rutinaria, tal y como lo acostumbraba hacer. Los demás estábamos dentro de la habitación del hotel, por discreción estábamos tratando de mantener el humo dentro de la habitación, de un de repente

Tod decide subir un peldaño (que es lo que siempre le gustaba hacer). Salta a la barandilla del balcón y empieza a hacer una pirueta en la cuerda floja. En este momento debemos de considerar que él está bastante drogado y también se está arriesgando demasiado. Nosotros estamos igual de drogados que él y felices gozando de su espectáculo, con la conciencia perdida todos estábamos allí presenciando unos de los peores momentos a solo unos centímetros de distancia. Tod está presumiendo su espectáculo y le encanta, mientras nosotros nos reímos a carcajadas. De cierta forma, en su contexto, todo esto parece perfectamente normal, lo cual es la magia de Atari. Por último, Tod mira desde el balcón hacia abajo y dice: "Saben, esto no se ve tan mal..." y salta.

Y así fue. Él saltó del balcón del quinto piso. Por segunda ocasión, esta noche nos quedamos sin palabras y anonadados ante otra de las muchas locuras de Tod. Aunque esta última tiene un contenido mucho más grande como de "¡Santo Dios!".

Después de ver a Tod brincar, las expresiones en nuestros rostro cambian. Nuestros ojos hablaban de pavor, de preocupación y de compasión por el pobre Tod. Sin embargo, los ojos de Jack cuentan una historia completamente diferente. En este momento él solo está tratado de encontrar la manera de poder explicar a los directivos el porqué de todo esto, cómo es que siendo el más distinguido de todos en el grupo, él creyó conveniente seguirle la corriente a la tropa de desquiciados (que les puedo decir, los ojos de Jack son demasiado expresivos y no mienten). Conforme se nos pasa la catatonia, todos corremos hacia el barandal del balcón y miramos hacia abajo temiéndonos lo peor.

Lo único que encontramos fue a Tod mirándonos hacia arriba, riéndose a carcajadas de tan solo de mirar nuestros rostros llenos de miedo y de preocupación. Resulta que en el cuarto piso en la parte trasera del hotel, se encuentra una terraza (con unos arbustos preciosos). Al darnos cuenta de que Tod solo había saltado unos cuantos metros, una sensación de alivio nos liberó inmediatamente. Él nos la vendió por cinco pisos y todos se la compramos, lo logró hacer incrementando la intensidad de la dramatización del acto, una más de las muchas cualidades de Tod. Una a la que en ocasiones yo mismo aspiro.

Aún no hemos terminado. De repente Tod comienza a rondar por la terraza, riéndose de nuestras reacciones de vergüenza y también de vernos un poco menos asustados. De repente él cree que es hora de ir al baño. Así que se acerca a uno de los arbustos y se prepara para hacer sus necesidades, justo ahí, en el jardín de la terraza.

Jack, quien desde la caída de Tod no ha dicho ni una sola palabra (y hasta el momento solo ha mostrado señales de respiración), decide ponerse la voz de "gerente" y nos dice una de las clásicas frases secretas de la historia de Atari. Apunta hacia los arbustos y grita: "¡Tod, DETENTE! Tú no puedes orinar en esos arbustos. Puede que aquí haya clientes.

Pocos días después regresé del viaje con Jack. Los dos somos unas personas muy ambiciosas y nos gusta planear las cosas y siempre con el propósito de llevarlas a cabo. En este paseo surgieron algunas ideas interesantes de las cuales se originaron algunos proyectos. Lo más interesante de esto fue, que durante el viaje de regreso logramos crear muchas más ideas sobre productos que en la reunión de lluvia de ideas, así es la vida de la musa. Sin recibir órdenes y de repente sin darte cuenta... ¡BAM!

Jack es una persona muy inteligente y preparada. Él pronto me proporcionará el punto clave que me forzará a salir de mi zona de confort y me ayudará a entrar en un proyecto de videojuego muy exitoso.

DESPUÉS DEL CAMBIO

Después de regresar a la oficina, continuó estancado en un videojuego que no funcionaba. ¿Qué fue lo que aprendí en la lluvia de ideas? Supongo que podría saltar de un balcón, pero en realidad esa no es la solución que yo busco.

El mayor problema está en el sistema del control, uno de los pocos componentes que permanecieron originales del sistema de monedas. *Star Castle* utilizaba la configuración estándar, la cual era similar al estilo de asteroides y compuesta por 4 botones (girar a la derecha, girar a la izquierda, empujar y disparar). La palanca de mando Atari cuenta con 4 posiciones (adelante, atrás, derecha, izquierda) y con un botón para disparar. Así que, el disparo es fácil, ese es el botón al que me refiero. Entonces solo usaré la palanca-derecha y la palanca-izquierda para la rotación y la palanca-adelante para empujar. Eso permite que la palanca de retroceso quede libre, la cual es útil para poder cargar el cañón y así todas las mecánicas del juego quedan cubiertas.

Se siente un poco complejo y no se ajusta bien a la nueva configuración de la pantalla. Jack (quien pronto se convertiría en gerente, y como en Atari los jefes pueden cambiar cualquier cosa), entonces él me sugiere hacer una configuración de movimiento directo, donde el jugador solo se mueva en la dirección de la palanca. Sin duda esto podría ser más fácil, al igual que esto representa dos problemas: 1) ¿Cómo puedo controlar la velocidad? y 2) ¿Cómo podré cargar el cañón? Si no se puede cargar el cañón, no se puede tener éxito en el juego, lo cual sería un grave problema. Como no puedo descartar el cañón, entonces descartare su sugerencia. Aunque no está completamente terminado. Existen ocasiones en que la personas me dan sus sugerencias de las cuales no estoy preparado a escuchar. Entonces yo me guardo esas palabras en un rincón de mi mente hasta que me siento preparado para sacarlas y reexaminarlas. La idea de Jack era exactamente eso.

No tardo mucho en retirar su idea y reconsiderar las cosas. Lo cual se facilita debido a que el videojuego no sirve para nada. Lo que resulta interesante es que el mal diseño de los controles me ha forzado a hacer algunos cambios en el diseño del videojuego.

Dado que dicho proceso es un ensayo de prueba y errores, al menos puedo probar la nueva configuración de movimiento directo. Si no me gusta, solo presiono el botón "Deshacer" y volver a quedarme donde estoy. Y así lo hice.

Parece ser que la velocidad no es el problema. Solamente la ajustó a una velocidad constante al moverse y que se detenga al soltar el disparo. Eso sería más confiable y el movimiento del jugador sería mucho más preciso. También puedo deshacerme de todos los cálculos físicos requeridos para la velocidad variable. ¡Maldita sea la incertidumbre! La realidad es innecesaria, un videojuego solo tiene que ser divertido. Siempre es bueno cuando se mejora un videojuego quitando cosas en lugar de adherirse más.

El problema principal aún continúa sin resolver: Ahora que se me acabaron los botones y ya no podré cargar el cañón desde el mando. ¿Como le voy hacer?

Después de pensar un poco, se me ocurre: ¿Por qué no *jugar* para conseguir el cañón? Cuando estamos jugando, en la pantalla aparece un monstruo (objetivo principal) que está sentado en el extremo derecho detrás de una coraza compuesta por muchos ladrillos. Originalmente se le dispara al escudo para destapar al monstruo, y luego se le destruye con la ráfaga del súper cañón. Ahora me pregunto ¿Qué pasaría si, en lugar de disparar contra el escudo lo golpeas contra el mismo para quitar un ladrillo? ¿Qué pasaría si al hacer esto el cañón se cargará automáticamente? Eso sería genial. ¿Qué pasa si te quedas sin escudo? Entonces, ¿cómo podrías cargar el cañón? ¿Qué tal que si tocamos al monstruo? Esto encaja perfectamente con otro diseño que había hecho. Para atacar al jugador, el monstruo ocasionalmente se transforma en su propia súper arma y me evita la necesidad de adherir otro elemento gráfico (el cual no tengo). Ahora que, para poder cargar el cañón y prepararme para la gran final, tendré que arriesgar mi vida en el momento. Esto genera un equilibrio perfecto que es justificable dentro de la jugada: Si buscas obtener mejores resultados, tendrás que afrontar mayores riesgos. ¡El arte imita a la vida!

Después de hacer estos dos cambios, el videojuego cobra vida. De repente, la gente estaba muy emocionada. El cambio es increíble... así como la enormidad de mi alivio. Ahora cuento con una base sólida tanto en el brillo como en el videojuego. Tengo en mis manos algo de mucho valor, ahora solo debo concentrarme en hacerlo aún mejor. "He superado el obstáculo de "¿Podré hacer un videojuego?". Es un enorme estímulo para mi autoestima.

Este es un momento muy importante para la creación del videojuego y para mí mismo. Todo parece más claro. He aquí un poco de la sabiduría de Atari: Siempre que te encuentres disfrutando de la luz dorada del atardecer, no olvides que pronto llegará la oscuridad. Una vez más sin darme cuenta, otro cambio importante está sucediendo a mi alrededor. Es un cambio que implica grandes repercusiones en la forma de cómo yo veo el mundo fuera de mi oficina.

Justo cuando estoy doblando a la esquina y mi videojuego cobra vida, algo grande sucede en Atari: Dennis el director, al igual como Bob Smith y Rob Fulop (dos de mis amigos más queridos de Atari) anuncian que se marchan de la empresa. Juntos están formando una nueva empresa llamada "Imagic", la cual será otro competidor, similar a Activision. Eso me sorprende de diferentes formas.

Estoy muy emocionado por mis amigos Bob y Rob, quienes emprenden una nueva aventura. Estoy triste de verlos partir. No llevo mucho tiempo trabajando en Atari, pero juntos hemos compartido muy buenos momentos, los voy a extrañar. Al mismo tiempo, no puedo evitar sentirme que me dejan atrás, justo cuando las cosas van tan bien con mi videojuego. Sé que su ausencia cambiará el ambiente. ¿Acaso acabo de decir que "las cosas ya no van a ser tan divertidas como antes"? *OMG*, ¡ya está pasando!

Así es Atari. Los altibajos van de la mano y los éxitos siguen llegando.

Esto también me hace pensar acerca de mi relación con Dennis. Me pregunto: ¿Cuándo sabría Dennis que él se iría de la empresa? Siempre pensé que fue un gesto muy amable de su parte, el que me haya dejado lanzarme de lleno con *Star Castle* y hacer lo que yo quisiera con su videojuego. En primer lugar, fue un gesto muy amable de su parte el haberme contratado. Seis meses después cuando veo que Dennis se va de la empresa, me doy cuenta de que quizás a él no le importaba tanto lo que estaba pasando, pues de cualquier manera sabía que se iba a marchar. Cuando no quiso emplearme, lo convencí de que lo hiciera. Cuando quería que yo hiciera *Star Castle*, lo convencí de que no lo hiciera. ¿Sería eso un reconocimiento de mi pasión a mi trabajo o la indiferencia que él se marcharía en poco tiempo? Es el antiguo cálculo retroactivo de la perspectiva, el cual me resultaba un poco desconcertante.

Algunas veces siento que soy una persona muy inteligente, pero en realidad estoy leyendo mal el guión. Aunque si hay algo de lo que estoy seguro: Yo jamás intente cambiar la opinión de nadie cuando consideraban dejar a Atari. Ahora solo me consuela saber que puedo volver a mi oficina e intercambiar bromas con Brad Stewart. Eso siempre es divertido. Pocas semanas después, Brad informa de que él también se marcha para unirse a Imagic. Lamentablemente, esto dará paso a una nueva era en la que las personas reciban advertencias sobre los riesgos que implican de compartir en una oficina conmigo.

Por otra parte, me encuentro de vuelta al videojuego y vuelvo a enfocar mi atención en el brillo. En el centro de la pantalla hay un espacio vacío, que me pide a gritos que se le agregue algo interesante y colorido. Fue como si mi jardín se encontrará perfectamente, pero en el hay un pedazo de tierra que necesita de un poco de agua. El economista que llevo dentro de mi tiene una revelación, concibiendo un modo elegante con el que se puede adherir un poco de color en el centro de la pantalla para conseguir un equilibrio grafico. Yo diría "economista" porque este es un método muy poco costoso que me permite crear un efecto dinámico. ¿Qué tan poco costoso? En realidad, no me costó ningún espacio adicional de memoria en el videojuego. La revelación se está produciendo, puedo utilizar un código informático como gráfico.

[Nota para los Non-Nerds]: Los cartuchos de videojuegos VCS están compuestos por chips de memoria de computadora que se componen de dos elementos: gráficas y código informático. Es como un kit de avión a escala. Las gráficas son las piezas del kit sin ensamblar, el código informático son las instrucciones escritas de como armar el videojuego y el cartucho es la caja. (Hecho verdadero: El tipo de código que utilizamos para programar el VCS se llama Código de ensamblaje). Este se utiliza de la misma manera en que una persona utiliza las instrucciones para ensamblar las piezas de un kit y la computadora utiliza el código para ensamblar el videojuego con las gráficas. Ahora bien, cuando se fabrica un kit de un avión a escala, todas las piezas y las instrucciones deben alcanzar en una sola caja. Una vez que la caja está llena, no puedes agregar más piezas. Lo mismo sucede con los videojuegos. El cartucho (caja) no se podrá hacer más grande, así que cada vez que quiera añadir algo al videojuego (gráfica o código), primero debo asegurarme de que haya espacio disponible de lo contrario no podré añadirlo.]

Hay algo muy interesante sobre este tema: ¡La gráfica es gratis! Agregar un gráfico regularmente significa crear las gráficas (fragmentos que representan la forma y el color de un objeto) y luego esos fragmentos se almacenan utilizando un preciado espacio de memoria en el videojuego. Al hacerlo de esta manera no necesito memoria adicional, ya que en lugar de crear nuevas gráficas estoy utilizando un código informático que ya tenemos. Solo debemos de pensar en la teoría del avión en miniatura: si soy bueno en hacer la papiroflexia, ¡Solo tengo que hacer el avión basado en la página de las instrucciones! Entonces podré tirar las piezas y seguiré teniendo un avión, además de que eso me permitirá tener más espacio en la caja para añadir nuevas cosas que podrán mejorar el producto. Esto es lo bonito de utilizar el código informático para la gráfica. En esto consiste la programación de la VCS, es una búsqueda interminable para sobrecargar la caja.

[Nota para el Nerd: Si toda esta teoría de avión en miniatura no tiene ningún sentido, es probable que sea porque te saltaste la nota anterior de Non-Nerd. Si te regresas y la lees, es probable de que ésta te parezca mucho más significativa.

Aunque como todo en la vida, nada es garantía.

Ya está, logre obtener un elemento visual que no requiere memoria adicional para la gráfica. Todos salimos ganando. Aunque de todas formas, esto generará un problema legal para la administración. Siempre hay algo de qué preocuparse.

Aunque esta técnica resultará ser algo más que un simple dolor de cabeza por los derechos de autor. A lo largo del proyecto siempre mantuve el enfoque de poder crear un efecto espectacular. Todo esto lo he relegado en la parte trasera de mi cabeza porque la parte de enfrente siempre ha estado ocupada para poder sobrevivir. Ahora que las cosas avanzan hacia una dirección más positiva, mis pensamientos se regresan a la visión de mi gran recompensa. Tras algunas pruebas y errores, me tropecé con una variación de la técnica de código para gráficas la cual me permitirá extender el efecto por toda la pantalla. Solo tendré que añadir unos cuantos detalles de animación en algunas descargas de sonido sincronizadas y ¡viola! Por primera vez en la historia de los videojuegos domésticos he podido realizar una expansión del videojuego en toda la pantalla, lo cual es de gran satisfacción.

Ahora las personas están fascinadas con el juego. Para mi todo esto es muy importante puesto que es una prueba a mi diseño original. Al igual que muchos diseños, mi idea inicial era sólida, pero no muy clara. Esta necesitaba de algunos toques de magia para poder alcanzar su potencial. Por fortuna, estuve rodeado de muchas personas que me ayudaron a convertir esa idea inicial en un proyecto jugable. Tiene... ... ¡VIDA!

Durante todo este proceso he aprendido lecciones muy importantes sobre el diseño de videojuegos:

El siempre escuchar con atención todas y cada una de las sugerencias que te ofrecen. Esto no es tan sencillo como parece. A veces, las sugerencias pueden parecer como un regalo a mi visión o a mis habilidades de implementación. Necesitamos tomar en cuenta las deficiencias auditivas del ego y el exceso de compromiso al concepto. El tener un plan no es más que una base para hacer un cambio. Esto me ayuda a recordar que mi trabajo no es el crear todo, sino el elegir las mejores opciones entre todas las posibilidades. Por supuesto que esta sugerencia se puede aplicar mucho más allá del diseño de videojuegos.

Además, cada vez que quitas una mecánica de la palanca y la colocas dentro del juego, entonces el videojuego se vuelve más intenso y mucho mejor. En algunos videojuegos, el presionar botones es la forma de jugar, por lo general, podría ser mucho más divertido y gratificante el uso de una secuencia de juego en vez de un botón. Es muy probable que este consejo sea de muy poca utilidad fuera del mundo de los videojuegos.

Conforme continúan los avances en el videojuego, le sigo añadiendo nuevas funciones e incrementando su complejidad. La mayor parte de mi tiempo la he dedicado a encontrar formas atípicas de como poder enfocarme en otros aspectos del videojuego.

Las cosas marchan muy bien para mi primer videojuego. Tan bien, que ya se empiezan a sentir soplar los vientos para su lanzamiento. Al fin ha llegado el momento de dirigir mi atención a lo que menos he pensado: El nombre del videojuego y la definición de la configuración (o el tema). Necesito poner atención sobre este tema puesto que otras personas ya comenzaron a hacerlo. Esa gente es de...

[Subtítulo de música ominosa.]...

Marketing.

¿QUÉ HAY EN EL NOMBRE?

Durante la mayor parte de la creación de mi primer videojuego, siempre consideré poner la chispa antes que el bistec. A raíz de esto, siempre he querido impresionar a los jugadores y ofrecerles algo espectacular. Que les puedo decir; es el artista que llevo dentro. Es el vendedor que llevo dentro de mí. Esa modalidad creó un gran conflicto entre el departamento de ingeniería y el departamento de marketing, este conflicto creció tanto hasta llegar a representar una parte importante de la experiencia laboral de Atari y muchas veces también en mi mente. Llegó a un punto critico cuando llegó el momento de finalizar mi primer videojuego.

Hemos llegado al punto en el que ya tengo un buen videojuego, pero no tiene nombre, lo cual para mi no es ningún problema. Yo creo que nunca debemos de empezar con una etiqueta. Primero se empieza con los retoques y utilizando técnicas para optimizar el funcionamiento del hardware. Más adelante se le da contexto con la "configuración" del videojuego y eventualmente con un libreto. Así fue mi estilo con respecto a Yars y todos mis otros videojuegos. Debo de aclarar, que la cuestión de cómo titular el videojuego no afectaría a mis dos próximos productos.

Mi primer trabajo gráfico fue lo que se conoció como "Yar", inicialmente este no tenía nada que ver con una mosca. Era solo algo con brazos que se movían y que se veían simétricos al ponerlos en movimiento. Mi título original era *"Time Freeze"*, pero ese se despareció en el camino dejando a su paso solamente un videojuego y unos gráficos abstractos. Los conceptos de *Ion Zone, Qotile* y todo el universo de La venganza de Yars son una adaptación de componentes ya existentes.

Como todo en la vida, yo siempre hago lo que me parece conveniente y las explicaciones las guardo para después. Creo que esa es la forma en la que todos estamos programados. Actuamos de acuerdo a nuestras propias emociones y después analizamos las cosas para poder dar la sensatez a lo que tiene sentido. Así fue la forma como me enfoqué en el diseño de videojuegos. Para mí todo consistía en maximizar la jugabilidad y la impresión visual. ¿En realidad importa cómo se llame?

Todo parece ir bien con el videojuego y ha llegado la hora de empezar a pensar en su distribución. Como es lógico, el departamento de marketing necesita un título para el videojuego y así poder ponerlo en los paquetes y materiales de promoción. El estatus de "sin nombre" no puede continuar. Normalmente, el departamento de marketing se encarga de ello. Ellos cuentan con su propio sistema creativo para generar un nombre y un empaquetado, al igual que para desarrollar todos los detalles del producto.

El caso es que: yo quiero/necesito hacer lo mejor posible todo lo que sea referente a este videojuego. A estas alturas no puedo dejar que el departamento de marketing se encargue de titular el videojuego por una razón muy sencilla: Soy un controlador, con una enorme autoconfianza en la capacidad para la creación de mis proyectos. Me es muy difícil dejar el control de la creación en manos de otras personas (sobre todo de aquellas personas en las cuales no confío). Entonces, respondiendo a mi propia pregunta: Sí, sí me importa cómo lo nombren al videojuego. Para mi eso es importante.

Entonces le pregunté al representante del departamento de marketing que si podría existir la posibilidad de someter mi propia propuesta para el nombre. Me dijo: "Está bien, pero hazlo pronto". Muy emocionado le respondí que regresaría la mañana siguiente y que entonces ya tendría algo para él. Me pasé todo el resto del día y de la noche sin salir de mi oficina tratando de encontrar el mejor de los nombres.

Quería algo sencillo, pero contundente. Que fuera convincente e intrigante, pero no desalentador. Algo que transmitiera la acción de una manera en la que atraiga al jugador. Hmmmm. Se me ocurrió que "venganza" es una gran palabra para el título, ya por sí misma esta narra toda la historia. ¿Y quién no quiere venganza? OK, yo les aseguro que puede que haya monjes en los Ashrams del Tibetan los cuales no tienen el menor deseo de venganza, pero ellos no son la meta principal del demográfico así que los voy a derrumbar. La siguiente y obvia pregunta es: ¿Quién busca venganza? Tengo que darle un nombre a mi vengador. Todo esto, me doy cuenta, que representa una perspectiva muy interesante....

Algo que siempre he querido hacer es añadir una palabra a la lengua inglesa. Ese es uno de mis muchos sueños y esta es mi oportunidad. Todo el mundo conoce el nombre de *Pac-Man*. Si mi videojuego tiene éxito, el nombre del personaje que yo elija ahora podría convertirse en un lenguaje común. ¿Alguna vez has tratado de inventar una palabra? Me puse a repasar todas y cada una de las posibilidades, pero todo suena demasiado tonto. Esta es mi gran oportunidad y nada parece dar resultado. Estoy muy frustrado.

Finalmente doy por vencida la idea de una buena resonancia y comencé a pensar en las diferentes formas de plantear el problema. Esto requiere un algoritmo. Necesito una forma sintética para poder elegir un nombre. Entonces se me ocurre que tiene que ser algo más que un nombre y mi mente empieza a dar vueltas más vueltas. El nombre se convierte en un concepto, luego en un tema y por último, todo se transforma en un plan para el departamento de marketing. Mi plan de marketing para comercializar mi propio plan de marketing. Así es como será mi plan: ....

Necesito utilizar un código. El nombre será una codificación para algo más. Algo indiscutible. Algo como... Ray Kassar, el CEO de Atari. ¡Sí! El nombre del videojuego debería llamarse La venganza de Yars, siendo Yar, Ray, deletreado al revés. ¿Qué es Kassar al revés? ¿Rassak? Pues bien, el juego estará ubicado en un sistema solar llamado Razak. Aunque no es suficiente. ¿Qué se podría necesitar para que un nombre sea más convincente para el departamento de marketing? Su paquetería. ¿Cómo puedo hacer de La venganza de Yars un paquete? Ya sé, escribiré una historia para complementar el videojuego.

Así que empiezo a escribir y al amanecer, tengo frente a mí 12 páginas escritas a mano tituladas, "La venganza yarrian de Razak IV". Estoy demasiado cansado para darme cuenta de que acabo de crear la primera historia preliminar en la industria de los videojuegos. Es un viaje lleno de acción a través del espacio, que muestra cómo surgieron los Yars y como llegaron a ocupar el sistema solar de Razzak. La historia cuenta la forma en la fueron agredidos al punto que ahora están decididos a aplicar todos sus esfuerzos para buscar revancha. Alrededor de las 7:30 de la mañana le terminé dando los últimos toques, fue justo a tiempo para entregarlo a un administrativo que acaba de llegar para que él lo escriba, después de eso me voy a echar una pequeña siesta en el suelo de mi oficina. Alrededor de las 10 de la mañana llega un representante del departamento de marketing y le entrego mi propuesta para La venganza de Yars. El videojuego está en marcha.

Poco más tarde, el mismo representante de marketing pasa por mi oficina para informarme de que mi propuesta ha sido presentada oficialmente y la están considerando. Llegó la hora de activar la segunda fase. Le di las gracias y le ofrecí compartir una información confidencial por si le interesaba escucharla. Esto le llamó mucho la atención. Aunque le aclaré que esto es un secreto profesional y debería de mantenerse en absoluta confidencialidad, para que no afecte al resultado de manera innecesaria.

Él me aseguró que no diría nada a nadie.

"OK entonces", le digo. "¿Sabes quien es el Yar en el nombre del videojuego?".

"Sí"

"Deletreado al revés".

Lo piensa por un momento y dice: "¿Ray?"

"Correcto. ¿Y qué hay del nombre Razak?".

Después de unos segundos, me pregunta, "¿Kazat?. ¡¿Ray KASSAR?!?! ¿Está Ray enterado de esto?".

"Claro que sí, yo jamás haría nada de esto sin su conocimiento. Sólo que no se lo puedes contar a nadie. No quiero tener ninguna influencia en la decisión del nombre".

Él me juró dos o tres veces de que me guardaría el secreto y después se marchó. En este momento yo estoy seguro de tres cosas: 1) Que él va a ir corriendo al departamento de marketing para contárselo a todo el mundo. 2) Que nadie en el departamento de marketing tiene las agallas para hablar sobre esto con Ray Kassar, lo cual me beneficia a mi, porque 3) Ray no está enterado de nada de esto. Yo nunca he hablado con Ray Kassar. De hecho, a estas alturas de mi vida en Atari, yo nunca he estado en la misma sala de conferencias con él. Lo que le dije era pura mentira. Todo esto me hace sentir muy bien y entonces me retiro a mi casa a descansar un poco.

Al día siguiente, el mismo representante del departamento de marketing se apareció en mi oficina y me dijo: "Hemos elegido La venganza de Yars. Enhorabuena". Su rostro brillaba de alegría.

Al escuchar eso, yo también sonreí un poco.

Ahora que mi juego tiene un nombre, La venganza de Yars es oficialmente y para siempre. Tengo en mi una gran satisfacción, pues creo que con mi pequeña táctica logré superar al departamento de marketing. Esta satisfacción perdurará por muchos años, hasta que un día me di cuenta de que algo estaba cambiando el panorama por completo. Otro de mis nuevos cálculos retroactivos.

Yo estaba tan orgulloso de mi mismo de haber podido llevar a cabo mi plan maestro, y de que nunca consideré la posibilidad de que mi idea fuera lo suficientemente buena por sí sola, lo cual me entristece un poco. Estaba tan enfocado buscando la manera de engañar al departamento de marketing que no me detuve a pensar de que quizás solo me estaba engañando a mí mismo. Esto es lo que pasa cuando uno se engaña a sí mismo: Es muy difícil saber cuándo lo estamos haciendo, porque no importa qué tan inteligente uno sea, el cerebro siempre conoce los mejores rincones para esconder el engaño.

Mientras yo estoy aquí con el representante del departamento de marketing, me doy cuenta de que Ray aún no se ha enterado sobre mi maniobra, aunque se que pronto se enterará. Pasarán alrededor de unos cinco meses cuando yo me enteré de que él ya lo sabe, eso será cuando Ray y yo tengamos la oportunidad de platicar cuando vayamos a una de las demostraciones de prensa para la próxima temporada navideña. Probablemente será algo así como:

> Ray salió entre la multitud de gente de los medios de comunicación que paseaban por la sala. Se me acercó y me dijo: "Hola Howard, ya me enteré de lo que hiciste con Yars".
> "¿Oh sí? ¿Qué opinas de eso?"
> Medio sonrió y me dijo: "Continúa creando videojuegos, Howard".

Posiblemente tú estás familiarizado con todo esto porque apenas un tiempo atrás visitamos dicho futuro. Quizás hayas hecho un nuevo cálculo retroactivo por tu propia cuenta. Por mi parte, yo estoy justo aquí y ahora. Así que aún no lo sé, pues quizás eso no sucederá hasta dentro de unos cinco meses. Aún así, yo estoy muy seguro de mi predicción. Esa es la belleza de las líneas de tiempo no lineales.

Se que algo tiene que llenar el hueco de los cinco meses que faltan para la demostración de prensa, en la yo pueda hablar con Ray...

¿Qué les parece si respondemos a una pregunta sin respuesta?: ¿Qué problemas legales han surgido con mi glamorosa función de agua en el centro de la pantalla?

El usar código computacional que sirva de gráfica es una idea muy interesante, pero también crea un problema muy interesante: No es ningún problema poner la gráfica en la pantalla. Cualquier persona puede mirar el televisor y ver cómo se han diseñado *Space Invader* o un *Pac-Man*, pero, adherir el código en la pantalla es algo totalmente diferente.

Imagínate una hamburguesa Kahuna. Las gráficas son como el pan y la carne de la hamburguesa, en realidad no hay mucho misterio en cómo se hacen. El código, sin embargo, es como la salsa secreta de la receta del videojuego. Jamás deseamos revelar los ingredientes. El colocar el código en la pantalla es como si estuvieras regalando secretos técnicos y eso es algo muy peligroso en el mundo de los negocios.

Era obvio que los abogados se aterrorizarían cuando vieron que estoy mostrando el código en la pantalla. No los culpo. Ellos se la han pasado en los tribunales demandando muy agresivamente a las empresas de Activision e Imagic, se la pasan tratando de proteger retroactivamente su propiedad intelectual. Entonces llega Howard, exponiendo todo para la vista de todos. Nos pasamos horas en una discusión llena de animación, dibujos en la pizarra y una breve presentación con marionetas de mano. Para definir, al final ellos se muestran convencidos de que he guardado los secretos de forma apropiada y aprueban mi colorida y controvertida demostración. Algo más que aprendí durante este intercambio: Es que mi trabajo es mucho más divertido e interesante que el de ellos.

Como ya se habrán dado cuenta, no soy ajeno al conflicto. Por alguna razón este me persigue a todas partes. Por supuesto que no todo esto es una simple coincidencia. Aunque no es de mi intención crear conflictos (bueno, casi nunca), creo que eso parece ser el resultado de mi forma de ser y de la manera en la que enfrentó a la vida.

Es probable que esto se deba a que muy pocas veces pregunto: "¿Cómo debo hacer esto?". Estoy más centrado en: "¿Qué es lo que estoy tratando de hacer?". Entonces comienzo a imaginar un mundo de posibilidades y mi imaginación tiende a dirigirse hacia el camino menos transitado. Sea cual sea la misión, es muy probable que la voy hacer de forma diferente.

Un aspecto relacionado con el éxito en hacer las cosas de forma diferente: Es que las personas no siempre disfrutan de las consecuencias de los actos. Cuando algo es verdaderamente nuevo, eso nos empuja más allá de nuestro repertorio habitual. Y como resultado eso puede fastidiar a las personas que acaban lidiando con ello. Yo estoy muy familiarizado con este fenómeno.

Uno de los ejemplos es el problema legal que surgió al mostrar en pantalla el código de La venganza de Yars. Nunca nadie lo había hecho antes, así que jamás había surgido ese tipo problema y cuando sucedió, los abogados se encargaron de solucionarlo inmediatamente. En ese momento ellos no estaban igual de contentos como yo por mi propia creación. Al final todo salió bien.

Otro ejemplo es el tema candente del reconocimiento por la autoría del videojuego. Atari se niega rotundamente a dar cualquier tipo de reconocimiento al autor del videojuego. Bajo ninguna circunstancia, Atari revelaría la identidad de ninguno de sus programadores de videojuegos. Para el mundo exterior, nosotros éramos solo empleados de Atari sin nombre y punto final. Activision e Imagic usaron el reconocimiento a sus programadores como uno de los claves de venta, ellos lo lograron cuando incluyeron el perfil del programador/diseñador en el primer plano. Esto no pasó por desapercibido para los ingenieros de Atari ..., pero algunos de los ingenieros de Atari perdieron este privilegio (cuando se marcharon de la empresa y se unieron a sus competidores). La venganza de Yars logró romper esa barrera. Yo no fui el primero en buscar un reconocimiento, pero sí el primero en recibirlo. No fue que yo lo haya pedido, todo esto sucedió por medio de la creación de una de mis soluciones inesperadas.

Nunca antes se había visto una historia de fondo para un videojuego. Cuando eso sucedió, los engranajes del departamento de marketing comenzaron a trabajar. Atari se inspiró en mi historia y fue cuando decidieron convertirla en un cómic que se "incluiría en el mismo paquete" con el videojuego. A esto se le llama productos complementarios. La venganza de Yars fue el primero de su clase en el mundo de los videojuegos.

De hecho, anteriormente Atari había publicado cómics y revistas, nunca con un producto complementario. Al incluirlo eso resultó ser muy fundamental, porque así las reglas de la revista tenían prioridad sobre las reglas de los videojuegos. ¿Qué significa eso?

Una de las reglas fundamentales de la publicación de revistas/cómics es: siempre incluir el reconocimiento de las personas que crean el producto. Sin embargo, ese no fue el caso de los videojuegos en Atari. Como tenían que incluir el reconocimiento para el cómic y el cómic era complementario al videojuego, entonces era necesario incluir el reconocimiento para "el programador de cartuchos", seguida de un guión y luego mi nombre completo y escrito correctamente. Esta era la primera vez que un programador de Atari recibía un reconocimiento por la creación de su propio videojuego. Aunque este no estaba en la caja ni en el manual, estaba en el cómic complementario. De cualquier forma este estaba incluido y con gusto lo acepté y no reclamé.

OK, sí hay algo que me gustaría reclamar. En la primera demostración del cómic, me di cuenta de que alguien le estaban dando el reconocimiento de la "Historia". Entonces yo pregunté cuál era la razón, pues fui yo quien había escribió la historia. El gerente del producto me dijo: "Mira, Howard, en el producto puedes tener solo un reconocimiento. ¿Te gustaría tener el reconocimiento de la historia o el reconocimiento del programador?". Me pareció que esa era una respuesta razonable a mi pregunta y con gusto acepté el reconocimiento de programador. En la versión final del cómic, se eliminó el reconocimiento a la "Historia" y fue sustituida por el reconocimiento al "Escritor ", lo cual considero fue una muy buena decisión. Hope Shafer modificó la historia original de forma muy significativa para el cómic. Hope se ganó a pulso el reconocimiento de la publicación. Hay que destacar que los dibujantes Frank Cirocco, Ray Garst y Hiro Kimura son dignos de un gran reconocimiento, al igual que el director artístico Steve Hendricks (cuyo nombre fue escrito incorrectamente "Hendericks" y así aparece en los mismos reconocimientos). Los fans siempre decían de lo mucho que les gusta el arte y las ilustraciones de la caja de La venganza de Yars. Yo siempre me he sentido muy orgulloso de poder relacionarme con esas ilustraciones.

Para mi primer videojuego, Atari me pidió que les hiciera la conversión para la máquina de monedas. Lo que escuché fue: "Por favor, crea un producto vendible". Al final terminé por darles un juego original, la base para productos complementarios y una nueva licencia de producción. Con eso hice una contribución la cual no se negarían y los obligaría a considerar crear una nueva forma en el tema de los reconocimientos.

A mi siempre me ha gustado darle a la gente lo que pide, pero no lo que ellos esperan. Algunas veces también reciben más de lo que esperan y eso es precisamente lo que a mucha gente le gusta y lo que a personas como a mí nos agrada. Otras veces me gusta jugar a la pata de mono dándole a la gente lo que piden, pero NO lo que esperaban. Todo esto es similar a lo que pasa de vez en cuando con las computadoras. Yo siento que la gente no está tan entusiasmada con esta versión. Para mí este es un videojuego muy divertido, aunque no lo es para los demás jugadores.

Esto no es sólo cosa de Atari. En la universidad por ejemplo, a pesar de que en solo tres años me gradué completando dos especialidades y un grado menor, el decano me echó la bronca porque con los tres títulos yo calificaba para graduarme con honores, pero me negaba a escribir una tesis.

[Nota para los Non-Académicos: Cuando te gradúas de la universidad, se te otorga un diploma. Eso no es todo lo que se te otorga. El bachillerato es solo una base universitaria. A medida que vas subiendo la cima del (promedio del grado), hay varias mesetas que se pueden resaltar a lo largo del camino. Si lo haces bastante bien, puedes obtener *"cum laude"*. En latín eso significa "con honor" y es un título muy bien valorado al que se accede automáticamente al lograr buenas calificaciones. Para quienes escalan la cima un poco más alto, existe "magna cum laude", que significa "con gran honor". Para obtener esta distinción, hay que escribir una tesis, que es un trabajo de investigación sumamente importante. Para el estudiante escalador con extra motivación que se acerca (o llega) a la cima por sí mismo, existe el "suma cum laude" que significa "con el más alto honor". Para poder conseguir este honor, deberás de escribir la misma tesis que los magna y tendrás que "defenderla". Esto significa que deberás convencer al tribunal de profesores de que no lo has copiado y pegado y que realmente entiendes lo que has escrito en tu tesis.]

Yo felizmente me conformé con el "cum laude" puesto que no tenía ningún recargo adicional. ¿Escribir una tesis y defenderla? Para mi esa palabra extra no valía la pena en mi diploma. El decano insistió: "Te engañas a ti mismo si no profundizas en tu materia". Yo le contesté: "¿Qué hay de la amplitud? ¿Y el valor de las perspectivas múltiples? Él insistió en que la profundidad es el único camino a seguir, así que decidí irme .... sin.

Después de la conversación con el decano, tome lo que había logrado y el resto lo dejé sobre la mesa. Ya me sentía lo suficientemente galardonado y no veía la necesidad de atiborrarme en el buffet de honores académicos (para ser justos, he escuchado que su ensalada de palabras es tan buena que desafía la teoría).

Aunque logre desenvolverme bastante bien en la universidad y para desgracia del decano, yo realmente no tenía vocación académica. El asumió mi participación basándose en mis grados académicos, terminó por rechazarla basándose en mi criterio.

¿Ya pasaron cinco meses? ¿No? OK, repasemos otra pregunta: ¿de verdad importa cual sea el nombre que le pongamos al videojuego? Para concretar: ¿Acaso el ambiente o la temática influyen sobre la experiencia de un videojuego?

Después de todo, un videojuego es un videojuego. ¿Acaso podrán la gráfica y la temática por sí mismas modificar considerablemente los resultados de un videojuego? Pues veamos...

Tomemos como ejemplo un juego de ping-pong. He aquí el diseño: Se controla una raqueta que se mueva de lado a lado cerca de la parte inferior de la pantalla. Los objetos caen desde la parte superior de la pantalla y el jugador debe tocarlos con la raqueta antes de que caigan al fondo. Por lo tanto, el jugador es recompensado por los golpes que ha dado a los objetos y también se le castiga por las fallas. Ese es todo el diseño del videojuego. Las cuestiones de velocidad, tiempo, número de vidas, etc. quedan al margen del ajuste. No existen temas ni historias de fondo. Este videojuego se puede jugar sin ninguna modificación gráfica o información adicional. El objetivo del videojuego es aumentar su nivel de habilidad para llevar a cabo la labor de abstracción.

Ahora, en este videojuego vamos a intentar utilizar dos componentes diferentes. Aunque debemos de recordar que lo único que estamos modificando son las gráficas y la historia de fondo....

Tema #1: Alguien está lanzando bebés desde la azotea de un edificio que está ardiendo en llamas y los tienes que salvar cachándolos con la almohada que llevas en sus manos (la raqueta), y así consecutivamente regresarlos con sus familias. Mismo videojuego, diferente causa. ¡Ahora eres un héroe!

Tema #2: Alguien está lanzando bebés desde la azotea de un edificio que está ardiendo en llamas. Las familias de los bebés están esperando abajo, con la esperanza de poder cachar a sus bebés que poco a poco van cayendo. Tú estás con la boca abierta (la raqueta), justo sobre las familias, atrapando a los bebés devorándolos y dirigiéndolos y luego defecándolos sobre de las familias que están abajo esperándolos (por hacer esto tú recibirás puntos extra). Mismo videojuego, diferente causa. Por hacer esa maniobra ahora te convertiste en un monstruo.

Esta idea da lugar a tres diferentes categorías en el videojuego (y probablemente a tres diferentes clasificaciones), el videojuego continúa siendo exactamente el mismo.

¿Comprarías alguno? ¿Existe alguno en el que te opondrías? ¿Acaso el ambiente/la temática podrían hacer alguna diferencia?

¿Ya llegamos? Wow, esperar cinco meses realmente puede poner a prueba nuestra paciencia. Definitivamente está poniendo a prueba la mía, en gran parte porque lo más importante de estos últimos cinco meses son las pruebas. Las pruebas de los consumidores de La venganza de Yars ....

LA INTERRUPCIÓN DEL LANZAMIENTO

¿Alguna vez has participado en las pruebas de producto para el consumidor? Eso es una experiencia muy interesante y una gran oportunidad para aprender. Sin duda eso lo será para mí.

La venganza de Yars, mi primer videojuego, está a punto de someterse a más pruebas de consumo que cualquier otro videojuego en la historia de

Atari. Me gustaría aclarar que existen muchas y muy buenas razones para todo esto, desgraciadamente solo existe una: Hay alguien que continúa exigiendo más pruebas. Mi primer videojuego, a medida que se acerca su proceso final se ha ganado un gran número de seguidores, también cuenta con algunos adversarios.

Mi emoción aumenta a medida que se acerca el lanzamiento del videojuego, hay alguien que está preocupado por la atracción de este y pide que se reúna un grupo de expertos. El grupo de expertos consiste en ocho jugadores, ellos se reúnen en un cuarto cerrado, juegan durante unos 30 minutos, luego comen pizza y conversan sobre el videojuego, mientras que los interesados (yo incluido) los observamos a través de un espejo. Yars pasa la prueba perfectamente. OK, ahora ya podemos lanzar el videojuego.

Las cosas empiezan a avanzar. De repente, surge otra preocupación por la calidad del videojuego. Se ordena otra prueba. Una vez más Yars pasa la prueba y todo parece indicar que es un buen candidato para su lanzamiento. En mi opinión, Yars ya está listo. De hecho, yo ya estoy trabajando en mi próximo videojuego Los cazadores del arca perdida, tengo muchas ganas de ver que mi primer videojuego salga a la venta. Estoy ansioso por probar la magia de Atari.

Una vez más, todo parece ir bien. Al parecer, Yars está a punto de ser lanzado y de nuevo alguien empieza a decir que el videojuego tiene problemas de "capacidad de jugar a largo plazo". A este punto me entra el mal presentimiento sobre la publicación interrumpida. Una vez más solicitan a otro grupo de expertos. Yars pasa la prueba con gran éxito. OK, la tercera es la vencida. Ahora ya debemos de estar listos para el despegue, justo cuando empezamos a acelerar los motores, la torre de control nos detiene otra vez.

Al parecer, aún existen algunas "dudas" sobre el videojuego. ¿Es enserio? Ahora me pregunto qué demonios será lo que está pasando. Parece ser que alguien tiene problemas con La venganza de Yars y además cuenta con la atención de la administración. !¿Acaso los resultados de las pruebas no significan nada?! Después de tanta prueba, yo también me estoy poniendo un poco molesto.

Dentro de la empresa de Atari, mi videojuego está recibiendo gran admiración y mucho cariño. Los programadores y los comerciantes de la industria lo están jugando y admirándolo. Incluso, ellos están considerando en hacer una versión para monedas, eso es algo que nunca había sucedido con ningún otro videojuego de la videoconsola VCS. ¡Oh, baby! Estoy al borde de la liberación, listo para formar parte del grupo de diseñadores de videojuegos clasificados y para ser miembro del club. Aún no he llegado a ese punto. Yo siempre he sido más feliz como una persona libre, un marginado, incluso en ocasiones en las que he podido elegir. Por primera vez en mi vida siento la importancia de ser un marginado, o peor aún, la necesidad de serlo.

El lanzamiento de La venganza de Yars hará realidad mi graduación, coronación y rito de superación; La trifecta de la aceptación. Siento que estoy dentro del cohete, listo para despegar, el conteo regresivo se sigue interrumpiendo. Hace poco tiempo estaba muy deprimido porque nada estaba funcionando. Ahora todo funciona perfectamente y estoy muy desesperado.

Como podrán darse cuenta, la interrupción del lanzamiento del videojuego es cada vez más difícil, les aseguro que no hay nada de bonito en todo esto. Esto es muy doloroso. ¿Qué se podrá tomar para calmar el dolor?

Los ejecutivos decidieron irse por las ramas y ordenar una prueba de juego. Esto sería así como el Rolls Royce de las pruebas de los videojuegos. Mientras que el grupo de expertos solo requiere unas cuantas horas al día para hacer una prueba, la prueba de videojuegos requiere todo un fin de semana. Para este evento se han convocado a más de 100 jugadores de todo el ámbito demográfico. Cada uno de ellos jugará y evaluará dos videojuegos, la primera evaluación es sobre el objetivo del videojuego y la segunda es el control del videojuego. En este caso, La venganza de Yars será el blanco, una prueba de videojuego solo tiene que ver con el control del mismo. Me muero por saber a lo qué me estoy enfrentando. Espero que no sea nada bueno.

Finalmente nos llega la noticia. *Missile Command* será el juego de control.... ¡Qué diablos! *Missile Command* es una obra maestra. Hasta la fecha, *Missile Command* ha sido el mejor videojuego que haya existido para la videoconsola VCS. Fue creado nada más y nada menos que por mi amigo Rob Fulop (tal vez se acuerden de él en las navidades pasadas). Eso no es todo, la prueba del videojuego se llevará a cabo en la ciudad de Seattle. Los ejecutivos de Atari se van a ir a otra ciudad para hacer la prueba?!?! Inmediatamente reservé mi boleto, porque de NINGUNA MANERA me lo iba a perder.

Al parecer, lo único que tengo que hacer es superar la puntuación del mejor videojuego del sistema VCS y cuando eso suceda La venganza de Yars podría salir a la venta. ¿De verdad tiene que ser esto tan difícil? Dicen que si quieres vencer al mejor, tienes que ser el mejor. Yo creo que esto es verdad. Aunque, sinceramente solo me conformaría con ganar un título de segunda categoría y salir por la puerta grande. Soy optimista de corazón, sin embargo, siento que mi optimismo se va desvaneciendo en cuanto el avión empieza aterriza en el aeropuerto de Sea-Tac el viernes por la noche.

Después de una noche intensa, por fin llega la mañana del sábado y comenzamos a trabajar. Yo ya estoy muy bien instalado en una pequeña cabina detrás de un espejo. Es como un búnker, ahí me quedaré por nueve horas y otras nueve mañana. Pasaré mi fin de semana sentado en un caluroso y sudoroso palco en la ciudad de Seattle rodeado de otras personas, mirando cómo los jugadores juegan los dos partidos y esperando a que nos traigan las hojas de puntuación. Casualmente poseo una licenciatura en estadísticas, así que estoy preparado para empezar a tabular dichas hojas y a trabajar con los números. Llegó la primera hoja con el marcador y a los jugadores les encantó *Missile Command*, pero no les gustó La venganza de Yars. Para. Nada. Esto no presagia nada bueno para mi en este fin de semana.

Continúan llegando hoja tras hoja. A medida de que vamos avanzando las voy contando y continuó verificando los números. Resulta que la primera hoja fue la peor para Yars en toda la prueba. Cuando finalmente todo vuelve a la calma (treinta y dos horas después), La venganza de Yars supera a -*Missile Command*- en la prueba de juego. De hecho, ¡La venganza de Yars, logró la mayor puntuación jamás vista en una prueba de videojuego! Esto hizo que mi vuelo de regreso a casa fuera mucho más agradable que el vuelo de partida.

Bueno... al parecer ahora ya no existe ningún obstáculo para lanzar La venganza de Yars. Después de exprimir al máximo el retraso dentro de mi gratificación por la demora, finalmente el videojuego está listo para su lanzamiento y esta vez es de verdad. Tras siete meses de trabajo y cinco meses de pruebas, por fin recibo una dosis de elixir. La venganza de Yars saldrá de la sede de Atari y llegará a más de un millón de hogares. Se convertirá en uno de los videojuegos más queridos de la videoconsola VCS. Oh. Baby.

Mis interrupciones del lanzamiento caen en una remisión total. El lanzamiento del videojuego es la droga culminante de Atari y es una poderosa descarga. La emoción de mirar los comerciales de tu propio videojuego. El poder verlo en las estanterías de las tiendas y saber que tú lo creaste. La emoción de poder tocar los corazones y de poder entretener a millones de personas. Y la mejor de todas las emociones: Es el poder ver cómo los niños se pelean por el mando de la videoconsola para que les llegue su turno de jugar. Todo esto me emociona. Que. Una. Descarga. Estas emociones son la verdadera droga en Atari, y soy un adicto a ella. Por ahora, mi misión para la vida es muy clara: y esa es el seguir aumentando mi abastecimiento.

La venganza de Yars es y siempre será mi obra más preciada. El videojuego me consagró como un digno diseñador y programador de videojuegos en Atari. La venganza de Yars me permitió desempeñar la idea de lo que el videojuego podría ser y de poder ver como mis sueños se convertían en realidad. También me hizo sentir que había llegado a pertenecer a un lugar al que puedo llamar hogar. Eso me conmueve profundamente.

Todo esto me llena de una enorme satisfacción. Además, pude captar los conocimientos y experiencia necesarios. Entonces, ¿qué fue lo que aprendí de este lugar?

Aprendí que las personas pueden decir con seguridad si algo les gusta, pero no pueden decir con seguridad el porqué. Esto quiere decir que estamos en contacto con nuestra propia experiencia, pero no tanto con nuestro proceso interior. Se trata del efecto llamado "caja negra" de la mente. ¿Qué es el efecto caja negra? De eso les hablaré después, será cuando levantemos el telón de lo que esconde la tecnología. El cual está por comenzar el capítulo 7, Bob. Te lo prometo.

También aprendí que las prioridades internas pueden surgir de la nada y causar un daño significativo. La política empresarial puede ser muy cruel, aunque preferiría estar atado a ella que ser sujetado a ella (este es un compromiso que nos lleva a aprender infinidad de lecciones en el futuro). Además, nunca hay que subestimar la posibilidad de que una mala situación pueda arrastrarse de forma indefinida.

Quizá la mayor de las lecciones de La venganza de Yars fue la constatación del valor que existe en mí mismo. Por primera vez en mi vida puedo utilizar mis habilidades extravagantes para poder crear esa combinación especial de brindar entretenimiento y tener éxito en una labor difícil. Para mí es una gran satisfacción.

Después de la mayor parte del año en Atari, he terminado la creación/ el lanzamiento de mi primer videojuego (y ya voy por el segundo). He descubierto y solucionado muchos inconvenientes con las interrupciones de los lanzamientos. Ahora soy miembro del club y estoy en camino de experimentar la última descarga de Atari. Por fin y por primera vez desde que me contrataron, ya puedo exhalar.

Ahhhhhhhh.

OME Y HOWARD SCOTT WARSHAW (HSW) RELAJANDOSE EN LA CAFETERIA

FOTOGRAFÍA POR
DAVE STAUGAS

CAPÍTULO 6
¿QUÉ HAY DE NUEVO?

ESTOY LISTO PARA MI PRIMER ENCUENTRO

"¡Aguanta la respiración y cierra los ojos!", gritó alguien, mientras se desataba una borrasca que descargaba una enorme oleada de micro púas, las que cada una de ellas pinchaba al impactar. La advertencia fue levemente disipada por el pañuelo que protegía la cara del portavoz, aunque de todas maneras se le agradece.

Como nunca antes había estado en una tormenta de arena, me reí cuando el personal de la filmación nos entregó nuestros clichés de pañuelos azules. Los clichés siempre vienen de algún lugar. Ahora me doy cuenta por qué los vaqueros usan pañuelos. Los pañuelos no solo son accesorios de las viejas películas del oeste, también son el casco protector de las tormentas de arena. Son una especie de equipo protector similar a las gafas de seguridad, que también se pueden usar en una tormenta de arena. Será

mejor que lo crean, yo estoy usando el mío y estoy muy agradecido por la opción.

Los vientos del desierto son tan fuertes que levantan sin cesar remolinos de polvo, creando pequeños tornados de caos. En este momento me viene a la mente una de mis palabras favoritas: remolino. La razón por la cual estoy aquí en este desierto es porque sin duda fui arrastrado por un remolino, el cual no tiene nada de malo. Aunque no deja de lanzarme trozos de basura, este remolino también me está conectando con algunas figuras destacadas. Zak Penn, uno de ellos.

Zak es un guionista muy destacado en Hollywood, quien ha dirigido películas muy famosas como *Ready Player One*, El gran Hulk y El último héroe de acción, entre otros. Zak está dirigiendo y protagonizando la película por la que todos estamos aquí. Él también ha dirigido otras dos películas de entretenimiento, y este esfuerzo está dando forma a otro.

Zak es el embudo de la nube que me recogió en California y me descargó aquí en el desierto en Nuevo México en un hermoso día del mes de abril del año 2014. Zak tiene una personalidad agradable, es alto y con buena apariencia física (comparado a mi), también porta una barba de chivo, un porte simpático y un sentido del humor tan seco que se funde perfectamente con los aires de Nuevo México. Interesantemente él se encuentra aquí en el desierto gracias a un doble Chinn. Simon y Jonathan Chinn. Simon y Jonathan son productores ejecutivos con mucha experiencia, que entre ellos cuentan con un premio Emmy y dos Oscar por otros de sus documentales. Es difícil predecir si esta será una gran película, pero se que en este proyecto existe un gran talento cinematográfico. Para mí ha sido muy emocionante estar aquí con todos ellos.

Zak no se acercó a mí por casualidad. Hace más o menos siete meses yo empecé a recibir boletines del *VGCEWS (Video Game Community Early Warning System)*. Donde cada uno de ellos hablaba del embudo de nubes y preguntaban si alguno de ellos ya se había puesto en contacto conmigo y me decía a mi mismo. "Aún no, pero estoy seguro que eventualmente tendré noticias." Después de varios meses, empecé a sentir la típica sensación hollywoodiense y a preguntarme: "¿Alguna vez me llamarán?"

Zak y su empresa me contactaron en el mes de febrero del 2014. Ellos están haciendo un documental sobre una leyenda urbana. La leyenda cuenta que millones de cartuchos de mi videojuego de están enterrados en algún lugar del desierto de Nuevo México. El título provisional del proyecto es "Atari: Se acabó el juego". Me gusta, tiene un buen toque. Después de una larga conversación telefónica la cual dio lugar a más llamadas telefónicas, las cuales terminaron llevando un equipo de filmación (y a *todo* su equipo) a mi condominio para una sesión de entrevistas que duró todo el día, lo que condujo a esta frase corrida detallando toda la secuencia. Durante seis largas horas les conté íntimos detalles sobre mi pasado y mi presente. Fue un momento muy emotivo, ya que pude compartir algunos de mis sentimientos y emociones los cuales no había descubierto hasta entonces. Para mí eso ha sido una experiencia muy conmovedora. Hicieron un gran trabajo.

Es inquietante ceder todo mi material a alguien y confiar en el que harán las "cosas de la manera correcta". Siempre les pido a los demás que lo hagan en mis producciones, puesto que yo haré todo lo posible por mantener la integridad con mis entrevistados. Cuando yo soy el entrevistado, no puedo saber la verdadera intención del director hasta que vea el resultado del producto. Es claro, que el éxito pasado suele ser el mejor indicador de los resultados futuros.

Como recordarán, Zak Penn ya ha dirigido dos películas, les recomiendo que las vuelvan a ver. La buena noticia es que son películas muy buenas. Una maravillosa aportación a uno de mis géneros cinematográficos favoritos. La mala noticia es: ese género es *mockumentary* (falso documental). Los *mockumentaries* (falsos documentales) son documentales de ficción. Por lo general, son de carácter satírico, si no son piezas de ataque directo. Si Zak está aquí buscando hacer un trabajo sucio, básicamente me he pasado seis horas dándole filo a su hacha. Sin embargo, hay algo en sus preguntas que me da la esperanza de que esta película será un éxito.

De cualquier madera, estoy aquí: Un tonto, en un vertedero en el desierto. Un optimista que lleva un pañuelo puesto, rodeado de arenas voladoras é inundado en un mar de fans. ¿Qué tan espectacular es todo esto? Mucho. En definitiva, es mi tipo de remolino.

Me encuentro aquí, en esta especie de remolino, por culpa de una película. En realidad la película será filmada para llenar el vacío provocado por un remolino aún más grande y poderoso: el remolino que ha creado Microsoft Corporation.

PIONERO EN UN NUEVO MEDIO

El servicio de emisión directa es la nueva moda de los videojuegos y todo el mundo compite por formar parte de su mercado. Microsoft también está entrando en la batalla, creando contenidos atractivos para el lanzamiento de su nuevo servicio de streaming de video en las consolas de videojuegos Xbox. ¿Y quién va a crear esos tan interesantes proyectos? Xbox Entertainment Studios. ¿Y quiénes son ellos? Los resultados de la búsqueda en Google son los siguientes:

> *Xbox Entertainment Studios fue un estudio de televisión y cine estadounidense con sede en Santa Mónica, California, que fue creado internamente por los estudios de Microsoft en el 2012, con el fin de crear "contenido televisivo interactivo" para Xbox Live.*

La película, Atari: Se acabó el juego, es la primera de seis series programadas. Xbox Entertainment Studios está preparando una serie sobre la originalidad de los videojuegos y los medios interactivos. Aquí hay dos puntos que señalar al respecto: En primer lugar, hacer medios interactivos sobre medios interactivos es de una complejidad extrema. En segundo lugar, ¿no les parece interesante que usen "fue" para describir a Xbox Entertainment Studios?

Independientemente de lo que al final se descubra en esta excavación, creo que nosotros hemos descubierto la razón fundamental por la cual todos estamos aquí en el desierto. En esta jornada se trata de explorar y establecer un punto de apoyo en este nuevo y fascinante medio de los contenidos en streaming. Eso es precisamente lo que estábamos haciendo en Atari, éramos pioneros en un nuevo medio.

En aquel entonces, se trataba de la revolución del entretenimiento interactivo. El nuevo medio de videojuegos domésticos estaba transformando el aspecto pasivo de la televisión en un juego activo, creando nuevas experiencias interactivas en el mismo sofá donde solías dormir. Cambia el televisor y cambiarás el mundo.

El programar para Atari 2600 fue un trabajo muy interesante, puesto que el objetivo no era simplemente hacer algo; el objetivo era hacer algo que nadie haya visto o hecho antes. Tenias que pensar de diferentes maneras y tenias que innovar. Cuando esa es la tarea, ¿cómo se empieza?

Se necesita tiempo para conocer el funcionamiento de cualquier nuevo sistema. Por lo tanto, lo primero que se hace en un nuevo medio es replicar lo mejor de los medios anteriores. En este caso, lo primero que hicimos fue copiar los videojuegos de la máquina de monedas, pero esta estrategia no podía durar. Intentar mantener el ritmo de la tecnología de las máquinas de monedas en la vieja tecnología del VCS es como tratar de mantener la velocidad de un coche de 10 velocidades a cuando vas montado en un triciclo. Obviamente eso no va a suceder. Es ahí donde entramos nosotros. Nuestro trabajo consistía en descubrir las características del sistema y darle una vida propia.

Yo veía mi trabajo en Atari algo más que la producción de videojuegos, mi trabajo consistía en poder contribuir a esta industria. Estaba muy consciente de que este era un nuevo medio, el primero que se haya visto en mucho tiempo. Ser pionero en un nuevo campo era algo muy emocionante. Finalmente había encontrado mi vocación, la voz que me llamaba. Si estoy haciendo algo nuevo y puro, me siento bien con mi trabajo... y conmigo mismo.

La venganza de Yars abrió nuevos caminos en diferentes formas. Ya saben que fue el primer videojuego con una historia de fondo, con un producto auxiliar (el cómic), con una explosión a pantalla completa y el primer videojuego de Atari que ha dado crédito al programador de su creación. Cuenta con consecuencias de muerte y un paisaje de sonidos muy complejo. No fue el primer videojuego con un huevo de Pascua (con un mensaje oculto en él), pero si fue el primero públicamente reconocido y aprobado por el departamento de marketing. De hecho, en este videojuego hubo más colaboración con otras partes de la empresa de lo que regularmente era en los videojuegos de esta época.

¿Sabían que Yars también fue el primer videojuego con un modo de pausa? La pausa es algo que jamás se pondría en un videojuego de máquinas de monedas porque: ¡Tiene que haber ganancia! Sin embargo, a nadie se le ocurrió ponerlo en un videojuego casa antes de este. La próxima vez que te tomes un descanso para ir al baño sin perder ninguna vida, solo tienes que decir "Gracias, Howard".

Mi primer videojuego fue juego de principiantes. Ese era mi objetivo. Yo encajé perfecto en Atari porque quería ser un innovador, necesitaba serlo. Existían varias razones para ello, pero quizás la más sencilla sea ésta: Hacer las cosas como se acostumbran a hacer es de lo más aburrido.... y yo odio el aburrimiento.

Esa es otra cosa que hacíamos en Atari, aliviar el aburrimiento. ¿No es eso de lo que se trata el entretenimiento? De tomar las armas contra el enorme páramo de la angustia y el hastío adolescente, para que otros puedan resistirlo con más facilidad que yo. Ahora hay una agenda que no puedo dejar pasar. Aunque confieso, que existen momentos en los que agradezco el no haber crecido rodeado de videojuegos. Quizás jamás me haya despegado del televisor.

Estábamos trabajando en lo último en tecnología, abriendo caminos en territorio sin explorar. Un mundo muy emocionante, pero al mismo tiempo frustrante é incluso a veces traicionero. Hay que pagar para entrar a lo último en tecnología.

Cuando estás intentando hacer un trabajo innovador, no puedes saber si tus ideas son factibles hasta que las haces. Muchas veces intentamos cosas que no funcionan. Esto presenta algunas preguntas: ¿Es acaso imposible hacerlo o no soy lo suficientemente inteligente? ¿Estaré lo suficientemente capacitado? Todas estas dudas pueden jugar con tu mente. El poder controlar la ansiedad es una parte crucial del proceso creativo.

En la industria del entretenimiento existe mucho el egoísmo, sobre todo porque los conceptos sin egoísmo rara vez producen gran entretenimiento.

Para yo poder crear algo que valga la pena debo aportar todo mi empeño. Mi visión basada en el compromiso es una poderosa fuente de energía que alimenta mis esfuerzos. Las personas que realmente han triunfado en Atari son aquellas quienes han puesto todo su empeño en su trabajo. El compromiso total es esencial para triunfar. El poner todo nuestro empeño en un trabajo puede ser una manera muy productiva, pero no es particularmente saludable. Hubo divorcios y problemas familiares. Las personas se aislaron socialmente, excepto en el trabajo. Surgieron problemas personales y/o dificultades financieras. El trabajo se convierte en un factor de gran consumo por lo que casi todos los otros aspectos de la vida se desvanecen. Cuando estoy tan comprometido en la empresa, los fracasos pueden ser muy dolorosos.

Cuando realmente estoy convencido de poder tener éxito en la creación de un proyecto, el miedo al fracaso puede proporcionar la energía necesaria para poder superar algunos momentos oscuros y llegar a tener resultados extraordinarios. Eso es increíble. Muchas veces una derrota termina revelando una mejor alternativa, una interrupción nos lleva a la superación. Cuando realmente estoy presionando los límites, es entonces cuando me encuentro con muchos callejones sin salida. Es la emoción de escalar un barranco peligroso. El llegar a la cima es increíblemente gratificante, pero cuando caes el dolor puede ser inmenso.

Estos videojuegos generaron enormes cantidades de dinero, lo que a su vez generó una tremenda presión para producirlos y entregarlos. La industria era muy joven y muy dinámica. Era un hervidero de posibilidades en una fragua de estrés. Todos sentíamos el calor. Nosotros sabemos que la luz que más brilla es la que menos dura y la que más pronto se apaga. Atari se encontraba en el Monte Olimpos de los quemados. Algunos se doblaron bajo estas condiciones y otros se rompieron.

En Atari se dieron más crisis nerviosas que en cualquier otro lugar en el que yo haya trabajado. Uno de los programadores estuvo desaparecido durante varios días. Cuando llegaron a su apartamento, se encontraron con la puerta abierta de par en par. Dentro del apartamento, el pobre hombre estaba inconsciente sentado en el suelo en una habitación vacía. Otro programador se quedó totalmente catatónico en su oficina, solo mirando la pantalla de su computadora. Para algunos de nosotros, el estrés era demasiado. Algunos se dejaron llevar y otros fueron arrastrados.

Atari era un lugar de trabajo psicológicamente desafiante. Un día era un arco iris y al siguiente una amenaza de despido del empleo. Era un lugar donde podía voltearse en un momento y con frecuencia sucedía. Atari no era un lugar para los débiles de mente.

Sin embargo para un psicoterapeuta en formación, Atari era el lugar perfecto para hacer prácticas. Casi todos los tipos de neurosis y desórdenes estaban flagrantemente expuestos. Muchas veces la locura es tu mayor incentivo empresarial. Esto se compensa con la observación de Tod acerca de nuestro estilo de vida en Atari. Como él dijo, "Atari no era una base sólida para una vida sana".

Así es en el negocio del entretenimiento, este atrae a un cierto tipo de personalidad. No es solo el egoísmo lo que está ahí. La validación es una parte importante. El dulce fruto de la validación hace que las personas superen sus límites. Cuando podemos superar nuestros límites, es cuando, felizmente, nos ofrecemos a saltar al fuego si lo consideramos necesario. Si lo tomas en serio es un negocio bastante arriesgado. ¿Por qué hacerlo? ¿Por qué someterse a esto? Tal vez la mejor respuesta venga de mi gran amigo y colega de Atari Rob Zdybel. Rob fue quien me enseñó el equilibrio fundamental de la producción de un videojuego. Rob me explicó cómo el hacer un videojuego en el sistema VCS de Atari suele exigir más de mil horas de trabajo obsesivo y extenuante; con mucho esfuerzo, estrés y tensión, muchos callejones sin salida y muchas noches sin dormir. Eso no es nada divertido. Es agotador y se cobra un alto precio en la vida. Si el videojuego funciona y llega a cientos de miles de personas, y cada una de ellas lo juega solo diez horas, tus mil horas de trabajo terminan generando millones de horas de alegría. Eso es un buen rendimiento de tu inversión. Estoy de acuerdo con eso, Rob.

El proceso de crear entretenimiento, juntar las tuercas y los tornillos que lo unen todo, es un trabajo muy intenso. De vez en cuando, eso te lleva a colocar una magia pura. Eso es lo bonito de la industria del entretenimiento y es la razón por la que lo hacemos.

En el mundo de los videojuegos, no necesito ser guapo. No importa si sé cantar, bailar o actuar. Si tengo la capacidad de programar, entonces tengo una oportunidad.

En Atari un día normal no era un día normal. La descripción del trabajo: "Haz algo genial que nadie haya visto antes." Un día exitoso en Atari terminaba con algo que no existía al comienzo del día.

Ahora tengo que entregar un videojuego cinco veces más rápido de lo que nadie antes lo haya hecho.

Además, yo quiero que este sea un buen videojuego. Está muy claro que no lograré hacerlo en 1000 horas. Aunque sí voy a dedicar más de 500 horas de trabajo en las próximas 5 semanas.

CAPÍTULO 7
UN PAÍS DEL MUNDO NERD

"LA PRETENSIÓN CONSTRUYE MUROS. LOS GENIOS ABREN PUERTAS".

Los desiertos son quizás los últimos horizontes intactos de la tierra. Principalmente porque son inhospitalarios para la vida humana, entonces, ¿por qué pasar tiempo allí? Sin embargo, las personas suelen encontrar la manera de utilizar lo que tienen. Un gran uso para el terreno del desierto es el de enterrar la basura. Esa es otra de las razones por las cuales nos encontramos aquí.

No puedo evitar fijarme en las enormes máquinas amarillas y en la forma en que se desplazan, con sus motores rugiendo conforme están trabajando. Sus enormes brazos que gruñen y rechinan, mientras mueven grandes cantidades de arena y basura alejando los caminos; sumergiéndose cada vez más en este oscuro túnel del pasado.

LA PAREJA QUE CAVA JUNTOS.

Imagínate que un pequeño grupo de personas tuviera que hacer todo esto sin máquinas. ¿Cuánto tiempo tardarían? ¿Cuántas veces tendrían que atar a alguien a unas cuerdas gruesas y bajarlo cuidadosamente al pozo? ¿Cuánto tiempo podría pasar alguien ahí abajo llenando cubos con tierra y otras curiosidades? Esperando a que suban el cubo, lo vacíen y lo devuelvan. ¿Cuántos botes se necesitarían para llenar uno de esos contenedores amarillos con sus gigantescos dientes plateados? El monstruo amarillo acaba de agarrar y vaciar otra pila de un metro de altura en menos de 60 segundos. Este gigante alimentado por la gasolina está convirtiendo el jugo de los dinosaurios muertos en poder de excavación. Eso es precisamente lo que hace la tecnología.

La tecnología es un nombre común para el producto que se genera gracias a la inclinación de los seres humanos para la fabricación de las herramientas. La tecnología hace posible lo imposible y lo posible se hace más eficiente. En el filme cinematográfico 2001: Una odisea del espacio, de Stanley Kubrick aparece una escena que muestra cómo algunas de las primeras versiones de los seres humanos descubren que pueden utilizar un hueso como herramienta (y en última instancia usarla como un arma, aunque en realidad solo se trata de una herramienta más). Este momento de comienzos de la elaboración de herramientas pasa repentinamente a una fase de acoplamiento de una estación espacial, y en un solo montaje se pueden transmitir más de mil años de la evolución de la tecnología. Para mi ese es uno de los momentos más impactantes de la historia cinematográfica. Quizás sea porque es una de las creaciones más impactantes en la historia de la humanidad.

Hoy, aquí en el desierto, estamos presenciando el uso de una tecnología para ayudar a revelar una historia de otra. He escrito este libro para compartir con ustedes un montón de historias e ideas, muchas de las cuales giran en torno a la tecnología y al lugar de trabajo corporativo de alta tecnología. ¿Por qué? Porque Atari fue el punto de inflexión más importante en la historia tecnológica de nuestra sociedad. Esencialmente, nosotros estamos visitando un país del mundo nerd, donde podrás pasar el rato conmigo y con mis amigos del Valle del Silicón. Para poder aprovechar la experiencia del viaje al máximo, es importante entender algunas cosas sobre las cuestiones culturales del mundo nerd. Hay muchas maneras de pensar sobre la tecnología y los tecnólogos.

También es verdad que en el mundo de la tecnología es muy fácil hablar por encima de la gente. Existen nerds que disfrutan excluyendo a los demás de la conversación usando tecnicismos. Utilizan términos y códigos desconocidos, los mezclan en una maraña de palabras y los derraman por toda tu ropa limpia. Luego te roban tu servilleta y se ríen de tus facturas de la tintorería. Esto es muy descortés y solo les sirve para separarse de ti.

Algunos nerds son así. A mi no me gusta juzgar, pero estos son los nerds malos. Para ser más exactos, ellos dan una mala imagen al término NERD. Vergüenza debería darles a esos nerds traviesos y desvergonzados.

Yo prefiero construir puentes. También entiendo que no todo el mundo es tecnólogo (o incluso un nerd), así que quiero ofrecer una simple y sencilla explicación de lo que muchos lo consideran como un tema asqueroso.

Yo les voy a explicar algunos aspectos básicos sobre la tecnología, los techies y de paso espero poder traerles un poco de sensibilidad hacia los puntos de vista de los nerds. Después de todo, los nerds también son humanos.

Por lo tanto, permítanme compartir algunas nuevas ideas y algunas perspectivas sobre el mundo de la tecnología y sus seguidores, para así poder aumentar la posibilidad de que, al continuar el libro nos mantengamos en la misma página.

[NOTA para los Non-Nerds: Relájate. No es necesario saber algo acerca de la tecnología o programación para poder entender lo que les voy a explicar... al menos esa es mi intención].

EL EFECTO DE LA CAJA NEGRA

La tecnología es algo muy interesante. Las innovaciones tecnológicas suelen facilitar o mejorar alguna parte de nuestras vidas, pero lo hacen convirtiendo las soluciones en algo más misterioso que antes. Por ejemplo, la comunicación de una persona a otra...

La conversación es una muy buena manera de comunicarse con las personas, pero una vez que sobrepasan a los gritos, entonces es cuando es necesario buscar otra forma de comunicación; es aquí donde entra la tecnología: El lápiz y el papel.

Ahora ya puedo escribir un mensaje y enviárselo a mi amigo. Esto hace posible la comunicación y entiendo perfectamente cómo funciona el envío de cartas, pero sin embargo es una forma de conversación muy lenta. Una vez más entra la tecnología: el teléfono.

Ahora ya puedo entablar a distancia una conversación completa con mi amigo, lo cual es algo estupendo. Además sé cómo hacerlo. Simplemente hablo por esta parte y lo escucho por la otra, pero no tengo ni la menor idea de cómo las palabras llegan de aquí para allá. Ahora ya no entiendo cómo funciona esto. He aquí la gran pregunta: ¿Acaso me importa?

Para la mayoría de las personas, la respuesta es NO. Mientras lo pueda utilizar, no necesitan saber cómo funciona. No necesito entender la mecánica de un motor de combustión (o eléctrico) para poder conducir un coche. Imagínate que para poder usar el inodoro necesitarás ser un ingeniero civil especializado en sistemas de alcantarillado.

¿Recuerdas de los cartuchos que insertábamos en la videoconsola VCS para poder jugar un videojuego? Esas no eran más que cajas de plástico que contenían circuitos de memoria de computadora, pero los jugadores les llamábamos cartuchos. ¿Qué más da? No importa cómo se les llame, el juego sigue siendo un juego.

Cuando la tecnología de un sistema se oculta a los usuarios sin reducir su funcionalidad, el lugar donde se esconde esa tecnología se conoce como caja negra. Esta puede ser una caja de verdad, es muy similar a la caja de un estero o a la caja de correo. De cualquier manera, las cajas negras me permiten conseguir lo que yo quiero sin tener que entender las tripas del funcionamiento. Esto es una gran ventaja... siempre y cuando funcione.

La desventaja es: si deja de funcionar, entonces me quedo atorado. ¿Qué hago, abro la caja negra, intentó arreglar el problema yo mismo? ¿O hay que buscar un técnico para que lo haga por mí? Los técnicos siempre están dispuestos a ayudar, pero no quieren hacerlo gratis.

Cada caja negra posee su propio misterio. ¿Qué tan complicada podría ser esta tecnología? ¿Cuánto tiempo creo que me llevará aprenderla? ¿Sería posible poder aprenderla? ¿Acaso quiero hacerlo?

Las respuestas a estas preguntas están relacionadas con el efecto de la caja negra. Sé que la caja esconde la tecnología, pero no sé lo complicada que es. El efecto de caja negra es una medida de la complejidad percibida, es una expresión del grado de complejidad que *supongo* también tienen las tripas.

El término de la palabra "suponer" es muy importante. Porque hasta que no estudie la tecnología al respecto, no sabré el grado de dificultad del problema. Solo cuento con un cálculo de la complejidad, el cual podría ser exacto o quizás no. Eso está bien, porque la tecnología no es cuestión de exactitud.

El efecto de la caja negra está relacionado con el impacto. Mientras más grande sea el efecto de caja negra, más inútil me siento para enfrentarme a la tecnología. Por lo tanto, me siento mucho mejor pagarle a alguien para que lo haga por mí. El efecto de caja también determina el salario de los técnicos.

Lo que quiero decir es que las computadoras tienen un enorme efecto de la caja negra. La tecnología puede ser bastante intimidante, lo que lleva a la mayoría de las personas a asumir que los sistemas de computación son mucho más complejos de lo que realmente son. Por suerte, el principal resultado de este concepto erróneo es un salario mucho más alto para los programadores de computadoras, los ingenieros de hardware y los consultores de computación.

Nadie es inmune al efecto caja negra. Tiempo antes de empezar a estudiar computación, yo al igual que la mayoría de la gente me suponía que eran más complicadas de lo que parecían. Sí, yo también una vez, estuve sentado en el lado del muro del saber.

Una vez que empecé a estudiar, me sentí confundido y tranquilo a la vez. Por un lado, me alegré mucho cuando descubrí que no eran tan complicados como lo imaginaba. Me refiero a que si algo fue diseñado para tener sentido, esas son las computadoras. Lo único que tienen es logística y reglas rígidas. Previsiblemente esa es toda su razón de ser.

Por otro lado, yo me sentía un poco sorprendido y confundido de solo pensar de que las computadoras fueran aparatos tan sencillos de usar. Esa confusión era una especie de efecto revulsivo de la caja negra. Hubo momentos donde me sentí tonto o desorientado porque no creía que podrían ser tan sencillas como lo parecían. Debo de estar olvidando algo. Claro que, esto es más bien algo sobre mí que de las computadoras. Yo estaba muy seguro de que serían difíciles de aprehender y que dudaba de mi capacidad para hacerlo. Las expectativas son una fuerza poderosa, pero raramente útil.

La mayoría de las cosas no son tan complicadas como al principio lo parecen siempre y cuando las veamos desde la perspectiva correcta. A pesar de ello, aún seguía sintiéndome intimidado por la posibilidad de aprender el mundo de la computación. Si me quedaba estancado con la primera impresión, la mantendría a distancia y nunca llegaría a apreciar lo accesibles que realmente son.

La industria de la alta tecnología continúa agradeciendo a la mayoría de aquellos que no se atreven a usarla, ¡Esas personas han hecho de nuestras profesiones una experiencia mucho más próspera!

DENTRO DE LA CAJA NEGRA

Las computadoras se han convertido en una parte muy importante para el mundo de hoy. Son una herramienta de trabajo y de placer, un icono de la ciencia ficción del pasado y actualmente en ellas existen aplicaciones de ligue. Sin embargo, la mayoría de la gente no conoce lo que es la computación. Lo bueno es que: eso es mucho más sencillo de usar que lo que nosotros pensábamos.

Una computadora es una máquina, muy similar a una cortadora de césped, solo que en lugar de tener un motor, ruedas y hojas, su energía proviene de un "procesador" y sus partes móviles son 1's y 0's.

Las computadoras dan la impresión de ser objetos muy autoritarios, aunque en si ese no es su propósito. La función de una computadora es recolectar información específica (entrada) y dar el mando a otra información de lo que tienen que hacer (salida). Por ejemplo, una computadora puede recoger los datos de temperatura de los termómetros y utilizar esa información para indicarle al sistema central de aire si debe ajustar la temperatura a calentar o enfriar, o simplemente dejarla como está.

El trabajo de la computadora es obtener información, la procesa y luego emite señales a otras computadoras para compartir la misma información. Es por eso que al cerebro de la computadora se le llama "procesador". Además, las computadoras no son capaces de pensar por sí solas, todo lo que hacen lo hacen siguiendo instrucciones.

Ahí es donde entran los programadores. Los programadores son los jefes de las computadoras. Ellos crean instrucciones detalladas que indican a la computadora el modo de "procesar" la información (entrada/salida). También se comunican con la computadora en su propio dialecto, conocido como el lenguaje de programación de la computadora. Cada lenguaje de programación tiene su propio programa de instrucciones que son claramente reconocibles por la computadora.

Los ingenieros de computación utilizan estas instrucciones para indicarle a la computadora la forma de como ejecutar funciones específicas. Lo hacen juntando una serie de instrucciones en un orden muy específico. Cuando termina la secuencia de instrucciones que crearon ahora se denomina como programa de computación. Las computadoras ejecutan programas. Eso es lo único que hacen. Cuando las computadoras dejan de funcionar, también cumplen la función de bloqueo de seguridad o indicador de velocidad, pero las computadoras que funcionan normalmente solo ejecutan programas.

Cuando jugamos un videojuego en un teléfono celular, solo le estamos ordenando a la computadora del teléfono que ejecute el programa asociados al videojuego. Cuando envíanos un mensaje de texto, estamos ejecutando un programa diferente. Las aplicaciones, los videojuegos, el correo electrónico, la impresión de los cheques de la nómina, las búsquedas en Google y la búsqueda de direcciones para conducir... todo eso son programas que se ejecutan dentro de la computadora de nuestro teléfono o tableta.

Una computadora es como una casa construida con Legos, donde cada pieza es una instrucción de la computadora. Cuando todas las piezas están juntas en el lugar correcto, se puede ver que la casa está terminada y tiene un aspecto correcto, tanto por dentro como por fuera. De la misma manera, cuando todas las instrucciones de un programa de computadora están en el lugar correcto, la computadora hace exactamente lo que se supone que debe hacer. Ni más ni menos.

Podemos decir que una computadora es similar a una máquina de cortar el césped, aunque programar una computadora no es igual que cortar el césped, ya que el acto de programar una computadora no es un acto de física. Créanme cuando se los digo: Esto es un trabajo totalmente mental.

De hecho, es un proceso de comunicación. El programador decide qué es lo que quiere que haga la computadora y luego intenta convertir esa idea en el lenguaje de la computadora. Si lo hace correctamente, todo funciona de acuerdo a lo planeado. Sin embargo cuando se generan errores en el proceso de traducción pueden ocurrir cosas muy extrañas. En ocasiones, la computadora hace algo que no debería de hacer. A veces no hace algo que debería hacer. Cuando cualquiera de estas dos cosas suceden, a eso se le llama "error informático".

En una casa de Lego, un "error" se da si faltan piezas o éstas están mal colocadas. Un "error" de Lego es muy fácil de detectar, porque se puede mirar por encima y comprobar si está bien ensamblado o no. Esos errores se pueden corregir muy fácilmente, eso se hace solamente añadiendo, quitando o reordenando las piezas de Lego.

Los programas de computación funcionan de la misma manera, excepto que no se pueden mirar y verificar por fuera si las piezas están correctamente colocadas. Ahí es cuando es necesario "ejecutar" el programa para ver si hace lo que se le pide. Los errores de las computadoras son mucho menos obvios que los de las piezas de Lego y si se trata de un programa de gran complejidad, algunos errores de programación pueden ocultarse en lugares muy inaccesibles en los que los programadores no siempre pueden localizarlos. Algunos errores son difíciles de descubrir durante varios años puesto que son muy buenos para jugar a las escondidillas.

Cuando se generan errores en la computación, a la gente le gusta culpar a la computadora, aunque la culpa no es de la computadora. La culpa es del programador.

¿Oh? ¿Por qué ocurre eso, Howard?

Porque las computadoras son perfectas y las personas no.

¿De verdad? Sin embargo, la perfección rara vez se alcanza.

Sí, eso es cierto. Claramente eso es un milagro de la ciencia moderna. El hecho es que las computadoras tienen la capacidad de hacer algo sencillo y eso es: seguir instrucciones con precisión. Eso es todo lo que hacen. Los lenguajes de programación no están diseñados para que sean fáciles de usar por las personas, sino para que sean absolutamente ambiguos y que solo la computadora los entienda. Lo que nos guía a la ciencia fundamental de la programación computacional: Las computadoras hacen exactamente lo que se les indica, lo cual puede contradecir con lo que nosotros deseamos que hagan.

Un error de una computadora es simplemente una diferencia entre lo que nosotros queríamos que la computadora hiciera y lo que realmente la computadora hizo. Todos estamos conscientes de que la computadora solo hace lo que nosotros le decimos que haga. Cuando un error sucede eso hace que los programadores se enfrenten a la idea de que no siempre somos tan claros como lo pensamos. Existen programadores que no les gusta enfrentarse a este tipo de problemas. Debemos de recordar que un fallo es un error de programación exclusivo del programador. ¿Por qué?

Porque las computadoras no saben leer la mente, tampoco saben hacer suposiciones. Tampoco aportarán ningún significado, ni interpretación. Se limitan a llevar a cabo con precisión las instrucciones de cualquier programa, en eso sí podemos confiar.

Cuando las personas conversan de vez en cuando mencionan la frase "ya sabes lo que quería decir". Esto se debe a que esperamos que los demás no solo escuchen lo que dice, sino que también interpreten el significado con precisión de todo lo que dice. ¿Saben lo que sucede cuando le dicen a una computadora "sabes lo que quise decir"? No pasa nada, ni siquiera un pitido. Si la computadora está programada para reconocer esta frase, entonces hará lo que el programa que está ejecutando le diga que haga cuando se identifique esa frase. Cada vez que escuches a alguien decir "ya sabes lo que quería decir", puedes estar seguro que la persona que lo dijo pudo haber creado un error si este hubiese estado programando.

Espero que a partir de este momento quede claro que programar computadoras tiene mucho que ver con la comunicación. Por lo tanto, los programadores de computación deben ser comunicadores hábiles y diligentes para que puedan realizar su trabajo con éxito.

Entonces, si los programadores son tan buenos comunicadores, ¿por qué es tan incomodo hablar con ellos? OK, entiendo su frustración. Después de todo, en el pasado yo también creé el mismo problema.

Es importante recordar que las computadoras no toleran ningún tipo de ambigüedad. Una vez que los programadores pasan suficiente tiempo socializando con las computadoras (es decir, programando), ellos tienden a desarrollar la misma intolerancia.

Si alguna vez tienes problemas de comunicación con un programador, he aquí lo que quizás te esté ocurriendo: puede ser que les estés exigiendo que hagan una interpretación perfecta a lo que estás diciendo (después de todo, tú sabes que estás siendo claro con lo que dices ya que tu sabes lo que estás hablando), y quizás el programador esté exigiendo que digas las cosas precisas para que no haya "espacio de ningún tipo de ambigüedad en la interpretación" (léase: capacidad de culpabilidad por hacer lo que me pediste). Puede que no parezca gran cosa, pero eso resulta ser la base de un conflicto infernal. Ninguna de ambas partes quieren ser responsables del problema. ¿Qué problema? El que inevitablemente surge al momento de crear y comercializar productos de software.

En los países del mundo nerd, todo consiste en aprender su propio lenguaje. Los nerds son lingüísticamente extravagantes. Les gusta jugar con el lenguaje más que la mayoría de las personas, ya que así es como se ganan la vida. Al escucharlos hablar podemos sentir como si ellos estuvieran creando sus propias barreras lingüísticas. En la mayoría de los casos no se trata de barreras, es más bien un conjunto de apretones de manos para el club de los programadores que está en constante crecimiento. Nos encantaría que te hicieses miembro.

EL CEREBRO DE UN PROGRAMADOR

Un programa de computación en funcionamiento y una computadora son un mismo sistema. Los programadores que los crean, modifican y reparan se les conoce como ingenieros de sistemas.

Los ingenieros de sistemas analizan los sistemas para determinar sus capacidades y sus limitaciones. Es entonces cuando se dan cuenta cuál sería la mejor forma de lograr los objetivos dentro de esos sistemas. Esto es algo que hacemos todos los seres humanos. Todos somos ingenieros de sistemas, solo que la mayoría no lo hacemos explícitamente con el lenguaje especializado. Por ejemplo:

Mientras que un ingeniero de sistemas podría despertarse una mañana y decir: "Hmmm, anoche descubrí un error en el procedimiento de la programación, lo cual da lugar a una circunstancia fuera del rango del resultado aceptable. Para poder recuperar una situación nominal, es necesario definir y ejecutar una estrategia óptima (o casi óptima) para poder desplazarse desde una ubicación actual hasta un lugar distinto previamente designado y en un plazo corto de tiempo. Esta estrategia debe tener la capacidad de procesar y adaptarse al estado actual de todos los componentes relevantes del sistema".

La mayoría de las personas dirán: "OMG, me olvidé de poner la alarma. Será mejor que me ponga a trabajar. Oh, $#*%, ¡el tráfico!"

Es la misma situación. La misma reacción. Diferente lenguaje (y aún más).

Sin embargo los programadores son algo más que ingenieros de sistemas; ellos son también un componente en pleno crecimiento dentro de la sociedad. Cada vez más son más comunes en nuestra vida diaria, por lo que quizá valga la pena comprenderlos un poco más.

La programación de las computadoras es una tarea compleja de conceptos que se desarrolla completamente en la mente de la persona. ¿En qué otro lugar podrían los ingenieros construir sistemas de trabajo sin necesidad de desarrollar masa muscular? Por el lado positivo, las reclamaciones de indemnización laboral solo se originan cuando se intenta mover el barril. La desventaja es que gran parte de mi esfuerzo es invisible para los demás.

Los programadores se pasan la vida intentando controlar todas las posibilidades y haciéndolas de la forma más eficaz posible. Los programas de computación pueden controlar TODAS las entradas de datos posibles, lo que significa que los programadores se pasan el tiempo pensando en todas las perversidades que podrían suceder, independientemente de la posibilidad de que estas ocurran. Aquí se incluye todo lo absurdo, lo incongruente e incluso lo que ellos desconocen o no se pueden imaginar. Cada fallo es un error que puede reflejar en una mala idea sobre la percepción de sus habilidades. Así es como ellos piensan. ¿Alguna vez han intentado hacer planes para eventos imprevistos? Podría ser algo muy estresante. Cuando nuestra mente vive demasiado tiempo en un mismo lugar, esto puede provocar un fenómeno conocido como "cerebro de programador".

Cuando solamente pensamos en términos de excepciones, podemos perder el contacto con lo que normalmente ocurre en el día a día. Muchos programadores caen en esta trampa. Están tan ocupados tratando de proteger el software de casos extraordinarios, que pierden el sentido de la percepción. La mayoría de las personas se centran en lo más habitual, pensando que se ocupan de cualquier anomalía a medida que estas vayan ocurriendo. Esto funciona muy bien, ya que los casos comunes son la gran mayoría de la vida. Sin embargo, esto no resulta tan bueno para los programadores, puesto que tienen que ocuparse de las anomalías antes de que estas sucedan.

Los buenos programadores suelen ser personas a las que les gusta el orden y son fanáticos de las anomalías. Disfrutan tanto de estas (excepciones) que incluso les resultan incómodas. A ellos les encanta señalar el único ejemplo oscuro que no cubre sus teorías, ya que lo demás es muy sólido. A los programadores este juego les parece divertido. ¿A quién no le gusta una buena ronda de " detectar la falla lógica"? Pues a muchos que no son programadores.

Los programadores pueden utilizar más palabras para describir una situación en comparación con la mayoría de las personas (como ya les había mencionado anteriormente en el ejemplo del despertador). Esto se debe a la necesidad de ser exactos y muy específicos en su comunicación. Lo que nos lleva a otro punto muy importante: tal y como mencioné anteriormente, los programadores de computación no son muy aficionados a la ambigüedad. La ambigüedad deja lugar a los errores y a la culpabilidad, y esas son dos cosas que no son de su agrado. La ambigüedad también entorpece su trabajo, el cual consiste en formar estrategias seguras dentro de un sistema. De hecho, la forma más fácil de acabar con la eficacia de la mayoría de los sistemas de comunicación es el de introducir más ambigüedad (también conocida como caos o entropía).

Los programadores de computación también tienen una relación muy interesante con las reglas, ellos las respetan y al mismo tiempo no las soportan. En concreto, a ellos les gustan las reglas lógicas y no toleran las reglas sin sentido. Es claro que las reglas sin sentido se definen como aquellas que no les gustan. Sin embargo, ellos no lo expresan de esa forma, solo dicen que esas reglas son anticuadas, ilógicas, contrarias a la política establecida o simplemente estúpidas. Una vez que se traduce al lenguaje nerd, todo se resume en eso.

Como los programadores de computación tienen una relación muy cercana con las reglas del sistema, estos tienden a relacionarse en forma diferente con los sistemas de computación, puesto que los sistemas se definen por medio de estas. Los programadores tienen una perspectiva diferente respecto a las soluciones y pueden recurrir a estrategias poco comunes. No necesariamente para innovar, sino más bien por conveniencia. Por ejemplo:

En una ocasión, varios de mis amigos programadores de computación decidieron ir al cine. También decidieron que sería mucho mejor disfrutar de la película si se emborrachaban durante la misma, pero no había bares cerca del cine. Tampoco querían arriesgarse a llevar alcohol a escondidas al cine y no querían conducir estando borrachos. Entonces lo que hicieron, fue consumir rápidamente varias bebidas alcohólicas, luego subirse al coche y conducir hasta el cine lo más rápido posible desde el punto que marca la ley. El plan era llegar al cine antes de empezar a sentirse borrachos. Ellos encontraron la forma de lograr su propósito sin violar ninguna ley. Lograron disfrutar de la película estando borrachos, no condujeron borrachos y no llevaron ningún tipo de alcohol al cine.

Tal vez estés pensando: "La gran cosa, eso no es lo que yo llamo una aptitud constructiva para la solución de los problemas". Quizás tengas razón, pero este es un método muy eficaz que cumple con todos los criterios y resuelve los problemas que se hubiesen podido ocasionar. Puedes cuestionar las ventajas de encontrar maneras ingeniosas de emborracharse en lugares públicos, sin embargo, debemos de recordar que esta manera de pensar es la misma que nos lleva a encontrar las diferentes formas de hacer que un coche sea más seguro y a la vez reducir su precio (lo que, por cierto, esa es otra cosa que hacen los ingenieros). Por supuesto, que a ellos se les pagan por presentar sus propias ideas y que estas aporten un valor real a las personas, pero nadie les está pagando para que ellos encuentren la manera de como ir al cine, pero ese es el punto. Se les pague o no, esto es lo que a ellos les pasa por su mente. Todos los días. Mi cerebro es persistente. No hay manera de apagarlo ni de guardarlo.

Los programadores también son analistas. Aparte de encargarse de cualquier posibilidad y aportación, también intentan encontrar la mejor solución posible. Con este fin, los programadores de computación están constantemente difundiendo, criticando y modificando ideas antes de poder decidirse por un enfoque. Siempre continúan con la cuestión: "¿Será éste el mejor método posible?". (Dato curioso: la efectividad de un proyecto de programación suele medirse por lo bien que se resuelve el problema y no por el tiempo que se toma para crear la solución. Es posible que un programador ignore por completo el tiempo de la programación, aunque ese tiempo no será ignorado por el propio jefe).

Una vez elegido un plan, empiezan las dudas y las modificaciones. Peligro: Tomar este tiempo de actitud durante largos periodos de tiempo puede tener efectos secundarios. El impacto va del humor a lo trágico. Mi esposa lo describe muy bien con: El relato del armario...

Para ella todo era muy sencillo: "Cariño, ¿podrías por favor cambiar el armario de la oficina al estudio?".

"Por supuesto". Ya está.

25 minutos más tarde, ella viene de nuevo a mi oficina. Yo estoy con una pose pensativa, mirando fijamente al armario que estaba abierto (pero que aún no había movido).

"¿Qué estás haciendo?" Ella pregunta.

"Estoy pensando en la mejor manera posible para poder hacer esto".

"Sacas los libros y los juegos de mesa, mueves el armario y los vuelves a colocar donde estaban. Esa es la mejor forma de hacerlo".

"Y mientras lo hago, ¿dónde pongo las cosas? ¿Los moveré al estudio conforme los voy sacando o los muevo más tarde? ¿De verdad necesitamos todas estas cosas, tal vez sea momento de deshacerse de algunas de ellas? Oh, me encontré un backgammon, nosotros solíamos jugar al backgammon, era muy divertido. Quizás pueda moverlo sin tener que quitar nada. ¿Qué sería lo mínimo que podría quitarle y aún poder moverlo? Tal vez necesitamos conseguir un carro de mano, eso nos ahorraría bastante tiempo en la carga y la descarga".

"¿Ahorrar tiempo? Hablas en serio?!?! Ya pasó media hora. ¡Ya podrías haberlo hecho!".

"Mira, el hacer planes es solo una ventaja. Yo estoy tratando de aprovechar el tiempo al máximo".

Ella desaparece por el pasillo, pero aún se ve su cara de desesperación. Es en momentos como éste cuando me alegro de que me ame, pero así es como se ve cuando el cerebro de un programador entra en acción. Es el lugar donde mi enfoque hacia la labor es más importante que la realización de la misma.

¿Acaso esto te recuerda a alguien que tú conoces?

El cerebro de Programador no es solo un simple capricho, ese cerebro es una visión extendida del mundo y una forma de ser radical. Se convierte en el sistema de análisis del analista de sistemas... para bien o para mal.

MIRANDO EN EL ESPEJO DE LA TECNOLOGÍA

Muchas personas pueden enseñarnos sobre las computadoras, pero las computadoras también pueden enseñarnos sobre las personas.

Las computadoras nos obligan a enfrentarnos al gran abismo que existe entre nuestras intenciones y nuestras palabras. Ellas lo consiguen haciendo exactamente lo que nosotros les decimos, sin tomar en cuenta lo que ellas quieran decir. Nos muestran cuánto esperamos que los oyentes compensen la diferencia.

Otra cosa que las computadoras nos enseñan es: El mayor avance del mundo es el cambio del 0 a 1 (o de 1 al 0). Eso es cierto en el caso de las computadoras. El único requisito en la vida de una computadora es el ser capaz de diferenciar de forma precisa entre 1 y 0, todo lo demás se logra automáticamente. Cada cambio en el mundo de una computadora consiste en un 0 y un 1. Sin embargo, nuestro mundo humano no es tan blanco o negro. Nosotros contamos con gran cantidad de otros números aparte del 0 y el 1. Sin embargo, si le preguntamos a los padres de familia que tengan varios hijos de cuál de sus hijos fue quien que marcó la gran diferencia en su vidas, en su mayoría nos dirán que fue el primero. La razón por la que para mí la fase de prueba de La venganza de Yars fue tan difícil, fue porque yo estaba buscando la manera de superar la fase del 0 al 1 en el lanzamiento de los videojuegos. "Nunca olvides tu segunda vez", nadie dijo nunca. El pasar del 0 al 1 es el cambio más grande que pueda existir.

Recordemos que por medio de los videojuegos de las computadoras se puede aprender mucho sobre las personas. Si se encuentran con Bob, por favor, dígale que muy pronto hablaremos de eso.

CAPÍTULO 8

LOS VIDEOJUEGOS Y SUS CREADORES

Dentro del diagrama de Venn sobre la vida, el mundo de los videojuegos es un pequeño círculo que se encuentra dentro de la superposición del círculo de la tecnología dentro del círculo del entretenimiento. En otras palabras, los videojuegos son una pequeña parte de dos mundos gigantescos. Hasta ahora, solo he hablado de forma amplia sobre la tecnología. Ahora vamos a reencontrarnos con la conversación limitándose a ese pequeño círculo...

¿QUÉ ES UN VIDEOJUEGO?

"Los que saben, hacen. Aquellos que entienden, enseñan".

Mucha personas creen que esta frase es una expresión errónea basada en otra que dice:

" Los que pueden, lo hacen. Los que no pueden, enseñan".

Esta segunda frase, que se podría considerar como la frase original, fue escrita y publicada por George Bernard Shaw en el año 1905. Es, sin duda, una frase auténtica y muy reconocida. Aunque la primera no es un error, esa también es una frase original. El autor de esta fue Aristóteles, quien la escribió hace más de dos mil años. Con la segunda frase Shaw está satirizando la sabiduría de Aristóteles, sin embargo, la frase de Shaw es mucho más conocida. También es mucho más cínica. Ese es el problema del mundo del entretenimiento, es mucho más contagioso y se difunde mucho más rápido que una enseñanza a largo plazo. A veces la comedia empaña la sabiduría.

Lo cual es una lástima, porque la sabiduría tiene un valor verdadero para todos nosotros. Por el momento, continuemos con Aristóteles. Creo que lo que él quiere decir es que una cosa es hacer algo, pero otra muy distinta es entender lo que se está haciendo. Esto es particularmente importante si lo quiero hacer mejor. Pensemos en las cajas negras, Aristóteles podría estar distinguiendo entre los que saben lo que hay dentro de la caja negra y entre los que lo ignoran saberlo.

Todos sabemos lo que son los videojuegos. ¿Qué pasaría si *E.T.* se apareciera mañana y nos preguntará qué son los videojuegos? ¿Qué le diríamos? Pensémoslo en eso por un momento. En nuestras vidas existen muchas cosas cotidianas de las que nunca tenemos que dar a nadie explicaciones de nada porque todo el mundo ya las sabe y las conoce. El explicar a alguien que no las conoce puede ser un poco desafiante, en gran parte porque nunca hemos tenido que hacerlo antes. Estar consciente de algo y de entenderlo son dos cosas totalmente diferentes.

Un videojuego es, ante todo, un programa de computación, pero también es un juego, un rompecabezas, una experiencia en una prueba de audio y vídeo. Es interactivo y se supone que es divertido. Todas estas cosas y más. ¿Cómo explicarle esto a alguien que no entiende el significado de "diversión"?

Afortunadamente, nosotros sabemos lo que es la diversión (o lo que no es, si eres del tipo de personas negativas). En este momento, creo que sería divertido compartir algunas de las maneras en las que yo percibo los videojuegos. Así podremos ver si coinciden con las de ustedes...

Para mí existen tres puntos básicos sobre los videojuegos. La primera que me viene a la mente es la perspectiva del software. Como diseñador de videojuegos, yo veo los videojuegos como programas de computación; Son conjuntos de comandos computacionales colocados en un orden muy específico, al igual que tantos otros programas. Aunque un videojuego a su vez constituye un programa especial. Un videojuego es lo que nosotros conocemos como un sistema de control en tiempo real basado en un microprocesador. Sé que esto podría hacer despertar tu alarma de la terminología, pero paciencia, esto no es tan malo como parece. De hecho, es muy probable que ya saben de qué se trata, solo que no sabíamos que existía un nombre que lo definiera.

Vamos a analizar el sistema de control en tiempo real basado en un microprocesador. "Basado en un microprocesador" eso solo significa que la computadora que usamos es muy pequeña y que cabe en lugares muy pequeños. "En tiempo real" significa que el sistema responde de manera instantánea cuando algo importante sucede. Cuando esto sucede no se puede producir ningún retraso entre el reconocimiento de un problema y la ejecución de la acción requerida. "Sistema de control" significa que existe una tarea o función que el mismo programa realiza. Como ejemplo, pensemos en un termostato. Si la temperatura baja a menos de 65 grados, en ese momento la calefacción se enciende. La calefacción debe continuar funcionando hasta que la temperatura vuelva a los 65 grados y entonces el termostato se apaga. Si presiono el botón de disparo en un videojuego, mi avatar debe de disparar inmediatamente. Desafortunadamente en 1981, solo existían dos aplicaciones para este tipo de programación. Esas dos aplicaciones eran de guía/objetivo para los militares y para los videojuegos. En mi opinión, el poder entretener a una persona era mucho mejor que acabar con ella a cambio de solo doce centavos por cabeza.

Cuando programamos los sistemas de tiempo real, aprendemos cosas muy interesantes sobre las personas y el tiempo. Si queremos que el videojuego sea en tiempo real; este deberá responder instantáneamente a cualquier intervención del jugador. ¿Qué significa "al instante"?

Si lo vemos desde el punto de vista del jugador, una acción instantánea significa que no existe ningún retraso *perceptible* entre la ejecución del botón y de la acción del videojuego. Si eso pasa cualquier retraso puede resultar desagradable y distraernos de la diversión. En los seres humanos, esto normalmente significa menos de $1/30°$ de segundo. Supongamos que el juego debe de responder en una centésima de segundo. Para algunos de nosotros, una centésima de segundo es algo bastante rápido.

Ahora vamos a analizarlo desde el punto de vista de una computadora. En un videojuego moderno, cuando la persona manipula el control, está dispone de una centésima de segundo para poder responder. Perfecto. Eso significa que tengo tiempo para hacer 50,000 cosas, y después puedo hacer 300,000 cosas más, entonces podría hacer otros dos millones de cosas y aún así podré tener tiempo de sobra antes de tener que reaccionar ante ese sapien chiflado. De hecho creo que podríamos añadir otro millón y el jugador continuaría sin notar ningún retraso.

Las computadoras son increíblemente rápidas (aunque no lo parezca así cuando estamos esperando una). Estas funcionan en un margen de tiempo que va más allá de nuestro conocimiento. En la facultad de posgrado nosotros escribimos un programa sencillo que pudiera realizar unos cuantos *miles* de cosas y que al final se activará una pantalla. Cuando preguntamos sobre la velocidad de funcionamiento de las computadoras, el profesor nos dijo que el programa terminaría de funcionar antes de que nosotros termináramos de presionar el botón de iniciar, lo cual era cierto.

[Broma para el Nerd: ¿Ya te enteraste de la nueva computadora Cray? Es tan rápida que puede ejecutar un ciclo indefinido en solo 2 minutos].

[Broma para el Non-Nerd: ¿Ya te enteraste del nerd que pensó que eso era algo gracioso?]

Todo esto no significa que las personas seamos lentas. Simple y sencillamente somos instrumentos de poca resolución. Es por eso que creamos herramientas para ayudarnos a ser menos lentos. Por ejemplo; para ver mejor utilizamos microscopios y telescopios. Para poder oír mejor utilizamos micrófonos y altavoces. Las computadoras son herramientas que nosotros utilizamos para acelerar el manejo de la información. Para concretar, lo que los coches hacen para nuestras piernas, es similar a lo que las computadoras hacen para nuestros datos.

La computadora del sistema Atari es mil veces más lenta que la de nuestro teléfono, sin embargo, esta puede hacer alrededor de 25,000 cosas antes de responder "instantáneamente" al jugador. Esa es una experiencia de distinta magnitud. Trabajar en sistemas de computación que funcionan en tiempo real puede alterar nuestro sentido de la concentración y de la urgencia del juego.

Mi segunda opinión sobre los videojuegos procede de mi fenomenólogo interior. Además de ser un sistema de control en tiempo real, un videojuego es también un sistema interactivo que nos puede controlar y responder. En su raíz, un videojuego es un circuito de retroalimentación.

A continuación vamos a ver cómo funciona: Los dedos manejan los botones las palancas del mando del juego. El mando envía señales a la videoconsola donde el procesador las interpreta y, según el contenido de esas señales, las actualiza en la pantalla de vídeo y en la señal del audio. Los ojos y los oídos detectan el audio/vídeo modificado y lo envían al cerebro (el procesador). El cerebro analiza esta nueva información y envía nuevas señales que fluyen a través de los nervios que bajan por el cuello, pasando por los brazos, hasta llegar a los dedos de las manos, que a su vez actualiza el mando, cuando esto sucede el ciclo se ha completado. Es un ciclo de retroalimentación. Tú alimentas a la computadora respondiéndole a lo que ella hace, y la computadora te alimenta a ti respondiendo a lo que tú haces. Da vueltas y más vueltas… hasta que necesitas un descanso para comer. ¿Tal vez quieras comer algo con pollo o huevo?

Un videojuego es un sistema operativo que responde y reacciona sistemáticamente, lo cual es un paso más allá de un sistema de biorretroalimentación. Ahora estamos entrando en el mundo de la simulación ambiental. Es muy divertido sumergirse en los mundos de fantasía y jugar entre ellos. La misma tecnología y experiencia que se utiliza para crear un videojuego de simulación de fantasía también se puede utilizar para capacitar a las personas para puestos de trabajo en el "mundo real", o realizar experimentos con resultados precisos a un bajo costo. Las simulaciones ambientales en tiempo real tienen un valor increíble para la humanidad. Esta es una de las muchas maneras en que los videojuegos (y su progenie) están cambiando el mundo.

Mi tercera perspectiva sobre los videojuegos es un guiño al artista que existe dentro de mí. Para mi un videojuego es una experiencia de entretenimiento. Lo cual explica mi adherencia a los principios del cine en el diseño y la creación de los videojuegos. Un videojuego no solo se desarrolla en una pantalla, este se desarrolla en la mente del jugador. Eso tiene que ver menos con el videojuego y más con la impresión del mismo. Esto compone la base de la mayoría de las decisiones que tomó al crear un videojuego. No estoy programando para un aparato. Estoy influyendo en los sentidos y percepciones del jugador.

Un videojuego es una aplicación de entretenimiento del sistema de control en tiempo real. En lugar de intentar hacer un videojuego divertido, mi objetivo es crear una experiencia intensa en la mente de un jugador. De hacerlo bien, los jugadores disfrutarán del paseo y eso creará una gran sensación de diversión.

La frase; medio de difusión también se quedó grabada en la mente. Cada videojuego es un "espectáculo" que se transmite ante millones de personas. Cuál sería mi mensaje para ellos. El propósito de mi videojuego requiere que los jugadores actúen de cierta manera para poder triunfar. ¿Qué es lo les comunica?

La cuarta de las tres formas en las que yo interpreto los videojuegos es como un psicoterapeuta. Los videojuegos son como un test de personalidad, que pueden decir mucho sobre sus creadores y sobre sus jugadores.

Para poder conocer a un artista, hay que ver sus pinturas. Para poder conocer a un autor, hay que leer sus novelas. Si quieres conocer a un diseñador de videojuegos, solo échale un vistazo a sus videojuegos. Esto nos enseña mucho. ¿Por qué? Por dos razones: Todos somos únicos y así es como los diseñadores confirman su trabajo.

Cuando estoy haciendo cualquier tipo de trabajo, siempre me gusta añadir algo exclusivamente "mío". Puesto que eso lo diferenciará de cualquier otra versión del mismo. Existen buenos diseñadores, solo hay que saber entenderlos con claridad. Los diseñadores de videojuegos tienden a hacer juegos coherentes con sus deseos, objetivos y sus perspectivas del mundo. De este modo, ponen su firma a su trabajo. Los jugadores tienden a jugar a los videojuegos que reflejan las experiencias personales que buscan y las cosas que más valoran. Me atrevería a decir que si realmente les gustan los videojuegos de cierto diseñador, es muy probable que esa persona también les caiga bien.

Como terapeuta, considero que estos aspectos y definiciones son bastante convincentes. Yo disfruto mucho el pasear por una galería observando las pinturas e imaginándome cómo será ese artista. ¿Qué tipo de persona hará esas pinturas para crear este tipo de cuadros? Yo hago lo mismo con los videojuegos. No solo los disfruto jugando, también disfruto descifrando lo que ellos expresan sobre sus creadores y del jugador que juega con ellos.

Existen muchos tipos de videojuegos: videojuegos de autos, de pistoleros, de aventuras, de vuelo, de plataformas, de tiro al blanco, de búsqueda de tesoros, etc. También existen muchos tipos y clases de videojuegos. Yo considero estos videojuegos como estilos en los que se puede definir a una persona.

Los estilos de un videojuego se basan en cosas como: ¿Tiene este videojuego un final o será que siempre lo estoy jugando con el fin de obtener una puntuación más alta? ¿Podrá ser un videojuego similar al de *Pac-Man* o de tipo de "leer y reaccionar" similar al *Robotron*? ¿Es la suerte una parte importante del triunfo igual como en el backgammon, o podría ser más específico así como el ajedrez? ¿Será un videojuego de acción, de aventura o un híbrido? La mayoría de los videojuegos tienen un aspecto de competición, pero ¿cuál es? No olvidemos los videojuegos populares de retentiva anal, tales como Invasores del espacio y *Asteroides*. (Hmmm, ¿creen que "anal retentiva" debería llevar un guión?). En definitiva, ¿qué opinan sobre los diferentes estilos de sus jugadores y creadores?

¿Prefieres que los videojuegos se basen en misiones, o prefieres jugar al modo de "como sea", donde la meta es simplemente obtener una mayor puntuación? Muchas personas prefieren culminar algo de forma definitiva, mientras que a otras les gusta el reto continuo de hacerlo mejor que la última vez, independientemente de lo bien que le haya ido la última vez. En otras palabras, ¿Preferirían la claridad del desenlace o la emoción de un potencial ilimitado? ¿La llegada o el viaje? Ambos son buenos objetivos, pero se expresan claramente en las preferencias personales. No se trata de ser mejor o de ser peor, simplemente se trata de decisiones estéticas que nosotros elegimos.

¿Qué tal la competencia? La mayoría de los videojuegos generan algún tipo de competencia. ¿Te gusta competir contra otras personas, contra ti mismo o contra un oponente basado en una computadora programada? ¿Te gusta competir individualmente o en equipo? ¿Te gusta tener solo un contrincante o varios participantes? También existen diferentes opciones las cuales reflejan diferentes estilos personales. Desde el punto de vista social, algunos son más interactivos; otros se centran más en el aspecto individual. En algunos casos, tendrás que prepararte para aprender la psicología de tu oponente (reto social) y en otros casos tendrás que intentar averiguar el algoritmo del sistema (reto técnico). ¿Eres un lobo solitario? ¿Eres un jugador de equipo? O quizá seas el capitán del equipo. Quien eres, define lo que a ti te gusta.

En Atari, nosotros solíamos hablar de juegos de retentiva anal. El videojuego Asteroides (no "rabos-toroides") es el clásico de antaño para el género anal retentivo. En este videojuego el jugador se enfrenta a un desorden el cual deberá ordenar. Una vez que el jugador haya completado con éxito el trabajo de ordenar el desorden, este será premiado con un nuevo desastre (usualmente más grande que el anterior). El videojuego Asteroides, es un ejemplo bastante claro, ya que en el proceso de ordenar, el jugador primero deberá hacer un desastre más grande (dividiendo cada asteroide en rocas más pequeñas) antes de poder enviarlas al infinito. Como no hay nada más en la pantalla, entonces nosotros podemos conseguir un auténtico borrón y cuenta nueva. A algunas personas les encanta la tranquilidad de los juegos analíticos, tienen algo en la tarea de ordenar el desorden y podemos observar el progreso de forma clara. Para los jugadores el poder observar el progreso, es una gran satisfacción. Si yo juego, yo existo! Solo tienes que conectar tu videojuego y listo. El disfrutar de esto no nos define como personas analmente retentivas. Quizás eso revele inclinaciones obsesivo-compulsivas, pero es más probable que solo sea el simple placer de la gratificación instantánea.

¿Qué hay de los videojuegos de trucos de leer o de reaccionar? *Pac-Man* es un videojuego en el que alcanzar el máximo significa conocer todos sus trucos y ejecutarlos de forma perfecta pantalla tras pantalla. El videojuego *Robotron* te arroja a un caos producido de forma parcialmente al azar y espera que luches por salir airoso de el en cualquier momento. ¿Acaso eres Sir Lawrence Olivier, el que se enorgulleció de interpretar una lectura a la perfección? ¿O eres James Bond, quien dispara desde la cadera y se enfrenta a cualquier situación que se le presente de forma inmediata y eficaz? Permítanme contestar a estas preguntas con más preguntas: ¿Les gusta vivir guiados por un plan o prefieren la espontaneidad? ¿Les gusta saber hacia dónde van las cosas, o prefiere fiarse de su ingenio y de sus reflejos?

Las respuestas a estas preguntas no son solo preferencias de un videojuego, también son preferencias de vida. Diferentes perspectivas y diferentes aspiraciones no solo conducen a buscar diferentes maneras de jugar, sino que también nos conducen hacia diferentes profesiones, diferentes relaciones y diferentes estilos de vida. De esta forma, es como yo considero que los videojuegos son como un test de personalidad. Cuando a mi me dices que tipo de videojuegos te gusta jugar, también me estás diciendo cómo eres.

LOS PIONEROS: ¿QUÉ ES UN PROGRAMADOR DE DE VIDEOJUEGOS?

Si quieres ser pionero en un nuevo medio, necesitas tener pioneros para ello. ¿Qué cómo es un pionero de los videojuegos? ¿Quiero un tecnólogo, un amante de los videojuegos, amante de la diversión o a un guasón? Tal vez necesite un híbrido de algunos o todos los factores juntos. Sabemos que existen muchas maneras de pensar acerca de los videojuegos. Para mí eso significa un medio de difusión y un ejercicio de comunicación. Por otra parte, es un ciclo de retroalimentación.

Vamos a suponer que todo esto sea verdad, no existe manera de evitar que ante todas las cosas, un videojuego es solo un programa de computación. Esto es independientemente de lo que nosotros opinemos sobre los ingenieros de videojuegos, ellos también deben de ser programadores.

Siempre hay que recordar que un programa de computación es un conjunto de instrucciones increíblemente sencillas las cuales se combinan de una forma simple para que el programador pueda entenderlas. Es por eso que los programas de computación suelen tener errores.

[NOTA para el Non-Nerd: También debemos de recordar que, un error es un mal funcionamiento lógico en el cual la computadora está haciendo exactamente lo que el programador le ordenó que hiciera en lugar de lo que el programador quería que esta hiciera. Si los errores no destruyen el sistema por completo, hay programadores que intentan clasificarlos como "características" (esto es lenguaje nerd que se refiere a una consecuencia prevista/imprevista que no quieren reparar)].

Los ingenieros de videojuegos no son solo programadores, ellos también representan una raza especial, sobre todo en los albores de la industria tecnológica. Si me tienen paciencia, intentaré revelarles la verdad sobre los pioneros de los videojuegos. Alerta *spoiler*: Hay que recordar que eso es cuestión de casos específicos...

En el mundo existen dos tipos de personas: Aquellos que dividen el mundo entre dos tipos de personas y aquellos que no lo hacen. Yo lo hago frecuentemente.

Para mí, uno de mis dos tipos favoritos son las personas que se dividen y las que se agrupan. Las agrupaciones son de gran importancia para nosotros como seres humanos. Desde el punto de vista de la evolución, nuestra única manera de sobrevivir depende del concepto anterior. Un humano solo y desnudo en la selva es extremadamente vulnerable. En cambio, un grupo de humanos unidos y fabricando herramientas, se convierte en el bio-competidor por excelencia. En lo más profundo de nuestro ADN, todos estamos conscientes de que los grupos son una clave esencial para nuestra seguridad y nuestra supervivencia en el mundo.

Los grupos se caracterizan por sus similitudes y por sus diferencias. Las similitudes nos ayudan a separar a los miembros de los que no lo son. Las diferencias nos ayudan a separar a los miembros unos de otros, eso nos permite dividir los grupos en subgrupos.

A mí me fascinan los esquemas de similitudes y diferencias. Esa es la forma de cómo le encuentro sentido al mundo que me rodea, separando lo que es y eligiendo lo que hay que hacer y lo que hay que evitar.

La división y la agrupación es una manera interesante de ver las cosas, pues cada vez que hacemos un grupo creamos una nueva división y cada vez que creamos una división creamos nuevos grupos. Las divisiones y las agrupaciones representan el Yin y el Yang de dos tipos de personas.

Eso resulta muy interesante, pero ¿El punto es? Pues bien, esta profunda y pedante preponderancia resulta como un antecesor oportuno para yo preceder justo antes de mi futuro postulado. Es decir:...:

Para mi, en el mundo de la computación existen dos tipos de programadores. A través del tiempo he desarrollado mi propia teoría sobre cómo la mayoría de los programadores encajan en una de estas dos características. Yo le llamo el modelo 80/20 de los programadores. De acuerdo a mi experiencia, aproximadamente el 80% de los programadores prefieren tener datos exactos, cifras inequívocas y resultados indiscutibles. A estos les encanta que las computadoras hagan exactamente lo que se les dice, que se comporten de forma coherente, que nunca mientan ni jueguen a la política. El otro 20% tiene un enfoque un poco más selectivo y lo disfruta expresándose. Este 20% siempre están buscando la forma de salir adelante y ven la computadora como una inmensa frontera, repleta de posibilidades creativas que hasta ahora son desconocidas. Inyéctale jamón a un nerd y obtendrás ese veinteavo por ciento.

Los del 80% tienden a ver su computadora como una alternativa reconfortante al trato con las personas. Si ellos no fueran programadores, podrían ser contadores, revisores de datos o actuarios.

Por otro lado, los del 20% tienden a ver su computadora como un medio sofisticado y complejo que les ofrece nuevas formas de conectarse con el mundo. Si no fueran programadores de software, quizá serían artistas o actores de algún tipo (y probablemente se estarían muriendo de hambre).

Durante más de veinticinco años he saltado por todas partes de la industria de software. En más de dos docenas de empresas he trabajado como empleado o contratista de las cuales se dedican a todo tipo de programación de software. En todo este tiempo, esta percepción (y proporción) se ha mantenido sólida.

En todos los lugares en los que he trabajado en su mayoría había personas del 80% y algunas del 20%... con una flagrante excepción: La industria de los videojuegos viola el modelo del 80/20 de los programadores. Los programadores de videojuegos forman un 20% de la industria de los videojuegos y Atari estaba lleno del 20% más perverso que jamás haya existido.

Esto no era una coincidencia. Los programadores del 80% se enfrentan a momentos difíciles diseñando videojuegos porque no soportaban la ambigüedad. A los ingenieros en general (los del 80% en particular) les gustan las cosas claras y bien definidas. La mayoría de los programas de computación se limitan a cumplir especificaciones técnicas, que son un requisito necesario para un buen proyecto. Nadie dice: "Este procesador no es tan emocionante como mi programador de C++". Si el texto de la caja A aparece cuando presiono el botón B, entonces sabré que mi programa funciona y que ya he terminado. Esto es perfecto para los programadores del 80%.

Un videojuego es diferente. Un videojuego debe cumplir todas las especificaciones técnicas, aunque también tiene que ser divertido. El ser divertido es un criterio muy personal. Cuando llevas a personas que se pasan la vida crónicamente evadiendo la ambigüedad y les pides que añadan a su especificación técnica y les dices que "tiene que ser divertido", pues bien... ¿Qué es lo que significa la diversión? ¿Cómo se define la diversión? ¿Cómo se mide? ¿Podrías describir con detalles precisos y concretos el proceso que garantice la diversión? (Permítame ahorrarles un poco de tiempo, la respuesta es no).

Te pasas hasta un año de tu vida volcando tu corazón y tu alma en un código, elaborando y puliendo cada aspecto y matiz desde todos los ángulos que te puedas imaginar. Todos esos días, noches y fines de semana conducen a un momento especial en el que te sientas detrás del cristal y ves cómo se le presenta tu proyecto al "cliente". ¿Y quién se sienta a evaluar tu trabajo? Un niño de once años, a quien le pagan una miseria y le dan un pedazo de pizza para que exponga su opinión. Después de dos minutos arroja el mando de control y emite su veredicto: "¡Esto es una porquería!

¿Y sabes qué? Él tiene razón. ¿Cómo se puede hacer frente a eso? ¿Programación sin ego? No lo creo. A los programadores del 80% no les gusta nada eso. Aunque les apasione el jugar, ellos dejarán la labor de hacer a otros.

El diseño de videojuegos es diferente a la programación convencional. Para crear un videojuego se necesita un enfoque diferente. Hay que jugársela. Los buenos videojuegos no provienen de gente sin compromiso, sino de bichos raros neuróticos que buscan este tipo de tortura emocional. ¿Por qué alguien haría esto? Porque "la industria del entretenimiento". Porque los del 20% necesitan que su trabajo sea reconocido y apreciado y porque cuando alguien juega tu videojuego y este le divierte... ¡es algo increíblemente gratificante!

Sin embargo, no se puede llegar allí si no existe un interés personal, lo que significa que hay que correr un riesgo. Algo interesante sobre los programadores de videojuegos clásicos es que a muchos de ellos les gusta apostar en los casinos. De vez en cuando nos dábamos nuestras escapadas. Una escapada era cuando varios programadores se montaban en un coche (o coches) y se iban a Reno, los casinos estaban a solo 3 horas y media o 5 horas de distancia (dependiendo de quién condujera). De vez en cuando, era necesario un poco de alivio espontáneo del estrés y nosotros sabíamos responder cuando llamada.

Como terapeuta, no puedo evitar el señalar de que los casinos son algo inherentemente estresante. ¿No les parece interesante ver cómo las personas que están escandalosamente estresadas buscan una actividad aún más estresante para poder desesterarse? Eso puede parecer contradictorio, pero consideremos lo siguiente: Las personas que buscan situaciones laborales de alto estrés suelen buscar actividades de tiempo libre de estrés más alto. Después de todo, si las personas no tuvieran inclinación por el alto estrés, en primer lugar no se dedicarán a este tipo de trabajo. Muchos creen que la mejor cura para el estrés es el relajamiento tranquilo. Para los amantes del estrés, el estrés no es el problema, es la meta, sino un propósito. Ellos lo que buscan es un cambio de ritmo, para así evitar agotarse con el mismo tipo de estrés. Es probable que te gusten los bombones, pero después de mi atracón heroico puede ser que estés harto de ellos. ¿Qué haces? ¿Vas a dejar de comer bocadillos por completo? Es probable que por un tiempo te cambies a la bollería. No se preocupen, el amor perdura. No pasará mucho tiempo antes de que esos bombones vuelvan a aparecer en tu canasta de compras. Mientras tanto...

La programación de la videoconsola VCS era el paraíso de los nerds. Consistía en tener en la cabeza un montón de datos quisquillosos e interacciones complejas, que a la vez se debían organizar y corregir procedimientos los cuales debían funcionar con una precisión de una millonésima de segundo. Para muchos, esto es como beber un cóctel de dolor y monotonía. Para algunos, (nerds como nosotros), es un rompecabezas deliciosamente intrincado de resolver. A nosotros nos encantaba el desafío.

El tipo de programación que se hacía en Atari era "hacking". No se trataba de un código formal, bien estructurado o con algoritmos bien documentados (así como me enseñaron en la escuela de posgrado). Solo se trataba de hacer las cosas de la manera más barata posible. Esto significaba un método maravillosamente elegante y otro brutalmente elegante, ambos entrelazados como si fueran espaguetis. Cuando funciona es muy delicioso. Lo cual también significa hacer cosas que los programadores profesionales nunca deberían de hacer. Como ingeniero de software formalmente capacitado, yo estaba muy consciente de los crímenes en contra de los estándares de la programación en computación que uno tenía que cometer para poder ser eficaz en la videoconsola VCS de Atari. *Eso* es precisamente lo que yo me había perdido. Toda la alegría que había descubierto en la escuela y que después perdí en Hewlett Packard, al poco tiempo la volví a encontrar en Atari.

Este tipo de programación es mucho más divertida que el típico programa de software estructurado. El objetivo de la mayoría de la programación industrial es lograr que las cosas sean manejables, ya que serán modificadas y actualizadas de forma constante. En Atari, el juego se hace una vez y nunca se actualiza, solo tiene que funcionar y no importa cómo. Hay que hacerlo que funcione, terminarlo y sacarlo. Eso es lo bonito de eso. El hacker es una imagen muy romántica. No es así como se suponía que debía ser el desarrollo de software en aquel entonces. De hecho, era todo lo contrario. Nosotros éramos programadores de una guerrilla, forjando una nueva frontera en la naturaleza salvaje e indómita del mundo del software.

Algunos guerrilleros tenían licenciaturas y otros eran autodidactas. Algunos aprendieron en la universidad, otros aprendieron en el trabajo y otros aprendieron en casa. No importaba cómo lo hubieses conseguido, lo que importaba era lo que hiciesen con lo que ellos sabían. La tecnología de la videoconsola VCS era tan primitiva que era necesario ser un hacker.

Se necesita hacer cosas malas para poder obtener cosas buenas. Tantas decisiones negativas y tantos sacrificios, todo era un acto de equilibrio en una cuerda floja. Por si acaso los obstáculos de la programación no eran suficientes, el programar también tiene que ser entretenido además de que funcione. Eso es un gran reto.

Hacer videojuegos en Atari requería una rara mezcla de poderes tecnológicos y talento creativo. Se necesitaba ser lo suficientemente nerd para dominar la computadora, lo suficientemente artista como para hacer algo digno de la atención de un jugador. Tenías que ser un híbrido, porque la videoconsola VCS te forzaba a explotar los conjuntos de habilidades. Esta mezcla de tecnología y de arte me abrió los ojos. Atari fue el primer lugar en el que la encontré y en el que la necesité. Después de Atari, tardé casi treinta años en volver a encontrar mis habilidades y para ello tuve que convertirme en psicoterapeuta.

[NOTA para la mayoría de las personas: si te sorprende mi transición de programador a terapeuta, es posible que pienses que todos los programadores son parte del 80%. Yo soy un sólido 20%. Mientras que los programadores del 80% se metieron en la computación para evitar contacto con las personas, yo al final me metí entre las personas para evitar la computación].

En Atari, un videojuego era una obra de autoría en lugar de un esfuerzo de colaboración. En los proyectos de colaboración, los artistas, los diseñadores y los programadores hacen lo suyo y son coordinados por la dirección. Un ingeniero de videojuegos de Atari es el artista, el diseñador, el programador y el director del proyecto. Además, era necesario tener disciplina y bastante concentración para llevar el proyecto hasta su finalización.

Atari solo buscaba individuos ambiciosos e independientes, personas con habilidades únicas, con pasión y perspectivas raras. Atari me estaba buscando. Por primera vez, yo había encontrado mi vocación. En ese entonces el poder diseñar videojuegos en Atari era todo lo que yo necesitaba en mi vida.

Entonces, ¿qué es lo que hace a un buen programador de videojuegos? Acaso es alguien que es a la vez minucioso y divertido. Un soñador con los ojos bien abiertos y enfocado en los detalles. Un soñador bobo, en una búsqueda para poder dar vida a su visión conjugando una mezcla mágica de elegante simplicidad e innovación audaz (el Yin y el Yang del diseño de videojuegos). Tampoco es un mal concepto de la vida.

Nosotros estábamos cambiando el mundo y lo sabíamos. No teníamos ni idea de lo que eso significaba, pero disfrutamos cada minuto porque lo hacíamos con personas extraordinarias. Cada uno de los programadores tenía algún otro talento o algún talento importante, nadie éramos unidimensionales. Como las experiencias y el carácter de cada uno de nosotros eran tan diferentes, las nuevas ideas y los nuevos conceptos surgieron a medida que las paredes se iban intercambiando entre cada uno de nosotros. Algunas ideas eran poco convincentes, otras francamente tóxicas, pero otras eran una belleza. Era un ambiente creativo increíblemente productivo... Eso fue en un principio.

Ahora que ya conoces un poco mejor a los ingenieros de los videojuegos y de su tecnología, quisiera compartir con ustedes otro gran problema, el problema que contribuyó a la gran caída.

Atari no era todo lecho de rosas, la empresa también tenía muchas espinas. Algunas de las espinas más espinosas se debían a las diferencias culturales corporativas y a los problemas de comunicación creados por las mismas. Esta diferencia era muy evidente entre el departamento de ingeniería y el departamento de marketing. Tristemente, una de las verdaderas víctimas de la transición cultural entre Nolan y Ray.

Los programadores de videojuegos son una extraña variedad de gente excéntrica con mucho talento.

Nolan estaba consciente de eso y fue por eso que él separó el departamento de ingeniería del resto de la empresa. El régimen de Ray quería que los ingenieros se ajustarán a los estándares de las expectativas corporativas, lo que da lugar a una situación que se describe mejor con un viejo dicho de los círculos de rehabilitación.

Una expectativa es el anticipo de un resentimiento.

CAPÍTULO 9
LOS SENTIMIENTOS ENCONTRADOS

En el mundo de los negocios existen dos tipos de personas: las personas que diseñan los productos y aquellas que ganan dinero con las personas que las diseñan.

Hay personas que diseñan productos y solo quieren diseñar. También hay personas quienes ganan dinero de las personas que las diseñan y lo único que quieren es transferir el dinero de los bolsillos de otros hacia los de ellos.

[NOTA para los Non-Bifurcados: El visionario es el tercer tipo de estos dos tipos de personas. El visionario es un híbrido raro, ya que es a la vez una de las dos cosas y ninguna de las dos primeras. Los visionarios aportan inspiración, objetivos y retos a las personas que producen las cosas y a las personas que ganan dinero de las personas que las producen. Ellos también aportan ansiedad sin que eso implique un cargo adicional.]

En la ingeniería de computación, el producto es el objetivo. En el marketing, el objetivo es la venta y el producto es simplemente ese vehículo con el que se conduce. Es una mentalidad totalmente diferente, en una mezcla potencialmente vulnerable.

Hubo una noche que realmente destaca esta diferencia. La diferencia entre los creadores de videojuegos y los comerciantes de ellos...

Era una cálida noche del mes de julio de 1982. La "situación" de *E.T.* aún no se había cruzado por mi vida. Yo estaba conduciendo alegremente por la carretera con la capota quitada de mi auto convertible y mientras conducía sentía como el cálido aire veraniego soplaba por mis rizos mientras se agitaban en la pista de baile, que ahora está desierta sobre mi cabeza. Esa tarde me dirigía a la casa de un amigo, su casa era un lugar en el que habíamos pasado muchas veladas. Yo estaba conduciendo con mucho cuidado, porque en la última visita a su casa un policía me detuvo y me impuso una multa por exceso de velocidad. Irónicamente, no era la velocidad lo que me preocupaba, sino la coca que llevaba en la guantera. Afortunadamente, eso nunca resultó ser un tema con el oficial de policía. Los regalos de la fiesta de esa noche eran bastante diferentes. Aunque diríamos no se trataba de alguna especie de droga, la fiesta se trataba de una revelación legal y muy importante.

Me dirigía a una reunión clandestina. Si la noticia de los acontecimientos de esta noche llegará a oído de los ejecutivos, es muy probable que algunos de nosotros seamos despedidos. Se gastarán millones de dólares en honorarios legales y se arruinarán carreras profesionales... todo por corregir un error que jamás debió de haber sucedido. Sin embargo nada de eso ocurrirá porque ninguno de los que estamos involucrados en esta reunión jamás hablará de lo sucedido. Hasta ahora, eso está claro.

Algunos colegas y yo nos reunimos con el propósito de compartir nuestros juegos aún no publicados. Es solamente una charla entre amigos. Sin embargo, como representamos a más de una empresa de videojuegos, es entendible que algunos de nosotros lo vean como espionaje industrial, así que lo mantendremos en secreto.

Es muy extraño ver cuando las personas que más aprecias se separan de ti para convertirse en tus propios rivales. Cuando esto te suceda, no te sientas abandonado y amargado. Nosotros todavía seguimos saliendo juntos de fiesta y seguimos apoyándonos los unos a los otros. Todo sigue igual, excepto que lo que antes era una conversación casual ahora esta sujeta a una violación de secretos comerciales. Por lo cual eso fue diferente. ¿Y con qué propósito? Sabemos que la competencia no es lo mismo para los creadores que para los comerciantes.

Una de las mejores cosas de trabajar con los videojuegos en aquella época era el revisar el trabajo de los demás, intercambiar ideas y aumentar el abastecimiento de los fans mundiales. Ahora se nos prohíbe legalmente hacerlo. Al mostrar nuestro trabajo a nuestros adversarios en el mercado, nos exponemos a que nos podrían robar el secreto comercial y así perder nuestras ventajas competitivas. Entendemos esta manera de pensar y es bastante lógica. Sin embargo, en este grupo de amigos nadie va a robar nada. Somos lo suficientemente inteligentes como para entender lo que estamos presenciando, lo suficientemente serios como para no abusar de ese conocimiento y cada uno de nosotros tenemos suficiente ego y mutuo respeto como para querer presumirles a nuestros amigos de lo que hemos hecho.

Así que lo hacemos. Nos reunimos y mostramos nuestro trabajo. Violando todos los cánones de la seguridad empresarial e invalidando millones de dólares de juicios previos (y aún en curso).

Para añadir un toque a la velada, al principio decidimos mantener la autoría en secreto. Ese era *nuestro* juego, el de adivinar quién lo había hecho. ¿Recuerdan cuando les mencioné de que todos los programadores firmaban su trabajo?

Cada persona es única y los pioneros de la programación de videojuegos lo son aún más. A medida que cada videojuego aparecía en la pantalla, veía en ellos los rastros inconfundibles de cada uno de los creadores de los mismos.

Nuestros estilos y peculiaridades brillan en todos nuestros videojuegos. Esa noche yo pude identificar a todos y cada uno de los autores ya que los mismos rasgos que a mi me gustaban en las personas solían manifestarse en todos sus videojuegos. Las variadas y excéntricas personalidades representaban el amplio abanico del entretenimiento creado para la videoconsola VCS. Todos ellos habían producido una programación mucho más amplia que la mayoría de las personas creían posible para el hardware de la videoconsola tan limitado. Ellos también nos facilitaron uno de los mejores ambientes de trabajo.

Ese día nos pasamos la tarde compartiendo nuestras técnicas y videojuegos, pero sobre todo disfrutando de la armonía y nuestra amistad. Esa es la historia de la reunión secreta por la que jamás nos demandaron. Si alguna de las personas que ganan dinero de las personas que diseñan cosas se hubiera enterado de esta reunión, la cosa se hubiese puesto muy fea. Por fortuna, ninguno de los posibles problemas legales llegó a hacerse realidad. Nadie se robó nada y nadie se arriesgó por la publicación de ninguno de nuestros productos. Ellos solo eran personas que diseñan productos e inocentemente disfrutaban creándolos (aunque dudosamente).

DEPARTAMENTOS DE MARKETING E INGENIERÍA: ¿CUÁL ES LA DIFERENCIA?

La cosa que más odian los ingenieros es que se les pida que violen las leyes de la física. Esto es algo que los profesionales del departamento de marketing hacen con mucha frecuencia.
NOLAN BUSHNELL, FUNDADOR DE ATARI CO.

Sin conflicto no hay drama.
MUCHOS GURÚS DE LA ESCRITURA DE GUIONES

El objetivo del departamento de marketing era la creación de diversos sectores del mercado que pudieran ser de utilidad para la venta. El objetivo de los ingenieros era el poder crear buenos videojuegos para llenar esos sectores. Tiene sentido que estos objetivos funcionen bien juntos. Sin embargo, cuando esperamos que las cosas tengan sentido, es entonces cuando estamos perdiendo el toque en Atari.

Ambos departamentos cuentan con sus propias metas: el mejor producto y las mejores ventas. Cada uno de ellos siente que tiene la obligación de hacer algo extraordinario. Este podría ser el inicio para poder alcanzar grandes logros históricos. Al principio las cosas caminaban sobre ruedas, pero con el paso del tiempo el conflicto entre el departamento de marketing y el departamento de ingeniería de Atari creció hasta alcanzar una magnitud de leyenda. Cada uno de nosotros llegamos a ver al otro compañero como una amenaza en lugar de apoyarnos mutuamente, así fue como poco a poco nos fuimos perdiendo el respeto.

Todo fue como un juego de niños que se pelean por el mismo juguete. Cada uno pensaba que el problema era el otro, pero la verdad es que ambos intentaban lograr lo mismo, solo que no sabían cómo hacerlo juntos.

Cuando se trata de un videojuego en el que están en juego las carreras profesionales de muchas personas, sus egos, un centro de atención mundial y miles de millones de dólares, es entonces cuando todo eso resulta extremadamente intenso. Es cuando las cosas pueden salirse de control. Eh ahí cuando un terapeuta puede ser muy práctico.

Los problemas que surgieron entre el departamento de ingeniería y el departamento de marketing fueron el producto de lo que fuimos. Los choques de personalidad y las diferencias culturales nos condujeron a una divergencia de caminos. En lugar de crecer juntos, nos atravesamos entre la tribu y nos dividimos. Y eso no ayudó a nadie.

ELLOS NO PIENSAN COMO NOSOTROS

¿De verdad son tan diferentes los ingenieros y los de marketing? Si nos pinchan, ¿no sangramos? ¿Si nos ensalzan, no pedimos un aumento de sueldo? Si nos despiden, ¿no pedimos desempleo? Está muy claro que tenemos ciertas similitudes, pero las prioridades de nuestros valores son tan diferentes al igual que nuestra apariencia.

El departamento de marketing quiere que las cosas estén meticulosamente organizadas porque la predictibilidad tiene un valor real. El departamento de ingeniería quiere que las cosas estén organizadas de forma desorganizada, puesto que esto ofrece mejores oportunidades para desarrollar nuevos conceptos. En ocasiones parecía que el departamento de marketing estaba dispuesto a sacrificar el potencial del producto por la garantía. El departamento de ingeniería veía esto como un suicidio a la innovación, una antítesis de sus ideales.

Por ejemplo, en una ocasión el departamento de marketing publicó un memorándum. En el memorándum se expresaba la preocupación de que los ingenieros eran poco productivos, claro que todo eso era desde el punto de vista del departamento de marketing. El departamento de marketing señalaba la "creatividad desenfrenada" como un problema dentro de nuestro departamento. Con ello implicaba que éramos indisciplinados en nuestra forma de realizar las cosas y que no cumplíamos con sus expectativas. Hasta cierto punto, parecía que estaban diciendo: "Basta ya de joder. Dedíquese por completo a crear videojuegos tan rápido como nosotros compramos las licencias. Pónganse a trabajar o perderemos la gran oportunidad".

Eso sería justo si solo estuviéramos fastidiando, pero no era así. Nosotros estábamos trabajando para crear nuevos conceptos y nuevas estrategias para un hardware que estaba cada vez más anticuado. Los ingenieros creían que un producto de baja calidad cerraba las ventanas y las puertas, lo que hacía que las licencias fuesen totalmente inservibles.

Esta fue la esencia de la batalla entre el poder de las licencias y la calidad del producto. Los ingenieros querían crear buenos videojuegos y el departamento de marketing quería productos vendibles. Estos no eran necesariamente la misma cosa.

Como se podrán imaginar, el memorándum de creatividad sin límites no nos inspiró para hacer mejores videojuegos. Sin embargo, sí nos provocó cierto resentimiento.

Otro punto importante de diferencia es la tolerancia a la ambigüedad. Los ingenieros suelen tener poca tolerancia a la ambigüedad. Los vendedores y los directivos no tanto. Esto se debe en gran parte a que el mundo de la ingeniería se basa en la precisión. Si soy impreciso en la construcción de un puente o en las especificaciones de un edificio, algunas personas pueden morir. Por lo tanto, esto atrae a aquellos que prefieren un contexto de objetividad en el que se valora la especificidad.

Por otro lado, el mundo de las ventas y el marketing solo estaban basados en la percepción. Dado que las impresiones desempeñaban un papel dominante, este mundo tiende a atraer a las personas que se sienten más cómodas con los tonos color gris. Es un contexto ideológico en el que predomina la capacidad de adaptación fluida.

La ambigüedad obstruye los esfuerzos de los ingenieros, mientras que los comerciantes pueden basarse en la ambigüedad (o incluso fomentarla) para poder alcanzar sus objetivos. Aquí no hay nada bueno o malo, pero sí existen consecuencias...

Cuando el departamento de marketing vende una ilusión prometiendo lo imposible, los ingenieros se ofenden porque esto compromete su integridad. Al fin y al cabo el departamento de marketing se dedicaba a escribir otras cosas, y si no conseguimos vender no podremos pagar los sueldos ni crear nuevos productos.

A grandes trazos, la diferencia entre los ingenieros y el departamento de marketing fue que los ingenieros tienden a no prometer y a cumplir en exceso, mientras que los vendedores tienden a prometer más de la cuenta y a no cumplir lo prometido. Estábamos hechos para pisotearnos los unos a los otros cuando intentábamos caminar juntos.

ELLOS NO ENTIENDEN LO QUE NOSOTROS HACEMOS

Cuando Rob Fulop estaba terminando su primer proyecto en Atari, una persona del departamento de marketing lo miró y se quedó bastante impresionada. "¡Wow, eso es un efecto increíble! ¿De dónde has sacado la idea?" "Es *Night Driver*", respondió Rob", ese uno de los videojuegos de árcade más vendidos de la historia". Rob estaba incorporando *Night Driver* al sistema de videojuegos doméstico, sorprendentemente eso era una reproducción notablemente precisa. Rob se sorprendió al ver que el vendedor no había reconocido uno de nuestros mejores productos.

Los comentarios de los vendedores eran raramente eran bien recibidos y se debía a que ellos miraban los videojuegos, pero casi nunca los jugaron. Parecían ignorar la importancia de la dinámica de juego en el éxito de un videojuego. Por consiguiente, ellos no tenían ninguna colaboración en ese aspecto para los videojuegos, lo cual era una pena puesto que era donde el departamento de ingeniería era más sensible.

Al contrario, ellos pedían cosas imposibles de hacer, un clásico era: "¿No podrías hacer la bola más redonda?". Quizás, sería posible si descartamos al jugador...

El departamento de marketing continuamente pedía cosas que eran imposibles de hacer, aunque muy pocas veces ofrecían sugerencias de cosas que eran posibles hacer. Yo no esperaba que entendieran la tecnología, pero jugar con los videojuegos no me parecía de mucho. A mi me daba la impresión de que estaban desconectados del producto que ellos estaban vendiendo.

Un lugar en el que esta desconexión brilló con su luz propia, fue en las pruebas de consumo del producto. El departamento de marketing quería saber lo qué la gente buscaba en un videojuego, pero no parecían estar lo suficientemente interesados como para jugarlos, descubrir la experiencia y juzgar por ellos mismos. Para ello, recurrieron a las pruebas de los consumidores y así poder compensar esa diferencia.

Quizá recuerden el terrible proceso de pruebas por el que pasé con La venganza de Yars. Aunque entonces narré las muchas lecciones aprendidas y guardé una de las más importantes para este momento. Esa lección trata de otro de los principales problemas desde los inicios de los videojuegos...

LA PARTICIPACIÓN DE LAS MUJERES EN LOS VIDEOJUEGOS

El mundo jugaba (y pagaba) por los videojuegos, bueno, casi todo el mundo. Desde un principio era evidente que las mujeres estaban sub-representadas en la sociedad de jugadores. Para los ingenieros, esto representaba la pérdida de un gran potencial de alegría. Para los vendedores, esto significaba una gran pérdida de dinero y para los directivos, esto era un problema que había que resolver, así que pongamos a los ingenieros a trabajar en marketing para solucionarlo. Lograr que las mujeres jugaran a los videojuegos era como el estado del tiempo, todo el mundo hablaba de ello, pero nadie hacía nada al respecto. Bueno, casi nadie.

[NOTA para los fanáticos de las estadísticas de ahora y de antes: Hoy en día, las mujeres alcanzan aproximadamente el 45% de todos los jugadores. Este porcentaje ha aumentado desde el 35% que había en los años 2000, aunque a principios de los años 80 este apenas llegaba al 20%. Sin embargo, mientras que las mujeres solo eran uno de cada cinco jugadores de máquinas de árcade, la mujeres representaban más del 50% de los jugadores de *Pac-Man*. Esta estadística interesó mucho a la directiva y al departamento de marketing.]

Para ser más justos, las mujeres también estaban poco representadas en la creación de videojuegos. Lo cual no era justo, sinceramente puedo decir que la mayoría de los primeros creadores de videojuegos eran unas personas excepcionales y las mujeres que desarrollan videojuegos no eran una excepción.

Carol Shaw creó algunos de los programas más innovadores y más desafiantes en Atari y después se fue a crear *River Raid* a la empresa Activision. Carol dejó Atari poco antes de que yo llegara, pero su legado fue muy significativo. Mis colegas hablaban frecuentemente de su habilidad en la programación en la computación.

Dona Bailey era una programadora de gran talento que se convirtió en la única mujer que trabajaba en el sector del departamento de ingeniería de las máquinas de árcade. Dona fue la creadora del videojuego *Centipede*, uno de mis favoritos. *Centipede* se caracterizaba por ser muy popular entre las mujeres... lo cual no era una coincidencia. Dona trabajó con Ed Logg específicamente para poder producir un videojuego con un atractivo más amplio. Aunque ambos éramos contemporáneos en Atari, yo no pasé mucho tiempo en los videojuegos de monedas y nunca llegué a conocer a Dona. De lo que me perdí.

Otra mujer digna de mencionar en la historia de los videojuegos es Marilyn Churchill (entonces conocida como Maryland Thaurer). Marilyn fue la primera persona que fue exclusivamente contratada como artista de videojuegos. Quien después pasó a convertirse en la primera directora de arte de la industria. Desde su llegada, todos los videojuegos de Atari se volvieron más interesantes. Ella también introdujo a Jerome Domurat a Atari y por ello le estaré eternamente agradecido.

Entre ellas también estaba Carla Meninsky. Carla y yo compartimos caminos similares para poder llegar a nuestro trabajo actual: Ambos crecimos en los suburbios metropolitanos de Nueva York con los típicos propósitos de ir a la universidad e incorporarnos a la vida empresarial, ahora los dos revelamos cómo Atari destruyó esa visión. Ambos éramos almas gemelas, que abandonamos la monotonía corporativa por Atari de la misma manera como los niños escapan del recreo de la escuela. Los dos éramos alegres, pero Carla tenía un sentido de la sutileza y decoro mucho mejor que el mío.

Carla creó *Dodge 'Em ex-atarian*, *Warlords* y *Star Raiders* para la videoconsola VCS, tres excelentes y muy exitosos títulos. Naturalmente que Carla representa la elección perfecta respecto a las conversaciones sobre el tema de la incorporación de más mujeres a la industria de los videojuegos. En una de sus alocadas expediciones de Ray Kassar por el departamento de ingeniería, Ray entra en la oficina de Carla para consultar el oráculo y hacerle la dichosa pregunta.

Ray llegó preparado con algunas de sus sugerencias, las cuales propuso después de un intercambio superficial de saludos: "¿Podrías hacer algo como el ''Ir de compras'', o un juego en el que diseñes la casa de tus sueños?". Por un momento Carla se queda boquiabierta, luego se recupera y dice: "No, Ray. Esa no es la forma de involucrar a las mujeres". "Tu intención es razonable, pero tu propuesta parece ser un poco anticuada.

El departamento de marketing continúa preguntándose: "¿Cómo podremos hacer que más mujeres participen en los videojuegos?". Las soluciones, por el contrario, siguen siendo evasivas. En menos de una ocasión, apareció una respuesta inesperada. Fue una más de la larga lista de las perversas y retorcidas ironías de la vida de Atari.

En 1981, *Pac-Man* hizo furor. Ese videojuego tenía algo en el que captaba la atención de todos los vendedores": Eso era que a las mujeres les encanta jugar *Pac-Man*. Nadie sabía el por qué, pero había algo en el que les llamaba la atención, eso estaba muy claro. Por otro lado, La venganza de Yars se ha convertido en el videojuego más evaluado de la historia de Atari. Aquí está el resultado que no les había contado y a dónde nos condujo.

Cuando el humo se disipó tras el gran evento de las evaluaciones del videojuego, Yars alcanzó el récord de puntuación máxima en una prueba de juego. Eso está muy bien, pero lo realmente interesante fue el análisis demográfico entre diferentes grupos demográficos y el de mayor puntuación fue el de las mujeres adultas. ¡Mujeres adultas!

Por otro lado, siento una gran satisfacción y orgullo pues atraer a las mujeres adultas ha sido una de mis prioridades.

Por otro lado... ¿Hola? ¿Marketing?

El implementar ideas y atraer mujeres se ha convertido en el tema principal de muchas de las conversaciones con los directores de producto, pero todo era porque yo continuaba tocando del tema. Todos mencionan que ellos querían un videojuego para mujeres, y este era obviamente un videojuego para mujeres, entonces ¿cómo planean comercializar para las mujeres? La respuesta fue siempre la misma:

"Oh, nosotros no lo vamos a comercializar para las mujeres". ¿Por qué no?

"Es un videojuego de acción espacial y a las mujeres no les gustan los videojuegos de acción espacial".

¡Aunque, sus pruebas dicen lo contrario!

"Créeme, a las mujeres no les gusta". ¿Entonces por qué pruebas el videojuego?

"Las pruebas son para saber si a la gente le gusta".

¡Aaaaaaagggggghhhh! Siento que estoy atrapado entre un dibujo animado de Dilbert mucho antes de que este existiera. Continuó nuestra charla más tiempo del que debería. Una vez que un vendedor dice "confía en mí", prácticamente la conversación se termina. Aunque para mí es muy difícil zafarse de este tipo de tonterías... lo cual no es nada bueno. De hecho, creo que en gran parte los años de conversaciones como ésta fueron las cuales me motivaron a que yo me convirtiera en psicoterapeuta.

La idea de que los resultados de sus pruebas no parecían significar nada también fomentaba otra cuestión: Se fomentaba una enfermiza falta de respeto por nuestra parte al provocar la impresión de que ellos no sabían lo que estaban haciendo.

Reconozcámoslo, es muy fácil tachar de ridículo al departamento de marketing por no hacer caso a sus propios datos. Ahí es donde todos vamos creyendo que las cosas volverán a tener sentido, no es como si nunca lo hubiesen escuchado...

Muchas veces sacaban resultados de varias pruebas de análisis y ellos creaban su propia "versión de Frankenstein" con el fin de lograr un videojuego perfecto. En muchas ocasiones, ese monstruo les mordió la cola. Con poco sentido de la lógica del videojuego, ellos no podían sugerir de qué forma podrían combinar las piezas en un concepto de videojuego coherente. Nosotros tampoco podíamos hacerlo. La gran parte del problema eran las reacciones de los jugadores. Las personas pueden decir cuando les gusta un videojuego o no, pero no son muy creíbles cuando se les pregunta el porqué.

Las pruebas se convirtieron en algo discutible en el contexto de la clasificación. De hecho, casi se suspenden después de toda la controversia con La venganza de Yars. Al parecer ellos ya habían llegado a la conclusión de que no era necesario evaluar la calidad de los videojuegos, puesto que cualquier videojuego que se publique sería vendido, siempre y cuando tuviera una licencia y saliera a la venta a tiempo. Al fin y al cabo, hasta la fecha ésta era su única experiencia.

Aún así la pregunta continuaba: ¿Qué será lo que atrae a las mujeres a los videojuegos?

Aunque yo no estaba enamorado del departamento de marketing, no dejaba de sentir una gran curiosidad por la respuesta. Ahora ya existían dos datos sobre el tema: *Pac-Man* y La venganza de Yars. Estos son dos videojuegos totalmente diferentes, pero después de un minucioso y cuidadoso análisis he descubierto un factor común entre ambos: Estos dos videojuegos se componen de un componente oral. En Yars hay que comer el escudo para obtener el arma más grande. En *Pac-Man*, comiendo es como te identificas con el resto del mundo.

Parece ser que la clave para traspasar la gran barrera del género de los videojuegos es incorporando aspectos de consumo oral conscientes a la mecánica del juego. Aunque eso resultaba un poco complicado. Quizá sería más fácil tragar si se los planteamos de esta forma: ¿Cómo sería posible crear un videojuego con un atractivo universal? A mordiscos. Así que masticarlo por un rato.

¿QUÉ NO ESTAMOS EN EL MISMO EQUIPO?

El departamento de marketing parecía estar totalmente desconectado de lo que suponía que era la creación del producto. Después de varios meses de abandonar nuestras vidas para volcarnos en la conjuración de la magia tecnológica en la pantalla, nos fue muy difícil escuchar una letanía de quejas sobre lo que no había y el poco reconocimiento de lo que sí había. Es más fácil imaginar las cosas que programarlas.

Nos sentimos menospreciados, aunque estoy seguro que ellos también.

Nosotros los ingenieros sabíamos a ciencia cierta que ellos no entendían nuestros retos. Aunque también estaba bastante claro lo poco que nosotros entendíamos a los suyos (era menos claro para nosotros). Las presunciones sobre los demás perjudican nuestra capacidad para poder resolver las diferencias, mejorar nuestro producto y el proceso. Es muy difícil encontrar personas que puedan cruzar abismos conceptuales y colocar a ambas partes sobre la mesa para cualquier tipo de negociación. En Atari, eso era imposible.

Mi amigo Jerome se había propuesto educar a todas las personas que trabajaban en Atari sobre el proceso de creación de un videojuego. Él lo hacía cada vez que se le presentaba la oportunidad y para quien quisiera escucharlo. Cuando el departamento de marketing y la administración acudían al laboratorio de gráficos en los días del *dog & pony days* (espectáculo del circo). Jerome les ofrecía una demostración multimedia de cómo se componían y se integraban las animaciones en un videojuego. El público siempre quedaba fascinado porque lo hacía de una manera extraordinaria. Jerome creció haciendo cientos de dioramas, preciosos y muy detallados. Él me contó como en una ocasión él había montado un

JEROME EN SU OFICINA

FOTOGRAFÍA POR
DAVE STAUGAS

"show" en su casa y cobraba a sus amigos una cantidad mínima por la visita. No es de extrañar que terminó trabajando en algunos de los museos más importantes del país y donde creaba fascinantes exposiciones para el público. Cuando Jerome llegó a Atari, él ya era un experto en la creación de presentaciones dinámicas para la transmisión de información. Si todos los empleados de Atari hubiesen asistido a unas cuantas "presentaciones" de Jerome, la empresa hubiese estado mucho mejor. Por desgracia, la mayor parte de los responsables del departamento de marketing y de los directivos nunca vieron ni uno solo de sus proyectos. Nadie de ellos sabía mucho sobre desarrollo de un producto y tampoco les importaba. A mediados de 1982, parecía que la idea del despliegue de la videoconsola VCS se había convertido en una estrategia que quedaba en manos de los pedidos. El departamento de marketing y el departamento de los directivos nos alimentaron con una dieta constante de licencias y fechas de finalización. Eso resultó ser un trago muy amargo que constantemente los tosíamos y se los escupíamos. Este estilo de gestión sembró un descontento innecesario y nos llevó a tomar algunas decisiones empresariales.

Consideremos el hecho de que uno de los videojuegos más importantes de todos los tiempos recibió el itinerario más corto de las historia... ¡por un factor de cinco! Esa decisión demuestra lo poco que se conocía sobre de las cuestiones de su desarrollo y la poca importancia que el departamento de ingeniería tenía frente a la dirección. Créanme cuando digo que más adelante hablaremos de esto. Bob sabe que es cierto.

Antes que todo, terminemos con los departamentos de marketing e ingeniería. Esa relación desempeñó un papel muy importante en el éxito y el fracaso de Atari. Tal y como sucede en cualquier relación, un indicador seguro de que los cimientos de una empresa se están pudriendo es cuando el intercambio de ideas da paso al intercambio de culpas. Lamentablemente, Atari había acaparado el mercado del intercambio de culpas y de talento.

Los vendedores llegaron a ver a los ingenieros como idealistas pedantes empantanados en sus detalles, mientras que los ingenieros llegaron a ver a los vendedores como unos manipuladores superficiales. Todos nosotros éramos una bola de niños mimados y con derechos en libertad, sin ninguna disciplina y sin ninguna supervisión. Ellos eran un montón de autómatas poco creativos quienes "aportan valor" a la empresa ofreciendo críticas que solo servían para afirmar su incompetencia. Estos eran los estereotipos de la empresa. En realidad, nosotros solo estábamos haciendo nuestro trabajo, que casualmente violaba la sensibilidad de los demás. Nadie quería admitir lo que nadie sabía, lo cual era un gran problema para todas las personas, tanto que llegó alcanzar el nivel de ridiculez.

Todos trabajamos por el mismo propósito, pero no estábamos trabajando juntos. No era del todo malo. En un momento dado, a finales de 1981, Jewel Savadelis del departamento de marketing fue nombrada jefa interina del departamento de VCS. Jewel era una joya y su liderazgo marcó una época gloriosa de armonía interdepartamental. Esto duró hasta que ella regresó al departamento de marketing. A partir de entonces la conexión se desvaneció, solo para ser reemplazada por incidentes como el memo de creatividad desenfrenada el cual envenenó el pozo y profundizó el abismo cultural entre todos nosotros.

Todo se convirtió en una rivalidad entre personas muy inteligentes y entre personas muy agresivas, cada una con su propia agenda y con su propia forma de hacer avanzar la empresa para beneficio de todos. Cada uno llegó a la conclusión de: "estoy tratando de hacer lo mejor para todos y todos ellos se oponen a darme una oportunidad. ¿QUÉ LA?" Ahora nos encontramos en el territorio de *BMOBS*. Esta es una mentalidad muy destructiva, la cual corroe el espíritu de la empresa.

La competencia continuaba. En la balanza estaba el poder de tomar decisiones, incluyendo una de las más importantes de todas: El saber decidir cuándo un videojuego está listo para ser lanzado.

¿ESTÁ LISTO?

En un principio, los ingenieros creaban videojuegos y su objetivo era simplemente hacer algo divertido. Un videojuego estaba terminado cuando los creadores del mismo (como grupo) decidían qué era lo suficientemente bueno para ellos. Los videojuegos que estaban listos pasaban al departamento de marketing a la fábrica donde se empaquetaban, reproducían y distribuían para su venta. Los videojuegos que no funcionan correctamente volvían a ser revisados. El departamento de ingeniería se encargaba de la programación y el departamento de marketing de la imagen y de los títulos.

Con el paso del tiempo, las curvas de aprendizaje se pusieron en marcha. A medida que los ingenieros ganan experiencia y descubren nuevos trucos con el hardware, la calidad de los juegos aumenta considerablemente. Si comparamos los primeros videojuegos de 1978 o de 1979 con los de 1982. La diferencia es dramática, pero el objetivo de los creadores de los videojuegos seguía siendo el mismo: crear videojuegos de calidad.

Los comercializadores también pasaron por su propia curva de aprendizaje. Las novedades que ellos aportaron fueron las licencias y los programas de lanzamiento. Al principio, solo vendían lo que nosotros creamos y de vez en cuando otorgan una licencia a un juego de monedas *que parecía ser compatible* con la videoconsola VCS. Con el tiempo incluyen todo tipo de videojuegos de monedas y por último, muchos otros productos no relacionados con los videojuegos, para ser más específicos, eran películas de Hollywood y programas importantes de televisión. Su objetivo era la preventa de conceptos de mercado. Todo esto tiene sentido y parece una buena estrategia comercial, pero cada vez su prioridad parecía orientarse más a alcanzar la cifra de preventas y no tanto a ofrecer un videojuego sólido.

El departamento de ingeniería buscaba forjar un producto sólido y el departamento de marketing buscaba forjar el éxito. A medida que el solapamiento se hacía más pequeño, la diversidad se convertía en una fuente de frustración y conflicto... ¡para todos!

El conflicto entre las agendas empresariales no era algo nuevo, pero nos llevó a preguntarnos: ¿Quién es quien tiene el poder de hacer que su agenda sea una agenda? Yo me incorporé a Atari justo cuando esta batalla estaba en pleno apogeo. El poder de controlar los lanzamientos se estaba desplazando del departamento de ingeniería al departamento de marketing, lo que me supuse sería un gran cambio.

Era precisamente a eso a lo que Jim el pinza de cocodrilo se refería cuando hablamos en la cafetería de Atari en mi primer día de trabajo. Cuando él dijo: ".... Atari ya no es lo que antes era. Este lugar era increíble". En ese momento él se refería a los primeros rastros de la transformación de la base de calidad a la transformación de programación de los lanzamientos. Fue hasta finales de mi primer año en Atari cuando empecé a entender su punto de vista.

¿Qué suerte tuve de llegar a Atari en el momento que lo hice? Si hubiese llegado un poco después, mi propuesta de eludir *Star Castle* a favor de "un mejor concepto" sin nombre no habría tenido ningún éxito. La conversión de una máquina de monedas jamás se hubiera dejado cambiar a otro videojuego, porque el único propósito de hacerlo fue el de aprovechar los fans de la máquina de monedas, independientemente de la igualdad. Dennis hubiese dicho: "Lo siento mucho, pero primero necesitamos elaborar la licencia y tiene que estar hecha para..." De ser así la prueba de La venganza de Yars jamás hubiese existido.

Esto también genera una pregunta importante: ¿Es importante la calidad? En las ventas a corto plazo de propiedades preestablecidas, puede ser que no sea tan importante, pero para las cuestiones a largo plazo, como la imagen corporativa y la lealtad de los clientes, creo que es fundamental. Muchos señalan que el exceso inesperado de la baja calidad de videojuegos que se lanzaron al mercado fue una de las razones principales de la caída.

Esto sucedió mucho antes de que nadie viera venir la caída, y la lucha interdepartamental seguía en marcha y eso era en gran parte porque nosotros no podíamos ver el inevitable final. Alerta *spoiler*: el departamento de marketing estaba destinado a ganar, eso se debía a un fenómeno denominado la Ley de Warshaw de la inversión de mercadeo.

Consideremos lo siguiente: La mayoría de las empresas empiezan con mucha fuerza en el departamento de ingeniería, puesto que no hay mucho que hacer hasta que se ha desarrollado un producto. Dado a que el departamento de ingeniería representa la mayor parte del presupuesto inicial, este departamento recibe una gran atención por parte de la dirección (especialmente si los directivos cuentan con expertos en ingeniería/desarrollo). Sin embargo, si la empresa empieza a tener éxito, las ventas y el departamento de marketing pueden aumentar rápidamente para satisfacer la constante demanda mientras los ingenieros siguen fabricando el producto.

La ley de Warshaw de la inversión en el mercado afirma que en una empresa con éxito, los recursos en ingeniería crecen aritméticamente, mientras que los recursos en ventas y marketing crecen geométricamente. En consecuencia, los desequilibrios presupuestarios resultantes inflan la visibilidad de marketing a los ojos de los directivos, mientras que los disminuyen del departamento de ingeniería. Esto tiende a cambiar el poder de definir la dirección de la empresa a favor del departamento de marketing. En pocas palabras, la rueda más cara se llevó la grasa.

En definitiva, el departamento de ingeniería tenía muy pocas esperanzas para imponerse a la filosofía de los directivos. En el caso de Atari, fue muy sencillo identificar el momento preciso en el que esta transición empezó a agarrar fuerza. El momento en que Nolan y los otros fundadores firmaron los papeles para ceder el control a Warner, fue ahí el momento en el que todo empezó a cambiar. Una corporación masiva que no sabía nada sobre la tecnología estaba muy entusiasmada por llevar su marca de concepto empresarial a una empresa de tecno-entretenimiento en ciernes. Ray Kassar fue solo el sistema de entrega, la dirección y el resultado ya estaban asegurados.

CUÁL ES LA DIFERENCIA?

El punto de controversia por excelencia que resaltaba todos los matices era el debate entre "Hacerlo mejor" y "Venderlo ahora".

La clásica lucha: La mentalidad de sacar el producto en contra la mentalidad del empuje de ventas. El departamento de marketing quería venderlo en ese instante porque cada día que se retrasaba perdían ventas importantes. El departamento de ingeniería quería perfeccionarlo porque los mejores productos venden más copias. ¿Cuántas más? ¿Cuál es la diferencia entre el producto que podría venderse más tarde y el que se venderá ahora? En Atari, la respuesta consistía de muchos antiácidos.

Hoy en día, el internet resuelve todo esto permitiéndole a los programadores actualizar sus productos después del lanzamiento. Sin embargo, a principios de los 80 no había Internet.

Durante 1981 y 1982, la mentalidad de presión de ventas creció sin cesar apoderándose por completo de Atari. Todo se trataba de conseguir una marca reconocible, sacarle provecho a la publicidad, conseguir unas cuantas ventas rápidas y... eso era todo. No parecía haber ninguna consideración en cuanto al impacto de la calidad del producto sobre nuestra reputación, las ventas futuras, etc. Todo era cuestión de golpear la ventana mientras estaba abierta. Y el videojuego de *E.T.* fue la coronación de esta mentalidad.

Como programador, creo que los mejores productos dan mejores resultados y como empresario me di cuenta de que este incremento puede ser imposible de calcular (o justificar). Es muy cierto que una semana perdida por el retraso del lanzamiento nunca se recuperará, pero la pérdida de ventas porque un producto es una porquería tampoco es de gran ayuda.

Las diferencias entre la tolerancia a la ambigüedad, la creación de productos o el dinero, la tendencia a prometer más o menos, etc., no son solo opiniones, esas son posturas culturales. Las posturas culturales pueden parecer teóricas, sin embargo, estas se pueden manifestar de una forma dolorosamente real. Por ejemplo, una empresa decidió hacer un producto para la licencia más cara de su historia... ¡en solo 5 semanas!

CAPÍTULO 10
HAZLO EN 5 SEMANAS

EL VIAJE AL DESCUBRIMIENTO

El programar un videojuego es un viaje al descubrimiento, es solo una forma poética de decir: No estoy seguro hacia dónde iré, pero lo sabré cuando llegue a mi destino. Un viaje al descubrimiento sucede cuando se intenta crear algo novedoso, por lo tanto empiezo con algunas ideas vagas y muchos espacios vacíos que hay que rellenar. Si tuviese un plan más detallado ese ya no sería un viaje al descubrimiento, entonces se convertiría en una excursión a un destino conocido. Y las excursiones son mucho más cortas.

Por lo general, el crear un videojuego en el sistema VCS es un maratón de más de 1.000 horas repartidas en más de 6 meses. Este fue el viaje esencial al descubrimiento, que consistió en divagar mientras se mantenía el compromiso con una perspectiva fundamental a largo plazo. El plan continuaba evolucionando a medida que surgían nuevos conceptos y nuevas oportunidades. A estas alturas habré completado con gran éxito dos maratones similares para Atari. Me encanta.

Aunque este programa solo nos permite realizar una vuelta rápida. Esto significa llegar a un destino conocido lo más rápido posible, aunque requiere de dos cosas: primera; tener un objetivo claro y segunda tener un enfoque eficaz. La velocidad, sin embargo, tiene que ver con el enfoque. Yo no tengo ningún problema cuando se trata de acelerar las cosas, puesto que ya estoy allí.

En la universidad, mi novia y yo estudiamos juntos una clase de matemáticas. En cada examen, yo era el primero en terminar y ella era la última. Constantemente los dos empatábamos para obtener la puntuación más alta. (Una pareja interesante, ¿eh? Era más fácil ver dónde conectamos y dónde había conflicto).

Cuando decidí convertirme en productor de vídeo, me matriculé en un curso de certificación de 18 meses. Tardé 9 meses en terminar el programa y pude conseguir que mi proyecto final se emitiera en el canal de televisión PBS (eso era una verdadera primicia para cualquier estudiante).

A decir verdad, mi carrera universitaria inicial fue una carrera muy corta. Mi plan: Busqué en lo más profundo de mi interior para responder honestamente a la pregunta: ¿Cuánto tiempo me podré quedar en la universidad? La respuesta fue: Cuatro años y nada más. Sabía que si me quedaba más de cuatro años, me convertiría en una calabaza. Bueno. Pues entonces intente aprovechar ese tiempo al máximo. Cuando llegue a la Universidad de Tulane no empecé con una meta educacional. Yo empecé con el tiempo limitado y al paso del tiempo busqué maximizar mis resultados basado en mis limitaciones. Espera, presiento que se avecina una desviación...

Con el tiempo he aprendido que en el mundo existen dos tipos de personas: Los maximizadores y los minimizadores. Los maximizadores maximizamos el placer o minimizamos el dolor. Los maximizadores son aquellos que inician las empresas aseguradoras y los minimizadores son aquellos que se implementan en sus pólizas. Aunque podemos (y a menudo lo hacemos) cambiar entre ellos para aprender, la mayoría de las personas tienden a aprender más de una manera que de otra. No olvidemos que existen grandes diferencias entre la personalidad de los maximizadores y los minimizadores, pero eso se los diré en otro libro. Por ahora, en este...

Todos sabemos que hay estudiantes que minimizan el tiempo de estudio o el tiempo de clase, yo me propuse a optimizar la inversión de mi tiempo durante el período de cuatro años en la universidad.

La universidad consiste en un sistema, similar a cualquier otro sistema, primero hay que averiguar cómo funciona y luego intentar piratearlo para aprovecharlo y así poder obtener una ventaja en cuanto a costos, tiempo, resultados y todo aquello que se desee. Eso es precisamente lo que hacen los ingenieros de sistemas y yo me comportaba como cual mucho antes de saber lo que realmente eran. Primero estudié extensamente el "manual" de Tulane para averiguar lo qué podría ser hackeable y después preparé mi plan.

En vista de que no tenía ninguna experiencia previa (o deseo) de ser un buen estudiante, lo primero que necesitaba era tener una mejor perspectiva sobre los estudios. Necesitaba un base sólida que me guiara a tomar mis decisiones y tal vez eso me ayudaría a convertirme en un estudiante decente. Para algunas personas, la universidad es una actividad académica, mientras que para otras es solo una oportunidad para salir de fiesta antes de enfrentarse a la vida adulta. Ninguna de esas dos cosas funcionaron para mí.

Después de pensarlo bien, decidí ver la universidad como un proyecto. Mi propósito era conseguir un título útil. Acepté el reto de los cuatro años y me propuse maximizarlo, aunque no fue así como lo expresé en ese momento, pero así fue como me comporté.

¿Cómo me fue en la universidad? Yo siempre he dicho que me fue bastante bien. A continuación verán dos de los primeros párrafos de un libro que escribí sobre mi opinión universitaria, reimpreso aquí en virtud de los permisos que se me concedieron por yo mismo:

Conquisté la universidad.

Con ello me refiero a que yo: recibí con honores mi Licenciatura en Ciencias de la Universidad de Tulane (en Nueva Orleans).
Mantuve un promedio académico de 3,9. Complete una doble Licenciatura en Economía y Matemáticas, con un diplomado adicional en Artes Teatrales.
A lo largo de este libro podrán ver testimonios de esos tres conceptos.

Estuve en la lista del decano en todos los semestres que estuve en la universidad y fui reconocido como becario de la Universidad de Tulane.

Fui miembro de la sociedad de estudiantes universitarios del primer año, fui miembro de la sociedad de honores de matemáticas y de la sociedad nacional de honores de Phi Beta Kappa.

Logré todo esto en solo tres años, no cuatro, lo cual me ayudó a ahorrar mucho dinero.

Gracias a este logro, se me concedió una beca completa en la escuela de ingeniería, donde completé mi Maestría en ingeniería informática en solo un año (con un promedio académico de 3,9).

HOWARD SCOTT WARSHAW, CONQUISTADOR UNIVERSITARIO, 1992

Afortunadamente para mí, la idea de trabajar con una agenda fija no era algo nuevo, así que la planeación de hacer el videojuego de *E.T.* resultó ser algo normal. Nada más sustituí "cinco semanas" por "cuatro años" y la aproveche para hacer mi maximización. He pasado 18 meses estudiando el sistema VCS, lo cual me siento totalmente seguro diseñando el videojuego e incluso tengo en mente una serie de posibles hacks.

Algo más que debemos de recordar: a pesar de que este plazo es tan corto, mi deseo es hacer un videojuego innovador. Éste videojuego tiene que ser un sprinter, aunque en realidad mi deseo es poder lograr resultados de un maratón... y creo que puedo lograrlo. En este momento no sé exactamente de qué estoy lleno, pero sea lo que sea, yo me siento feliz de estar en la cima de la montaña.

El correr un maratón. Eso nunca antes lo había hecho. ¿Cómo se entrena para correr un maratón? No importa, puesto que no tenemos tiempo para entrenar. Hacerlo será el entrenamiento.

Si quiero llevarlo a cabo, necesito tener un plan. Un plan sobre lo que quiero hacer y que sea extremadamente detallado. Sé que necesito ser lo más preciso posible respecto a los detalles de mi meta final. Los videojuegos tienen un nombre para este tipo de planes: El diseño. Afortunadamente, yo tengo uno de esos y ya está aprobado.

DISEÑO DEL TIEMPO

A lo largo de las últimas cuatro décadas he tenido más de 100 entrevistas sobre este videojuego. Frecuentemente piden alguna versión de:

"¿Qué era lo que estabas pensando cuando hiciste el videojuego de *E.T.*?

A menudo le sigue la frase: "*OMG*, ¡todos esos #%$&ins de mierda!

Aunque esta es una pregunta justa. ¿En qué estaba pensando? OK, quitémosle el sello de frescura de mi cerebro y conectemos a un altavoz...

En primer lugar, creo que la base del éxito en cualquier empresa es el saber lo que se quiere hacer y establecer metas claras. Todos y cada uno de mis videojuegos tenía sus propios objetivos específicos para su propio diseño. Con La venganza de Yars, mi objetivo era crear un videojuego que disfrutara jugándolo y además de poder consolidarme como un experto en la creación de videojuegos. Con Los cazadores del arca perdida mi objetivo era crear la aventura que jamás nadie hubiese visto en la videoconsola VCS. Aunque estos diseños no tenían un factor de tiempo, también sabía que me dedicaría a trabajar en el videojuego hasta obtener un nivel de calidad aceptable y eso me llevaría todo el tiempo que fuese necesario.

Entonces, ¿qué era lo que estaba tratando de hacer con el videojuego de *E.T.*? Bueno, era obvio de que no estaba tratando de hacer el peor videojuego de todos los tiempos...

Lógicamente, lo más importante del videojuego de *E.T.* son los detalles: el plazo de entrega. El plazo de entrega de los videojuegos normalmente era por lo menos de 6 meses y yo solo disponía de 5 semanas para entregar un producto terminado a una propiedad de muy alto perfil.

Por lo general, nosotros siempre teníamos tiempo para jugar y experimentar los videojuegos, pero con este plazo tan corto para diseñar el videojuego de *E.T.* no nos dejaba mucho tiempo libre. En ese momento mi única oportunidad era el poder ofrecer una especie de videojuego digno de reconocimiento en el plazo previamente programado. Necesitaba de una buena estrategia para poder obtener el máximo resultado con el menor riesgo. Al parecer, aquel diploma en economía me vendría muy bien después de todo.

Mi principal objetivo para el diseño de *E.T.* era simplemente poder lograrlo. ¿Cómo?

La mayoría de las personas aseguraban que el secreto para programar un videojuego en 5 semanas era: No hacerlo. Que era imposible de hacer en ese tiempo tan limitado.

El decir que no, no funcionará para mí. El otro secreto, el verdadero secreto, era el de poder reconocer que no se trataba de un reto de programación sino de un reto de diseño. Si diseñaba un videojuego de 6 meses y esperaba hacerlo en solo 5 semanas, el videojuego se da terminado. Por lo general, se necesitan más de mil horas de trabajo para crear un buen videojuego y no se necesita una licenciatura en matemáticas para darnos cuenta de que no existen mil horas en 5 semanas, así que eso no va a suceder. Yo necesitaba diseñar un videojuego que se pudiese hacer en 5 semanas (técnicamente 4 semanas y 5 días, debido a que dos días y medio se dedicarán para crear y aprobar el diseño).

Normalmente, se podría pensar en treinta y seis horas para la creación del diseño de un videojuego más un viaje de ida y vuelta en *Learjet* o limusina a la Villa Spielberg eran poco, pero lo cierto del caso es que no había el tiempo necesario para lograr que el videojuego se entregará a tiempo. Necesitábamos empezar a programarlo lo antes posible.

La primera opción del videojuego sería encontrar el género. ¿Qué tipo de videojuego encajaría en este proyecto? Nosotros sabemos que existen varios tipos de videojuegos básicos: videojuegos de combate, carreras de autos, de acción, de dibujos animados, de rompecabezas y de deportes. Los videojuegos de combate, de carreras, de acción y de dibujos animados comparten el mismo lastre: la sincronización. Para ello es necesario lograr un equilibrio muy preciso entre el reto y la recompensa. Lo cual requiere de mucho tiempo, el cual no tengo. Los videojuegos de rompecabezas necesitan tiempo para idear trucos y colocar claves, también requieren del tiempo que no dispongo. Los videojuegos de deportes consumen mucho tiempo de la agenda por parte de la interfaz digital, ya que el oponente de la computadora debe ser digno de ser buen jugador. Este tipo de juegos son demasiado complejos, tienen demasiadas funciones. Yo necesito algo diferente.

Simplemente no contaba con el tiempo suficiente para poder hacer un gran videojuego, así que no hay que pensar en grande; hay que pensar de manera pequeña. En ese momento era necesario recordar las palabras de Leonardo Di Vinci: "La simplicidad es la máxima sofisticación".

Durante la preparación del videojuego me vino a la mente un concepto conocido como *KISS*; un clásico mantra del diseño. *KISS* es un acrónimo de *Keep It Simple, Stupid* (Mantenlo simple, estúpido). Este concepto es muy importante en el campo de la programación de software, puesto que la simplificación de sus funciones nos ayuda a reducir el número de errores, al igual que nos ayuda a aumentar la precisión de las estimaciones de tiempo. La simplicidad deberá de crear menos sorpresas.

Era evidente de que necesitaba algo sencillo, pero no tan sencillo o le faltarían patas (de la rejugabilidad). Este videojuego tendría que ser lo suficientemente sencillo como para poder programarlo rápidamente, pero lo suficientemente sofisticado para poder mantener el interés del jugador. En este caso la simplicidad no era suficiente, pues también necesitaba elegancia. En el mundo de la programación la elegancia es la clave para poder crear un videojuego útil y con rapidez. También es un reto. ¿Y cómo podré hacerlo?

Durante la creación de este videojuego tuve que cambiar mi manera de pensar y así poder enfocarme en lo que era lo básico del videojuego. Esencialmente, un videojuego es simplemente un propósito definido en un contexto específico, con una serie de reglas, obstáculos y un inicio perfectamente definido. ¿Qué es lo que hace que un videojuego sea bueno? Muy fácil, un videojuego se considera bueno si al jugarlo resulta divertido. Por desgracia, la "diversión" es algo difícil de definir o predecir. Yo me puedo dar cuenta sí es divertido en el momento en que lo siento al jugarlo. Sin embargo, existen componentes comunes que los buenos videojuegos comparten.

En mi opinión, un factor importante en el interés de un juego, es la relación entre las reglas del juego y las posibilidades del mismo. Los mejores juegos, los juegos clásicos, son los que cuentan con el equilibrio mágico de pocas reglas y un gran número de valores distintos. Tomemos como ejemplo el ajedrez o el backgammon, sin olvidarnos del modelo ejemplar por excelencia desde hace miles de años, el juego Gol. Estos tres juegos son muy elegantes con reglas sencillas, pero con grandes perspectivas.

Esta práctica es de gran utilidad para los videojuegos, ya que las reglas y los contextos requieren mucho tiempo de programación. Por lo tanto, necesitaba un videojuego que tuviera pocas reglas, un contexto sencillo y esperaba a que ambos se combinaran y así poder crear un mundo de posibilidades.

¿Qué tal un videojuego de búsqueda del tesoro? El básico videojuego de la búsqueda del tesoro es más o menos así: Encontrar el tesoro. ¿Será suficiente tesoro? Si esto no es suficiente, entonces conseguiremos más tesoros. Cuando tenga el suficiente tesoro, lo usaré para avanzar más o ganar la partida. Los componentes básicos de los videojuegos son visibles: piezas del tesoro, lugares para esconderlas, obstáculos para aumentar el desafío y el modo de utilizar el tesoro para ganar la partida. Solo necesito afinar el proceso básico de búsqueda del tesoro en su uso. Creo que sí puedo hacerlo en 5 semanas.

Sabía que la planeación me ayudaría a cumplir con mi agenda limitada, pero ¿dónde estaba la rejugabilidad? Yo podía modificar el tiempo y la duración del proyecto, pero aun así necesitaba más tiempo.

[NOTA para aquellos que les gusta bromear: A pesar de que es cierto que el personaje de *E.T.* tenía las piernas cortas, debo aclarar que eso no significaba que el videojuego le tendría que seguir sus mismos pasos.]

Una de las características principales de los videojuegos de búsqueda de tesoros es que los jugadores pueden ganarlos. Con excepción de *Warren Robinett's Adventure*, la mayoría de los videojuegos de esa época no tenían la opción de "ganar". En esos videojuegos los jugadores continuaban jugando hasta que se les terminaban las vidas y el jugador continuaba jugando intentado de establecer puntuaciones superiores. Era muy similar al modelo del juego "Que tan alto es arriba". Esto se debía a que la mayoría de las ideas sobre la creación de videojuegos domésticos estaban basadas en el paradigma de las máquinas de árcade. Tener la opción de ganar en una máquina de videojuegos de árcade no era algo que no tenía sentido, pues era necesario que la gente siguiera depositando monedas en la máquina para poder seguir jugando. ¿Qué tal a los videojuegos domésticos? No tanto.

Entonces, ¿cómo se mantendría la frescura de un videojuego que "se pudiera ganar?" ¿Dónde estaban las piernas? Si las mecánicas básicas del videojuego eran lo suficientemente divertidas (es decir reunir y utilizar el tesoro), el jugador quería volver a jugarlo. Podía redistribuir el tesoro al azar para otra ronda y mientras haya los suficientes escondites el nivel del reto debería mantenerse por completo. Lo perfecto sería que esto diera lugar a un rompecabezas de acción que fuese interesante de resolver una y otra vez. De verdad me gustaría que el videojuego tuviera piernas. Retrospectivamente, parecía ser que yo le había dado las piernas suficientes para poder caminar una corta distancia y caer a un pozo.

La siguiente pregunta era: ¿Cómo podría todo esto integrarse en la película? Después de todo, en algún momento el videojuego tendrá que relacionarse con la película...

E.T. era una película compleja para la adaptación de un videojuego. Era una película de carácter emocional y la videoconsola VCS no era precisamente una lona flexible para las emociones. ¿Y cómo podría esta película crear expectativas para una experiencia en los videojuegos? Los Cazadores del arca perdida fue una película de acción, intensa con una estructura claramente definida, de la misma materia que están hechos los videojuegos. Sin embargo *E.T.* se caracterizaba por los sentimientos y sus maravillas. ¿Cómo es ese videojuego?

Cuando Steven Spielberg sugirió la idea a un videojuego similar al *Pac-Man*. Yo supuse que él estaba pensando en la secuencia de la acción al final de la película, donde Elliott viajaba por toda la ciudad (el laberinto) en su bicicleta y la gente (los fantasmas) lo perseguían y a lo largo del camino sus amigos le ayudaban a escapar y *E.T.* iba sentado en la canasta de la bicicleta como un comodín con poderes especiales.

Todo esto era un concepto razonable para la creación de un videojuego que inicialmente ya había considerado. Aunque era muy difícil de que algo así se pudiese programar y jugar en un nivel aceptable en tan solo 5 semanas

Ahora, analicemos el concepto de la búsqueda del tesoro dentro del contexto de la película de *E.T.* Va más o menos así: *E.T.* ensambla un teléfono usando un montón de basura, una vez ensamblado el teléfono, lo utiliza para llamar a su hogar. Después de la llamada telefónica, *E.T.* tendría que huir de los humanos que se interpongan en su camino para que él pudiese encontrar y embarcar en la nave de regreso.

Esta era una hermosa estructura con misiones de varios niveles. Nivel #1: Encontrar todas las piezas de teléfono que estaban escondidas en distintos lugares (fosas). Nivel #2: Encontrar un lugar al que *E.T.* pudiera llamar hogar en cualquier "lugar" del mundo. Nivel #3: Encontrar la zona del bosque designada para el aterrizaje de la nave (al mismo tiempo esquivar a los humanos) y contar con el tiempo suficiente para encontrarse con la nave espacial. Cada una de las tres búsquedas del tesoro se realizaron sucesivamente y cada una de ellas se basaba en la búsqueda anterior. Siempre y cuando tuviésemos las suficientes piezas telefónicas, fosas, áreas y lugares, entonces la redistribución al azar crearía un reto lo suficientemente novedoso para que el jugador se sintiera motivado a jugarlo de nuevo. El jugador sería el *E.T.*, de esta forma este podría disponer de los poderes especiales de una manera más creíble y probablemente tendría un carácter gráfico más interesante que el de Elliott. ¡Esto podría funcionar!

Y ahí lo tienen. Así que, la próxima vez que alguien me pregunte "¿En qué estabas pensando cuando hicieron aquel videojuego de *E.T.*?"

Eso era lo que yo estaba pensando.

CORRER UN MARATÓN

OK. Yo sabía lo que estaba tratando de hacer. Entonces... ¿cómo lo podría hacer?

Una de las cosas más favoritas de mi vida: Enfrentarme a un problema difícil de resolver. Aunque yo disponía de un plan razonable, sabía que a partir de este momento solo se trataría de la implementación. Para poder realizar este proyecto, tendría que responder a la pregunta: ¿Cómo puedo ser más productivo durante las 5 semanas?

El economista que llevo dentro de mi consideraba que el reto de la productividad consistiría en utilizar el tiempo de la manera más eficiente posible. Al máximo. Yo disfruto compitiendo contra el tiempo, claro que (bajo *mis* propias condiciones). Al igual que *E.T.*, en esta tarea mi cerebro me servía mucho más que mis piernas.

Como el altavoz seguía conectado a mi materia gris, entonces empecé a interpretar la versión: De qué forma podré obtener más de mí. Por favor, siéntanse cómodos de cantar o de bailar en caso de que el sentimiento los conmueva.

[NOTA para el Ingeniero biomédico: La próxima vez que yo quiera conectar un altavoz a mi cerebro, por favor, contáctame y recomiéndame el Bluetooth.]

La vieja dualidad fue la primera parada en mi camino hacia la productividad: Trabajar duro vs. el trabajar inteligentemente. Creo que el trabajar duro es algo muy importante, aunque lo único que garantiza es la fatiga. Trabajar de manera inteligente ayuda a lograr el éxito. El trabajar duro *y* trabajar de manera inteligente es la fórmula mágica para conseguir el éxito. Eso fue precisamente lo que traté de hacer con el videojuego de *E.T.*

La siguiente cuestión es una pregunta obvia que aún no hemos mencionado: ¿Qué tal un enfoque de equipo? En cuanto las personas se enteraron del proyecto (y de la fecha límite) esto se convirtió en algo irrelevante, nadie quería tener nada que ver con ese proyecto.

A decir verdad, un trabajo de grupo no era una opción válida. Un planteamiento de software en equipo requeriría la aplicación sistemática de las técnicas de la programación formalmente estructuradas. Como ya habíamos mencionado anteriormente, eso era algo que la videoconsola VCS no podría tolerar. A mi me encantaba ver todos los errores que uno tenía que cometer para poder ser efectivo en la videoconsola. Además, el tiempo que se requería para coordinar un equipo entre toda esta complejidad consumirá gran parte de una agenda ya muy reducida, el hacerlo en equipo prácticamente garantiza el fracaso.

También, teníamos el problema de "muchos cocineros meneando la olla". Yo no podía darme el lujo de perder el valioso tiempo de la implementación debatiendo sobre un diseño ya resuelto (cosa que de cualquier forma sucedería). El hackear es un trabajo que requiere de trabajar independientemente. Es muy complicado hackear en equipo sin crear más problemas que soluciones.

El intentar realizar un trabajo de equipo para hacer el videojuego de *E.T.* sería como pedirle a nueve mujeres que tuvieran un bebé con tan solo un mes de embarazo, eso es imposible que suceda. También sabemos que podemos lograr más con un ejército completo que con un solo soldado, aunque es mucho más rápido activar un comando para una misión de ataque que coordinar y lanzar una invasión. Quizás ustedes no estén de acuerdo conmigo, pero preferiría no hablar sobre metáforas militares.

¿Recuerdan cuando les conté sobre la fiesta de cumpleaños que organizaron en mi cuarto día de trabajo en Atari? En ese momento me di cuenta que el aceptar hacer el proyecto de *E.T.* requeriría apartarme de los mejores aspectos de mi trabajo. Tendría que trabajar desde mi casa, eso fue mucho antes de que se convirtiera en algo común. El personal del departamento de informática instaló una oficina completa en una de las habitaciones de mi casa, la cual se convertiría en mi oficina. Ahora, fuera cual fuera el lugar donde me encontrara cuando me llegara la inspiración, solo estaría a menos de dos minutos de incorporarme al videojuego. El único momento en el que no era posible era mientras conducía desde mi casa a Atari. Esto no significaba que no estuviera trabajando en el videojuego, solo que me tardaría un poco más en introducir los cambios.

Ser lo más productivo posible significaba poner todo mi empeño en la tarea asignada. Entonces, ¿por qué no debería formar parte del plan? Cuando uno se enfrenta a una agenda muy limitada, algunos de nosotros decimos: "Si el sueño no fuese necesario, quizás podríamos hacer esto mucho más rápido". La realidad es que sí necesitaba dormir, pero eso no significaba que el sueño tuviese que ser mi enemigo. Entonces me puse a pensar en cómo podría aprovechar el sueño como mi aliado.

¿Alguna vez te has dormido con un problema y te has despertado con una respuesta? Eso significa soñar con una solución. Yo trabajaba hasta estar completamente agotado o atorado en un fallo de software y entonces me iba a dormir. De esa forma, el sueño se convertía en una ayuda potencial y no a un impedimento para mi progreso. Eso me ayudó a crear un mejor ambiente para poder dormir, un elemento esencial para la producción.

En muchas ocasiones me despertaba con una idea definida, inmediatamente corría a la oficina y la introducía al videojuego, después lo jugaba y lo pulía, sin darme cuenta transcurrían las horas y recordaba que no había terminado de dormir y entonces me volvía a la cama. Jamás tuve que enfrentarme a la ansiedad de quedarme sin dormir pensando en que debería de estar trabajando. Después de trabajar constantemente entre 16 y 20 horas al día, cuando por fin me iba a la cama, yo dormía.

El sueño fue mi aliado durante todo el proyecto de *E.T.*, aunque también ocasionó uno de los momentos más frustrantes de toda mi carrera como diseñador de videojuegos. Recuerdo que una noche tuve un sueño en el que yo estaba jugando con el mejor videojuego de la historia que se haya creado. Todo el mundo estaba de acuerdo en que el videojuego era perfecto. Recuerdo que en el sueño lo contemplaba con mucho cuidado, analizándolo con el pensamiento que tenía que recordar todos los aspectos sobre este videojuego. Cuando me desperté, recordaba perfectamente el funcionamiento del videojuego y la función de los mandos en mis manos. Recordaba cada detalle del sueño, excepto los detalles del juego mismo. Durante varios meses intenté recordarlo de todas las maneras posibles, pero todo fue en vano. Eso me estaba matando. Desde entonces he llegado a la conclusión de que el videojuego era solo una ilusión. El sueño era únicamente la ilusión de encontrarme con el mejor videojuego de todos los tiempos. Al menos, así sería como me enfrentaría a la posibilidad de haberlo tenido y haberlo perdido y eso podría ser algo muy difícil de afrontar.

Así como el sueño era una necesidad, también lo era la comida. La mayoría de mis comidas tenían lugar en mi oficina, la cual disponía de un amplio espacio con superficies fáciles de limpiar. En ocasiones, para darme un gusto salía a comer con un amigo/colega, usualmente era con Condon Freeman Brown. Así me alejaba por un rato de trabajar en el videojuego y disfrutaba de un momento tranquilo y platicar con Condon acerca del videojuego.

Condon era un gerente del departamento de VCS y mientras duraba el proyecto de *E.T.* él había sido asignado como mi guardián. Él se encargaba de que comiera y que hiciera todas mis actividades cotidianas. Para mí Condon era mucho más que eso. Existen personas con las que he cruzado en el camino por la vida y son mucho más que amigos. Independientemente del tiempo que hayamos pasado juntos, nuestra conexión de amistad es aún muy fuerte. Puede pasar mucho tiempo sin comunicarnos, pero cuando nos reencontramos descubrimos que continuamos tan unidos como siempre, sin importar cuánto cada uno de nosotros haya crecido o cambiado. Los dos continuamos perfectamente sincronizados. A esto lo llamo "Unidos en el karma". Creo que Condon y yo tenemos el privilegio de compartir un vínculo que trasciende el tiempo y el espacio.

Los dos compartimos un sinnúmero de comidas y después de cada una de ellas, recogíamos la cuenta y la gastábamos. Se podría pensar que era como poner una "A" en medio de *E.T.*, pero nosotros lo veíamos como una nueva forma de mejorar una relación que ya era hermosa.

Luego estaba el problema de mi pereza. Tenía tanta pereza que solo quería hacer las tareas de la forma más eficiente. De hecho, me resultaba muy interesante que yo estaba dispuesto a trabajar mucho más de lo que se requería con tal de poder hacerlo mejor. Quizás recuerden la conversación anterior sobre el cerebro de programador. La satisfacción que sentía al hacer las cosas de esta manera compensaba cualquier "pérdida" de tiempo o de energía. Esto podría significar que soy bueno para optimizar o malo para ser perezoso. De todas formas, eso aquí no funcionaría. Era hora de elegir un camino y empezar a correr. Estaba corriendo una maratón y no disponía de tiempo a perder.

¿Podría intentar trabajar cada minuto de estos 35.5 días? Eso sería muy poco probable.

Conociéndome como me conozco, sé que nos haría falta un poco de diversión. Tanto trabajo y poca diversión harían que Jack Nicholson fuera un candidato rechazado al Oscar. Yo necesitaba hacer espacio por lo menos para una parranda, aunque solo fuese para sacudir la cordura.

LOS DÍAS NORMALES

La gente me pregunta: "¿Qué fue lo más difícil al hacer el videojuego de *E.T.*?"

La respuesta es: Los días normales

En Atari nunca existió un día normal. Los creadores de videojuegos vivieron diferentes emociones en el trabajo, desde la euforia hasta el terror, pero muy poca monotonía o aburrimiento.

Crear el videojuego de *E.T.* no era aburrido, pero el día a día de la producción podría convertirse en algo espantosamente monótono. Dentro de este proyecto *existían* los días normales... y yo los aborrezco. Los días normales eran la segunda cosa más difícil de hacer en este videojuego.

En primer lugar, la razón por la cual no había días normales en Atari: Era porque estaban mis compañeros y mi lugar de trabajo. Ya fuese el lado divertido o el lado oscuro, Atari era mi sustento. El conocer día a día a personas extraordinarias y juntos poder encontrar soluciones, enfrentarnos a los miedos y compartir los chismes era algo maravilloso. Hacer un videojuego en tan solo cinco semanas era extremadamente difícil, pero lo más difícil no fue lo que estaba haciendo, sino lo que me estaba perdiendo. Lo más difícil de todo esto fue aislarme de este maravilloso mundo que tanto amaba y necesitaba.

Además, estos días normales no eran muy atractivos para las imágenes de la empresa. Día tras día, me la pasaba sentado, pensando y tecleando. Claro que, dentro de mi cabeza todo parecía muy dinámico, pero para los espectadores esto dejaba mucho que desear. Si mi cerebro-altavoz aún estuviese conectado, podríamos escuchar la vieja canción de Rawhide sonando una y otra vez:

Codin' codin' codin'

Aunque los errores estén pasando'

Mantén esos píxeles brillando', ¡Ya!

Estar sentado en la oficina de mi casa día tras día no era algo terriblemente dramático. Sin embargo el contexto, las implicaciones y unos cuantos detalles en el camino han hecho que...

CAPÍTULO 11
DEMASIADAS PREGUNTAS

¿Alguna pregunta hasta ahora? Comparto algunos hechos importantes de la historia, al igual que mis opiniones/teorías, sin olvidar que este largo y sinuoso camino tiene muchos desvíos y curvas sin salida. No pretendo contestar a todas las preguntas, al igual yo también tengo muchas dudas sobre lo sucedido. Hasta hoy, he evitado cautelosamente afrontar la pregunta más importante de todo el proceso en el proyecto del videojuego de *E.T.* ¿Por qué solo cinco semanas?

Esta pregunta es muy fácil de responder, y es una de las pocas veces que una respuesta de la empresa de Atari fuese tan directa sobre el tema. Atari planeaba que el videojuego de *E.T.* tendría que estar disponible para el mercado de ventas de temporada navideña, y como la temporada navideña no se puede modificar, entonces a partir de hoy este empieza a trabajar hacia atrás con el fin de poder aprovechar correctamente el lanzamiento durante las temporada navideña. Un videojuego debe de estar a la venta en las tiendas a principios del mes de noviembre, lo que significaba que tendría que estar empaquetado y enviado antes de la fecha límite de Halloween (31 de octubre). Lo que significa que si Atari quería comercializar cuatro millones de videojuegos, el videojuego tendría que estar terminado y perfeccionado, con verificación de calidad y entregado a la manufactura antes del 1 de septiembre. Sin embargo, la gerencia no dio luz verde al videojuego hasta concluir las negociaciones en la mañana del 27 de julio (más o menos una hora antes de que yo recibiera la llamada telefónica). Es por eso que solo existían cinco semanas para completar el proyecto. Eso tiene sentido, ¿verdad?

[Broma para los Numerólogos: Algunas personas encuentran esta cronología un poco confusa. Muchos creen que Halloween y Navidad son iguales porque el 31 de octubre = al 25 de diciembre. Aunque debemos reconocer que se trata de un humor bastante básico. Si no lo entiendes, puedes buscarlo en Google. Esta broma es muy conocida en Google.]

Para poder entender esto con más profundidad, necesitamos sumergirnos un poco más a fondo en la filmografía de Steven Spielberg. Mientras que el videojuego en sí estaba basado en revivir la película de *E.T.*, el programa para el videojuego se puso al día con otro éxito de taquilla de Spielberg... La película ¡Tiburón! Aunque existía una gran diferencia entre ambos: La película Tiburón se basaba en las mandíbulas del mismo, mientras que mi agenda estaba atrapada entre las mandíbulas de un tiburón del banco. Los tiburones de banco cuentan con dos mandíbulas: Una mandíbula estática y una mandíbula deslizante. La mandíbula estática es la de Navidad, cuya festividad no se puede cambiar de fecha. La mandíbula deslizante, por su parte, son las negociaciones en curso por los derechos para realizar el videojuego. En otras palabras: No existía una fecha límite para completar el proyecto del videojuego, la única flexibilidad es saber cuando empezar. Cada día que se pasa negociando es como un apretón de las mandíbulas del tiburón, exprimiendo horas muy valiosas de la agenda. Solo quedaban cinco semanas para hacer el videojuego puesto que se tardó mucho tiempo en cerrar el trato.

Finalmente, una vez asegurados los derechos, los ejecutivos inmediatamente empezaron a llamar al departamento de ingeniería con el propósito de empezar a trabajar en el videojuego. Algo que me es muy difícil de comprender (sin embargo, lo que ilustra los problemas que acabarán destruyendo a Atari) es ¿Por qué la gerencia esperó hasta este momento para consultar a los ingenieros? ¿Por qué no consultaron con ellos *durante* el proceso de negociación? ¿Quizás les hubiese ayudado el hecho de tener alguna idea sobre lo que se necesita para hacer un videojuego? ¿Dónde estaba Jerome y sus dioramas en este momento tan crucial? Oh sí, Jerome estaba en mi oficina leyendo cartas al editor de la revista National Lampoon. Él y yo no sabíamos de qué nos estábamos riendo mientras se quemaba el itinerario de producción del videojuego.

Ese fue el verdadero crimen del videojuego *E.T.* Los ejecutivos pasaron valiosas horas de desarrollo en las negociaciones, tiempo que los ingenieros hubieran podido dedicar para mejorar el videojuego. *E.T.* no necesitaba ser el peor videojuego de todos los tiempos. ¡Este podría haber llegado al nivel de videojuego más mediocre de todos los tiempos! Qué pena, otra oportunidad que se pierde.

Hacer un videojuego en cinco semanas es un reto increíble. Si le preguntamos a un ejecutivo: "¿Por qué no sometemos a cualquier programador a este tipo de presión?", la respuesta quizás sería: "¿Eh?" Ellos no tenían ni la menor idea de lo que estaban pidiendo y creo que tampoco les importó. Los ejecutivos vieron una oportunidad y se lanzaron por ella. Es solo un videojuego. ¿Qué tan difícil sería hacerlo? Eso es precisamente de lo que se trata la planeación, uno exige las cosas y las consigue.

El departamento de administración creía tener el toque mágico y realmente, estaban muy alejados de la realidad. Era claro que al no tener idea de los requisitos del proyecto o de la agenda, no existiría ningún motivo por el cual preocuparse. ¿Entregar un videojuego en solo cinco semanas? No hay problema. Somos Atari, nosotros podemos hacerlo todo.

Durante todo este tiempo no he podido dejar de preguntarme, ¿Hubiesen cambiado las negociaciones si la propuesta se hubiese aceptado en el mes de junio? ¿Podrían haberlo hecho antes? El adherir una semana más hubiese permitido *incrementar* la producción de la agenda en un 20%. Sin embargo, eso no sucedió.

He aquí otra posibilidad: Qué tal si la iniciativa de preparar el mercado navideño hubiera sido con un propósito totalmente distinto. ¿Recuerdan que les mencioné que en Atari siempre circulan conversaciones secretas por debajo de la mesa, de las cuales no se tiene conocimiento alguno? Quizás algunos ejecutivos perciben que las cosas empezaban a complicarse en la industria de los videojuegos. ¿Qué tal si no es por querer preparar el mercado navideño? ¿Qué tal que ellos necesitaban preparar este mercado navideño porque quizás no *habría* otro? De ser así, creo que esta es una estrategia muy poco práctica para un acto muy desesperado.

Tomando en cuenta que la directiva estaba dispuesta a hacerme pasar por esto, ¿Por qué habría yo de hacerlo? Supongo que me resultaría difícil rechazar ese gran reto. Si a esto le sumamos mi todavía insaciable búsqueda de aprobación, esto se convertirá en una fuerza irresistible a la que no podría rechazar. Así que no la rechace. Después de todo, la mayor parte de los grandes logros (y de las calamidades escandalosas) comienzan cuando alguien dice "sí"

He aquí otra pregunta muy razonable que aún ronda por mi mente: ¿Por qué yo? ¿Por qué es Howard el quien tiene que hacer el videojuego de *E.T.*? Por dos razones: La primera; Steven Spielberg me pidió que yo lo hiciera porque él estaba muy contento con lo había hecho para el videojuego de "El arca perdida". La segunda; porque nadie más en el mundo estaba dispuesto a intentarlo. En realidad, yo soy la única persona que está dispuesta a entregar este producto (incluyendo al jefe de mi jefe). Esa es la razón por la que yo hice el videojuego de *E.T.* Ah, y otra cosa más: también da la casualidad en esas fechas yo estaba trabajando en Atari...

LA INEVITABILIDAD DE ATARI

¿Alguna vez te has despertado y no sabes dónde estás ni cómo has llegado hasta allí? Eso puede ser muy aterrador hasta que te reorientes.

El proceso para desarrollar un videojuego para la videoconsola VCS tomaría un mínimo de seis meses. Lo sé, porque yo ya había hecho dos videojuegos. La venganza de Yars me llevó siete meses y Los cazadores del arca perdida, diez. ¿Hacer un videojuego en cinco semanas? Eso puede parecer un problema de programación difícil, pero no lo es. Más bien era algo imposible.

Contemplo esto con el hecho de que yo me había comprometido a hacerlo y durante la preparación el miedo se apodera de mí. ¿Cómo fue posible que yo haya llegado hasta aquí?

La verdad es que: Mi vida siempre estuvo destinada a ser programador de videojuegos en Atari. Todo esto hubiese sido obvio si yo hubiera sido capaz de leer las señales a lo largo del camino, las curvas y las vueltas que solo tendrían sentido al mirar hacia atrás. Por fortuna, ahora estamos en el año 2020, el año 2020 es el año de la retrospectiva perfecta. Hoy mirando hacia atrás, es fácil ver cómo abrí un camino que me condujo de manera inevitable a un lugar que apenas sabía que existía.

De hecho, todo esto comenzó mucho antes de que Atari existiera. Cuando tenía cinco años me sentaba frente a un montón de juguetes rotos y viejas piezas de juegos diciendo: "Yo voy a inventar algo. ¿Qué puedo hacer con esto?" Aunque nunca inventé nada, la intención estaba viva en mí.

¿Recuerdan las fotos de la escuela primaria? Mientras mi maestra de cuarto grado repartía las fotos, a ella le gustaba predecir nuestras futuras profesiones y lo hacía basándose en nuestros retratos. Cuando se acercó a mí, la miró y dijo "Ingeniero". Detalladamente me quedé mirando la fotografía, no podía ver nada que me hiciera imaginar que yo acabaría conduciendo trenes. Solo fue una profecía. Me da vergüenza admitirlo, pero yo no sabía que existían otros tipos de ingenieros hasta que estaba en mi primer año de universidad. Menos mal que lo descubrí antes de empezar la carrera.

Como recordarán, a lo largo de mi infancia y mi adolescencia a mi me gustaban mucho los juegos. Aprendía a jugar a un juego, lo jugaba por un tiempo y luego intentaba mejorarlo. Durante ese tiempo me di cuenta de que muchos juegos podrían ser más divertidos o estar mejor balanceados.

Los videojuegos de estilo árcade empezaron a hacer su aparición justo cuando yo estaba ingresando en la universidad. Recuerdo que una vez en Nueva Orleans entré a la una tienda de sándwiches *Blimpie's* y por primera vez vi el videojuego de *Space Invader*. Lo contemplé y me dije a mí mismo: ¡Este videojuego va a ser el mejor de todos los tiempos! Aunque no lo jugué. Mis amigos estaban muy entusiasmados y yo solo los veía jugar. A ellos les encantó, en cambio yo estaba concentrado en otra cosa.

Un día, en mi clase de cálculo III, sucedió algo interesante (es algo que no se escucha muy a menudo). Me ahorraré los detalles matemáticos, pero basta con decir que mientras yo escuchaba una clase sobre la creación de superficies complejas, se me vino a la mente el diseño completo de un videojuego. En ese momento me di cuenta que tenía el suficiente conocimiento en matemáticas como para crear un videojuego de tanques con múltiples jugadores. Me imaginaba a los jugadores conduciendo por un paisaje en 3D, persiguiendo (y cazando) a otros jugadores. Con ese videojuego cada jugador podría tener su propia pantalla y sorprendentemente compartiría muy poca información, por lo que la comunicación podría desarrollarse de manera muy rápida. Se trataría de un juego eficaz de tanques de computadora interactivos de varios jugadores en tiempo real. Hoy en día esta idea es muy común, pero en 1976 eso era algo que no existía. Aunque la idea de crear o hacer cosas sucedió mucho antes de que yo tuviera algún tipo de relación con la ciencia de la computación. En realidad, no sé por qué yo pensaba en eso, pero lo pensaba. Para mí, los videojuegos tenían sentido, aunque en ese entonces aun no me cautivaban.

Es obvio que Atari era al lugar a donde yo me dirigía. Si embargo, para llegar allí tendría que involucrarme con las computadoras, y casi estuve a punto de no hacerlo...

Como estudiante en la Universidad de Tulane, hice una doble licenciatura en Economía y Matemáticas, con una especialización en Teatro. Yo quería ser un economista. Las computadoras no estaban en mi radar. De hecho, yo las esquivaba porque sabía que ese era el territorio de los nerds. Por favor, no me malinterpreten, yo era un auténtico nerd (a excepción de la clásica timidez social), pero aún no estaba preparado para auto identificarme como tal. Un día conversando casualmente con mi asesora de Economía, me dijo: "Sin las computadoras nunca llegarás a ningún lado". OK, tal vez ha llegado el momento de darle la oportunidad a las computadoras, pero estamos a mitad del primer semestre de mi segundo año en la universidad, y no quiero esperar más tiempo para empezar esta nueva aventura. Así que empecé a pensar en la manera en que podría hackear el sistema y entrar inmediatamente a la clase.

Resulta que me había ido tan bien académicamente en mi primer año universitario que se me asignó como "Estudiante académico de Tulane". El único beneficio recibido por ser becario de la universidad fue que en la primera semana de clases me invitaron a un cóctel de vino y queso a la casa del presidente de la universidad. Después de preguntar a diferentes personas sobre clases de computación, me dijeron que los becarios de la universidad de Tulane tienen derecho a ciertas ventajas y actividades académicas, de las cuales ninguna había sido mencionada antes. Me encargué de averiguar quién es el profesor del curso de introducción a la programación y le hice una pequeña visita.

El Dr. Víctor J. Law es mi antítesis cultural, para él todo está relacionado sobre el sur del país de los Estados Unidos, su cuello es tan rojo como un cuello pudiese ser. A él nada le gusta más que una parrillada por la tarde o una fiesta en un apartamento donde se pueda sentar en el suelo y beber vino hasta perder el poder del hablar coherente. Él es mucho más que eso, también es una persona excepcional. El doctor Law obtuvo su doctorado en ingeniería química escribiendo un algoritmo tan complejo y a la vez tan elegante que nadie sabía cuál era su funcionamiento. Sin embargo, todo mundo sabía que funcionaba y que constituía una importante contribución al campo de la química. Sin embargo, para el Doctor Law la ingeniería química no es lo que a él más le interesaba, él también es una persona muy ambiciosa. El Doctor Law estaba interesado en encabezar un nuevo departamento de Ciencias de la Computación en la escuela de Ingeniería. A finales de los 70, eso era lo que estaba de moda en las universidades y él siempre está buscando nuevos candidatos para su nueva obra.

Llega Howard, un intruso yanqui con acento neoyorquino, que habla rápido y que exige demasiado. Me acerco a su escritorio y me presento como alumno escolar de la Universidad de Tulane, lo cual me permitía añadirme a su curso a mitad de semestre. Me mira directamente a los ojos y me dice exactamente a dónde dirigirme... para encontrar el libro de texto y el laboratorio de computación de su clase. Años más tarde me compartirá su alegría por el hecho de haberle dado a este hombre [epíteto suprimido] la cuerda suficiente para ahorcarse el solo.

Por su puesto que yo no quería ahorcarme, encontré el libro y me dirijo al laboratorio de computación y esa misma noche termino las primeras siete semanas del curso. Pocos días después terminé todo el curso. OMG, ¡es una revelación! La computación es mi sueño académico hecho realidad. Con la computación podré resolver rompecabezas y nunca más tendré que escribir trabajos o leer libros sinuosos. Lo devoré por completo, y mientras más tenía, más quería. Todo lo que tiene que ver con ello es perfecto. Incluso el gigantesco papel para listados de computadora en forma de abanico el cual tiene gran beneficio extra: Ese papel es perfecto para quitar las semillas de la marihuana. (¿Alguien se acuerda cuando la marihuana tenía semillas?) Aunque yo estaba por terminar mis licenciaturas de Matemáticas y Economía, estaba claro que ellos ya no iban a allanar el camino hacia mi futuro. Me espera una vida de programador de computación. Mejor aún, al parecer hay muchas más oportunidades en la computación que en la industria de la economía.

Por fin había encontrado mi camino y el Doctor Law había encontrado a alguien que constituirá el 50% de la primera clase de graduados de la Escuela de Postgrado de Ingeniería de la Computación de la Universidad de Tulane (la otra mitad era en un maravilloso nativo de Nueva Orleans llamado Archie Greffer. Archie es un tipo muy simpático quien hizo el Grande Fácil un poco más fácil. El yanqui y el provinciano se habían encontrado el uno al otro, formando una sociedad insólita, pero mutuamente beneficiosa. Cada uno de nosotros entendía el valor de nuestra relación. Él mira en mí la oportunidad de sacar adelante su departamento de ciencia en la computación y yo miro en él la oportunidad de convertir mi licenciatura en una maestría especializada antes de aventurarme en el mundo laboral. Al final, nuestros deseos se convierten realidad. Su nuevo departamento se puso en marcha y a mí se me otorgó una maestría en ciencia de la computación.

Mi excelente grado de licenciatura en computación capta la atención de la empresa Hewlett-Packard en Cupertino, California. Entonces la empresa decide llevarme a la sede, y hacerme una entrevista de trabajo la cual dura todo el día e incluso me hacen una propuesta de trabajo antes del anochecer. En ese mismo momento acepté la propuesta y con ella mi futuro estaría asegurado. Por fin, la vida me llama.

Cuando me presenté a trabajar en Hewlett-Packard, yo era todo un ingeniero. Poseo una maestría en Ingeniería de Computación la cual obtuve a la edad de veintiún años. Quizás la hubiese podido hacer antes, solo que no descubrí las computadoras hasta la mitad de la carrera universitaria. Así es como me enfrento a las cosas, hago todo lo posible para esquivarlas y cuando por fin ya no puedo esquivarlas más, me lanzó directo hacia ellas. Mi escuela preparatoria tenía una terminal interconectada con una computadora de la Universidad de Rutgers. Yo pude haber empezado a trabajar con las computadoras en el décimo grado. Sin embargo, las esquive como si fueran una peste. Fue hasta finales del año 1976 cuando por primera vez toqué una computadora, y me di cuenta de que era algo que me gustaba mucho hacer. Para el mes de mayo del año 1979 yo ya tenía una maestría. Si vale la pena hacer algo, vale la pena hacerlo rápido. Sobre todo cuando ya había perdido mucho tiempo antes de darme cuenta de que valdría la pena hacerlo.

También cabe destacar que mi especialidad en la escuela de posgrado era la programación de control en tiempo real basada en microprocesadores. En aquel entonces eso era muy poco común, pero lo más importante es el trabajo que he llegado a amar.

Entonces, ¿Qué estoy haciendo en Hewlett-Packard? Me doy cuenta de que estoy entrando en una crisis. Esa pasión desenfrenada que me llevó a estas grandes circunstancias de la vida se estaba disipando por completo. Ellos no hacen programación con microprocesadores, ellos se dedican a proyectos más grandes, más lentos y menos atractivos en las computadoras (grandes). Al paso del tiempo me fui dando cuenta de que HP no se sentía como un vivero de entusiasmo e innovación. Para mí, era más bien un pastizal de software donde los programadores de programas acuden a terminar sus días de codificación antes de morir. Yo ya había alcanzado lo que yo había deseado en HP, pero no era lo que necesitaba.

Una vez más, me encontré sin saber a dónde ir, pero era claro que no era en HP. Aunque el ambiente me era familiar, pero no era el lugar apropiado para mí. Me sentía enormemente triste y muy decepcionado, por lo que empecé a buscar nuevas oportunidades para encontrar la alegría o como otros podrían decir: Empecé a buscar.

En HP tenemos clips codificados de colores para hacer pedazos de grandes resmas de listados de computadoras. Los ensarte en grandes cadenas y los utilice para decorar mi escritorio. Hay un juego de *Star Trek* conectado en la red al que muchas personas de mi grupo acostumbran jugar después de las horas de trabajo y también me involucro mucho con eso. La temporada del fútbol americano me sirve de distracción en otoño, jugar al raquetbol y al póquer con los compañeros de trabajo también es algo que me da mucha alegría. Estoy muy concentrando en todo, con la excepción de las responsabilidades de mi trabajo. Me es muy difícil enfrentarme a la repentina ausencia de la alegría de la computación, al igual que enfrentarme a mí mismo a perder un tiempo tan valioso como lo estoy haciendo. Para mí, la pasión es mi combustible, pero ni siquiera puedo oler un poco de humo, y eso no podría continuar por mucho tiempo. Sin darme cuenta esta es la manera que la vida me guía directo hacia Atari y a los videojuegos. Solo que en ese momento no lo podía ver.

No soy del tipo de persona que le gusta quemarse las pestañas, se que lo puedo disimular un poco. También se que para darlo todo de mi parte necesitaría una motivación verdadera y eso no sucedió en Hewlett-Packard. En este preciso momento estoy entrando en la primera de las tres grandes depresiones de mi vida. Para mí esto es algo muy difícil, pero a veces la vida nos empuja a salir de nuestro lecho de rosas para no faltar a una cita con el destino.

Estoy sentado en la evaluación de trabajo con mi jefe, Bill. Bill es una persona que veía un tremendo potencial en mí, y me es difícil ver cómo él se esfuerza por sacar de mí ese potencial. No hay esperanza. Me siento sin esperanza. Todo mi trabajo y esfuerzo en la universidad me habían hecho llegar a este momento tan miserable y me *siento* totalmente vacío. Por primera vez desde mi niñez, estoy llorando. Las lágrimas de desesperación llenan mis ojos y corren por mis mejillas. He llegado a la cima de lo que "se supone que es estar aquí" y no tiene nada para mí. Ya no puedo continuar con esta farsa, necesito marcharme y no tengo idea hacia dónde ir.

A los pocos días, un rayo de luz brota en forma de Vince, Vince es uno de mis compañeros de cubículo. Él le había contado a su esposa algunas "historias de Howard" y éstas le recordaron al lugar donde ella trabaja. Oh, ¿dónde está eso? Atari.

En un momento de gran oscuridad, mis frustraciones envían señales a través del Universo como si fueran signos emitidos por un radar. Señales, las cuales rebotan durante un tiempo y finalmente regresaron para depositar un único rayo de luz en mi vida: ¡Atari!

Recibido, El universo.

Me comunico con ellos y me llaman para muchas entrevistas de trabajo. Al parecer, todo marcha sobre ruedas. Les presenté el programa de Howard y pasé por todo su proceso. Resulta que Atari se dedica a la programación de control en tiempo real, basado en microprocesadores y la usan para hacer videojuegos. Más que un buen encaje laboral, esta es mi especialidad, mi pasión y mi tan esperada respuesta de trabajo. En el momento en el que comprendo todo completamente: ¡percibo nerdgasmo instantáneo!.

Con un historial como el mío, es muy sencillo ver el porqué yo podría trabajar como ingeniero de videojuegos en Atari. Lo que es más difícil de ver es el porqué de mi rechazo. Esa es la verdad. Después de todo el proceso, Dennis me llama para decirme que no me podrían ofrecer el empleo. ¿Estas hablando en serio? No lo creo...

Yo llevaba toda la vida avanzando inexorablemente hacia este momento, pero de una manera lenta. Por supuesto que existía otro obstáculo y sabía que tendría que vencer al jefe antes de poder pasar por el puerto final. Desde luego, no me voy a rendir en este momento. Estoy demasiado lejos a través del espejo y el conejo blanco está golpeando ansiosamente su reloj de bolsillo. Debo. Trabajar. Allí.

Le pregunto a Dennis el motivo del rechazo. Me dice que ellos piensan que yo soy demasiado estirado para ese ambiente de trabajo. Al paso de los años, esto se convirtió en algo muy gracioso, pero ahora nadie se ríe de eso. Inmediatamente comprendí lo que estaba pasando y esta es la ironía del proceso.

El ambiente de trabajo en Atari es muy poco convencional y yo también soy una persona muy poco convencional... por lo regular. Aún así metí la pata. Durante las entrevistas de trabajo yo me vestía muy bien, cuidaba mi actitud y mantenía un comportamiento profesional. Ya saben, lo hice como se debe de hacer en todas las entrevistas de trabajo. Es un gran error. Me mostré demasiado convencional y ellos me malinterpretaron, dejando a Dennis con la impresión de que yo sería en Atari un pez fuera del agua, perdido y sin rumbo. Lamentablemente, ésa es la manera en la que ahora me encuentro dentro del campo del software. En Atari, yo sería un pez en el agua.

Para mí, el rechazo del empleo no fue más que el inicio de las negociaciones. Entendía la falta de comunicación y reconozco mi contribución a la misma. Para empezar, le comparto mi ferviente creencia de que nosotros podríamos estar perdiendo una labor increíble. Dennis reconoció la posibilidad y el juego se puso en marcha (*the game's afoot*). Él me señalaba un problema tras otro y yo a cada paso le respondía con soluciones. Eventualmente, lo convencí y aceptó darme una oportunidad, siempre y cuando yo aceptara pasar un periodo de prueba y una reducción en el salario del 20%. Grité: "¡Trato hecho!" Por fin, mi destino se ha cumplido.

[NOTA para el triviólogo: "*The Game's Afoot*" es también el título de un libro escrito por Ken Ludwig. El libro se publicó el 14 de noviembre del 2012. El mismo día en que me licencié como psicoterapeuta en el estado de California. ¡Ahora el juego de la mente está en marcha!]

[Nota para el secuencialista: La nota anterior podría parecer un poco no secuencial, pero la verdad es que me surgió de la nada. Ese fue el producto de una búsqueda espontánea en Google. Ah Google, ¿Acaso existe alguna tarea que no puedas alargar y detenerte a oler lo trivial?.]

DENTRO, PERO CASI FUERA

Aunque mi llegada a Atari parecía inevitable, hubo dos ocasiones en las que estuve a punto de no estar cerca para coger el teléfono cuando la llegada de *E.T.*

No me refiero a posibles despidos, sino de los momentos en los que, con razón o no, quise dejar Atari. Por fortuna, muchas de las mejores decisiones de mi vida se hicieron para mí, pero no por mí.

Tal vez recuerdas las historias de las Navidades pasadas, donde muchos programadores de Atari se alegraron por el generoso aguinaldo que ellos recibieron a finales de 1981. Este aguinaldo fue el regalo de despedida de los jóvenes Rob y Bob y de algunos otros, al parecer ese fue el motivo de su partida para formar Imagic unos meses atrás. Aunque no tenía mucho tiempo trabajando en Atari, me entristeció mucho su partida y también me dolió el no estar entre ellos. Ellos son algunas de mis personas favoritas.

Meses más tarde, Brad Stewart (mi compañero de oficina y la otra mitad del pun-itariado de Atari) también se marchó para unirse a Imagic. Mi tristeza se profundiza aún más. No puedo dejar de pensar que si yo hubiese estado en Atari un poco más de tiempo, quizás también hubiesen querido llevarme con ellos. También no podía ignorar el hecho de que Imagic les ofreció un contrato mucho más lucrativo para hacer los videojuegos.

Terminó el videojuego de La venganza de Yars e inmediatamente empiezo a trabajar en el videojuego de Los cazadores del arca perdida. Por muy emocionante que sea trabajar para Steven Spielberg, yo veía que el césped se veía mucho más verde al otro lado del cerco. Incluso, aceptó una entrevista de trabajo con Imagic. En una reunión extremadamente secreta, me reúno con William F.X. Grubb, quien fuese otro veterano atariano el cual se convirtió en cofundador y director ejecutivo de la empresa Imagic.

Él me explica cómo yo podría ser una valiosa adición para su empresa, pero no pueden considerar la posibilidad de incorporarme a ella. Él y todo el ex personal de Atari ya estaban gastando bastante tiempo en procedimientos legales, y al contratarme a mí se enemistarían aún más con Atari y podría exponerlos a otra demanda por haberse acercado a otro de sus programadores.

Curiosamente, este es otro factor clave en el cambio cultural de Atari. Bajo la dirección de Nolan, yo intentaba cumplir con todos los requisitos del departamento de ingeniería. En el Atari de Ray, el departamento legal se encuentra mucho más ocupado. En este caso, dichos músculos trabajan mucho más duro.

No siento la necesidad de presionarlos como había hecho el año anterior, cuando Atari me rechazó para que yo trabajara con ellos. Aunque soy una persona que le gustan los desafíos, sé que algunas veces hay que saber elegir entre las batallas. Así que decidí aceptar la situación y regresar a mi trabajo en Atari, el cual consistía en trabajar para Steven Spielberg en el primer videojuego basado en una película. Las uvas no están tan agrias.

Si hubiese tenido la oportunidad, con mucho gusto me hubiera ido a trabajar a Imagic. Si ustedes recuerdan el último de las tres navidades entonces eso me habría puesto al lado del accionista de la épica sub-cotización de la oferta pública de venta. Otro Imagic-nario más con carbón en su calcetín.

En lugar de eso, mi vida continúa como si esa reunión súper secreta jamás hubiese existido. Nada cambia. Me quedo quieto y juego a la lotería Atari. ¿Sería que mi primera desilusión se convertirá en arrepentimiento? ¿O podría este rechazo ser una bendición disfrazada? Sinceramente, hasta la fecha eso aún no me queda claro.

Hay una segunda ocasión en la que estuve a punto de irme de Atari antes de que surgiera el proyecto de *E.T.*...

EL DÍA QUE CAMBIÓ EL MUNDO

El jueves 25 de febrero de 1982 fue un día que lo cambió todo. Como los increíbles días de Atari, ese fue uno de los más antiguos. Todo empezó de una manera bastante sencilla, por lo menos para los estándares de Atari. Esa mañana me desperté muy emocionado, sabiendo que tenía mi propio plan cocinándose en la parrilla. Un plan que cambiaría mi vida de una manera significante. Un plan con el que estoy totalmente comprometido. Un plan que, al final del día, desaparece por completo de mi mente.

Al llegar al trabajo, mire que había un aviso para todos los programadores. Al parecer, esta tarde habrá una reunión obligatoria de último minuto para todos los programadores. Es probable que se trate de la ultima violación del decoro que haya recibido la última queja. Muy pocas cosas hacen que un día parezca aún más largo que los gestos burocráticos disfrazados en las reuniones técnicas. Independientemente de lo que sea. Yo estaba concentrado en mi propio plan y además, hay mucho trabajo por hacer en mi proyecto actual; Los cazadores del arca perdida.

Atari aún no lo sabe, pero hasta hace unos días, el proyecto de Los cazadores del arca perdida se encuentra ante un grave problema de programación: La posible renuncia de su programador. Puede que deje de Atari más pronto que tarde. Por ahora ese es mi plan y la razón es el dinero.

En Atari la cuestión del dinero se había convertido en un verdadero problema, lo cual es irónico porque ninguno de nosotros había llegado a Atari por el dinero. Yo no vine a Atari por eso. Yo acepté una reducción de mi salario en un 20% para poder unirme a Atari, y lo hice con mucho gusto. El trabajar en Atari era por la alegría. El reto, el ambiente y la diversión, esos eran los atractivos y atraían a un público muy interesante. Nosotros no llegamos a Atari por el dinero, pero no podíamos negar que estos videojuegos generaban una enorme cantidad de dinero, y que muy poco de eso estaba destinado para las personas que los creaban. Además, es muy extraño que un producto con un potencial de beneficio tan elevado fuese creado de una forma tan barata por profesionales. La calidad del producto y las cifras de ventas hicieron que la selección del talento fuese relativamente fácil de clasificar. Cuando la gente se iba de Atari a formar otras empresas, eran en general aquellas con más talento y en su mayoría era por el dinero.

Así que no es de sorprender que mi plan, del que había estado obsesionando durante las últimas 42 horas, en gran parte también se trataba de dinero, también se trata de Tod. Después de la formación de Imagic, Tod y yo formamos un pacto; los dos acordamos que si a alguno de los dos nos contactaba un capital de inversión, nos incluiríamos el uno al otro. Pues bien... a principios de esa semana, Tod fue contactado por la empresa cinematográfica 20th Century Fox, la cual buscaba convertirse en una nueva incorporación al explosivo y lucrativo mercado de los videojuegos domésticos. Tod vino a verme y acordamos hacerlo juntos. También acordamos no hablar de ello con nadie más, ya que se trataba de una información muy delicada en un ambiente bastante delicado.

Yo llevaba un par de días dándole vueltas a mi cabeza, y justo ahora me bailaban las ideas a escala de Rob Fulop. Ninguna reunión mandataria interrumpirá mi ensueño.

Sentado en mi oficina, pasando tiempo entre la codificación de los cazadores y la idea de cómo sería mi nueva oficina en la nueva empresa, de repente entra Tod y cierra la puerta. Por alguna razón, su actitud me recordó a mi primer día de trabajo en Atari, cuando Tod entró y cerró la puerta. Excepto que esta vez su oferta es mucho menos fragante.

Llega Tod a la oficina, se sienta en la silla giratoria y se pone a girar sin problemas. En su segundo giro, me platica sobre de la conversación que había tenido el día anterior con el gran jefe George Kiss. George era el jefe de nuestro departamento y también el director de programación de VCS. Parece ser que, él le contó a George sobre nuestro plan. Con una gran sonrisa, me cuenta sobre su encuentro: "Sabes, George, realmente me gusta este trabajo, pero me está empezando a costar mucho dinero". Otra de las muchas clásicas frases de Tod. Ese hombre tiene un gran don para el drama.

Aunque le agradezco sus palabras, no me agrada su contenido. Los dos habíamos acordado de no decir nada que pudiera estropear las cosas. En Atari, frases como "Me voy para formar un competidor" eran palabras conflictivas. Sin embargo, Tod es Tod y cualquier expectativa contraria sería simple negligencia, ignorancia o estupidez... un trío del que prefiero esquivar. El hecho es, si querías entrar en el mundo de Tod, tendrías que hacerlo bajo sus condiciones. Aunque no hay duda de que esa conversación alargaría más el día y lo convirtiera en una paranoia.

Por suerte, tenemos poco tiempo para revolcarnos en el lodo, pues la hora de la reunión había por fin llegado. Tod da una última vuelta a la silla y los dos salimos hacia la reunión.

Al entrar al salón de juntas, miro a Mike Moone. Mike era el presidente de la División de Electrónica de Consumo, en la que todos somos engranajes. También está presente Ray Kassar, director ejecutivo. Ellos dos representan a los más grandes, y su presencia perturba el concepto de la "reunión de todos los programadores". Algo importante está sucediendo. Al recordar la revelación de Tod de unos momentos atrás, me llega un muy mal presentimiento. Este día se hace cada vez más largo. ¿Será aquí donde realmente quisiera estar en este precioso momento? Revisó la puerta para ver si había guardias de seguridad, y al no ver a nadie contempló la posibilidad de correr y de pronto me vuelvo a dar cuenta de lo extraordinario que era el estar justo aquí.

Ustedes, queridos lectores, son las únicas personas en este salón de juntas quienes saben que fui al lado oscuro y que dos meses atrás había tenido una entrevista de trabajo con Imagic. Así como también ustedes saben, que ellos me rechazaron. Eso me causó mucho dolor, pero simulé entenderlo.

El plan actual no ha madurado lo suficientemente como para llegar a la fase de "me voy", al menos no lo es en este momento. ¿Acaso la última jugada de Tod habrá también cerrado esa puerta?

Maldito seas, Tod, si tan solo Imagic me hubiese llevado con ellos. Si tan solo Tod hubiese puesto todo esto en marcha poco tiempo antes. Si tan solo yo hubiese hecho una entrevista de trabajo con Activision (una idea de la cual no había considerado hasta ahora). Por desgracia, estoy aquí en Atari mirando cómo se reúne la banda a la espera de la música.

Por supuesto, que todo esto no es solo culpa de los demás. Después de todo, Dennis trató por todos los medios de negarse a emplearme, pero yo no acepté. Yo no podía aceptar un no como respuesta, porque yo quería terminar... ¿Aquí? ¿Cómo es posible que, con tantas salidas en la autopista, me las haya pasado todas por alto? Estoy muy desesperado porque la reunión llegue a su fin.

La reunión empieza con Ray Kassar caminando alrededor de la mesa y haciendo entrega de sobres a las personas que tuvieron un lanzamiento de videojuegos en los últimos dos meses. Al parecer, yo estaba calificado con La venganza de Yars. ¿Sería esto algo así como una expresión de gratitud y de aprecio? Debo admitir que casi esperaba abrirlo y encontrar un certificado para un pavo gratis.

Hacía apenas un rato que temía lo que pudiera pasar en ese momento. Aunque hay algo que he aprendido: que no hay que juzgar las circunstancias actuales hasta ver a dónde nos llevan. En ocasiones, la vida nos protege a pesar de nuestros peores impulsos. Ahora estoy aquí porque mis intentos de no estar aquí han fracasado, así que vamos a ver dónde estoy...

Abro el sobre y dentro hay un cheque. Un cheque por la cantidad de 28.120 dólares, cifra que según me dicen equivale a 40.000 dólares menos las retenciones de impuestos. Ray continúa explicándonos que en Atari se ha establecido un nuevo plan de incentivos, un plan que pagará mucho dinero. Aquí está la prueba. ¡El plan tiene un incentivo para el concurso de derechos de autor en nuestros videojuegos (de 40K)! Por primera vez parece que Atari está saliendo adelante y ofreciendo un auténtico beneficio. Por fin, la gente que crea cosas empezará a ganar dinero por lo que produce.

Lo primero que hago es revisar el cheque con el cuidado y la precaución necesaria. 40,000 dólares en 1982 es un MUCHO dinero el cual equivale a 109,350.64 dólares del año 2020. En otras palabras, si yo hubiera invertido ese dinero en el índice Dow Jones a un valor promedio en el año 1982, esos 40.000 dólares valdrían ahora más de un millón de dólares. Alerta *spoiler*: no lo hice.

Verificó que el cheque esté a mi nombre y que mi nombre esté bien escrito. Se me ocurre comprobar mi nombre en el cheque con el de la licencia de conducir para asegurarme de que los nombres coinciden. Ray y Mike continúan explicando el plan y me interesa mucho conocerlo. Más tarde revisaré el documento con detalle, pero por ahora .... Mi mente. Enloquecida. Tengo la cabeza demasiado ocupada como para escuchar lo que están diciendo.

Tengo en mis manos el cheque más grande que he visto en mi vida y estoy seguro de que está hecho a mi nombre. Este nuevo plan, bueno, el único plan del que estoy interesado. Volteo la mirada y veo el rostro de Tod. Él también tiene en sus manos un cheque y parece que ambos estamos pensando lo mismo. A ninguno de los dos nos importa 20th Century Fox... con la excepción que se tratara de una velada de cine.

Luego se me viene a la mente que esta es exactamente la reacción que Ray y compañía están buscando y estoy de totalmente de acuerdo con eso. También debo de recordar que se trata de Ray Kassar, el director ejecutivo de Atari, el hombre que jamás pagará a diseñadores de toallas, ni a divas de alto nivel por una cuestión de principios. Esto es una vieja casualidad, que roza la zona de penumbra.

Me empiezo a dar cuenta del porque el día de hoy se siente tan eterno... hoy es otro de esos días excesivamente largos. Resulta que el 25 de febrero de 1982 inició realmente el 1 de octubre de 1979 para ser más exactos. Ese es el día en que la empresa Activision, Inc. fue fundada por aquellos ingenieros que querían tener más participación con fines de lucro y de sus productos. Esto, por supuesto, dos años más tarde allanaría el camino para la formación de la empresa Imagic, en la que la siguiente ronda de ingenieros de Atari se marcharon para poder aumentar sus ingresos. Ahora, casi ocho meses después, Ray Kassar se acaba de enterar de que Tod y yo nos estamos preparando para la tercera ronda. Eso es lo que creo que realmente sucedió...

El tan esperado inicio de este verdadero plan de bonos de Atari fue tan simple como 1-2-3. Primero fue Activision, que simplemente enfureció a Ray. En segundo lugar vino Imagic, una más de sus fugas. Ni Activision ni Imagic habían fracasado (a pesar de los ataques legales tan agresivos de Ray) y ahora él empieza a preocuparse. Eso deja un zapato más en el aire, y éste cae cuando Tod le cuenta a George sobre nuestro plan de marcharnos. La alarma se activa y los bomberos entran en acción. Hay gritos, insultos, golpes y finalmente, algunos cortes de cheques. Todo eso nos ha conducido a esta reunión. Creo que el anuncio de Tod solamente le recordó a Ray la clásica frase de la administración de la empresa:

> *Engáñame una vez y te avergonzarás de ti.*
> *Engáñame dos veces y me avergonzare de mí.*
> *Engáñame tres veces y no quisiera estar presente cuando tengas que que explicarlo a la Junta Directiva de Warner Brothers.*

Con los promotores externos, la filosofía de Ray era: Si no puedes derrotarlos, cómpralos. Aunque tardó un tiempo para reconocer que eso también se aplicaría en casa, de lo contrario podría terminar con más de una experiencia fuera de casa.

Me tomó un tiempo para sumergirme en la ironía. A pesar de mi empeño por irme de la empresa, los fracasos me permitieron quedarme en Atari para recibir este cheque y con un plan que haría que mi proyecto de "Los cazadores del arca perdida" valiese la pena. En ocasiones tropiezo, caigo y terminó esquivando una bala. Esta vez tuve suerte y todo fue gracias a que Tod rompió nuestro pacto y soltó la sopa. ¡Gracias, Tod!

Por fin tengo una idea más clara de toda la situación, sobre todo la parte en la que me doy cuenta de que esto no es del todo malo. De hecho, todo esto es maravilloso. Mientras me invade un sentimiento de alivio, vuelvo a la sala de juntas, dónde Ray y Mike están terminando su presentación. Después de ausentarme durante un buen rato de la reunión, me doy cuenta de que estoy muy atrasado respecto a mi cuota de sabelotodo para la reunión, pero rápidamente encuentro mi ritmo.

Miro hacia la cabecera de la mesa de conferencias, levanto mi cheque al aire y digo: " Sabes lo que voy a hacer con esto, Ray. Creo que voy a crear mi propia empresa". El rebuzno del asno ataca de nuevo. Por supuesto que no lo dije en serio. Hasta cierto punto, es posible que él también lo sepa, pero es obvio que le molesta.

El terapeuta que hay en mí llega a reconocer cómo esta situación es un reflejo del resentimiento que los ingenieros guardan con la gerencia de la empresa, debido a que ésta se niega a reconocer la importancia del departamento de ingeniería. Es igual como sucede en todas las relaciones, el resentimiento es solo un síntoma de la falta de armonía que ya existe. Ese comentario jamás lo haría yo, un sano terapeuta. Siempre es más fácil ser maduro en retrospectiva.

En este momento, por el contrario, me encuentro aquí. Lo dije y me encuentro mucho menos saludable de lo que sería mi propio yo en el futuro. En mi defensa, quiero aclarar que realmente no existe una defensa para esto. Esto solo es una táctica estúpida de mi parte, *OMG*, deberían haber visto su cara.

Esto cambió el ambiente por completo, y no solo para los programadores. Marilyn, la primera directora de arte en la historia de los videojuegos, sabía muy bien cómo representar a sus compañeros. Ella era la encargada de conseguir los derechos de autor para los artistas/animadores digitales de su grupo. ¿Recuerdan la reunión del departamento en la que todos estaban muy molestos porque creían que yo tenía todos los títulos importantes? Ahora ya saben por qué. No era solo el orgullo, sino también el precio.

Tod y yo nunca nos fuimos con la empresa 20th Century Fox, lo cual fue una suerte. Ellos terminan encontrando a otros programadores que sí se van con ellos. ¿Y adivinen qué? Al poco tiempo Fox Games se va a la quiebra y todos esos programadores acaban acudiendo a Atari en busca de empleo. De no ser por la gracia de Tod, yo me habría ido.

CAPÍTULO 12
EL BULTO DENTRO DE LA SERPIENTE

Una vez más de regreso al desierto, el clima por ahora se ha calmado. La gente se pasea por el área y conversa con alegría. Los encargados de la producción de la grabación se apresuran para prepararse mientras pausa la tormenta de arena, la gente hace fila en los camiones de comida para comer algo rápido. Los equipos de noticias preparan sus equipos de trabajo mientras los reporteros ensayan sus entrevistas y sus montajes, todo está en preparación para captar lo que pueda suceder en las próximas horas. Afortunadamente, la arena y los escombros en el aire por fin han cedido. La tranquilidad del aire se ha llenado de una intensa ansiedad. Todos estamos esperando para descubrir los antiguos secretos que este depósito abandonado en el desierto está a punto de revelarnos.

Cuenta la leyenda, que Atari no solo almacenó aquí los millones de videojuegos de *E.T.* que no se vendieron, sino que también mandó excavadoras para aplastar los cartuchos hasta dejarlos inservibles y luego cubrieron todo con una capa gruesa de cemento. Eso es demasiado cuidado, atención (y dinero) para hundir algo que nadie quiere. ¿Acaso podría Atari enterrar millones de mis cartuchos de videojuegos en este basurero y poder mantenerlo en secreto? Imposible. Yo me consideraba un experto en la materia de la empresa, de seguro me hubiese enterado. Pues estoy seguro de que a varias personas les habría encantado darme la gran noticia. Queda claro que todas las negociaciones para el proyecto del videojuego se llevaron a cabo de forma tan discreta que ninguna persona en el departamento de ingeniería se enteró de ello. Quizás mi conexión con Atari no era tan sofisticada cómo lo pensaba.

Sin embargo, si alguien me lo *hubiera* dicho, ya sé lo que hubiera hecho, sería: Contratar a un fotógrafo y ambos volar a este sitio. ¿Qué tal una fotografía mía de 8x10 en la cima de la tumba del desierto con millones de mis videojuegos? ¡Eso es algo imprescindible! La hubiese puesto en una de las paredes de mi oficina, justo al lado de mi diploma del *Romper Room* (la fiesta infantil).

Podría tomarme esa foto ahora. Aunque sería muy presuntuoso, puesto que aún no sabemos si los videojuegos están enterrados aquí o no. El clima sobre la superficie se ha despejado, pero la ambigüedad que rodea a lo que hay bajo la superficie permanece vigente.

[NOTA para el Nerd del *Romper-Room* (la fiesta infantil): Sí, yo tengo el certificado *Good Do-Bee* (de la buena abejita) por haber participado en el show del *Romper Room* (la fiesta infantil) a la madura edad de los cinco años. Mi gran comienzo en el mundo del espectáculo. Tal vez si hubiese incluido esta información en mi currículum en mi solicitud de empleo, Atari no me hubiese rechazado la primera vez. A pesar de tener

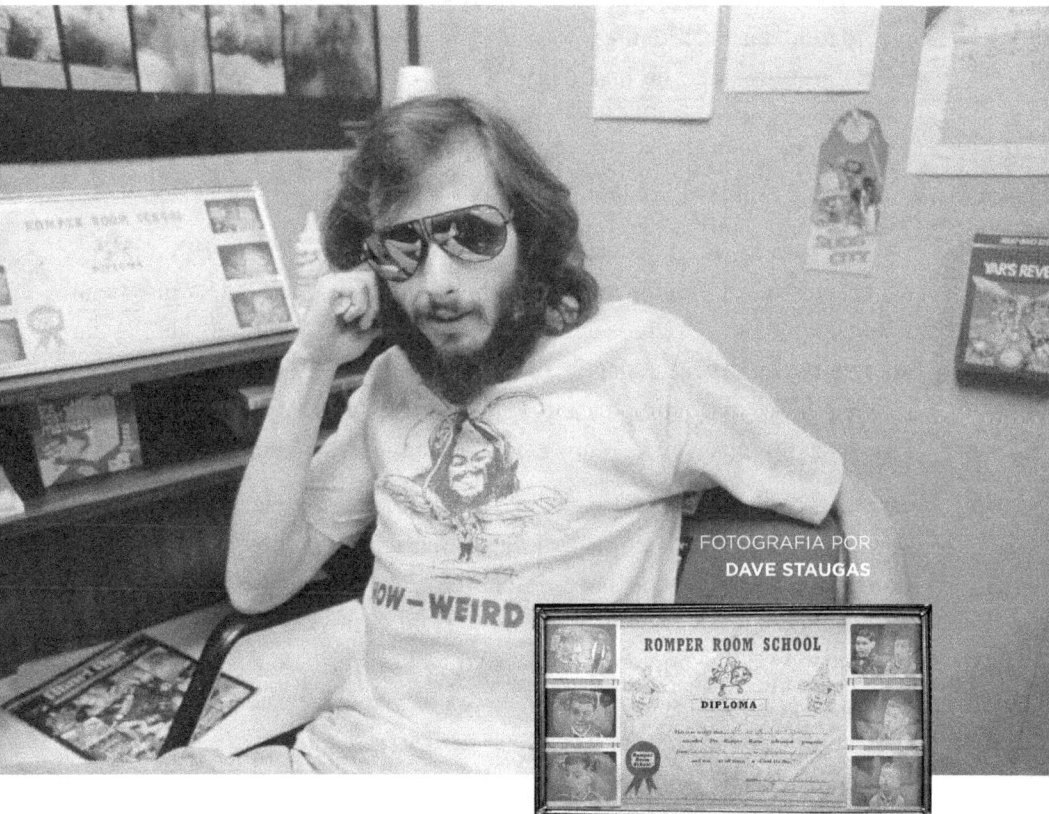

FOTOGRAFIA POR
DAVE STAUGAS

múltiples títulos y certificados, el diploma del *Romper Room* (la fiesta infantil) fue el único certificado que colgué en mi oficina en Atari (también tenía varias fotografías mías). Temáticamente era el toque justo y también muy práctico. En este certificado *Good Do-Bee* (de la buena abejita) se han enrollado muchos porros y muchas líneas de cocaína han desaparecido de su superficie (para desgracia de la señorita Bárbara, estoy seguro). Los productos farmacéuticos recreativos son sin duda una actividad prohibida.

LA CAZA DE LOS VIDEOJUEGOS

Esta excavación está llena de novedades. Tiene mucha diversión, mucha presión para obtener resultados, mucha aventura para disfrutar y mucho dinero de por medio... es muy parecido a Atari.

Me encuentro de pie aquí, en el cálido aire del desierto de la primavera, recordando que el domingo pasado fue domingo de Pascua. Esto me recuerda a otro tipo de búsqueda, tal vez en vez de buscar videojuegos enterrados deberíamos de estar buscando los huevos de Pascua... así como en Atari. En Atari el poner huevos de Pascua en los videojuegos, ha sido una vieja y orgullosa tradición.

[NOTA para los no jugadores: En el mundo de los videojuegos un huevo de Pascua en un videojuego es un objeto, imagen o secuencia que tiene poco o nada que ver con la acción básica del mismo. Un huevo de Pascua solo se puede obtener cuando se realiza una acción desconocida que es poco probable que ocurra durante el proceso de un videojuego normal. Los huevos de Pascua son el tesoro escondido de los videojuegos.]

¿No les parece genial? Bastante. Ahora, tras completar lo básico del juego, los jugadores aún pueden tener algo extra que buscar y continuar jugando. Una vez que se haya descubierto uno de los huevos de Pascua, los jugadores también se preguntarán: ¿Habrá otro? Es es solo un regalo, un toque extra que aumenta el atractivo y el misterio de la experiencia de juego. Es como una flor que se encuentra durante un paseo; la flor no es la razón por lo cual hayas ido a caminar, pero sí hace que el paseo sea mucho más placentero.

Cuando encontramos un huevo de Pascua en un videojuego, podemos estar tranquilos de que lo han puesto ahí para entretenernos. Aquellos, los primeros huevos de Pascua, los que se incubaron en Atari por las primeras luces del amanecer de una industria, los huevos no estaban ahí para el entretenimiento. Esos huevos llegaron hasta allí por la confianza, o más bien por la falta de ella. Los huevos de Pascua eran unas flores preciosas que brotaban del estiércol de la desconfianza.

El huevo de Pascua original de los videojuegos fue creado por Warren Robinnet para el videojuego *Adventure* el cual fue creado para videoconsola VCS. El videojuego *Adventure* fue un concepto innovador, puesto que ofrecía una de las primeras experiencias gráficas de búsqueda de estilo y una pantalla de televisión. Fue una hazaña asombrosa y solo requería 2K de código. Además de crear un nuevo género para los jugadores, esta fue su contribución por encima de la superficie.

Por debajo de la superficie, se esconde una secuencia de códigos secretos. Cuando esta se ejecuta de manera correcta, el jugador es recompensado con una franja de texto que recorre la pantalla y dice: "Creado por Warren Robinnet". Entonces, ¿por qué hacerlo?

Cierto o no, en la Atari de Ray Kassar, la sospecha de que alguien podría estar intentando fastidiarme nunca estuvo lejos. Incluso contrataron al antiguo jefe de seguridad del ex-presidente Nixon. Hablando de paranoia.

En un principio los huevos de Pascua eran las firmas secretas, diseñadas para mostrar la autenticidad del producto. Activision e Imagic destacan a los programadores de sus videojuegos y lo hacían incluyendo sus nombres en la caja del videojuego. Atari jamás haría eso. Los videojuegos de Atari están hechos por Atari, ¡y punto! Quizás ustedes recuerden que La venganza de Yars fue el primer videojuego de Atari que tuvo el reconocimiento para el programador (aunque solo haya sido en el cómic). Eso jamás volvería a ocurrir. Yo logré romper la regla de la empresa, pero nunca pude cambiar su política.

Se suponía que los programadores de Atari deberían de permanecer en anonimato, lo cual era un tema muy delicado. He aquí el porqué: Cuando le digo a alguien (un amigo o un potencial empresario): "Yo hice este juego para Atari". Me dirán: "¿En serio? Eso me parece una tontería". Les digo: "¡Sí yo lo hice! Créeme". ¿Y si no me creen? ¿Entonces cómo podría demostrarlo? Sin embargo con un huevo de Pascua, yo puedo decir: "Pásame el control de mando..." y veneran que puedo hacer algo que nadie más puede hacer. Lo ideal es que sea algo que nadie más podrá poner en el videojuego, algo así como mi nombre. Eso fue lo que hizo Warren en *Adventure* y fue una brillante idea.

Aunque no todos lo hicieron, muchos sí lo hicieron de forma creativa y variada. Lo hicieron desde oscuras secuencias del videojuego hasta raras configuraciones de los controles. Un programador me dijo que él puso los códigos informáticos de las letras de su nombre en la memoria del videojuego. Para poder ver las letras habría que extraer el programa y visualizarlo con un editor de código, pero el huevo de Pascua está ahí escondido. La mayoría de las personas fueron más creativas con el programa. Yo, por ejemplo.

Desde el momento que este pedazo de la ciencia me fue comunicado, yo era todo huevos de Pascua. Como dice Tod Frye: "Nosotros somos ingenieros. Lo que nosotros hacemos es desarrollar un sistema y explorar sus capacidades... y después desarrollamos nuevas funciones". Eso me encantó y simplemente no me pude resistir a convertirme en un ingeniero de huevos de Pascua. No solamente quería firmar mis videojuegos, sino que también quería que tuvieran auto referencias entre ellos.

El videojuego La venganza de Yars solo tiene una firma. Si estás en el lugar correcto en el momento adecuado, podrás ver que en la pantalla aparecen las letras HSWWSH en el lugar de tu puntaje. Este es un dato importante para el videojuego, ya que se trata de la clave para entender la convención de los nombres que existen detrás del juego. Esas letras son las iniciales de mi nombre en frente y al revés. Esta clave le indica al jugador que debe deletrear otras cosas del videojuego al revés, igual como las palabras Yar y Razak (Ray Kassar).

El videojuego de Los cazadores del arca perdida tiene dos firmas. Llega a un punto donde se puede encontrar un HSW2 y ese nos indica de que este es mi segundo juego. También podemos encontrar a un Yar volando dentro de la pantalla. He decidido que cada uno de mis videojuegos deberá incluir el personaje principal de todos mis videojuegos anteriores.

En el videojuego de *E.T.*, el jugador podrá encontrar un Yar, un Indiana Jones y un HSW3. Además, *E.T.* es quizás el único videojuego de la videoconsola VCS que también cuenta con una firma para el diseñador de gráficos/animadores. Existe una forma de hacer que aparezca el logo JMD en el indicador de estatus. JMD son las iniciales de mi buen amigo Jerome Domurat. Además, si te fijas bien en las tres piezas del teléfono del videojuego, te darás cuenta de que cada una de ellas es una letra deformada, son una H, una S y una W.

OK, no sé si lo estás pensando, pero yo sí: Caray, Howard, para un videojuego que necesitaba cada segundo de tu tiempo, es obvio que pasaste todo el tiempo y el esfuerzo elaborando excentricidades egocéntricas extrañas. ¿No crees que hubiese sido mejor dedicar ese tiempo para planear, programar y ofrecer posibilidades productivas del producto?

Su opinión es bien recibida. Les pido una disculpa mientras construyó una justificación para mi capricho...

¿Cuál es el precio por hacerlo? No mucho. Aunque parezca un montón de diferentes cosas, todas eran de la misma actividad: era nada más sanar la flor ante las justas circunstancias. En cuanto a las piezas del teléfono, ese era el turno de Jerome. Yo lo único que hice fue pedirle que hiciera las piezas telefónicas de cierta forma. En lo que se refiere a mi política sobre las firmas: Estas no se incorporan hasta el final del videojuego. No requieren de mucha memoria y deben ser rápidas de programar. Todo esto me tomó un poco menos de dos horas de trabajo.

¿Cuál es el valor de hacerlo? Yo sabía que no había suficiente actividad de juego en el videojuego de *E.T.*, así que pensé en añadir más huevos de Pascua para aumentar la duración del juego (*eso* sí que es una justificación).

El verdadero valor viene del hecho de que a mi me gusta introducir mis firmas. Esa es una de las cosas que más me gusta hacer en un videojuego. Me gusta dejarlo para el final del proyecto, y cuando ya estoy cansado eso me levanta el ánimo. Hacer este videojuego en solo cinco semanas fue algo muy agotador. Me agoté y necesité algo que me levantara el ánimo. La adición de una firma siempre me ayudaba a levantarme el ánimo. Es como en la película Los productores (del año 1967), cuando Zero Mostel se toma un descanso en su desgastante maratón para seducir a las mujeres mayores. Para hacerlo, él abre la caja fuerte y comienza a oler el dinero, lo cual reanima su motivación y le permite continuar su arduo viaje. Estoy divagando.

Una cosa más sobre los primeros huevos de Pascua: Poner una firma en un videojuego es algo que está estrictamente prohibido por la política de la empresa. Por lo tanto, la regla principal consiste en mantener el huevo de Pascua como un secreto escondido... al menos hasta que el videojuego haya sido fabricado.

Cuando se descubrió que Warren había puesto un huevo de Pascua en el videojuego de *Adventure* (un jugador lo encontró y escribió una carta a la empresa), los directivos de Atari estaban bastante molestos. Los directivos no parecen reconocer el valor adicional que aportan los huevos de Pascua. Definitivamente no hay nada que ellos puedan hacer al respecto, porque ninguna persona fuera del departamento de ingeniería puede leer códigos, así que las cosas continuaron su curso.

Yo puse una firma secreta en La venganza de Yars, la escondí detrás de una secuencia del videojuego que era tan difícil de encontrar que jamás nadie la podría encontrar accidentalmente, por lo menos así lo creía. Yo estaba obedeciendo a los directores generales, aunque todo me parecía bastante ridículo. ¿Por qué ocultamos los avances tecnológicos a las personas que buscan beneficiarse de ellos? Yo decidí romper otra regla e intentar que el departamento de marketing participará en el proyecto, realmente no existía ningún inconveniente. Si ellos rechazan mi propuesta, de todas formas mi firma estará oculta.

Voy a hablar con Jewel, la gema del departamento de marketing. Le expliqué toda la cuestión de las firmas y también todo sobre los huevos de Pascua, y luego le propuse que éstos deberían ser adiciones reconocidas para nuestros videojuegos en lugar de una fuente de conflicto interno. Prácticamente le pedí que hagamos ensalada de pollo con la caca de pollo, y de paso incrementamos el atractivo para nuestro videojuego.

El departamento de marketing aprueba la propuesta. La aprobación cambió la secuencia súper-secreta a una configuración mucho más accesible y nosotros la incluimos en el manual del videojuego como "El fantasma de Yars".

Yo rompí las reglas, pero eso es lo que hacen los innovadores. Ahora los huevos de Pascua ya no tienen porque ser secretos. En Atari ya existían demasiados secretos. Siempre me pareció interesante que en un lugar con tantos secretos existiera tan poca confianza. ¿Acaso los secretos no están basados en la confianza?

Para ser claro, no estoy diciendo que no haya confianza. Yo confié en

Jewel, ella cumplió y todo resultó ser un éxito. Confié en Tod, él rompió esa confianza y eso funcionó aún mejor. Sin embargo, había otros en Atari que me inspiraban más desconfianza, sobre todo en el contexto de la negociación. Por ejemplo, aquel día en el que apareció la limusina negra...

LLEGAR AL ACUERDO CORRECTO

Es casi el punto medio del proyecto de *E.T.* y estoy en la oficina. Vengo a Atari dos o tres veces por semana puesto que en 1982, *Sneakernet* era la tecnología de carga/descarga más fiable que existía. Me reúno con Jerome y le comparto mi última versión del código, obtengo un nuevo informe y me pongo al corriente con él para ver cómo vamos con los avances gráficos. La situación es tensa, pero está bajo control. Por ahora, todo marcha bien.

[NOTA para los que no son expertos en la materia: *Sneakernet* es una tecnología de transmisión de datos en la que se colocan los datos dentro de algún medio de almacenamiento (ya sea, un disco, una unidad de memoria, una cinta, etc.) y los trasladó físicamente a otro lugar. Esta tecnología era muy popular antes de que existiera el Internet. Un listado es una impresión

LA SALA DE ANIMADORES. ¡AQUÍ HUBO MUCHA DIVERSIÓN Y CREATIVIDAD!

en papel del código de un programa y por lo regular, se imprimían en enormes hojas de papel en abanico cuya utilidad iba mucho más allá de la programación.]

Estoy muy relajado platicando en la sala de animadores cuando la recepcionista entra con una mirada inquisitiva y me dice: "¡Howard, afuera hay un coche que te espera!".

Miro el reloj y me doy cuenta de que es la hora señalada y le digo a Jerome que volveré más tarde. Jerome no piensa en ello, no lo haría. Él es bastante extraño. Me dirijo a mi oficina, recojo el listado más reciente y me dirijo al lobby principal.

Al salir me encuentro con un montón de curiosos, las noticias vuelan por estos rumbos. Afuera espera una limusina negra y todos quieren saber qué es lo que está pasando. Por fortuna, solo preguntan con la mirada y no con la boca, así que pensé en mostrarles en lugar de contarles. Me abrí paso entre los curiosos, salí por la puerta grande y subí al coche que me esperaba.

Rápidamente, el chófer confirma el destino. Mientras se dirige por la carretera hacia la rampa a la autopista 101 norte, me acomodo en el asiento de piel de lujo para emprender el viaje de 45 minutos. Después de ver pasar unos cuantos árboles, finjo que empiezo a examinar mi listado. Digo "fingir " porque mi cerebro está concentrado en aquella conversación telefónica con Ray Kassar. Técnicamente, solo una pequeña parte de ese intercambio fue precisamente lo que precipitó este viaje en limusina:

"Howard, necesitamos un videojuego de *E.T.* para el 1 de septiembre. ¿Puedes hacerlo?

"¡Por supuesto que puedo! Siempre y cuando lleguemos a un acuerdo".

Se que necesito trabajar a cada instante si quiero entregar el videojuego a tiempo, el posponerlo sería inaceptable. Todavía no he recuperado el aliento tras el exhaustivo trabajo de diez meses del videojuego Los cazadores del arca perdida, todo ello mientras navego por los altos y bajos de la sospecha, la euforia y la intriga de Atari. Sumergirse de inmediato en este calvario está causando muchos problemas de salud, tanto físicos como mentales. ¿Será esto demasiado? ¿Sería posible que me convirtiera en otra de sus víctimas? Tengo que asegurarme de que hacerme esto a mí mismo valdrá la pena, el esfuerzo... y el riesgo.

Estoy en medio de mi proyecto. Ahora mi ventaja es grande, pero al igual que la última comida de una serpiente pitón, ésta se reduce cada día a medida que avanza el calendario. Una vez que los ejecutivos consigan el producto mi influencia desaparecerá, no debo dejar que eso ocurra. Ha llegado el momento de tener mi propia negociación secreta.

Bueno, semi-secreta. Voy de camino a un bufete de abogados en San Francisco. Tal vez hubiese podido encontrar un abogado más cerca, pero este viene muy bien recomendado.

Quiero consultar con ellos para cómo prepararme en mi próxima reunión con los ejecutivos y abogados de Atari solo con propósito de "llegar a un buen acuerdo". Creo que la parte más importante de esta negociación será tener claros los objetivos y las expectativas. Entonces, ¿qué es exactamente lo que quiero?

Una cosa es el dinero. Debo admitir que hubo una ocasión a finales del mes de junio, en el que tuve una amarga discusión con un ejecutivo de Atari cuyo nombre se mantendrá en el anonimato. Estas personas intentaron hacerme firmar un acuerdo que consistía en aumentar mi cantidad de trabajo y reducir mi salario, y me criticaron por no aceptar lo mucho que esto me beneficiaría. Eso me enfureció. Les dije algo así como: No soy tan idiota como para caer en su trampa. Luego les miré directamente a los ojos y les dije: "Sé que querrán que yo haga el videojuego de *E.T.*, ¡Y eso les va a costar!".

¿De verdad yo sabía que iba a hacer el videojuego de *E.T.*? No, claro que no. Eso me lo saqué del trasero en un intento de fastidiarlos. Además, yo acababa de ver la película. En la lengua vernácula de la época (además de la sombra irónica): Yo compadezco al tonto que piense que *E.T.* podría ser un videojuego. ¿Los cazadores del arca perdida? Esa sí es una película destinada para ser un videojuego. ¿Qué hay de *E.T.*? Olvídense de eso. Después de ver la película yo me había gastado cero pensamientos en el diseño del videojuego, aunque ese ejecutivo me había hecho enojar lo suficiente como para que yo empezara a contemplar la posibilidad de hacer el trato.

En mi loco pensamiento, me imagino sentado frente al ejecutivo pidiéndole dos millones de dólares, un millón para mí y otro para los impuestos. Me dice que sí y gané. Todo está bien. Aunque todo esto es una fantasía, puesto que no sé si han hecho el intento para obtener la licencia de derechos. A estas alturas, es muy posible que el ejecutivo tenga información sobre ella, pero yo no. Aunque tuvieran los derechos, ya es demasiado tarde para intentar entrar en el mercado navideño.

La limusina continúa avanzando por la península hacia la ciudad de la Bahía.

La ciudad que hasta hoy permanece el corazón de Tony Bennett.

¿Qué distraído pudo haber estado para querer dejar su órgano en ese lugar?

Al acercarme a este mismo lugar, de repente me doy cuenta de que estoy sentado en la parte trasera de un coche de alquiler, hojeando sin pensar el listado del proyecto. Lentamente, mis pensamientos vuelven al presente, sin ninguna duda. Ahora que dejo lo imprevisible, ¿Cuánto dinero será lo que realmente quiero?

Este es un momento que para mi podría ser un recordatorio. Yo había escuchado rumores de ingenieros de videojuegos que buscaban negociar acuerdos para hacer videojuegos, pero ninguno de ellos ahora trabaja para Atari. Yo me encuentro en una posición única en la que ningún ingeniero de videojuegos ha estado antes. Dos millones de dólares suenan bastante bien, pero no me parece que sea realista ni apropiado. No estoy tratando de sacar provecho de nadie y no existe ninguna garantía de que esto funcione. La única garantía que sí existe, es la extrema dureza y el esfuerzo de mi parte. Necesito asegurar una contrapartida fiable, pero razonable antes de intentar esta locura. Entonces, ¿qué significa razonable en un mundo absurdo?

Desde el comienzo del nuevo sistema de bonos, a los programadores también se nos garantizaron los derechos de autor para los nuevos videojuegos. Si el videojuego de *E.T.* sale a la venta, es probable que tenga el éxito suficiente como para generar una gran cantidad de dinero. ¿Quizás el mejor plan sería un anticipo sobre estos derechos? Algo como un anticipo sin devolución. El entregarlo se convertirá en algo intrascendente, pero aún así me aseguraría una muy buena compensación por el esfuerzo realizado en caso de que de algún modo todo se fuera al demonio. Esa es una idea bastante razonable. Es posible que por ahora tenga más oportunidades que las que pudiese tener cualquier otro programador de VCS, pero no quiero crearme enemigos. Solo quiero asegurarme de que no me hundiría hasta el fondo en caso de que ocurriera algún fallo. ¿Cuánto dinero debería de ser? Cuando pienso una configuración precedente, por alguna razón mi mente suele volver al mismo sitio: La venganza de Yars.

Ese videojuego derribó muchos ladrillos del muro de Atari. Algunos fueron; que el nombre de los programadores apareciera en el paquete y en la pantalla aparecen algunos de sus propios códigos. Ese fastidioso huevo de Pascua no solo está incluido en el videojuego, sino que también está bendecido por el departamento de marketing. ¿No debería Yars colaborar en la destrucción del siguiente ladrillo de ese muro? Hablando de ladrillos, se me ocurre que los jugadores recibirán 169 puntos por tragarse un ladrillo del escudo en La venganza de Yars. ¿Qué tal unos 169.000? Si eso es lo suficientemente aceptable para Yar, también lo sería para Ray.

[NOTA para el nerd de la terminología de Atari: A pesar de que es verdad que el manual de La venganza de Yars se refiere a los componentes de la pantalla como "células", yo siempre pensé en ellos como ladrillos. Es claro que en gran parte yo contribuí en el manual, pero no lo escribí.]

OK, en cuanto al dinero se refiere, eso está bien. ¿Qué más podría buscarse en este contrato? ¿Qué tal algo de seguridad? Por lo menos algo equivalente al estilo de Atari.

Esta última iteración del siempre evolucionado sistema de bonos de Atari es bastante generosa, está activa y estoy muy satisfecho con ella. Entonces, ¿por qué me siento inseguro? Bueno, existe el tema de la "constante evolución". Uno nunca sabe cuándo va a llegar el próximo sistema de bonos, ¿y qué pasaría si este constituye un retroceso sobre los niveles actuales de compensación? Eso es algo que también podría ocurrir. Atari da y Atari quita. He estado en Atari el tiempo suficiente para reconocer una espada de doble filo cuando la veo. Otra cláusula que valdría la pena añadir al contrato es una para preservar mi sistema actual de bonos, eso sería en caso de que Atari decidiera cambiarlo en el futuro. Nada más estoy siendo un poco precavido.

Este plan me hace sentir mejor.

Creo que por ahora cuento con los conceptos necesarios para poder proponerles un acuerdo razonable. Esto nos lleva a la siguiente pregunta: Si me es tan claro lo que yo quiero, entonces ¿por qué recurrir a un abogado? Porque me gustaría asegurarme de que el acuerdo a redactar representa mis ideas de una forma precisa, sin resbalones y sin sentido. No estoy tratando de retenerlos. Solo quiero concretar un trato en el que pueda confiar, y la confianza puede ser algo difícil de conseguir en Atari.

Llegamos al edificio y entramos al estacionamiento subterráneo, localizó el ascensor y comienzo a subir. Luego de ganar altura por un buen rato, las puertas del ascensor se abren y revelan una lujosa área de recepción. Parece que las oficinas del los abogados ocupan toda la planta. La recepcionista me guía a una sala de conferencias que me deja boquiabierto. En esa sala hay dos paredes con ventanas del suelo al techo que brindan una impresionante vista panorámica de la bahía de San Francisco, que incluye el puente Golden Gate, la isla de Alcatraz, la pirámide Transamerica y el puente de la bahía. El cielo está tan despejado que podía ver hasta la ciudad de Berkeley. Un cielo azul claro. Un hermoso follaje verde. Y agua oscura de la bahía con olas blancas y brillantes. ¡Impresionante!

Después de esperar un rato, alguien más viene a buscarme y los dos caminamos por un largo pasillo hasta llegar a la siguiente oficina, que también me dejará sin aliento.

Entró a un enorme despacho en el que había cinco personas sentadas y estaban esperándome. Tres de ellos son personas trajeadas de mediana edad y de un aspecto serio, cada uno de ellos dominando el arte de parecer autoritarios y a la vez diferentes. Entre ellos está un abogado muy joven, mucho más joven que los demás. Me imagino que él es un gran fenómeno, quizás el primero de su clase y que ahora se está catapultando a la élite de los abogados de la ciudad de San Francisco. Me lo imagino porque, si yo hubiese estudiado derecho en lugar de ingeniería, eso sería lo que yo estaría tratando de ser (aunque creo que tomé la decisión correcta). Por último, pero no menos importante, sentado en el punto central de la sala, está un hombre de pelo blanco, es el patriarca del bufete. Él está recargado en su trono y fumando su pipa. Las nubes de humo son tan imponentes que la mayor parte del oxígeno de la sala se ha disuelto y se ha desaparecido. Se presentan, me saludan de mano y me ofrecen un asiento junto al joven asociado. Siento que lo han seleccionado especialmente para mí, como si fuese el traductor de un dignatario extranjero.

"Asegúrate de que el nuevo muchacho Clarence, esté presente en la reunión. Él es moderno o como sea que lo llamen hoy en día, ¿verdad?

Comienza la susodicha reunión. El patriarca no hablaba tanto como oraba. Él solo ponía todo en marcha, lo hacía emitiendo dictámenes abstractos sobre la negociación y los aspectos legales. Todos parecían ser muy buenos abogados, aunque me temo que aportaron muy poco, aparte de añadir los costosos tics y tacs al medidor del tiempo. Entre nube y nube de humo, el hombre recalca sus argumentos con gestos y con sus brazos, los cuales dejan un rastro de humo de la pipa que sostiene en su mano y por un buen rato continúa moviendo las manos y gritando. De repente, como si se tratara de una señal, el asociado más joven se inclina hacia mí y empieza a hablarme. Al parecer, su tarea consistía en convertir estas amplias abstracciones en contenidos prácticos para mi propio beneficio. Mientras él está hablando, me doy cuenta de que estoy sentado en la escena de abogados de una de las películas favoritas de todos los tiempos: *Network*. El diálogo de hoy, no es tan agudo, pero es inquietantemente similar. [Nota mental: Para la próxima vez, traeré a mis propios escritores.]

No se toma mucho tiempo para prescindir de las tuercas y los tornillos y pasar directamente a los tornillos...

El socio dispara la siguiente bala. "Vamos a pedir el millón de dólares".

"Eso me parece demasiado. Yo no quiero enemistarme con nadie".

"Tú tienes todas las cartas sobre la mesa".

"Sí, pero quiero conservar una buena relación de trabajo".

"Esta es una gran oportunidad. Tienes que presionar mientras tengas la oportunidad. Por eso nos tienes a nosotros".

"El acuerdo que tengo con la empresa por ahora está bien. La razón por la que los consulte a ustedes es para asegurarme de que firmemos un acuerdo y para ellos poder cumplirlo".

Su cara está extrañamente contorsionada por la confusión y la incredulidad. Él no podía entender el hecho de que yo no quería que Atari se quedará en la cuneta. Ellos querían ir más allá y yo los estoy reteniendo. Este diálogo me deja con una pregunta importante: ¿Acaso soy un idiota?

Le estoy pagando a alguien para que se contenga de no luchar más por mi beneficio. En mi mente, solamente estoy tratando de asegurar aquello que ya tengo. Después de todo, ya estoy ganando mucho dinero haciendo algo que realmente me gusta hacer. Estoy viviendo el sueño de mi vida, pero siento la necesidad de defenderme de las personas que lo están haciendo posible. ¿Qué hay de malo en esta imagen?

Como mi propio terapeuta que soy, me gustaría sugerir que esta podría ser mi oportunidad para trabajar mi resentimiento sobre la infravaloración del departamento de producción de la empresa. En otras palabras, ellos son tan egoístas que no se dan cuenta de lo importante que soy. Esta es mi oportunidad para captar su atención de una forma en la que no la podrán ignorar. Yo puedo pegarles donde más duele, en el dinero. Sin embargo también estoy lidiando con mi propia falta de autoestima. En contra de la sugerencia de mi abogado, no les puse ninguna traba. Creo que el desfile va a continuar por un tiempo y solo estoy tratando de conservar mi lugar en la fila. Me siento muy optimista con respecto a mi situación y a mi futuro.

Por desgracia, también estoy muy equivocado. Aunque en su momento no lo pensé, yo fui muy ingenuo. Pensándolo ahora, tal vez debí haber optado por obtener una cantidad más grande de dinero. Por desgracia, la retrospectiva es demasiado clara en el 2020.

La reunión con los abogados y ejecutivos de Atari se llevó a cabo sin ningún problema. Bueno, sí hubo uno. Ellos quieren que el acuerdo esté condicionado a una fecha de entrega. Dicen que si el videojuego no se entrega para el 1 de septiembre, entonces el acuerdo será nulo. Lo entiendo. Ellos quieren que haya consecuencias en caso que yo falle. Esto nos lleva a otra pregunta, ¿qué es lo significa entregado? Si no estoy cerca de terminarlo, entonces está bien. ¿Qué pasaría si el videojuego estuviese prácticamente terminado para el 1 de septiembre, pero ellos no lo aceptan hasta el 2? A mí no me extrañaría que ellos retrasaran la aprobación hasta el día siguiente a la entrega, solo para anular el acuerdo. Increíble.

Un aire de desconfianza impregna todo lo que los directivos presentan ante los ingenieros. Puede sonar extraño o ridículo, tal cinismo sin precedentes en jóvenes empleados bien pagados. Nosotros vimos cómo se formaban Activision e Imagic y también sabemos el porqué. Se trata de un fenómeno muy interesante.

De cualquier forma, su propuesta es razonable, solo tendría que ajustarla un poco. Me mantengo firme en el tema del anticipo no reembolsable contra las regalías, y estoy dispuesto a concederles el resto de su propuesta siempre y cuando cambiemos la condición de entrega. Les propongo a Steven Spielberg como árbitro final, él se presenta el 1 de septiembre y si dice que el videojuego está listo, entonces está listo. Me imagino que si alguien está motivado para lanzar este videojuego al mercado lo antes posible, es el mismo Spielberg. Aceptaron y el trato se cerró.

El hecho de que mi propuesta haya sido aceptada inmediatamente significaba que yo les había pedido muy poco. Una vez un hombre sabio me dijo: si ellos aceptan tu primera oferta, es que llegaste demasiado bajo. Sin embargo, yo llegué justo donde quería estar. La sabiduría es discutible, mi corazón era puro y mi conciencia estaba tranquila.

También pensaba que quedaba mucho más que hacer antes de llegar al barranco. Si hubiese visto la realidad, tal vez lo habría hecho de diferente manera. Por otra parte, yo recuerdo claramente el haber pensado: Si Atari es mi única contribución digna de consideración, es probable que no me merezca la gran puntuación. Aún tengo más por hacer.

A lo largo de los años, he tenido la oportunidad de reconsiderar mis exigencias. ¿Más dinero? Eso podría haber estado bien. Sin embargo, el dinero va y viene y yo podría haber metido la pata fácilmente. Hay una idea que no deja de rondar por mi cabeza y es lo único que realmente me hubiese gustado añadir al contrato:

En lugar de pedir más dinero, debí haber pedido más tiempo. No tiempo para hacer el videojuego, sino tiempo con Steven Spielberg. El poder pasar una tarde al año con Steven Spielberg durante todo el tiempo que ambos siguiéramos vivos. Eso habría sido una gran cláusula de contrato, además de un gran regalo (al menos para mí). Siempre y cuando Spielberg tenga que firmar, también le pediría que cuando él (y su equipo de montaje secreto) se vayan, me lleven con ellos. No te preocupes, Bob, ya te explicaré esa cuestión después de que termine el videojuego.

Como el tiempo era esencial, mi abogado redactó el acuerdo. Un par de veces fuimos para atrás y para delante, al final de la semana el acuerdo se había firmado y yo tenía en mis manos un cheque de 169.000 dólares.

Ese trato lo hice en la oscuridad. Un logro más. La historia de Atari siempre ha sido perseguida por los fantasmas de aquellos que lo intentaron y que fracasaron. No siempre se consigue lo que se quiere y nadie somos indispensables. En el mundo del entretenimiento (y del tecno entretenimiento), el valor excepcional manda el margen de maniobra. Las normas, las reglas y los límites son para los colaboradores mediocres. Si quieres que los demás sufran tus excentricidades, pasen por alto tus transgresiones, y en general toleren tus estupideces, solo tienes que ser lo suficientemente lucrativo como para que no puedan darse el lujo de perderte. ¡Siempre y cuando cumplas con lo prometido! Tú puedes darte el lujo de hacer todo lo que quieras, esa es la fórmula secreta. ¿Nadie somos indispensables? A lo largo del tiempo nos damos cuenta de que eso es verdad. Cuando las dependencias son enormes, las reputaciones están en juego y las esquinas están marcadas... quizá no sea verdad.

Por ahora, al ver todos esos ceros marcados en el papel que sostengo en mi mano, para mí es un buen día. Creo que es hora de celebrar y disfrutar el momento.

CAPÍTULO 13
LA RECTA FINAL

Tres semanas menos y dos más para terminar. Hemos llegado al punto clásico de los proyectos de software: Termine el 80% y me falta otro 80% y creo que este es un buen momento para tomar un descanso, algo que no he hecho desde que comenzó el proyecto. Esta podría ser la oportunidad para descansar y reflexionar sobre el camino hasta ahora recorrido. Es también la oportunidad de reconsiderar el mejor camino a seguir. El retroceder y evaluarlo es algo que no está en el menú de hoy.

El reloj sigue en marcha. El tiempo es escaso. Necesito un descanso para evitar chocar y quemarme antes de llegar a la meta final, pero el descanso tiene que ser rápido. En este caso, lo mejor que podría hacer es desahogarme de la manera más eficiente posible. La palabra clave es *"desahogarse"*.

NEVANDO EN EL MES DE AGOSTO

Necesito unas mini vacaciones, algo así como un tipo de diversión de alta velocidad a corto plazo de las que pueda regresar sin problemas y reanudar la marcha. Por fin llegó la hora de la borrachera. Solo tengo que comunicarles a los compañeros de trabajo los cuales son los principales responsables de mi mundo micro cósmico. Se hacen los preparativos, se consiguen las provisiones, se aseguran los refuerzos, y el grupo se reúne para una fiesta en blanco.

Eventos como éste ocurrían de vez en cuando, no eran regulares ni frecuentes, pero se daban. Estas reuniones también eran un acontecimiento relativamente reciente. Creo que la primera vez que asistí a uno de ellos fue poco después del 25 de febrero, el día en el que mi mundo cambió.

A medida que el dinero fluía dentro del departamento de ingeniería de VCS, algunas actividades se mejoraron (por lo menos desde nuestro punto de vista). Las bochas limoneras se convirtieron en un derbi de demolición de coches a control remoto. Los coches pequeños y sencillos se convirtieron en coches deportivos de mayor potencia. Además, a la hora de la fiesta, la marihuana se convertiría en cocaína, tal y como estaba de moda a principios de los años 80.

Nos juntábamos, trazamos líneas y charlamos toda la noche. Algunas veces, toda la noche e incluso por la mañana, siempre y cuando el ánimo lo permitieran y las provisiones aguantarán. Lo mejor de la cocaína es la ilusión que se crea bajo cada uno de sus auspicios. Cada pensamiento es un logro fabulosamente brillante y eso es una sensación muy agradable. Es lo más divertido que se pueda hacer sentado en un mismo sitio durante diez o quince horas seguidas. Aunque eso *es* solo una ilusión.

La realidad es: Simplemente término más pobre y con ganas de más. Para algunos el polvo blanco les ayuda a alimentar largas sesiones de trabajo, pero este nunca ha sido mi estilo. Siempre he mantenido la programación separada de mi farmacología. Por un lado, no confío en hacer tareas complejas de programación cuando estoy drogado, tengo miedo de crear más problemas que soluciones. Lo más importante es que no quiero que mi productividad esté vinculada a una droga. Mi consumo era estrictamente recreativo y consciente de mis propias inclinaciones, consideré que era más prudente consumir en exceso y luego dejarlo por un buen tiempo. A mi me parecía que consumir esta sustancia química de forma regular era demasiado peligroso. Por suerte, jamás perdí esa intuición.

Así que, durante una noche mágica, dejé todo a un lado y organicé una fiesta para escaparnos a un mini maratón de conversaciones divertidas y a momentos de lucidez mental con un spray nasal. Eventualmente logré terminar todo eso con un buen descanso y una buena comida. Después de mis 24 horas de vacaciones, ya estaba listo para volver a montar al caballo y continuar el viaje.

LAS ÚLTIMAS SEMANAS

Atari me daba la oportunidad de hacer todo lo que me inspiraba: Enfrentarme a grandes retos y superarlos. Superar barreras y obstáculos. Aportar nuevas ideas y nuevas formas de hacer las cosas, de poder tener influencia en la creación de un cambio imposible. De poder ayudar a las personas de una forma real y significativa (como la sanación o el entretenimiento) y ser bien pagado por ello.

Crear este videojuego de *E.T.* es la mayor oportunidad de inspiración de mi vida hasta ahora. Es la oportunidad de realizar un sueño imposible y lo estoy haciendo. Ya casi lo logro...

Con excepción de mis mini vacaciones y los encuentros surrealistas durante las negociaciones del contrato. Todo el tiempo me la paso trabajando. En casa, en Atari, incluso mientras conducía desde mi casa hasta Atari. Podrían apostar hasta con su vida a que también trabaje en el videojuego mientras conducía, porque sin duda lo hice.

Mientras voy por la carretera, en mi mente voy modificando código aunque eso puede ser una gran distracción. Modificó mientras estoy sentado en un semáforo esperando que la señal se ponga en verde. He descifrado un código bastante complicado y ahora no puedo esperar a llegar a casa para escribirlo. La señal del semáforo se puso en verde y de inmediato pisó el acelerador. De repente, al entrar en la intersección, escucho el bloqueo de frenos y el chirrido de los neumáticos. La señal del semáforo estaba en verde, pero solo cambió la señal que daba la vuelta a la izquierda, no la mía. Yo iba directo. Por suerte, el que venía en dirección contraria no iba codificando. Los autos que venían se dan cuenta de mi error y se detienen a tiempo, lo cual es bueno. Sin testigos de la policía, llegó a casa justo cuando la adrenalina está aclarando mi sistema. Corro a mi estación de trabajo y antes de que se me olviden escribo todos los cambios que estaban en mi mente. Entonces me amonestó a mí mismo para estar más atento y concentrado mientras conduzco. Los descuidos de este tipo podrían retrasar el proyecto de forma inaceptable.

Esa fue la segunda ocasión más peligrosa del proyecto. La primera es un ejemplo mucho más profundo del cerebro de un programador y de los factores de riesgo que se dan cuando la concentración intensa se une a la visión de túnel...

A pesar de la mencionada advertencia, poco menos de una semana después vuelvo a circular por la autopista de Lawrence y conduzco con el coche en piloto automático. Mi cerebro está codificando como una bomba de tiempo, mientras algo extraño llega a mi mente. Debo reconocer que regularmente cuando conduzco tengo la costumbre de ignorar cosas como señales de tráfico y los semáforos. Más bien, me concentro en las cosas que pueden hacerme daño, sobre todo en los objetos en movimiento. Preferiría saltarme un semáforo en rojo porque no hay tráfico cruzado que pasarme un semáforo en verde y ser atropellado por un vehículo que viene de frente, así soy yo. Mi cerebro lee primero los vehículos y después las señales y luego los semáforos.

Mientras conduzco por la carretera, mi sueño de programación se ve interrumpido por algo extraño. Me voy acercando a una intersección principal y no puedo evitar fijarme en el tráfico transversal. Los coches que se acercan a la intersección no parecen reducir su velocidad, van a una velocidad constante (y considerable). Esto me parece que es un comportamiento bastante extraño para aquellas personas que se están aproximando a un semáforo en rojo. Miro hacia el semáforo, dirigiendo la mirada solo hacia la luz en su dirección puesto que esa es la única luz que por ahora importa. Vaya, quién lo iba a decir, la luz del semáforo está en verde, así que por supuesto que nadie está frenando. Eso lo explica todo.

Entonces se me ocurre que quizás: ellos tienen la luz verde y la mía quizás esté en rojo. Hecho otro vistazo rápido y se confirman mis sospechas, presiono el pedal del freno contra el suelo. Mis frenos se bloquean. Mis neumáticos chillan. El coche estaba patinando al mismo tiempo que se deslizaba. Tras pasar el miedo y el susto, me detuve en el lado opuesto del paso de peatones (por suerte no había nadie ahí). ¡Santo cielo!

No había nadie delante de mí acercándose a la intersección o habría tenido que reaccionar a sus luces de freno. Siempre he creído que el límite más pertinente es la velocidad del coche que me precede, pero no había nadie detrás de mí, creo que todos fueron más rápidos en darse cuenta de la rojez de nuestra luz y se movieron en forma consecuente. Quedé solo yo, ese conductor imprudente que se expuso al peligro. Me encogí en el asiento, derritiéndome ante las miradas de los conductores que se acercaban. Estoy esperando el golpe de sirena revelador que presagia la perdición inminente, pero nadie lo sigue. El único sonido que se escucha es el de mi corazón golpeando mis tímpanos sin piedad y es más triste el darse cuenta de que la adrenalina de estos eventos carreteros es el único ejercicio que estoy haciendo durante todo este proyecto.

El semáforo cambia de color, nadie se mueve. Todo el mundo está esperando ver qué es lo primero que hará este loco imprevisible. Piso el acelerador y me voy de allí escogiendo una ruta diferente para regresar a casa. Aunque no me de cuenta, estoy extremadamente agradecido de que los teléfonos celulares aún no *hayan* existido en ese entonces. Durante el trayecto de regreso a casa, no hubo ningún tipo de programación que llegara a mi mente.

El camino hacia lo "extremo" está pavimentado con límites, y a medida que voy superando los míos los baches son cada vez más profundos. Demasiada tensión, muy poco reposo. Demasiada adrenalina, muy poco descanso. Es una mezcla volátil. Este proyecto me prendió fuego y después de cuatro semanas en el asador estoy completamente crujiente... y "carbonizado" se acerca rápidamente.

A tan solo una semana de la fecha acordada, el videojuego se puede jugar. Está crudo, pero jugable. Los técnicos están trabajando en ello y los primeros comentarios empiezan a fluir. Existe preocupación sobre algunas de las mecánicas del videojuego y los mensajeros se están poniendo nerviosos porque ya empecé a gritarles, lo cual no es algo típico de mí.

La presión me está ganando. Los ánimos se me están acabando y me estoy resintiendo. ¿Cómo se atreven mis limitaciones a entrometerse en esta etapa tan crucial?

Sí, es muy fácil caer al pozo. Yo entiendo que al principio se siente incómodo, pero así es el *arte del juego*. El reto es poder dominar las maniobras ajustadas para guiar hábilmente a *E.T.* a través de pequeños márgenes. Este es el bocado de juego en mi diseño y no puedo permitirme el lujo de renunciar a la única prueba en la que está la coordinación ojo-mano. ¿No se dan cuenta?

Estoy atrapado en una visión limitada, resistiéndome a cualquier cambio. Mi mente va así:

No será un error fatal lo que haga que falle el videojuego.
Si sucede, necesitaremos tiempo y trabajo para poder solucionarlo y no tenemos espacio para ninguna de las dos cosas.
Ahora lo único que importa es llegar a la meta final, ya la veo.
La jugabilidad debe ser una idea tardía.

Me avergüenza admitir que sin darme cuenta había adoptado la misma filosofía del departamento de marketing, y no estoy de acuerdo con ella. Voy a entregar algo... terminado. Pues no es que este sea mi último videojuego, ¿verdad?

La verdad es simple: Hay mucho que hacer con muy poco tiempo. Un videojuego siempre puede desviarse y tomar cientos de direcciones diferentes, cada una de ellas con sus ventajas y beneficios. Siento que estoy conduciendo por una montaña muy alta y con un precipicio muy acantilado. En todo momento, lo más importante de todo es seguir escogiendo las rutas que me mantengan en el camino y no caerme en el abismo. En este momento desviarse del plan lo arriesgaría todo. Todavía más crujiente.

Reflexionando un poco sobre el momento en que contesté la llamada telefónica de Ray y mi decisión de comenzar todo este fiasco. Ahora me doy cuenta que las únicas dos palabras que escuché en esa conversación fueron "Learjet" y "Spielberg". Estaba muy emocionado. ¿Cómo no iba a estarlo? Estoy trabajando en un proyecto donde el director ejecutivo de la empresa me llama y me dice: "Necesitamos que te vayas en un avión privado y viajes a Hollywood para que te reúnas con Steven Spielberg". *Ese es mi deber.* Aquel día que entré en la oficina del Dr. Law y pedí la cuerda suficiente para ahorcarme, aquí es donde me dirigía.

En momentos como este me doy cuenta de que estoy en el trabajo perfecto, en el lugar correcto y en el *momento correcto.* Por más loco que todo esto parezca, mi vida es perfecta, ¡y a mi me encanta! De pronto, todo mi estrés desaparece y me siento completamente nuevo... aunque sea solo por 3 minutos.

El arrebato a los comentaristas es fruto de mi agotamiento y mi frustración. No es ningún secreto que este videojuego carezca de tiempo, pero el verdadero problema de esta mini agenda es el tiempo de afinación y de reflexión, dos factores fundamentales para cualquier proyecto sólido. La afinación consiste en la perfección de lo existente y la reflexión en las nuevas posibilidades.

Las innovaciones que cambian juego provienen del procesamiento mental de fondo y de algún pensamiento perdido. La casualidad es un elemento valioso en el proceso de desarrollo de un videojuego, pero solo se puede ayudar cuando se le da la oportunidad. El tener más tiempo permitiría que una de las ciencias fundamentales de la naturaleza viniera en nuestra ayuda: ¡La entropía!

[NOTA para los que no son expertos en la materia: La entropía es un principio de la física que establece que todo sistema tiende a la aleatoriedad a menos que se gaste energía para imponer un orden. La entropía garantiza que si no limpio mi casa se vuelve un desastre. Si no organizo mi escritorio se convierte en una montaña cada vez más alta, la cual está sostenida por un sin fin de pendientes escritos en papelitos adhesivos. También es cierto que si no como me da hambre, pero eso no es entropía. Eso es estar a dieta y estar a dieta no es física. Lo sabemos porque la física sí funciona.]

[NOTA para el nerd de la física: No me vengas con esa susodicha definición de entropía. Esa definición es perfectamente lógica y está claramente redactada para los que no son nerds. ¡Por favor, más respeto a los especificadores! ¿Y por qué estamos leyendo las notas de otros?

[NOTA para el lector de notas: Mi buen amigo Bob quiere se sepan que más adelante en el libro hay una explicación más detallada sobre el valor del tiempo de afinación y de la reflexión. Además, cuenta con la participación especial de René Descartes.]

Bueno, volviendo a la casualidad y entropía. Me fascina la ironía de que yo tenga que recurrir al azar para poder perfeccionar la estructura de mis diseños, aunque por ahora no estoy sonriendo. El precio a pagar por un proyecto de tan solo cinco semanas fue la pérdida casi total del tiempo necesario para afinar y reflexionar. Claro que esto no es una novedad, todo estaba claro desde el principio. Cuando menos estaba claro para cualquier persona cuya arrogancia no le hiciera caer en un rechazo absoluto.

"Soy muy bueno para esto. Yo puedo hacer ese videojuego en cinco semanas y encontraré la manera de hacerlo". Los *BMOBS* que circulan en mi cerebro han estado en alerta roja desde un principio. ¿Recuerdas a los *BMOBS*? (los que creen en sus propias estupideces). El problema es que ahora la realidad por fin está perforando mi negatividad y está asomando su horrible cara a través del velo solamente para reírse en mi cara. Algunas veces la realidad puede ser demasiado estúpida. Después de ir dos por dos en videojuegos exitosos, con este me estoy topando en una pared de hierro. Recuerdo cuando tuve problemas con el videojuego Yars. Me sentí mal, pero tenía meses para solucionarlos. Ahora solo tengo unos días para terminarlo y mi tarjeta de duelos de programación ya está repleta.

Queda claro que las posibilidades de entregar un producto de calidad como el que yo estaba acostumbrado ahora se reducen a un nivel de probabilidad extremadamente bajo. Esto me está causando un gran estrés y está amenazando mi sentido de competitividad y de autoestima. Todo se está manifestando con irritabilidad e ira, respuesta secundaria a las emociones principales en el trabajo: el dolor y el temor. Así fue como pude verlo después de varias décadas de distanciamiento, reflexión y una licenciatura en psicología clínica. Ahora, cada vez que escucho decir que algo está fallando o que tiene un problema, lo único que escucho en mi cabeza es: "Oh, diablos, estoy acabado. Hay que seguir remando, verás que estará mejor cuando termine. Oh, diablos, estoy acabado. Continúa remando, verás que estará mejor cuando termine. Oh diablos, estoy acabado. Continúa remando..."

Hay un viejo chiste que dice: Un ingeniero de software, un ingeniero de hardware y un vendedor van de camino a una conferencia en eso se les pincha una rueda del coche, se detienen y discuten sobre lo que tienen qué hacer. El vendedor dice: "Compremos un coche nuevo". El ingeniero de hardware dice: "Vamos a rotar los neumáticos y averiguar cuál es el que está pinchado". Entonces el ingeniero de software les dice: "Sigamos conduciendo, quizá se arregle solo".

Los viejos chistes llegan a ser viejos porque dicen la verdad. En este momento estoy viviendo el chiste, pero sigo sin sonreír. Podría decirme a mí mismo, "Caramba Howard, después de todo no está funcionando, en fin". Sin embargo no es ahí a donde voy. En su lugar, mi completamente estresado, privado de sueño y paranoico cerebro va aquí:

El tiempo es corto. Sí, tenemos problemas, pero el plan es aceptable. Solo necesito terminar. Se puede hacer si mantengo el ritmo. Cualquier cambio radical que se haga ahora me costará una semana o más de tiempo del que no dispongo. Mantente al margen. Mantente al margen. Mantente al margen Eso tiene sentido, ¿no?

Parafraseando las palabras de Leonardo da Vinci; Los proyectos creativos nunca terminan, solo se abandonan. Yo, con este videojuego tengo listas mis maletas y pienso escaparme en la primera oportunidad que tenga.

Durante la preparación, pasó por alto toda aquella información que no sea un fallo total o un error relevante, y las frustraciones del videojuego quedan relegadas en el lema sagrado de la programación: "eso no es un error, es una característica". Los vientos soplan en contra, pero yo continúo hacia adelante.

Por fin, a últimas horas de la noche del 31 de agosto, desaliñado, agotado y cojeando, arrastró el videojuego de *E.T.* a través de un grandioso ciclo de prueba y crucé la línea de meta.

¡LO LOGRE!

Por supuesto que lo logre, por ahora, es solo *mi opinión*. Mañana todos sabremos si es, de hecho, un hecho.

MIÉRCOLES, 1 DE SEPTIEMBRE DE 1982

Tras treinta y cinco días de gestación y una semana de intensos dolores de parto, el videojuego finalmente se está culminando y el parto se acerca. En la actuación del día de hoy el papel de la partera será interpretado por Steven Spielberg. Steve está aquí para dar su opinión respecto a si el bebé, mi bebé, está sano o no. Yo estoy haciendo el papel del padre nervioso. Anoche no dormí mucho. Tengo ganas de volver a ver a Steven. Él hará una evaluación (y, con suerte, aceptará) el videojuego de *E.T.* y dará el visto bueno para la entrega a la fabricación. Todo el estrés, la tensión y la locura de las últimas cinco semanas se resumen en este momento.

Sin darme cuenta de que en mucho tiempo esta sería la última vez que me reuniría con Steven Spielberg, creo que es un buen momento para contarles sobre la primera vez en que él y yo nos conocimos…

Estamos a finales del verano de 1981 y comienza otro gran día. Me levanto muy temprano (por supuesto), cojo un cartucho del videojuego La venganza de Yars y me apresuro a irme al aeropuerto (esta vez es en avión privado). Mi misión es: Volar a los estudios Warner para mi reunión con Spielberg a las 9:30 de la mañana. Esta será una entrevista para hacer la primera conversión de la historia de película a videojuego. La película a convertir es: "Los cazadores del arca perdida". Una gran película y todo un reto en la videoconsola VCS.

Tomó un vuelo comercial a Burbank y luego un taxi hacia los estudios. A medida que el taxi se abre paso a través del tráfico matutino de Los Ángeles, yo estoy feliz. Esto es maravilloso. Recuerdo cuando por primera vez miré la película "El reto de la muerte" y pensé: "Wow, qué bonita manera de narrar una historia". También recuerdo haber derramado mis palomitas de maíz cuando un rostro flotaba a la superficie en la película "Tiburón". La película "Encuentros cercanos del tercer tipo" me lleno de maravillas, sueños y de todo tipo de ideas. Me atraparon y me inspiraron. Siento el cosquilleo de la piel de gallina que se apodera de mí una vez más cuando me doy cuenta voy de camino para encontrarme con él. Steven Spielberg no solo hace películas; también ha creado momentos inolvidables en mi vida. Yo también quiero hacer lo mismo para los demás. Él es uno de mis héroes. Vuelvo a sentir el cosquilleo de la piel de gallina cuando asimilo que voy a encontrarme con él.

El guardia de la entrada tenía mi nombre en su lista. Me dice cómo llegar y luego me sonríe. Logró llegar a la oficina de Spielberg justo a las 9:25 de la mañana. Hago una pausa para recuperarme tras el ajetreo de la mañana, con calma respiro profundamente y abro la puerta justo a la hora prevista. Aquí está la recepcionista en la antesala, la portera.

"Hola, soy Howard Scott Marshall y estoy aquí para reunirme con…"

"Hola Sr. Warshaw. Su reunión ha sido reprogramada para las 3:30 de esta tarde".

"¿En serio?"

"Sí"

"Yo volé hasta aquí desde San José para esta reunión".

"Sí y también sé que el Sr. Spielberg está ansioso por reunirse con usted".

Honestamente, estoy un poco molesto. Puesto que no necesitaba levantarme de madrugada para alcanzar el vuelo y coger un taxi que me permitiera llegar justo a tiempo para quedarme sentado por 6 horas.

Mi fastidio duró muy poco, yo soy el tipo de persona que prefiere hacer limonada. La mayoría de las personas consideran que soy una persona optimista y esa es una opinión muy justa. A propósito, ustedes ¿conocen la diferencia entre una persona optimista y una persona pesimista? La persona optimista cree que él es el mejor de todos los mundos, la persona pesimista teme que así sea. Al menos eso es lo que decía Robert Oppenheimer y él era lo máximo.

Definitivamente soy optimista, más bien soy un oportunista. Estoy pensando: ¿Cómo podría hacer de esto lo mejor de los mundos?

Lo primero que debo *hacer* es cambiar mi vuelo de regreso y justo me encuentro frente a una secretaria. Hmmmm

"¿Podrías cambiar mi vuelo?"

"Por supuesto. Solo dame tus boletos".

Oooh, eso fue bastante entretenido. Aunque ahora tengo seis horas para perder el tiempo. ¿Qué sigue después? Entonces se me ocurre que estoy en medio de los estudios de Warner Brothers y resulta que soy gran fanático del cine y la televisión...

"¿Está bien si me doy una vuelta por los estudios?"

"Claro, adelante".

¿De verdad? ¿Puedo pasar todo el día recorriendo (sin escolta) un famoso estudio de cine/televisión y después regresar a platicar amenamente con Steven Spielberg??? Este es en verdad el mejor de los casos. Después de estar realmente molesto hace unos minutos ya estoy "superado" y estoy listo para partir en una aventura mágica.

¡Aguas, cabrones!

Comienzo a pasear por los terrenos del estudio y hago todo lo que me apetece. Entro y salgo de los escenarios de sonido. Recorro los estudios de cine situados en la parte trasera, me paseo por las fachadas de las viejas calles de Nueva York y de una ciudad del oeste. También estuve un rato en el perímetro de varios rodajes al aire libre, lo único que no hice fue entrar por ninguna puerta que tuviera una luz roja parpadeando sobre ella.

Al acercarse la hora del almuerzo, veo filas de personas extrañas que se mueven hacia la misma dirección. Me junto entre ellos y terminó en el economato donde como con extraterrestres, sheriffs, payasos y caballeros de brillante armadura. Después del almuerzo, continúo paseando por los estudios. Los tranvías de los estudios pasan y escucho a los turistas preguntando sobre mí...

"¿Será alguien? ¿Lo reconocen?"

"No. Quizás es un extra, o tal vez un ejecutivo".

"Yo me digo a mí mismo, que quizás podría ser un ejecutivo extra", aunque no digo nada. He decidido que el papel del CHICO QUE RECORRE EL ESTUDIO no es una parte hablada.

Después de caminar por un buen rato, llegué a un enorme edificio con una puerta sin vigilancia. La luz indicadora situada en la parte superior de la puerta no estaba encendida. ¿Me arriesgo? Después de mirar hacia ambos lados, revisó el cerrojo de la puerta. La puerta está sin llave. Ahora la puerta ya está entreabierta y es prácticamente una invitación para entrar.

En el interior está uno de los estudios más grandes que jamás haya visto antes. Me paseo alrededor, ya no hay nadie. El espacio está dividido, hay cables y equipos esparcidos por aquí y por allá. Me acerco a una cortina divisoria y me doy cuenta de que estoy en un escenario. La pared de fondo está pintada de color tropical, a su alrededor hay luces, máquinas de viento y un enrejado de flores... ¡Jefe! ¡Jefe! ¡Estoy en la Isla de la fantasía! La isla de la fantasía es uno de mis programas favoritos y ahora estoy en el, algo así como. ¿Qué tan perfecto es esto? Estoy teniendo un día de fantasía y termino dentro de la Isla.

Al mirar todo más de cerca, me doy cuenta que el enrejado apenas se sostenía por sí solo y las flores que lo adornaban eran del plástico más barato que existe. Las flores en la televisión se ven tan hermosas por lo que supongo que ahora estoy al otro lado del espejo. Estando ahí pretendo que Spielberg y yo somos protagonistas de un capítulo. El arte imita a la vida. Después de un rato me doy cuenta de que había llegado la hora de marcharme y antes de irme, me robo una de las flores del enrejado. Espero que el estatuto de limitaciones ya se haya prescrito.

Ni una sola vez en esas seis horas nadie se detiene ni me cuestiona. Supongo que el espectáculo está en mi sangre. Estoy. Enamorado. De esto.

A medida que se acerca la hora señalada, concluye la parte de amblin de mi aventura y regreso a la oficina de Spielberg. A medida que me acerco al lugar y a cada paso que doy mi corazón late un poco más rápido. ¿Ya ha llegado el momento? ¿Ya ha llegado la hora de Spielberg? Abro la puerta y la asistente me dice que no hay ningún cambio de horario. Me hace pasar hacia la parte principal de la oficina y cuando menos me doy cuenta Steven Spielberg me da la mano y me saluda. Se parece tanto a él.

Pasamos un buen rato charlando. Después de todo, ambos somos de los suburbios y compartimos la misma necesidad de crear e innovar. Nos acoplamos muy fácil y rápidamente. Quizá sea porque él tiene la mirada de un niño inocente que está profundamente en conexión con las maravillas del mundo. Creo que la madurez no es la negación de la infancia, sino más bien la integración de la misma. También creo que él está de acuerdo conmigo. Nuestros niños interiores se acoplaron muy bien.

A mí no me gusta halagar a las personas, pero a él sí le comparto lo mucho que la película "Encuentros cercanos del tercer tipo" significa para mí. Al igual, él me comenta que ha empezado a producir otra película con un personaje muy simpático del espacio exterior. Eso es algo muy interesante.

Platicamos por un rato y también jugamos Yars. Todo va bien y parece que le gusta mi trabajo. Entonces decido que es hora de compartirle una de mis ideas.

Debemos de recordar que estamos a principios de los años 80 y que parece que nos estamos acercando al reencuentro con nuestros congéneres galácticos. Además, debo recordar que estoy sentado con uno de los personajes principales de esta aura de posibilidades, lo que me parece increíblemente maravilloso. Y digo...

"Steven, tengo toda una teoría sobre cómo tú mismo eres en realidad un extraterrestre. ¿Te gustaría escucharla?

Se sonríe. "Claro, escuchémosla".

Se la platico: "Imaginemos que estamos a punto de presenciar nuestro primer contacto con los extraterrestres. Aunque creo que cuando los extraterrestres lleguen, no solo se presentarán en una nave espacial y dirán: ¡Ya llegamos! Creo que es más probable que nos demos cuenta que ellos ya están entre nosotros. Si son lo suficientemente inteligentes como para encontrarnos y acercarse a nosotros, probablemente serán lo suficientemente inteligentes como para hacer un poco de reconocimiento y preparación antes de llegar. Por lo que me imagino que tendrán un equipo muy avanzado cuyo trabajo será preparar a los terrícolas para una transición más fluida. Dicho equipo tendrá dos componentes importantes: la producción y el marketing. El equipo de producción se encarga de crear medios de comunicación prometedores a la imagen de los extraterrestres, más allá de lo que tradicionalmente se haya visto en la tierra. El equipo de marketing se encarga de que estos nuevos mensajes lleguen a todo el mundo. Después de ver películas como "Encuentros cercanos del tercer tipo" y este proyecto actual, me imagino que tu eres el brazo fuerte de la producción. Evidentemente el grupo de marketing está haciendo un gran trabajo, puesto que la película de "Encuentros cercanos del tercer tipo" ha sido vista en todo el mundo y en todos los idiomas. Así que quiero aprovechar esta oportunidad para decirte: "¡Buen trabajo!"

Por ahora él no me da muchos comentarios, tampoco me saca a patadas de su oficina. Eso lo tomo como una buena señal.

Los dos caminamos, jugamos y meditamos por un buen rato. Después de la reunión tomé el taxi de regreso al aeropuerto justo a tiempo para tomar mi vuelo de regreso a San José. Estoy gozando de un gran día. Estuve de visita en un estudio cinematográfico muy famoso, comí en el comedor con actores, me confundieron con un director de cine y por si fuera poco no solo conocí a mi héroe, sino que también pude conectarme con él. Puse la mano en mi bolsillo y saqué el recuerdo de la Isla de la fantasía que me había llevado del estudio, nunca antes una flor de plástico había olido tan dulce.

Al día siguiente, de regreso a Atari se me informa que mi próximo proyecto sería "Los cazadores del arca perdida". Creo que mi teoría sobre los extraterrestres fue una de las principales razones para ello. Meses más tarde, la revista Games me llama para conocer la primicia, la cual (Spielberg les había contado durante una entrevista). Les conté la historia y por haber llamado a Steve Spielberg "extraterrestre", se me otorgó como premio la frase del mes. Hasta la fecha, eso todavía me hace reír.

Así fue mi primer encuentro con Steven Spielberg y casi un año después, volvemos a encontrarnos. Una vez más voy a presentar un videojuego terminado que necesita de su aprobación y esta vez hay mucho más en juego.

Ha llegado el momento, es un gran día en Atari y se nota por su muchedumbre. Están presentes todos los directivos del departamento de VCS quienes con frecuencia se ven en los pasillos y también hay algunos ejecutivos de medio nivel quienes rara vez nos visitan. También están presentes Ray Kassar y Steven Spielberg, además de Jerome y yo. Nos saludamos y después de un rato, entramos a la sala de parto para ver lo que vendría.

El cartucho está puesto y listo para arrancar. Mientras suena el compás de la música de John Williams en la pantalla aparece la enorme cara de E.T.… lanzó el videojuego y hago la demostración para Steven. Después de un rato, le pasó el control y se pone a jugar. Por muy tenso que sea este momento, yo disfruto verlo jugando. Su forma de expresarse parece indicar que está totalmente concentrado en el videojuego y sin un solo toque de frustración. Creo que es muy pronto para saberlo, hasta ahora todo marcha sobre ruedas.

Me fijo detalladamente en el resto de los presentes. Ray Kassar no podría parecer menos interesado, aunque creo que sí está muy interesado en el resultado final. Él está apartado de la acción platicando con otro colega trajeado. Tal vez está seguro de que todo saldrá bien. Condon, George y los demás encargados de la videoconsola VCS están mucho más concentrados en la atracción principal, aunque no existe ninguna señal que indique su participación en este momento. La puerta está saturada de medias caras que se están asomando a ver por la pecera. Todo el mundo tiene mucha curiosidad. ¿Cómo va todo? De repente captó la mirada de Jerome, levantó la ceja y con una mueca de la cara le señaló hacia la pantalla, le pedí su opinión sobre lo que hasta ese momento estaba pasando. Sin decirme una sola palabra, me confirma que por el momento no tiene ni la menor idea de lo que está pasando. El videojuego no ha parado de funcionar, Spielberg sigue jugando y aún no ha arrojado el control. Todo va bien hasta ahora.

No sé si es por falta de sueño o por el alivio/tensión de estar sentado al borde del abismo o quizás solo sea mi costumbre, de repente mi cabeza tira en un giro brusco hacia la izquierda...

OMG! esto ya no es como era antes. ¿Dónde está Jim con pinzas de cocodrilo? Esto que estoy presenciando con mis propios ojos es un vivo ejemplo que demuestra la transición cultural dentro de la empresa Atari. permíteme explicar.

Una de las principales preguntas sobre el desarrollo de videojuegos consiste en: ¿Cómo sabemos cuándo un videojuego ya está terminado? Esta pregunta genera otras preguntas. ¿Será cuando se hayan implementado todas y cada una de las funciones requeridas? ¿O cuando los resultados de las pruebas realizadas por los consumidores sean lo suficientemente satisfactorios? ¿O cuando el equipo de diseño considere que este está listo? ¿O cuando el departamento de control de calidad lo apruebe?

Para decir verdad, no existe una sola forma de hacerlo. Todos estos criterios son válidos, pero cada editor de videojuegos establece su propio proceso para decidir si un videojuego está completo y listo para la distribución. Por lo general, este proceso es un reflejo de la cultura corporativa. Eso en Atari no es diferente. Nosotros también contamos con procedimientos de lanzamiento. Hoy en día, el proceso del lanzamiento de este videojuego consiste en invitar a un importante director de cine de Hollywood y si él dice que está hecho, entonces está hecho. Esa no es la política estándar de la empresa, pero sí es un requerimiento de la filosofía actual. El punto es: La filosofía del lanzamiento de un videojuego de Atari no es lo que solía ser antes.

La filosofía del lanzamiento bajo la dirección de Nolan Bushnell era la siguiente: Cuando el comité encargado de la publicación considere que es un videojuego divertido y que no es una basura, entonces saldrá a la venta.

El "comité encargado de la publicación" está compuesto únicamente por los ingenieros del proyecto. Ellos son quienes hacen el producto (y consumen el producto) también son los que deciden cuando el videojuego está terminado y listo para ser lanzado a la venta. Eso suena lógico.

Cuando Ray Kassar tomó el mando de la empresa, los criterios se modificaron. Al principio fue de forma lenta, pero al paso del tiempo el cambio fue ganando fuerza. La diferencia más importante fue la de hacer pasar la autoridad para la toma de decisiones de lanzamiento del departamento de producción (centrado en la calidad) al departamento de marketing (centrado en el itinerario). No me malinterpreten, por supuesto que el departamento de marketing querrá videojuegos de calidad y el departamento de programación querrá hacerlos lo antes posible. Sin embargo, a la hora de la verdad existe una gran diferencia entre "lanzarlo ahora" y "mejorarlo primero". Y mientras las licencias ocupan cada vez más el centro del escenario, las agendas claman con más fuerza.

Aún no sé lo que este videojuego podría significar o llegaría a ser, por ahora este es solo un ejemplo de la transición cultural entre Nolan y Ray. Lo último en mentalidad de programación-sobre-calidad.

En fin, aquí estamos. Steven Spielberg, quien solo está relacionado de manera secundaria con la empresa Atari (y de los videojuegos en general) ahora se ha convertido en el único responsable de decidir si este videojuego está o no listo para salir a la venta. Fui yo quien insistió en traerlo. Perdón.

Yo estaba tan cegado por mi propia paranoia que me olvidé por completo de lo poco que este videojuego significaba para ellos. Nunca se me ocurrió que su actitud (que resiento profundamente) jugará totalmente a mi favor. Para mí, lo más triste de todo esto es cómo no me di cuenta de la ironía. A Ray jamás le interesó dar un paso al frente con Spielberg, para ellos yo soy la más pequeña de las papas. Nada impedirá que este tren salga de la estación a tiempo. Bueno, hay algo que sí podría...

Conforme volvía a la vía intelectual, yo veía cómo Spielberg continuaba atento a la pantalla, aunque ahora estaba criticando más que jugando. Me imagino que está llegando a su límite y que el veredicto está a punto de llegar. Él para de jugar, se queda pensando por un momento, luego se dirige hacia mí y me dice: "Me parece bien. Continuemos el proceso".

Mi mundo interior se queda paralizado.

Es un momento inolvidable. Steven me da la mano. Siento una gran alegría por su aceptación y su finalización y al mismo tiempo caigo en mi propio pozo. Cinco semanas de adrenalina se drenan espontáneamente por mi cuerpo. Me gustaría descorchar una botella para celebrar, pero estoy muy agotado para levantarla.

Estoy completamente vacío y en vista de mi reciente historial de conducir, he decidido que alguien más me lleve a casa.

Aún no estoy listo para irme, hay algo más por hacer antes de entregarle a Spielberg el videojuego terminado y Jerome me ayudará a hacerlo.

Hay una fotografía mía con Steven Spielberg en la que los dos nos damos la mano cuando le entregó una copia personalizada del videojuego Los cazadores del arca perdida. Jerome ayudó a diseñar los gráficos para "Steven" y yo los cambié por el logotipo de los derechos de autor. Así, cuando Steven inicie el videojuego, podrá ver su propio nombre en la pantalla. Ahora ha llegado el momento de hacer lo mismo con el videojuego

STEVEN SPIELBERG & HSW

FOTOGRAFÍA POR
DAVE STAUGAS

de *E.T.* No me llevará mucho tiempo, pero no podré sentirme totalmente satisfecho hasta saber que el cartucho del videojuego personalizado de *E.T.* esté a salvo en las manos de Steven.

[NOTA para aquellos incrédulos que hayan jugado el videojuego de *E.T.*: Por si acaso se han preguntado: Sí, Spielberg sí se cayó en algunos pozos cuando estaba jugando el videojuego. En un principio le costó un poco salir de ellos, pero una vez que logró controlar la situación pudo continuar avanzando sin ningún problema. A decir verdad, fue bastante impresionante.]

En menos de una hora, la creación especial de "Steven" estaba en la palma de sus manos. Esta vez no hay foto, pero capturé una imagen que hasta la fecha es un recuerdo que no se ha borrado de mi mente. Así pues, Ray encamina a Steven hacia la puerta y el departamento de VCS vuelve a lo anormal... excepto con una diferencia muy importante: El testimonio de Spielberg ha convertido mi opinión en un hecho. Lo imposible se ha cumplido y la suerte está echada.

Por una parte, este videojuego es un triunfo de la astucia, la determinación y el valor del espíritu humano. Por otro lado también representa el reencuentro histórico de la clásica frase de Ayn Rand: "Puedes ignorar la realidad, pero no puedes ignorar las consecuencias de ignorar la realidad".

Por ahora, las consecuencias no están a la vista.

> El videojuego está terminado. ¡Viva el videojuego!

Por segunda vez en este verano, le daré a Steven Spielberg un cartucho de videojuegos personalizado. En éste último aparece la imagen del extraterrestre que él hizo famoso, sin saber que este mismo extraterrestre me haría un infame.

CAPÍTULO 14

LOS RECONOCIMIENTOS, EL AGOTAMIENTO Y EL ABANDONO

El videojuego ya está terminado. ¡Ahora viene el comienzo!

El haber terminado el videojuego me ha convertido en una estrella de *BMOBS*, aunque también podría convertirme en un traidor de mi propia causa. La realización de esta hazaña podría validar las peores decisiones del departamento de administración de la empresa y entonces les permitirá continuar con este tipo de planificación errónea, pero solo el tiempo lo dirá. Sin embargo, cuando se trató de excavar un hoyo profundo, yo me ofrecí para servirles de pala. Es irónico que tres décadas después haya terminado en una excavación para recuperar el mismo videojuego, pero eso aún no lo sabía.

No tengo ni la menor idea de que justo ahora acabo de entregar el peor videojuego de todos los tiempos. En este momento lo único que sé es que: Está terminado. ¡Lo hice y necesito un descanso! Por primera vez en mi vida en Atari, yo necesitaba un verdadero descanso. Si tan solo me pudiese permitir tomar uno...

LAS CONCECUENCIAS

Terminé con el proyecto el miércoles y el día de ayer me la pasé durmiendo, comiendo y viendo la televisión. Hoy es viernes y estoy listo para regresar a la empresa y deleitarme con la cocción. Con motivo de mis 25 años me gané un enorme regalo de cumpleaños: Un regreso triunfal. Llegué a Atari al filo del mediodía, justo a tiempo para comer y pasé la tarde bañándome en el esplendor de la liberación.

Hacía tiempo que la empresa no organizaba una fiesta de viernes. Esas fiestas eran un componente esencial bajo el régimen de Bushnell, las cuales desaparecieron aproximadamente un año atrás. Una víctima más de la transición cultural.

Sin embargo, este viernes será muy especial, puesto que se celebrará un espectáculo de gran índole: Se trata de una reunión con toda la empresa para celebrar la culminación del videojuego de *E.T.* Esto fue una novedad en mi experiencia con Atari.

Al llegar, me encuentro con cientos de personas reunidas en un salón muy grande, entre ellas hay algunos que conozco y otros que no. Ray Kassar y Mike Moone son los que encabezan la multitud. A ellos los conozco. En medio del bullicio, Mike pide la atención de los invitados y todo vuelve a la normalidad. Mike y Ray hablaron de lo difícil que fue este reto, pero lo logramos. También hablaron sobre lo que este logro significaba para todos nosotros. Poco después Mike me llama para que pase al frente de todos. Me uno a Mike y a Ray. Mike comparte con todos cómo fue que logré esta heroica hazaña para la empresa. Todos aplauden. Mike mete su mano en el bolsillo de su traje, saca un sobre y dice: "Como premio especial, enviaremos a Howard a Hawái, me mira y dice, en este sobre encontrarás dos boletos de avión para Maui". Estoy sonriendo de oreja a oreja. Recuerdo que la última vez que estas dos personas me entregaron un sobre, me hicieron increíblemente feliz. Recibo el sobre, pero no lo abro puesto que sería una grosería hacerlo frente a la gente. Lo levantó como un trofeo y a todo volumen expreso mi gratitud.

Este es un gran momento y la gente está aplaudiendo. Tomemos un breve descanso y vayamos detrás de la cortina... Tanto Ray como Mike están al tanto del trato que he negociado para el videojuego, como ellos ya estaban enterados yo no necesitaba de este tipo de lujos, entonces se me viene a la mente que este gesto es como un tipo demostración para enseñarle a los demás cómo pueden cuidar de las personas que pasan por su lado. Es una mezcla interesante. Me siento usado, pero de una manera maravillosa. Además, me encantó la idea de Hawái.

Poco después, se termina la fiesta y la multitud se dispersa. Aprovecho para abrir el sobre y revisar los boletos del viaje. Dentro del sobre no había ningún boleto, solo encontré una hoja de un cuaderno de notas de Atari. En ella decía: "Consulta a mi asistente para los detalles. -Mike" De repente viajó a través del tiempo y el espacio y regresó a Nueva Orleans el 12 de mayo de 1979...

Es mi cuarta y última primavera en Nueva Orleans y hace un calor imposible. Bueno, no imposible, ya que casi todos los días llueve a cántaros alrededor de la 1 de la tarde y a las 2 el suelo ya está seco porque toda el agua ha hecho la transición de fase líquida a húmeda. Después de una hora en una clase con aire acondicionado, la humedad se condensa en mi piel en cuanto salgo a la calle. Así es la primavera en Nueva Orleans.

Por lo regular voy caminando a paso rápido hacia mi próxima clase y así la humedad no se siente tan incómoda. Ahora, estoy atrapado en una silla a pleno sol vestido de negro de los pies hasta la cabeza. El birrete y la toga podrían estar adelgazando, en este momento ambos me están asfixiando. Los discursos de la graduación se me hacen eternos. Creo que entre medio de toda esta pompa y solemnidad me habré cocido a fuego lento hasta que llegue el verano. Deberían hacer esto a las 9 de la mañana, cuando está fresco, pero ahora no me importa.

Estoy muy emocionado como para dejar que eso me moleste, puesto que estoy esperando mi turno para subir al escenario y que el presidente de la universidad me entregue mi diploma de maestría en ingeniería. Mi último obstáculo antes de que comience la vida real. Ya tengo un empleo listo y no veo la hora de recibir mi diploma e irme a California donde me espera la empresa Hewlett Packard para hacer realidad mi sueño.

Ha llegado el momento. Dicen mi nombre (con las tres secciones), subo los escalones y cruzó al escenario. El presidente me entrega el porta certificados acolchado con la mercancía por dentro. Me detengo para la foto, sonrío gradualmente y en un abrir y cerrar de ojos salgo del escenario para volver a mi asiento.

Mientras me acomodo de nuevo en mi parrilla pre asignada, hago una pausa para reflexionar sobre todo el tiempo y el esfuerzo que me ha costado el llegar hasta aquí. Reflexione en todas las compensaciones, las sutilezas y los sacrificios realizados. En todo lo que llevó hasta aquí. Por fin tengo en mis manos la titulación de un año de maestría (y es justo dos meses antes de cumplir mis 22 años). Lo logré. Abro la hermosa carpeta y me deleito con... una carta de la oficina de asistencia financiera. ¡QUÉ!

No sé si debería levantar la mano o gritar. Estoy confundido y aturdido, temblando por la repentina aparición de una interrupción gradual. No sé qué hacer. Tal vez debería leer la carta.

Tras una rápida ojeada, la carta parece indicar que mi título quedará retenido hasta que pague los préstamos estudiantiles que tengo pendientes. Yo entiendo que la universidad quiera que yo cumpla con mis obligaciones antes de ellos entregar el título, eso no es irrazonable. Mi único problema es que no tengo *un préstamo estudiantil*, yo estoy aquí con una beca pagada. De hecho, jamás me he comunicado con la oficina de asistencia financiera. No logro imaginar cómo pudo suceder esto. Ya he tenido problemas con la burocracia de Tulane, pero hoy se pasaron de la raya. Esto se debe corregir inmediatamente. Mi única pregunta es: ¿Debería esperar hasta el final de la ceremonia de graduación o debería de ir a visitarlos ahora mismo?

Opte por esperar, pero en cuanto haya un receso, saldré corriendo para ir directamente a la oficina. Llegó a la oficina y les entregó la carta, como ya estoy vestido para la graduación, exijo mi diploma. Lo verifican y confirman que fue un error. Por supuesto que nadie sabe cómo pudo haber ocurrido. El departamento está dispuesto a corregir el problema, pero como la información ya estaba en el sistema se tomaría un tiempo para resolverlo. Si estoy de acuerdo, entonces ellos enviarán el diploma por correo.

Sin embargo no estoy de acuerdo. Yo ya tengo programado viajar a California y necesito el diploma para reclamar mi grandioso empleo. Además, si ya lo habían arruinado una vez, ¿por qué debería de confiar en que lo corregirán a tiempo? Se suponía que este sería uno de esos momentos perfectos, donde el tiempo se detiene en el momento que yo más anhelaba de la vida. Pasé cuatro años preparando este suflé y justo cuando el reloj suena que está "listo", abro el horno y veo que se quemó. Mi tan esperada llegada a la edad adulta y a la vida real están al borde de un hilo. Por fuera estoy muy furioso, pero por dentro me estoy muriendo de miedo...

Regresando al presente, me alegra saber que no estoy tan molesto por la sorpresa del viaje a Hawái al igual que lo estuve con el fiasco de la graduación. Aunque aún queda una pequeña pizca de rabia. Así son los disparos emocionales y cuando suceden nos transportan a través del tiempo y el espacio a un lugar mucho menos seguro. Décadas después, como terapeuta, estaré bien preparado para manejar las explosiones y saber navegar por las turbias aguas de la reactividad. En Atari aun no tengo ese conjunto de habilidades, solo dispongo del equipaje. Después del intenso trabajo de los dos últimos videojuegos, mi estado emocional es bastante delicado. Y apenas me estoy dando cuenta de su delicadez.

Hablando de equipaje, la siguiente parada en mi gira de la victoria es un viaje largamente retrasado para visitar a mi familia en el este de los Estados Unidos. Antes de empezar a trabajar en el videojuego, le comenté a Ray que hacía tiempo que necesitaba ir a visitar a mis padres. Yo había empezado a hacer planes justo cuando *E.T.* decidió levantar la cabeza y me presiono a hacerlo. Ray se mostró comprensivo con mi situación y me aseguró que ellos "lo solucionarían" al terminar este proyecto, que seguramente no iba a tardar mucho... ¿verdad?

A pesar de que sus intenciones parecían de oro, no estoy seguro de que esto fuera un hermoso regalo. Una vez un gran maestro zen dijo: "Cuando creas que has alcanzado la tranquilidad y la paz interior, ve y pasa un tiempo con tu familia". Ay, Dios y justo cuando me siento más vulnerable a que me aprieten los botones, es precisamente cuando viajo a la fábrica donde me los pusieron.

A pesar de todo iré. Supongo que por eso se les llaman obligaciones familiares.

Cumpliendo con su palabra, poco después de la entrega del videojuego Ray me ofrece un viaje en un avión privado *"The Hawker"*. Este es un verdadero avión corporativo, es un avión de la empresa Gulfstream. *The Hawker* es el avión al que Skip se refería en nuestra última excursión para ir a ver a Spielberg y que no estaba disponible.

Viajaré con Manny Gerard, su esposa y su hija de edad universitaria. Manny es la segunda mano derecha de la empresa Warner Communications. Él es el principal responsable de la adquisición de Atari por parte de Warner. Uno de los principales líderes de la corporación... y lo seguirá siendo por algunos meses más.

Mi gran experiencia del vuelo comienza pocos días antes del despegue.

Alguien me llama para preguntarme qué es lo que preferiría comer en el avión, ¿langosta o sushi? Ese es el menú de a bordo más lujoso que haya escuchado. Digo: "¿Qué tal los dos?" Me dicen: "De acuerdo". ¡Sí! Volar es cada vez mucho mejor.

Una vez más estoy de regreso a la terminal de aviones privados del aeropuerto de la ciudad de San José, al entrar veo que el avión privado *The Hawker* ya está esperando en la pista de aterrizaje. Al entrar a la cabina, me doy cuenta de que este avión es mucho más lujoso que el avión privado *Learjet* con el que iniciamos el proyecto. Manny y su familia suben a bordo poco después y despegamos.

Los asientos del avión son muy confortables y el sushi está riquísimo. También la azafata es muy amable y servicial. Si el objetivo de este tipo de extravagancias es impresionar a las personas, definitivamente funcionó.

Yo no había pasado mucho tiempo con Manny, a primera vista me pareció una persona muy agradable y con los pies sobre la tierra. Charlamos un poco. Su esposa y su hija se mostraron amables, pero no cordiales. Tal vez ellas sean viajeras habituales y yo un novato con los ojos bien abiertos. Me gusta observar a las personas y el hecho de compartir un vuelo privado para mi es una experiencia íntima. A medida que pasa el tiempo, lo que más me llama la atención es el hecho de que para mi ésta sea una experiencia única y para ellos parezca algo tan pasado de moda. ¿Qué se siente estar acostumbrado a este estilo de vida? ¿Por qué se me echa en cara esto cada vez que subo a un avión privado?

Nada de esto hace que el viaje sea menos placentero. Terminó el vuelo y aterrizamos en el aeropuerto "La guardia" de la ciudad de Nueva York, nos despedimos y nunca más volveré a ver a ninguno de ellos (tampoco al avión de la empresa). Cuando me preparo para salir del avión, la azafata tiene la amabilidad de ofrecerme una bolsa para llevar mis sobras de langosta. Con gusto la acepto. Eso hace que el viaje en limusina de camino a casa a Nueva Jersey, sea mucho más placentero. También sería la última vez que por un tiempo vería una limusina. Siento que es como estar inmerso en un sueño hermoso minutos antes de despertarse. Todo es perfecto y no se ve el final, y momentos después todo desaparece. Desaparecido, pero nunca olvidado.

Después de sobrevivir a la visita a casa, me regresé a California, donde planeé la tercera y última fase de la gira de la victoria: ¡Hawái!

La asistente de Mike Moone me dice que reserve el viaje, tome vacaciones y al regreso le entregue un informe de gastos y ellos lo aprobarán. Siempre había deseado ir a Hawái. El viajar a Hawái con el dinero de otra persona lo hace todavía mucho mejor. Condon, el genio encargado de supervisar el proyecto, se ha encargado de encontrar un excelente hotel en Maui. Preparo mis maletas y me voy, casi sin darme cuenta de todo el equipaje que llevo.

Ah, Hawái. Siempre me imaginé que Hawái sería un lugar maravilloso, un paraíso tropical. Cuando finalmente llegó, todo el lugar era un maravilloso paraíso tropical. Jamás me había hospedado en un hotel en el que la recepción estuviera rodeada de un hermoso jardín. La brisa es perfecta ya sea cuando estoy bajo techo o al aire libre. Los veranos en Hawái son terriblemente calurosos, pero este es el lugar más fresco que he conocido.

Ha llegado el momento de relajarse. Me paso un rato en la piscina, en la playa, en el lanai (una terraza hawaiana) y en cada uno de los muchos bares que hay alrededor del hotel. Juego al golf en los campos del resort, voy en coche a lugares turísticos y visité los lugares históricos de la isla. Me paseo por las calles de la ciudad de Lahaina, parando de vez en cuando en los puestos de comida.

Ordeno comida en la habitación cuando me apetece y voy a los restaurantes cuando no me apetece. Estoy haciendo lo que me da la gana, cuando me pega la gana, así que debería de estar pasándola bien. Mi único problema es que no puedo dejar de pensar en lo que estaría pasando en Atari. Incluso llamé a Jerome para ver si todo estaba bien. Por supuesto, que todo está en orden. La única novedad es: Un compañero que se supone que está de vacaciones está llamando por teléfono al trabajo.

Me cuesta mucho relajarme. Estoy en el lugar perfecto para poder relajarme y por alguna razón no consigo hacerlo. Hasta pasó un rato sentado bajo el famoso árbol Banyan en el centro de la ciudad de Lahaina esperando que pase un vendedor ambulante y me ofreciera un poco de pakalolo (nombre hawaiano de la marihuana). Consigo un poco de Maui Wowie (sativa) y regreso al hotel. Después de fumar un poco, me doy cuenta de el por qué la gente habla maravillas de ella. Es una hierba espectacular.

Desgraciadamente aún después de fumarla varias veces, no me siento del todo tranquilo. La reservación en el hotel estará vigente por dos semanas, pero al cabo de 6 días no aguanto más. Es tiempo de regresar. Me encanta Hawái. Sé que un día volveré a este maravilloso lugar y espero que sea muchas veces más. Sin embargo, en este momento, no puedo lidiar con el hecho de sentirme tan desesperado en el lugar más tranquilo en el que jamás haya estado.

Odio juzgar, pero cuando uno no puede relajarse en un viaje con todos los gastos pagados en un resort de lujo en Hawái, es porque definitivamente algo anda mal, incluso si todavía no estoy preparado para afrontarlo. ¿Qué hará falta para llamar mi atención? ¿Quién sabe? Quizás otro acontecimiento sea la clave. Por fortuna, no tendré que esperar mucho tiempo para hacer ese experimento.

De regreso a la oficina de Atari, no puedo evitar darme cuenta de que me está costando mucho concentrarme en mi trabajo. Mi mente continuamente regresa a Hawái. ¿Por qué fue que regresé tan pronto? Cuando estaba allá, sentía la necesidad de estar aquí. Ahora que estoy aquí, siento la necesidad de estar allá. Lo único que hago es buscar distracciones. ¿Será la hora de comer?

El día de hoy tenemos una muy bonita distracción. Hoy se convoca un almuerzo con los egresados de la empresa Atari en la ciudad de Mountain View en el restaurante Frankie, Johnny & Luigi Too. Frankie, Johnny & Luigi Too es un excelente restaurante italiano que siempre le pone demasiado queso mozzarella a sus pizzas, justo y como debería de ser. Un almuerzo de egresados es una reunión entre los actuales creadores de los videojuegos de Atari y de los antiguos creadores de los videojuegos de Atari (mejor decir, los creadores de videojuegos de las empresas Activision e Imagic). Estamos todos sentados alrededor de una larga mesa rectangular, charlando amenamente cuando sale el tema de *E.T.*

Al parecer, se ha corrido la voz de que hice el videojuego muy rápido. Algunos están impresionados, otros están escépticos. A pesar de que tengo testigos que atestiguan la verdad del hecho, algunas personas no están dispuestas a creer que hubiese sucedido. Una de esas personas está sentada frente a mí al otro extremo de la mesa. Con su mirada puesta en su menú, me pregunta: "Tomaste prestado el código de otros juegos, ¿verdad?".

"No. Yo escribí más de 6K de nuevo código. El resto fueron gráficos".

"Tú no escribiste todo eso en 5 semanas. Nadie escribe códigos tan rápido".

De repente, vuelvo a ser un niño de 8 años...

Aquel niño que se la pasaba mirando a través de los grandes ventanales de su aula de tercer grado, donde él pasaba el ochenta y cinco por ciento de su tiempo de sus clases, lugar donde el pequeño Howard podía ver que ese sería un hermoso día. Justo ese tipo de día que agranda al máximo su frustración con ese encierro estatutario al que los adultos llaman educación.

Después de un largo invierno en el estado de Nueva Jersey, finalmente el frío cortante abandonaba el aire. El camino hacia la escuela estaba mejorando, ya no era la expedición ártica que yo tanto odiaba. Ahora se estaba convirtiendo en un safari por la selva, con cruces de cauces de agua peligrosos donde los trabajos escolares y los libros de texto corrían un gran peligro. De ahora en adelante, los paseos diarios a la escuela serán mucho más agradables.

Tras terminar la lección de matemáticas del día (la única materia que Howard disfrutaba en la escuela), era la hora de hacer los ejercicios de caligrafía. Una sentencia de muerte. Él miró a su lápiz y el lápiz le respondió con la misma mirada. Howard odiaba los lápices, pero solo los alumnos que demostraban tener una buena caligrafía podían usar los bolígrafos. Por más que lo intentara, las letras manuscritas que Howard escribía eran muy parecidas a los símbolos que adornaban "La franja de las letras del abecedario". Esa franja estuvo todo el año posada sobre el tablero como un buitre, un monumento imponente a los retentivos anales (un término que aún no conocía, pero que entendía perfectamente).

Howard sabía todas las letras y las podía aplicar al escribir y al comunicarse. Aunque, las letras que él hacía no se parecían a las letras de la franja en su aula. De hecho, nada de lo que él escribía o dibujaba se parecían a lo que se imaginaba. Para Howard, esto siempre había sido algo mágico e inexplicable, igual como cuando uno pide comida en un restaurante y ésta aparece en la mesa por arte de magia. La franja de letras solo servía para calibrar el salto de altura de Howard. Algo en lo que la maestra no miraba valor alguno. El viaje hacia su niñez también le sirvió como un recordatorio de que se había quedado condenado a usar lápices hasta el cuarto grado. Tachado, tachado, tachado.

La profesora, la Srta. Reynold, quien fuese la protagonista de la primera fantasía sexual de Howard, se puso de pie frente a la clase. Parada justo debajo de la letra "Mm" perfectamente escrita, y nos dijo: "Muy bien, clase, ahora haremos nuestros ejercicios de caligrafía. Para aquellos que han demostrado tener una excelente caligrafía, saquen sus lápices o bolígrafos", Howard gruñó. "William les repartirá hojas de papel para cada uno de ustedes y hoy vamos a escribir un poema acerca de la primavera. Cuando tengan su hoja de papel, escriban su nombre en la esquina superior derecha. Luego, debajo de su nombre, escriban mi nombre, Srta. Reynold, usando las letras mayúsculas apropiadas. A continuación, escribirán su poema y cuando lo hayan terminado, tráiganlo para revísalo".

A Howard le encantaba escribir poemas porque conocía muchas palabras, aunque no supiera deletrearlas, él disfrutaba juntarlas para formar rimas. Escribió su poema, una bonita canción sobre las campanas y los pájaros, cuando lo terminó se lo llevó a la maestra para que lo revisara. A él le pareció que este era un poema muy bonito. A menudo Howard se sentía muy orgulloso de su trabajo.

Mientras la Srta. Reynold estaba leyendo el poema, Howard la miró de arriba abajo y se dejó llevar por las riendas de una imaginación sexual de tercer grado. Sintió un cosquilleo que le era bastante común y que le era difícil de identificar.

Una vez terminando de leer el poema, la Srta. Reynold dirigió la mirada hacia Howard. Él esperaba escuchar el típico piropo "Está muy bien Howard, pero aún continúas cruzando las líneas del cuaderno y no redondeas tus 'o's y tus 'a's correctamente". Al contrario, él escuchó algo que le quitó el cosquilleo por completo.

"¿De dónde has sacado esto?" La Srta. Reynold le reclamó, mirándole firmemente a los ojos. En su voz había una especie de desafío que iba mucho más allá de las cuestiones de caligrafía.

"¿Qué?", respondió Howard con timidez.

"Tú no escribiste esto, ¿de dónde lo sacaste?", le dijo muy enojada, entrando en actitud didáctica.

"Lo acabo de escribir aquí en mi aula. Aquí mismo". Señalando hacia su aula se quedó completamente anonadado. Ella le había pedido a él que escribiera un poema y lo hizo. Él no lograba entender por qué la autoría se había convertido en un problema y aunque lo fuese, ¿a quién le importaría? Se suponía que esto era un trabajo de caligrafía.

"Tú no escribiste esto. ¿Dime de qué revista lo sacaste?"

"De ninguna revista, yo solo escribí un poema", dijo Howard, quien estaba asustado y parecía que estaba temblando. A él nunca le gustó que le acusaran de cosas, sobre todo cuando no las había hecho y mucho menos alguien de quien estaba flechado.

"Regresa a tu silla, ya hablaremos de esto más tarde". La Srta. Reynold despachó a Howard arrebatando el papel de las manos del siguiente niño, mirándolo el papel con atención y dejándolo caer sobre su enorme escritorio. Howard podía sentir cómo había pasado de ser un niño inteligente a un niño ignorante. Independientemente del tipo de atención que haya sido, Howard estaba muy consciente de ello. Por ahora, él estaba consciente de que en ese lugar no quedaba nada más por disfrutar.

Howard regresó a su escritorio sintiendo que tenía una cola muy larga entre las piernas. No lograba comprender nada de lo que había sucedido. Se sentó en lo que de repente era un aula muy solitaria. Repasó el poema, el revoltoso poema. Apenas unos minutos antes, Howard era un niño feliz, aunque un poco aburrido. El poema lo había convertido en un ser triste y derrotado, despojado de su alegría por las rimas y de sus fantasías sexuales de tercer año.

Después de un buen rato de enfado, Howard reflexionó sobre lo que había sucedido. La maestra dijo que él no había escrito ese poema, pero que él sabía que lo había hecho. Ella no lo había visto en ningún otro lugar, de lo contrario nunca le habría preguntado de dónde lo había sacado. Entonces, ¿por qué no le creía que era de él? Howard se quedó pensando por un rato y finalmente le cayó el veinte.

El poema estaba muy bien escrito, bastante bien. Muy bien para haber sido escrito por él. Entonces hizo una pausa, Howard creyó que la Srta. Reynold pensaba que él era demasiado tonto como para poder componer un buen poema. Aunque ella siempre lo había tratado como un niño inteligente, claro que al punto de vista de un maestro. Entonces, si ella pensaba que él era un niño inteligente y aún así le parecía que el poema estaba más allá de sus capacidades, éste debió de haber sido un poema excelente. Se sintió reconfortado por su propia conclusión. De hecho, Howard pensó, lo triste que es que ella lo subestimara de esa manera y por primera vez en mucho tiempo, una sonrisa se apareció en su rostro.

La Srta. Reynold lo miraba mientras continuaba revisando los poemas de los demás alumnos. Howard podía percibir lo que ella estaba pensando: "¿Qué hago con este pequeño plagiador mentiroso?" Cada vez que ella lo miraba, su ceño se fruncía aún más porque con cada mirada, Howard se sonreía.

OK, ya estoy de regreso, perdón por desviarme un poco, eso es lo que pasa cuando se desatan las emociones. En este caso, he decidido pasar a la tercera persona y tomar mi sana distancia. Eso pasa cuando se reviven los recuerdos traumáticos, que son muy traumáticos. A mi no me importaría volver a revivir todo ese calvario, pero ese comentario dudoso de mi colega me llevó a un viaje al que no quería regresar.

Cuando las personas dudan de mi capacidad de autoría, su cinismo me es degradante. Es como si me dijeran que no soy lo suficientemente bueno para haber hecho lo que hice. Esto me entristece un poco y me molesta bastante.

Es posible que en muchas ocasiones yo mismo lo provoque. A mi me gusta subestimar las cosas porque me entusiasma la emoción de sobrepasarlas. Por desgracia, esto puede llevar a los demás a subestimarme.

Las palabras de Mayra Angelou: "Cuando alguien te muestra quién es, créele". Lo que he aprendido de estos ejemplos es: Cuando te muestro quién soy y no puedes verlo, se trata más de ti que de mí. A pesar de todo, eso me provoca bastante. Se que necesito trabajar en ello.

Ocasionalmente me encuentro con personas que son muy buenas para provocarme y me es difícil sentirme yo mismo cuando estoy cerca de ellos. En Atari abundan las personalidades extremistas, que provocan algunas reacciones bastante extremas.

Atari es el lugar perfecto para un futuro terapeuta.

Aunque ese "futuro" no sería hasta dentro de unas décadas. Por otra parte, cada vez me es más difícil pasar por alto ciertos comentarios y momentos que me hacen tambalear, incluso más de lo normal. Ha llegado el momento de analizar a fondo la cuestión: ¿Qué me pasa?

Deshilachado.

VIAJE AL DESCUBRIMIENTO

¿Se imaginan lo que es desear algo, tanto como para que este se convierta en algo más importante que el cuidar de uno mismo? Independientemente de lo que me cueste continuar, eso jamás dejará de ser un intercambio de felicidad. Así es como me siento al hacer videojuegos en Atari, no existe ninguna otra cosa que yo prefiera hacer y no existe ningún límite en el cual no me esfuerce para conseguirlo. Es una adicción y como suele suceder con las adicciones, llega un momento en el que llego a mi límite de crédito y hay que pagar.

No podía dejar de pensar en Hawái. Ni siquiera por una semana. Estoy tan adicto a Atari que necesitaba un descanso de mi propio descanso.

Es obvio que estoy sufriendo de una fractura ósea por relajación. Para ser justos, ese hueso ya tenía una gran deficiencia de calcio. La relajación es una cualidad la cual nunca he podido dominar y mucho menos superar. Siempre me paso el tiempo pensando en lo que viene a continuación, y normalmente estoy ocupado empujando *todo* lo que puedo en esa dirección. También se que no es mi estilo dejar que las cosas fluyan por sí mismas. ¿Qué pasaría si no toman el camino correcto? ¿Qué tal si hubiese podido haber hecho un cambio y no lo hice? La responsabilidad es un gran peso cuando forma parte de la conjunción de la necesidad y de la obsesión.

Ese hueso roto no es más que un síntoma. Los huesos se rompen por el estrés. ¿Qué por qué estoy estresado? ¿Qué fuerza siniestra podría convertir mi recompensa en un castigo? Howard, el futuro terapeuta, cree que estoy preocupado de que todo esto podría desaparecer. Esta hermosa vida. El tren que me trajo hasta aquí podría pararse y descarrilarse y no tengo ni la menor idea de lo difícil que esto significa. También estoy ignorando el hecho de que mi "hermosa vida" me tiene tan perturbado que no me deja disfrutar del paraíso. Bueno, esta etapa de mi vida no es razonable. No olvidemos que cuando uno espera que las cosas tengan sentido, es entonces cuando estamos perdiendo el toque en Atari.

Independientemente de mi voluntad por aceptarlo, estoy completamente deshecho. Si hubiese un fénix esperando resurgir de las cenizas, aún seguiría sentado sin boleto en un aeropuerto de Arizona.

Al parecer, necesito tiempo para recuperarme. ¿Cómo podría recuperarme de esto? ¿Cuánto tiempo me llevará? Dicen que el primer paso a seguir es admitir que existe un problema. Así que, por mucho tiempo que tome, es obvio que el reloj aún no ha empezado a girar.

Ya empiezo a sentir la ansiedad por hacer algo extraordinario y no quiero romper mi cadena de éxitos. Acabo de terminar un proyecto de 5 semanas. ¿Cómo puedo seguir esto?

No es que carezca de ideas. Diseñé la secuela de La venganza de Yars el cual creo que será un gran éxito. Estaba a punto de empezarlo justo en el momento en que me dijeron que necesitaba hacer una entrevista con Steven Spielberg para platicar sobre el videojuego de "Los cazadores del arca perdida". Una segunda vez, estaba a punto de empezarlo cuando me llamó Ray Kassar con otro proyecto importante. Ahora ya estoy totalmente libre para hacer lo que yo quiera, por fin a llegado el momento para hacer la segunda edición de Yars, ¿verdad? No hay ningún problema.

Mi próximo videojuego tiene que ser increíble y en este diseño se utilizará un control de mano cuya distribución es limitada, aunque me preocupa que esto pueda afectar las ventas. En la empresa ronda una broma sobre la falta de potencial de los controles de mano, pero yo no me río. Temo que mi idea no sea lo suficientemente alentadora. Si no es eso, entonces ¿qué?

Empiezo por practicar varios conceptos del videojuego y colocó varias pantallas, pero nada es suficiente. Se supone que tengo la capacidad de hacer magia, pero en este momento no tengo nada. Es muy difícil dar rienda suelta a la creatividad cuando sabes que tienes que hacer algo exitoso.

Todos los días al llegar al trabajo me dirijo directamente a la sala de videojuegos para practicar mi triatlón matutino, uno de los pocos hábitos y rituales que aún guardo. El triatlón matutino consiste en superar los 100.000 puntos de los videojuegos *Defender*, *Robotron* y *Millipede*. Esa práctica me lleva entre quince minutos a dos horas, dependiendo el día. El triatlón es mi rutina de ejercicios diaria, pero hoy no siento la misma adrenalina que de costumbre. *Defender*, *Robotron* y *Millipede* son videojuegos excelentes. Sin embargo, cuando los juego hay un bucle de sonido en mi mente que me dice: "Así de bueno o mejor. Mi próximo videojuego tiene que ser así de bueno o mejor". Después, me voy a mi escritorio y trato de idear algo distinto, dinámico y único. Aunque me es difícil quedarme sentado por mucho tiempo.

Últimamente me es más fácil dejarme arrastrar por las situaciones difíciles que salir de ellas. Privado de mi propio entusiasmo, simplemente estoy marcando el tiempo, esperando contra viento y marea que algo explotara.

A medida que septiembre llega a su fin, me encuentro con en el otoño de 1982. Después de un viaje magnífico, mi perspectiva es sombría. Siento los ecos estruendosos de dos años atrás, se acerca el otoño de mi descontento.

Es una época oscura.

AHÍ VIENE EL SOL

A lo largo del mes de octubre y en el transcurso del mes de noviembre, mi cansancio disminuye gradualmente, dando paso a un malestar sin rumbo.

Por suerte, mis compañeros están dispuestos a concederme algo de espacio durante este tiempo. Es una pena que no pueda programar mi recuperación de la misma forma que lo hicimos con el videojuego de *E.T.*, pero la recuperación tardará lo que tiene que tardar. Algunas cosas se hacen sin importar el tiempo deseado.

[Nota para el lector consciente de las agendas: Este libro me ha llevado mucho más tiempo de lo que yo hubiese querido, o predicho, o prometido. Más tiempo del que se había previsto en las proyecciones modificadas y más tiempo del que se había previsto en las proyecciones posteriores. Yo me niego a cometer el mismo error con este libro que hice en el videojuego que le sirve de inspiración. Con este libro he decidido dar prioridad a la calidad del producto por encima de cualquier fecha de entrega. Ustedes como lectores, son los jueces que determinarán la calidad del producto. Espero que esta decisión algún día sirva de ejemplo.]

Conforme los días se acortan, me voy sintiendo mejor, por fin vuelvo a ser el mismo de siempre y justo a tiempo para..

El mes de diciembre de 1982 es un mes espectacular, es un mes de grandes momentos, un mes presagio de desgracias en ciertas lecciones de la vida, lecciones que llevaré por siempre. Es prácticamente un libro entero en sí mismo. Contiene una sección, como en: Lo voy a "puentear" pues no quiero escribir otro hasta que no haya terminado con éste.

¿Recuerdan la foto en la que aparezco sosteniendo el boleto de la aerolínea British Airways? Esa foto fue tomada por Jerome y fue en uno de los principios del mes de diciembre de 1982. Ese boleto me llevaría a Londres, donde me reuniría con el jefe de mi jefe George y con Steve Race un colega

DEC '82 -
London Premiere of ET

de ventas internacionales. Estoy en Londres para asistir al estreno británico de la película de *E.T.* y también para hacer algunas entrevistas de televisión para la promoción del videojuego. *Eso* es lo que yo llamo un viaje de negocios. Debo aclarar que cada vez que vuelo en nombre de Atari, todo es una experiencia maravillosa.

El día del estreno de la película, los ejecutivos de la empresa de Atari se acercan a la alfombra roja y se abren paso entre los paparazis. Entre el clic de las persianas y el flash de las cámaras nosotros solo escuchábamos los comentarios de "¿Quiénes son esos?" y "¿Acaso son alguien?". Les sonrío, saludo y continúo caminando.

Al entrar a la sala de cine, un ujier nos acompaña a los mejores asientos del centro de la sala. Después de un rato, el ambiente se calma y al parecer la película está a punto de comenzar. De repente, se levanta una ola de música y con ello todos los presentes de la sala. Hago lo mismo y dirijo la mirada a todos los que me rodean. Entrando por las puertas del recibidor principal se encuentran el Príncipe Carlos, la Princesa Di y Steven Spielberg. Los ujieres los acompañan hasta una fila y ellos toman sus propios asientos, justo tres filas detrás de nosotros. ¡Qué emoción!. La realeza británica me verá ver la película de *E.T.*

Londres es una ciudad muy bonita. George y yo nos divertimos mucho cuando visitamos el castillo de Windsor. Steve me lleva al centro comercial Harrods, que es de lo más interesante y más tarde las entrevistas de televisión se cancelan. Así que, después de varios días de jet-lag, pero muy agradables en el Reino Unido regresé a California.

A mi regreso a la oficina, me encuentro la última lista de los videojuegos más vendidos de la revista Billboard la cual estaba publicada en el panel de anuncios de la empresa. Los dos videojuegos *E.T.* y Los cazadores del arca perdida están en la lista. Dos de mis videojuegos están entre los 10 primeros lugares de ventas. ¡Bienvenido a casa!

Días después, llegan los cheques de las regalías del cuarto trimestre y el mío es mucho más grande que los bonos de *E.T.* que había recibido cuatro meses antes. ¡Que tal!

Este ha sido un camino muy difícil de recorrer, pero para mí el mes de diciembre de 1982 ha sido un mes maravilloso. Dos de mis videojuegos están en los primeros lugares de ventas, estoy recibiendo grandes cantidades de dinero y viajó al extranjero para ver estrenos cinematográficos.

Nadie esta usando la frase "el peor videojuego de todos los tiempos". De hecho no estoy recibiendo mas que comentarios positivos por completar el videojuego de *E.T.*

Claro que tengo algo de ansiedad sobre lo que haré a continuación, también sé que será un videojuego para Atari. Para mí no existe nada más. La vida es bella.

Miren cómo han cambiado las cosas. Hace 24 meses yo estaba sentado en una evaluación de empleo para la empresa de Hewlett-Packard y también estaba profundamente deprimido. En ese momento solo pensaba: ¿Qué diablos está pasando aquí? ¿Qué es lo que podría hacer al respecto? No tenía respuesta alguna. En mi vida he tenido muchos altibajos, pero muy pocas depresiones, no me deprimo por la adversidad, la mala suerte o las malas situaciones. Yo me deprimo cuando no me gusta donde estoy y no veo la salida. Muchas veces en mi vida he cambiado mis metas, casi siempre tengo alguna y para mi la oscuridad surge cuando no tengo la menor idea de lo que debo hacer. Dos años atrás me vi atrapado en las garras de mi primera gran depresión. ¡Mírenme ahora!.

Esto es una prueba positiva de que: No importa lo que ocurra, no importa lo sombrías que parezcan las cosas, yo nunca estoy a más allá de dos años de una vida mejor. Por supuesto, esto no significa que las cosas *debían* cambiar. El estancamiento es un juego al que cualquiera puede jugar, pero es increíble cómo las cosas pueden cambiar en tan solo 24 meses. Estoy seguro que esta experiencia me ayudará a superar muchos momentos difíciles de mi vida, y una vez más la veré realizada por completo. Curiosamente, eso será poco después de mi tercera gran depresión, que sucederá dentro de muchos años. Bob lo sabe y muy pronto ustedes también lo sabrán.

También aprendí a reconocer el valor de mi necesidad de crear y de producir resultados concretos. Es muy posible que haya periodos de sequía aquí y allá, pero en mis planes siempre existirá un próximo desafío de creatividad.

Otra valiosa lección fue la de honrar al artista que llevo dentro de mi. Yo crecí en una familia donde se respeta el arte, pero nunca a los artistas y el ser un artista es una locura. A mí me enseñaron que una persona debería tener su propio oficio. En otras palabras, convertirse en un profesional. Trabajé arduamente para validar mi lado de la computación y mi lado técnico, aunque Atari me ayudó a validar mi lado artístico. Algo que continuará haciendo una gran diferencia por el resto de mi vida.

Mi deseo de dedicarme a la tecnología me abrió muchas oportunidades, pero Atari me ha permitido descubrirme a mí mismo. Esta es mi última oportunidad educativa y espero estar poniendo atención.

En resumen, para mí, el mes de diciembre de 1982 ha sido un mes excelente.

Sin embargo, no todo ha sido un lecho de rosas. En este mes hay otra noticia importante, una noticia que presagia nubes oscuras en el horizonte y una lluvia fría que ya empieza a caer. Al parecer, mientras yo disfrutaba de mi velada real, Warner Communications emitió un comunicado de prensa en el que anunciaba los resultados negativos del trimestre fiscal. El motivo de la mala noticia es la caída de las ventas de los videojuegos de Atari. De hecho, los resultados son tan negativos que el precio de las acciones de Warner se está desplomando dramáticamente. Esto podría hacer un año nuevo muy triste para los ejecutivos de Warner y los funcionarios de Atari. Afortunadamente, yo no tengo muchas acciones de Warner. Todavía es un buen momento para ser Howard.

[NOTA para aquellos lectores que se preguntan por el escritor que escribe: Como todavía resta espacio en esta página, cabe mencionar que mientras escribo esto me estoy tomando unos tragos. Siempre he escuchado hablar acerca de la tradición de los escritores que beben mientras escriben y que suelen visitar bares muy famosos (cuya fama se debe principalmente a los escritores que estuvieron bebiendo en ahí). Bebiendo copa tras copa, ellos escriben los libros más reconocidos del mundo. Se me ocurre que, como ya me estoy embriagando quizás tenga un verdadero potencial como escritor. Es solo una lógica enérgica.]

CAPÍTULO 15
LA TRAYECTORIA DEL CAMINO

Al contemplar la inmensidad del desierto, la primera frase que me viene a la mente es: "Las arenas del tiempo".

Lo más increíble del desierto es que algo tan grande esté formado por partículas tan pequeñas. El desierto es un conjunto de granos pequeños que se combinaron para formar algo enorme. En mi opinión, la arena es fascinante puesto que es un elemento sólido puede fluir como líquido. Irónicamente, la única forma de evitar que la arena fluya es añadiendo líquido. Me encanta pensar que las playas son como pequeños desiertos que se mezclan con grandes masas de agua, pero solo estoy divagando...

Regresando a las arenas del tiempo. El único lugar donde el flujo de la arena es algo importante es en un reloj de arena. Para mi un reloj de arena es la versión de los embotellamientos de tráfico. Al llegar la tarde solo se voltean y el mismo puñado de arena se desplaza hacia el otro extremo. Sin embargo, si trazo el recorrido de cada uno de los granos de arena puedo ver que no existen dos caminos exactamente iguales. Todos y cada uno de los granos van por caminos diferentes y a la vez en cada viaje se reúnen con diferentes vecinos. Algunos granos se reúnen con frecuencia y otros jamás se vuelven a encontrar. También hay otros que se conectan por primera vez y no vuelven a conectarse hasta muchos viajes después. Siento que todos nosotros somos como granos de arena dentro de un reloj de arena, donde cada uno de nosotros estamos en nuestro propio viaje y estamos rodeados por innumerables personas en el suyo.

Para mí, los videojuegos son un medio de difusión. Existen aspectos en la creación de un videojuego que van mucho más allá de lo básico en la experiencia laboral, me refiero a las posibilidades, a los incrementos imprevistos que se generan al llevar el entretenimiento hacia personas que uno ni siquiera conoce. A través de mis videojuegos he llegado a millones de corazones, fue a distancia, pero a pesar de eso lo logré. Hoy al ver tanta gente aquí en la ciudad de Alamogordo, me doy cuenta de que cada uno de ellos llegó hasta aquí por aquella semilla que planté hace más de 30 años. Lo cierto es que cuando se planta una semilla a distancia en la vida de alguien, nunca podremos saber si algún día sus caminos se cruzarán con los nuestros o qué fruto nos darán.

Hoy, aquí en la ciudad de Alamogordo se unen cientos de caminos. Este no es un basurero, sino una encrucijada en el tiempo y el espacio.

Hay muchos saludos y abrazos. Para algunos este es su primer encuentro y para otros son reencuentros, pero todos tienen algo en común: Cada uno de ellos se siente conectado con el videojuego de *E.T.* y por extensión, conmigo.

Están todos aquí mostrando sus galas de *E.T.* Algunas de ellas han sido compradas, otras hechas en casa, pero cada pieza representa un precioso talismán traído al altar para su santificación (cuyo ritual parece ser el de conseguir mi autógrafo, sea lo que sea). Con el tiempo he aprendido que este tipo de eventos requieren cierta preparación. Por eso siempre llevo conmigo un paquete de marcadores de tinta imborrable y de colores fuertes.

Ni siquiera conozco a la mayoría de los presentes. Sin embargo, hay algunas gratas excepciones y una muy notable excepción a la excepción.

Nos acompañan Zak Penn y su equipo de rodaje. Todos ellos son recientes adiciones a mi vida y bienvenidos. Como productor de vídeo, siempre he disfrutado ver un equipo de producción en acción ¡y este equipo es perfecto! Es un placer ver la fluidez de su trabajo y su alto nivel de profesionalismo. Sobre todo es de gran placer poder verlos en un lugar más grande que el comedor de mi casa.

Otro de los presentes es Mike Mika. Mike es una figura importante en el mundo de los videojuegos, de hecho él y yo ya nos habíamos conocido antes, algunos años atrás (y varios Yars). La primera vez que Mike y yo platicamos fue a mediados de los 90s, fue cuando él estaba trabajando en una versión del videojuego de La venganza de Yars para la videoconsola Game Boy. Mike es una persona con gran dedicación y con mucho talento en el mundo de los videojuegos, nos hicimos amigos y desde entonces nuestros caminos marchan paralelos cruzándose de vez en cuando. Me gusta mucho poder compartir tiempo con Mike y hoy, me presenta a uno de sus mejores amigos, Ernie Cline.

Sabemos que Ernie está aquí por el anorak en las placas de su coche DeLorean que está estacionado en la zona de la excavación. Cuando la tormenta de arena cesó, las puertas de su coche en forma de alas de gaviota se levantan y nos muestra un *E.T.* de peluche de tamaño humano que estaba sentado en el asiento del pasajero. Las puertas se bajaran cuando el viento de la tormenta de arena empiece a soplar y así poder prevenir que el DeLorean se convierta en un cajón de arena con ruedas.

Ernie es autor de una de mis novelas favoritas: *Ready Player One*, aunque ese no es el motivo por el cual está aquí. Ernie ha venido hasta aquí porque él es fanático los videojuegos clásicos y no puede resistirse a este tipo de eventos. Ernie es, y lo digo con reverencia, un nerd de nerds. Aunque no es así como él lo describe. Ernie se describe a sí mismo como un entusiasta y un caballero aventurero. Lo que me gusta de él es que orgullosamente hace honor a estos títulos.

En mi encuentro con Ernie, él me regala la auténtica bolsa de mano estilo Indiana Jones la cual contiene una copia autografiada de su libro *Ready Player One*. Dentro de la bolsa hay un látigo de tamaño normal. Eso es algo muy útil pues el látigo que hacía un tiempo usaba en Atari había dejado de servir, me pregunto si (y como) lo sabía.

Me siento muy conmovido por su generosidad y estoy muy impresionado por haber conocido personalmente a un autor de libros de éxito internacional. Al mismo tiempo, él me comenta lo mucho que disfruta y admira mis videojuegos. Esto es maravilloso. El día más largo de mi vida

ERNIE CLINE, ZAK PENN & HSW.

se está luciendo con momentos verdaderamente increíbles.

Estoy rodeado de personas de mucho talento y grandes logros, y todo esto es gracias a que hace más de tres décadas hice unos videojuegos que influyeron en sus vidas. Un perfecto dividendo de mi billete de lotería kármico.

Así es la magia de Atari: Una magia que me permite conectarme con millones de personas. Mientras ellos continúan su viaje y yo el mío, nadie sabe dónde o cuándo volveremos de nuevo a encontrarnos. Todo esto surgió a raíz de hacer algo que me gusta mucho: Desarrollar un videojuego.

Todo esto está sucediendo por encima de la superficie. No olvidemos que esta es una historia de Atari, lo que significa que existe la posibilidad de que haya corrientes subterráneas inadvertidas que fluyen por debajo de la superficie.

Algo que he notado es que Ernie y Zak tienden alejarse del grupo cuando todo está tranquilo. Los dos se apiñan y conversan en voz baja. No quisiera entrometerme, pero me pregunto qué estará pasando.

Es obvio que ambos están trabajando juntos en esta película, pero me acabo enterando que este no es el tema de sus conversaciones secretas. Resulta que también están colaborando en otro proyecto, un secreto del que nadie se enterará hasta tres años después. Los dos están colaborando en el guión de la película *Ready Player One*. ¿Quién es el que ha decidido dirigir esta película? Nada más y nada menos que Steven Spielberg. Cuando algo relacionado con *E.T.* está sucediendo, el aura de Spielberg nunca está muy lejos.

Por otro lado, de vuelta a la superficie, hay una gran conmoción y la gente se reúne en torno a la parte trasera de uno de los camiones de producción. Zak está parado en el ascensor elevado, utilizando como podio provisional y tiene un anuncio importante que hacer. Mientras la gente se calma, él levanta un pequeño objeto de plástico negro y nos dice que uno de los fans acaba de encontrarlo. El objeto es una funda de un control de mando de una videoconsola VCS de Atari. Esta es la primera pepita de la excavación. El público aplaude y la expectación aumenta. Nos estamos acercando a la taquilla.

Las arenas del tiempo fluyen ante nuestros ojos. Algunas veces acumulándose para ocultar cosas y otras veces despojándose para revelarlas.

La excavación continúa, ahora con mayor entusiasmo. Nos encontramos aquí removiendo toneladas de arena, buscando artefactos sagrados y piezas antiguas. Estamos escarbando en lo más profundo del basurero, tratando de encontrar el tesoro enterrado que a través de los años ha dado mucho de qué hablar. Entonces se me viene a la mente: Puede que estemos buscando el videojuego de *E.T.*, pero lo que estamos viviendo es la historia de *Los cazadores del arca perdida*...

EL VIDEOJUEGO OLVIDADO

En Atari, yo hice cuatro videojuegos. Se me conoce por tres de ellos, ya que el cuarto, *Saboteur*, no saldría a la venta hasta 20 años después (lo que lo convierte en el proyecto de mayor duración de la historia). Mi primer videojuego fue La venganza de Yars, el cual fue mi gloria. Mi tercero fue *E.T.*, mi infamia. Mi cuarto fue *Saboteur*, que es mi obra incompleta. Sí, mi segundo videojuego, Los Cazadores del arca perdida, es el videojuego olvidado.

E.T. recibe toda la atención y Yars también recibe cierta atención por parte de la prensa. *Saboteur* finalmente obtuvo excelentes críticas, *Saboteur* no puede ser un videojuego olvidado puesto que desde el principio nadie había escuchado hablar de el.

Por alguna razón, el videojuego de Los cazadores del arca perdida había quedado en el olvido. He realizado más de cien entrevistas con respecto a todos mis videojuegos y el tema de Los cazadores solo ha salido a mencionar dos o tres veces. En mi trío de millones de ventas, el videojuego de Los cazadores es el hijo de en medio que ha quedado olvidado.

Observemos esta gráfica:

VIDEOJUEGO	DESARROLLO DEL VIDEOJUEGO	NIVEL DE ATENCION	MI ...
E.T.*	5 semanas	!!!!!!!!!!!!!!!!!!!!!!!!!!!!!	3º
Yars*	5 meses	!!!!!!!!!!!!!!!!!!!	1º
Los cazadores*	10 meses	!!!!!	2º
Saboteur	14 meses	!	4º

(El asterisco indica que se han vendido más de un millón de copias)

Parece que cuanto más tiempo paso en un videojuego, menos atención recibe, lo cual me parece bastante extraño.

[NOTA para los fanáticos al número de ventas: Cada uno de mis tres primeros videojuegos terminó vendiendo más de un millón de copias. Incluso después de restar las devoluciones, pero las ventas de *E.T.* superaron el millón y medio. Como en aquella época el videojuego *Saboteur* aún no había salido a la venta, ahora puedo asegurar que cada uno de mis videojuegos que se publicaron para Atari vendieron más de un millón de copias. Yo no creo que nadie más (que haya creado más de un videojuego) pueda hacer este tipo de alegato.]

Hasta el momento el videojuego Los cazadores del arca perdida solo se ha mencionado unas par de veces, incluso en este libro ha sido una idea tardía. El arte imita a la vida. Ahora pasemos a hablar de mi segundo videojuego..

Durante la trayectoria de mi carrera en Atari, el videojuego de Los cazadores fue un giro brutal. Mientras que Yars fue un videojuego para los ojos y los oídos, Los cazadores fue un videojuego para la mente. En lugar de una sobrecarga sensorial, yo quería que Los cazadores se sintiera como el mejor videojuego que cualquier jugador de la videoconsola VCS se pudiese imaginar. Ese fue mi proyecto más codiciado (con excepción a los otros).

El videojuego de Los cazadores se apareció entre medio de la turbulencia en el lanzamiento de Yars, continuó a lo largo de la introducción de un plan de bonos, y de un intento por abandonar Atari e irme a otra empresa, una segunda introducción a un nuevo plan de bonos y finalmente, terminó justamente en el inicio del proyecto *E.T.* No es de extrañar que por eso caminaba con un látigo de mano.

Como creador de videojuegos, el videojuego de Los cazadores del arca perdida ha resultado muy interesante puesto que pasa de la acción a la aventura. Creo que existe una gran diferencia entre crear videojuegos de acción y crear videojuegos de aventura. El creador de un videojuego de acción puede tener la misma experiencia de juego que cualquier otro jugador, pero eso es imposible de conseguir en los videojuegos de aventura, ya que los videojuegos de aventura se basan en descubrir misterios y resolver acertijos. Si conozco los secretos, ¿cómo podré determinar el nivel de desafío? No se puede. He perdido mi virginidad intelectual y nunca podré volver hacia atrás.

Los cazadores descubrieron mi pasión por el diseño de videojuegos de acción. A mi me gusta la retroalimentación inmediata. De hecho, puedo sentir un videojuego de acción de una manera directa y ajustarlo adecuadamente. Para mí, diseñar videojuegos de aventura es algo frustrante porque no puedo conseguir la misma satisfacción que otros jugadores. Para poder hacerlo, necesito sintonizarme a ciegas o ver a otros jugar, lo cual requiere un flujo constante de nuevos componentes. Qué dolor.

Hablando de dolor, con el videojuego Los cazadores del arca perdida yo sentía una presión enorme de poder triunfar y esto se debía a dos razones, ambas auto-impuestas. La primera era que el videojuego de Los cazadores sería el segundo videojuego de Atari (y del mundo) compuesto con formato de aventura. El primer videojuego fue titulado *Adventure* por Warren Robinett, el cual es una obra maestra de la definición del género. Warren dejó boquiabiertos a los jugadores, pues él creó una aplicación revolucionaria para los videojuegos. Yo necesitaba hacer una aportación similar o sería destituido como una imitación barata. En otras palabras, si me voy a parar sobre sus hombros, más vale que la vista sea espectacular.

La segunda causa de la ansiedad surge del éxito del videojuego de La venganza de Yars. La realización de Yars me fue extraordinariamente valiosa y muy gratificante. Me sentí bien al hacerlo, pero no tomó mucho tiempo para que la inseguridad comenzará a filtrarse de nuevo. Me preguntaba a mí mismo: ¿Acaso seré una celebridad de un solo éxito? ¿Será esto lo único que tengo? ¿O solo tuve suerte? Todas y cada una de estas preguntas me persiguieron a lo largo de todo el proyecto. La confianza en mí mismo como diseñador y programador de videojuegos no llegó hasta que terminé Los cazadores. Cuando finalmente lo logré, un extraterrestre de piernas rechonchas llegó a mi puerta.

Luego llega el dolor que mi naturaleza estrafalaria causó a los demás. Lo crean o no, tengo una naturaleza algo contraria. No se trata de discutir, sino de evitar sorpresas desagradables. Dado que soy un experto en la resolución de problemas, con frecuencia busco la trampa, una escapatoria y una excepción. También estoy buscando una solución elegante o alternativa. El problema es que no siempre las encuentro.

En resumen, yo suelo enfrentarme a las cosas de una manera diferente. Pocas veces encajo porque pocas veces hago las cosas como los demás esperan que se las haga. Mi propósito no es hacer las cosas como se supone se deben de hacer, yo solo quiero hacerlas bien. A decir verdad, me encanta violar las expectativas de forma productiva. Si me dicen que hay una forma común de hacer las cosas, yo trato de mostrar una versión diferente y eso me convierte en un gran innovador. De hecho, ante dos caminos igualmente productivos siempre elegiré el menos transitado. Las personas dinámicas con resultados prácticos me consideran una persona interesante y muy útil, pero mi actitud suele fastidiar a aquellos que son más rígidos.

A los innovadores les gusta romper mitos y les cuesta acatar las reglas, (especialmente las reglas que parecen demasiado restrictivas o innecesarias). En Atari, yo fui realmente un innovador y hubo una regla que violé con toda certeza.

La ley de Nolan, dictada por el propio Nolan Bushnell, fue el principio fundamental del diseño de los videojuegos en Atari. Dice así:

> *"Los mejores videojuegos* **son fáciles de aprender** *y* **muy difíciles de dominar.**
> *Esos videojuegos deberían compensar la primera y la centésima moneda".*

Esto es una excelente regla, pero es una regla para las máquinas de videojuegos de monedas y no creo que se pueda aplicar a los videojuegos de casa. Yo prefiero aplicar la expresión "difícil de aprender, difícil de dominar". He aquí el porqué:

Si yo estoy creando un videojuego y puedo pedir más de un jugador, eso significa que puedo crear un videojuego aún más complicado que permita más jugabilidad y una mayor satisfacción. Durante años diseñé algunos videojuegos que requerían que el jugador leyera el manual antes de empezar a jugarlo, o como decimos en el mundo de la tecnología, lee el maldito manual. Los jugadores de máquinas de monedas pueden dejar de jugar después de dos o tres monedas pues tienen la opción de dejar de pagar, pero los jugadores de casa pagan por adelantado con toda una bolsa de monedas. En este caso se puede esperar más del jugador porque está motivado por sacarle provecho de su dinero.

Los cazadores también rompieron otras reglas. Una de ellas; yo usaba dos controles de mando para cada jugador. Usar dos controles de mando en Cazadores era algo extraño, pero creaba la posibilidad de un control más complejo de inventario y añadía una nueva dimensión al videojuego. Lo hice con la intención de que al principio del juego eso resultará más complicado, por lo cual, desde un principio era necesario consultar el manual. Para algunos jugadores esto fue muy complicado, aunque hubo muchos que supieron sobrellevarlo y disfrutar de algo nuevo y actual. ¿Habrá sido una buena opción? No lo sé. Lo que sí sé es que vendió más de un millón de copias, pero no tres o cuatro millones. A veces me gustaría que la vida pudiera dar vuelta atrás.

También opté por una puntuación gráfica. La idea me pareció interesante, pues es más fácil ver cómo se avanza en el juego, pero la puntuación gráfica bloqueaba la claridad del marcador y así el jugador nunca podía llegar al arca. Esta es una decisión de la cual me arrepiento y en mi primera oportunidad esa sería una de las primeras cosas que cambiaría en el videojuego de Los cazadores del arca perdida. Continuaría usando la pantalla gráfica, también mostraría la puntuación numérica y la puntuación potencial. Para todos los jugadores a los que esto les resultaba frustrante, permítanme decirles lo siguiente: Lo siento, yo soy el responsable.

Otra cosa que merece la pena destacar con respecto a Los cazadores es que engendra una de mis filosofías personales. Como les decía antes, todo los videojuegos suelen ejemplificar las creencias y los valores de sus diseñadores y mi segundo videojuego no es la excepción. En Los cazadores del arca perdida existen partes en las que pareciera que uno se queda atrapado o atascado. La verdad es que: En este juego, los jugadores *nunca* se quedan atrapados. Para mí, el principio básico de la vida consiste en: Cuando siento que la vida me tiene atrapado, se que siempre habrá una salida. Puede que no la vea, en el fondo creo que siempre está ahí. Eso también define a mi filosofía terapéutica. En mi caso, yo jamás les digo a las personas lo que tienen que hacer, más bien les ayudó a abrir su mente a nuevas posibilidades y oportunidades, y de esta forma ellos son capaces de tomar mejores decisiones y crear un cambio positivo. Cuando yo me siento atrapado, tiendo a desconocer las distintas alternativas. Por eso es importante ampliar mis horizontes cuando exploro el mundo que me rodea, y probar los límites para saber cuáles son muros y cuáles son puertas. En el videojuego de Los cazadores del arca perdida, al igual que en la vida, nunca estamos realmente atrapados.

"Algo más" que vale la pena mencionar es que durante el proyecto de Los cazadores fue cuando vestí mi mejor atuendo. El salir a pasear con mi látigo y mi sombrero, golpeando el látigo en los pasillos de la empresa, hizo que trabajar en este videojuego fuera más divertido para mí.

Al final del proyecto del videojuego me peleé con el departamento de marketing. Ellos querían poner muchos de los secretos en el manual del videojuego con el fin de que los usuarios lo pudieran jugar. Yo no quería hacerlo porque se suponía que los videojuegos de aventura tenían que representar un verdadero reto para los jugadores, y revelar los secretos parecía totalmente lo contrario. Cabe recordar que todo esto sucedió antes de la llegada de Internet. En aquel entonces no había guías de trucos ni vídeos para enseñar a un jugador mediocre el cómo poder avanzar, finalmente el departamento de marketing se impuso y yo terminé revelando todos los secretos. Quiero ser muy claro en esto: ¡El departamento de marketing tenía toda la razón! Les agradezco a ustedes, felices vendedores, que en este caso me hayan protegido de mí mismo. Incluso en las situaciones más difíciles, el saber escuchar nos puede ayudar a que las cosas marchen mejor.

El proyecto del videojuego de Los cazadores fue de diez meses de intensa preparación y trabajo. A lo largo del camino hubo una serie de distracciones, conflictos, largas horas de trabajo y decisiones difíciles. Ciertamente existen algunas rarezas Los cazadores del arca perdida, pero no hay nada fundamentalmente malo con el videojuego. Aunque, no me atrevería a decir lo mismo con respecto al videojuego de *E.T.*

Definitivamente hay algo mal con *ese* videojuego...

¿QUÉ HAY DE MALO CON EL VIDEOJUEGO DE *E.T.*?

En resumen, creo que el videojuego de *E.T.* es un proyecto de gran calidad realizado en un tiempo récord. Por otra parte, no creo que el videojuego sea perfecto, ni mucho menos. El videojuego tiene muchos problemas y uno de ellos es que hay mucha gente a la que no les gusta. Yo nunca he cuestionado las opiniones de los jugadores. Si alguien dice que no le gusta un videojuego, simplemente no le gusta y no trato de convencerle de lo contrario. Si ustedes han jugado el videojuego de *E.T.*, seguramente tendrán sus propias opiniones al respecto.

El videojuego ha recibido algunas críticas, sobre todo en lo que respecta a la caída en las fosas, la salida de las fosas y la forma de averiguar qué hacer en el videojuego aparte de caerse y salirse de las fosas. Aunque esto no es más que un rasguño en la superficie. Hay cuestiones mucho más profundas que surgen de mi viaje de cinco semanas. Si desean criticar mi labor de forma más detallada y precisa, permítanme presentarles algunas de mis mejores respuestas a las preguntas: ¿Qué hay de malo con el videojuego de *E.T.*?

Para mí, el peor error es caer en el pecado principal de los videojuegos: No desorientar al jugador. Por favor, no confundan esto con la frustración. La desorientación y la frustración son sentimientos muy distintos. La frustración es el saber lo que estoy tratando de hacer, sin embargo me siento incapaz de hacerlo. La desorientación es el sentirse completamente perdido en cuanto a dónde estoy o qué es lo que está sucediendo. Una definición de la frustración es ver una galleta, pero no poder alcanzarla y la definición de la desorientación es entrar a la cocina por una galleta y darse cuenta que entramos en el garaje.

La frustración es un elemento esencial en los videojuegos pues es lo que hace que la superación de los retos sea más gratificante. Un videojuego sin frustración no es un videojuego, es una obligación. El sacar la basura no es un juego. El sacar la basura a escondidas pasando por delante de la gárgola hambrienta, atravesando el tele transportador secreto, y soltándola después en el lugar exacto del basurero secreto... eso sí que es un juego. Los obstáculos y los adversarios son el tipo de cosas que proporcionan la frustración (y, en última instancia, la satisfacción) en un juego, pero un jugador jamás debe estar desorientado. En un buen videojuego, el jugador falla con frecuencia, pero siempre entiende la razón por la que se cae y así poder practicar, mejorar y finalmente tener éxito. En el videojuego de *E.T.* existen fases en las que el jugador está totalmente perdido y esto genera un gran problema. La verdad es que algunos de los componentes que esperaba que constituyeran un reto de "juego" realmente no funcionaron para la mayoría. Para todos aquellos niños, niñas, mujeres y hombres que lo jugaron, solo les digo: Perdón.

Además, al igual que en Los cazadores del arca perdida, *E.T.* también viola la cláusula de la ley establecida por Nolan, referente a que es "fácil de aprender". Lo hice en Los cazadores con el propósito de aumentar la intensidad en el juego. En el caso de *E.T.* solo fue una cuestión de oportunismo. Es más rápido explicar las cosas en un manual que crear un videojuego poco complejo y auto-explicativo. El perfeccionamiento y la simplificación son procesos costosos y es un sentimiento tan antiguo como la revisión misma. Ya lo decía Mark Twain: "Pido disculpas por una carta tan larga, no tuve tiempo de escribirles una corta".

Sin embargo, esto son delitos conceptuales. Las circunstancias también jugaron un papel muy importante a la hora de arriesgar el nivel de calidad...

La explicación más resumida y a la vez más completa de todo esto es que: El videojuego de *E.T.* se estrenó en la "primera versión jugable".

¿Recuerdan la "primera versión jugable"? Una vez aprobado un diseño, el siguiente paso importante en el proceso de la programación de un videojuego es cuando todos los componentes básicos del mismo están integrados y todas las reglas del videojuego están implementadas. No es nada especial, es solo lo esencial. Es la primera vez que el videojuego se puede experimentar tal y como fue diseñado. A eso se conoce como la primera versión jugable. Ésta se realiza (con suerte) aproximadamente entre el 30 y el 50% del programa previsto.

La primera versión jugable de un videojuego es el primer punto de partida, puesto que es la primera vez que uno puede familiarizarse con el videojuego, ver lo que funciona y lo que no. Entonces después se da comienzo a la parte más importante del proceso de la programación, la fase del ajuste. Lo ideal sería que la mayor parte del tiempo de la fase de producción se dedicara a ajustar y mejorar el videojuego. En el caso de *E.T.* estaba muy claro que no tendríamos tiempo para afinar o perfeccionar ningún detalle del videojuego. El simple hecho de llegar a ser jugable por primera vez en tan solo cinco semanas es un logro muy significativo.

Otro problema fue la falta de tiempo destinado para repasar el videojuego. En los proyectos de creatividad es muy importante tener la oportunidad de hacerlos, hartarse de ellos, alejarse de ellos, despejar la mente y luego regresar a trabajar en el proyecto con otros ojos. Nunca tuve la oportunidad de tomar ningún descanso mientras trabajaba en el proyecto de *E.T.*, y eso puso una presión desmesurada en el diseño original para que este fuera perfecto. Lo que nos lleva al siguiente problema con el videojuego...

E.T. logró alcanzar casi el 100% de su concepto de diseño original. Por lo general, esto no parece que sea un problema.

"Hola, ¿cómo te fue con el proyecto?"

"Bien, hemos logrado el 100% de nuestro concepto original".

"Oooh, siento mucho escuchar eso".

Esta conversación me parece ridícula, lo cierto es que las versiones finales de los productos más exitosos son bastante diferentes de sus diseños originales. ¿Por qué? Porque *solo así mejoran*. Los diseños originales son solo puntos de partida por muchas razones, pero no verdaderos resultados. A medida que me abro paso a la visión de la realidad tropiezo con nuevos enfoques y perspectivas, creando nuevas posibilidades. Los buenos programadores tratan de conseguir que el resultado final sea mucho mejor que el proyecto original. Todos mis otros videojuegos se beneficiaron de esta trayectoria. *E.T.* no lo logró. Simplemente, no tuvimos tiempo.

Creo que la mejor manera de demostrar el valor del tiempo de afinación y la reflexión es a través de un proceso que demuestre la creatividad. Para ello, no se me ocurre nadie mejor que una de las grandes figuras de la creación del último milenio: René Descartes, René fue el famoso filósofo y matemático francés de los años 1600.

[NOTA para el lector consciente del título: Los filósofos son personas cuyo trabajo consiste en aportar chispas de conocimiento y sabiduría que se conviertan en lemas de marketing. Esto no se debe confundir con los ejecutivos de publicidad. Los ejecutivos de publicidad suelen emplear filósofos, pero exclusivamente por trabajo en nómina. A lo que se refiere a los matemáticos, no nos dejemos engañar por los títulos. "Un Matemático" es solamente una expresión de la antigua escuela para referirse a un nerd.]

Por último, he aquí la historia de uno de los logros más notables de Descartes (y que ya es historia).

René Descartes realizó diversas aportaciones a la humanidad, quizá una de su más famosas sea la frase *Cogito Ergo Sum*, lo que en latín significa "pienso, luego soy". (En el siglo XVII, nada tenía validez a menos de que estuviera escrito en latín). Todos conocemos la expresión (por lo menos creo que somos, por lo tanto debemos serlo). Sin embargo, muy pocos conocen la historia de cómo René llegó hacia esta joya. Eso no fue ningún relámpago al azar, mejor diría que eso fue la evolución de un proceso de creatividad constante.

Descartes se empeñó en buscar ideas filosóficas concisas y profundas, tal y cómo suelen hacerlo todos los filósofos. Un día, mientras merendaba, se le ocurrió una idea interesante: *Dooreetoe Ergo Numyo*, que en latín significa "Si como comida chatarra, entonces estoy delicioso". Esto nunca se puso de moda, porque incluso los primeros adoptantes en el 1600s no estaban del todo preparados para el concepto de la comida chatarra. Entonces decidió dar un paso atrás y reflexionar sobre el tema.

Después de una gran fiesta del día de brujas, René se sintió inspirado y dejando a un lado el concepto de comida chatarra, decidió tomar una ruta más esotérica como: *Incognito Ergo Summa*, que en latín significa "yo me disfrazo y por lo tanto soy maravilloso". René sintió que el germen de esta idea era algo especial, pero no estaba seguro de cómo hacerlo germinar. Entonces decidió contratar a un asesor de estudios de mercado para que lo comprobara. Las investigaciones de los encuestados mostraron una notable oposición a las frases que empiezan y terminan en vocales. Los resultados desfavorables fueron abrumadores, ya que los extremadamente opuestos y los algo opuestos sumaron más del 73% de la encuesta. Los encuestados también opinaron (por un margen de 2-1) que había demasiadas "N".

René se puso cabizbajo y con el tiempo se puso a pensar sobre los resultados. Pensó y pensó, hasta que finalmente empezó a pensar en el hecho de que estaba pensando. Una y otra vez se preguntó a sí mismo: "¿Estaré pensando?". Y cada vez la respuesta era "lo estoy". René perdió la visión de su objetivo y se obsesionó con su proceso. No podía dejarlo ir. Cuando su perseverancia incesante llegó a ser demasiada, entonces decidió hacerle una visita a su amigo y compañero de oficio, Auguste Rodin, que también vivía en Francia, justo un par de siglos atrás.

René pasó muchas horas compartiendo su inquietud, con respecto al pensamiento y la reflexión. Esto inspiró a Rodin a crear su famosa escultura, El Grito. Todo parece indicar que Descartes había logrado superar la tolerancia de Rodin y también la suya.

Al regresar a casa, René se dirigió directamente a su laboratorio, y comenzó a poner a prueba su proyecto *Incognito Ergo Summa* (yo me disfrazo y por lo tanto soy maravilloso). Recordando el análisis de mercado, se puso a destripar la cabeza y la cola. Después, eliminó las "N" y por último, se deshizo de la "M" al final de la palabra, que ahora le parecía innecesaria. *Et voilà!* (¡y ahí tienes!). Ha nacido la frase *Cogito Ergo Sum* (pienso, luego soy). La aportación de Descartes inició el racionalismo moderno y validó la metodología de las evaluaciones de los consumidores para los siglos venideros. Esperen, que aún hay más...

Como René era una persona que detestaba el desperdicio, él se preguntó qué haría con las letras descartadas. Se deshizo de las vocales, naturalmente, pues en Francia las vocales aparecen en todas partes. ¿Qué se podrá hacer con el resto? Tomó las consonantes sobrantes y las utilizó para crear una pequeña confección a la que nombró "*M&Ns*". Tristemente, esto nunca salió a la luz porque él nunca pudo escribir la receta en latín y solo se conformó con la colaboración filosófica. ¡*C'est la vie!* (así es la vida).

Quizá esta sea una historia real (aunque es poco creíble). Sin embargo, la realidad es que el tiempo de afinación y el tiempo de reflexión son factores importantes para el éxito de un producto creativo. En el caso de *E.T.*, ese tiempo no existía. Está claro que en el proceso de la creación, todo es un compromiso. En este caso, la falta de tiempo para el desarrollo del proyecto se intercambió por una abundancia de comentarios críticos.

Otro factor importante con el videojuego de *E.T.* fue el tiempo... el tiempo histórico. Trabajé con *E.T.* mucho antes de que existiera el Internet. Lo cual significa que no existía la posibilidad de "lanzar el videojuego", tampoco existía un comentario instantáneo de los usuarios y una vez que se recibía el comentario, no contábamos con la posibilidad de mejorar y actualizar el producto. Lo que lanza inicialmente es todo lo que habrá. Esto aumenta la tensión para que todo salga bien desde un principio. Imagínense lo siguiente: ¡Con Internet, yo pude haber empezado el videojuego el 27 de julio, trabajar en él hasta el 31 de octubre (tropezando con el itinerario) y aun así poder lanzarlo a la venta el 1ro de noviembre!

También estaba mi deseo/necesidad de innovar. Yo no solo quería terminar un videojuego en un tiempo récord, también quería hacer una contribución. Eso no es algo exclusivo para *E.T.*, eso es algo que quiero hacer en todos mis videojuegos.

El videojuego de *E.T.* fue el primer videojuego tridimensional (los jugadores se mueven alrededor de un cubo), *E.T.* también introduce el concepto de los poderes de localización. Todo lo que puedes hacer depende del lugar en el que te encuentres. También es un videojuego no violento, algo inusual para esa época. No estoy seguro si estas cosas contribuyen o perjudican el desarrollo del producto, puesto que estas opciones eran para facilitar la codificación de un videojuego. A pesar del itinerario ridículamente corto no tuve el tiempo suficiente para terminar el videojuego, todavía necesitaba abrir nuevos horizontes. Jamás me imaginé que 30 años después yo podría ser de nuevo testigo de cómo este mismo videojuego rompía todos los *horizontes*... en la ciudad de Alamogordo, Nuevo México.

Al principio, me molestó que Spielberg quisiera que yo hiciera una imitación de *Pac-Man*. Aunque debo admitir que, mirando hacia atrás, puede ser que él haya traído algo entre manos.

¿CÓMO PUEDO ARREGLAR A *E.T.*?

Los periodistas que están familiarizados con el videojuego a menudo me preguntan qué si existe algo que yo cambiaría del videojuego de *E.T.* Créanme que ya lo he pensado durante mucho tiempo. Hay tantas maneras en lo que esto podría suceder. Creo que la mejor manera de verlo es respondiendo a otra pregunta: ¿Cuánto tiempo extra tengo para hacer los cambios?

Digamos que solo tengo un día extra para trabajar en el videojuego. Teniendo en cuenta lo que sé ahora, ¿qué haría diferente?

Con un solo día, yo haría unos cuantos retoques para ganar la absolución de cometer el pecado de desorientación del jugador. Los siguientes son los cambios que yo podría hacer en un día para solucionar ese problema:

El jugador solo caería en una fosa al colocar la mayor parte de carácter de *E.T.* sobre el centro de una. Esto requeriría una acción mucho más firme que el simple hecho de tocar cualquier parte del jugador con cualquier parte de la fosa. Este cambio reducirá el efecto de la "triste sorpresa" de la caída.

Después, impediría que un jugador saliera de una fosa y volviera a caer otra vez en ella. Si el jugador regresará, este se ubicaría al lado de la fosa con el control de movimiento deshabilitado hasta soltar la palanca de mando. Así solo podrían volver a caer en la fosa de manera intencionada.

Lo último que haría es cambiar los refuerzos de las flechas para que cuando los personajes salten de una pantalla a otra siempre aterricen en un lugar seguro y lo mismo haría en el caso que necesitara entrar en otra pantalla. Me aseguraría de que el jugador nunca cayese accidentalmente a una fosa.

En mi opinión, siento que podría hacer estos cambios en un solo día siempre y cuando tuviese el tiempo y las ganas de hacerlo. Yo tenía la esperanza de que la tarea de la exploración mejoraría la dinámica del videojuego. Lo que no me esperaba era que los jugadores tuvieran expectativas reales. Los jugadores no veían gráficos abstractos interactuando entre sí, ellos solo veían personajes caminando en el videojuego y esperaban que estos se comportaran de una manera totalmente natural. No debería caerme en una fosa porque mi cabeza la toco, solo mis pies me podrán hacer caer en ella. Jamás me había tropezado con esta expectativa en un videojuego, pero todo eso se lo atribuyo a la gran calidad gráfica que Jerome incorporó a los gráficos del videojuego.

Si hubiese tenido una semana extra, entonces habría hecho lo anteriormente mencionado y también habría añadido tres cosas más. En primer lugar, añadiría una transición visual para poder caer y salir de las fosas. Esto hará que sea menos impactante y debería mantener al jugador enfocado a la dinámica del videojuego.

También añadiría una pantalla de radar para que el jugador pudiera ver si se aproximan seres humanos en las pantallas adyacentes.

Aunque lo más sensato que pude haber hecho fue hacer frente a la violación de la ley de Nolan. Eso es que añadiría indicaciones verbales de manera que el jugador supiera qué hacer en cada uno de los niveles. Ya fuese "construyendo un teléfono", "llamando a casa "o" reuniéndose a la nave espacial". Este pudo haber sido el primer videojuego doméstico con instrucciones en la pantalla. Eso también hubiese sido algo novedoso, útil y factible.

¿Y si hubiera tenido uno o dos meses más? Pues… entonces diseñaría el videojuego por completo, modificando los gráficos, las mecánicas y el diseño de forma significativa.

Aunque, honestamente, para la fecha en la que *E.T.* ya estaba terminado, yo también lo estaba. Quizás hubiera habido más tiempo para hacer un par de arreglos y cambiar algunas cosas, para entonces yo ya estaba tan lleno de *E.T.* que no podía aguantar ni una sola byte más. Yo ya no quería escuchar ni saber nada más de el. Además, si yo hubiera hecho algunas modificaciones el videojuego jamás hubiera llegado a la categoría de "no está mal", eliminando así su lugar en la historia de la industria de los videojuegos. Solo imaginemos todo el contenido de la cultura pop y de los medios de comunicación que se habría perdido para siempre.

Aún peor, no estaríamos aquí ahora, y me hubiera lamentado el haber perdido la oportunidad de charlar con todos ustedes de manera tan amena.

CAPÍTULO 16
PERDIENDO EL TIEMPO MIENTRAS SE QUEMAN LAS MEMORIAS

Para Atari, el año 1983 ha sido un año muy interesante. Primero pasa a la fase de recuperación, luego a cuidados intensivos y finalmente a la de soporte vital. Por supuesto, eso no significa que tengamos que lidiar con ello.

Gracias a una dosis enfermiza de negación, nosotros los ingenieros, nos sentimos invencibles mientras el suelo se desmorona bajo nuestros pies. Todos estábamos completamente aislados, tanto por dentro como por fuera, felizmente encerrados en nuestra burbuja.

Los *BMOBS* (los que creen en su propio síndrome de estupidez), aunque poderosos, no somos capaces de estabilizar nuestros propios cimientos, puesto que desconocemos de manera ostensible las primicias del terremoto que se nos avecina.

NO TE CULPAMOS

Otra cosa que faltó en el departamento de ingeniería fue la opinión de los clientes. Los cheques de los derechos de autor nos daban una idea de cómo iban avanzando las ventas, pero la información directa era muy limitada. Nosotros solo recibimos pedidos y notificaciones de licencias, y eso era todo.

Por ello resultó particularmente extraño que en el mes de febrero de 1983 uno de los vendedores se acercara a mí y me dijera: "Mira Howard, nosotros no te culpamos. Realmente nos ayudaste".

Le sonrió, agradezco sus bonitas palabras y le reitero que es un placer estar a su servicio. Al marcharse, solo me quedé pensando: ¿De qué demonios está hablando?

Esto sucedió un par de veces con personas del departamento de marketing o de administración. Estoy de acuerdo que no me culpen de las cosas, pero sería bueno saber que es lo que no hice. Aunque nunca preguntó. Supongo que es algo así como el por qué estropear el momento.

Ya han pasado seis meses desde que terminé el videojuego de *E.T.*, y hasta ahora la mayoría de los comentarios recibidos han sido positivos. Ese pequeño extraterrestre por fin está fuera de mi cabeza.

Ahora estoy totalmente preparado para hacer mi siguiente videojuego. Aún así, es algo bastante extraño escuchar... constantemente.

ME FASCINA CUANDO UN VIDEOJUEGO SE CONVIERTE EN REALIDAD

¿Cuál será mi próximo videojuego? Finalmente se me estaba ocurriendo una idea.

Tampoco es como que no haya pasado nada. Estoy desarrollando mi próximo éxito. Primero eché a volar mi secuela de La venganza de Yars porque necesitaba un mando de mano. Eso podría limitar las ventas, y es algo que mi ego exagerado de *BMOBS* (los que creen en su propio síndrome de estupidez) jamás toleraría. Necesito dar tres golpes con un cuarto y de algún modo jugarme todo... La cuestión es que creo que tengo un plan de diseño para el mando de mano, pero no tengo una idea que me guste.

PREPARANDO EL PERSONAJE PARA LA CONVENCIÓN *DE A-TEAM DE SABOTEUR*

E.T. fue el proyecto más corto jamás realizado en la videoconsola VCS. Mi próximo videojuego, *Saboteur*, sería el más prolongado. Si contamos desde el inicio al lanzamiento, *E.T.* solo tardó 36 días y *Saboteur* repasa los 20 años. Creo que eso sería un nuevo récord. *Saboteur* no saldría a la venta hasta el año 2004, dos décadas después de que yo terminara el proyecto.

El videojuego de *Saboteur* es mi retorno a los videojuegos de acción, es el tipo de videojuegos que yo he preferido, tanto como jugador y como creador. Después de varios meses de recuperación por el cansancio de diversos experimentos de videojuegos que fracasaron, finalmente me enfoqué en algo que creo que valdría la pena hacer. Se trataba de una auténtica odisea de acción en varias pantallas con una mecánica de videojuego jamás antes vista. Me llevó un tiempo prepararlo, y después un poco más para que Atari decidiera qué hacer con el.

¿Por qué? Porque durante el proceso de programación, Atari decide negociar la licencia de la serie de televisión Brigada A y me dicen que cambie la licencia original del videojuego *Saboteur* por la serie de televisión Brigada A. Esto significa que Jerome tiene que programar todo un nuevo conjunto de gráficos y yo tengo que reelaborar varias de las hipótesis para que el contexto de la nueva versión tenga sentido. Trabajar en el proyecto del videojuego de *E.T.* me enseñó que un videojuego no es nada más que un simple videojuego. Las reglas del videojuego influyen en gran parte en las expectativas de los jugadores sobre cómo debería ser la realidad en este mundo imaginario de baja resolución.

Por lo general todo esto está bien, no tengo ningún problema con la Brigada A, incluso me compré una gorra de *Mr. T.*, pero un día, el departamento de marketing anunció que la licencia no era tan buena y decidió cancelar el proyecto. En ese momento empezamos a cambiar el contenido del programa entre *Saboteur* y Brigada A, y llegamos a un punto en el que decidimos mantener dos versiones por si acaso se necesitará cambiar alguna. Estuvimos para atrás y para adelante unas cuantas veces, y cuando todo parecía indicar que era el momento de tomar una decisión y finalizar una de las versiones para su lanzamiento, nuestro mundo real de alta definición explotó y el proyecto del videojuego fue archivado.

Así como Los cazadores del arca perdida, el videojuego *Saboteur* se enfrentó a una serie de cambios turbulentos relacionados con el proceso de su desarrollo. Durante el desarrollo tuvimos dos traslados de edificio, dos cambios de director ejecutivo, muchos terremotos internos dentro de la empresa y un gran terremoto (de magnitud 6.2). A pesar de todo lo anterior, existe la posibilidad de que el videojuego no salga a la venta mientras yo esté trabajando en Atari. Veinte años después, la versión del videojuego *Saboteur* será resucitada, finalizada, empaquetada y finalmente lanzada (en conjunto con el videojuego de La venganza de Yars) en el sistema *Atari Flashback*.

Saboteur es mi sinfonía sin terminar. Se nota porque es el único de mis videojuegos que no tiene la firma del autor. Sin embargo sí cuenta con algunos Yars, que se habían graduado de estatuas ocultas de huevos de Pascua para convertirse en piezas explícitas del videojuego.

Parafraseando al líder de la Brigada A, el señor John "Hannibal" Smith: Me encanta cuando un lanzamiento se hace realidad.

NO HABRÁ SEGUNDO ACTO

En Atari existían dos tipos de personas, aquellos que esperaban que la videoconsola VCS durará para siempre y los que querían que los videojuegos pasarán al siguiente nivel con una nueva videoconsola que estuviera de moda. Por último, estaba el tercer grupo de dos tipos de personas, los que perdieron el control de la vejiga ante la idea de cortarnos el cuello lanzando al mercado una nueva videoconsola antes de chuparse hasta la última gota del río caudaloso de dinero de la videoconsola VCS.

A pesar de que todos sabíamos que algún día llegaría una nueva generación de videoconsolas, también era necesario recordar que la verdadera clave del éxito al lanzamiento de cualquier videoconsola consiste nada más y nada menos que en el tiempo. Lo ideal sería que, justo cuando las ventas en la vieja videoconsola caigan, la nueva videoconsola entra en acción y así se pasa el bastón de mando. El problema es que esto jamás había sucedido antes, así que no tenemos ni idea de dónde está el punto óptimo. Esta es la maldición del primer ciclo de vida del producto. En este caso, la decisión del lanzamiento de la nueva videoconsola se pospondrá lo más posible, pues desde el punto de vista de la directiva, el introducir un nuevo producto solo significa subestimarnos a nosotros mismos. Simplemente, sigamos sacando provecho de lo que ya tenemos. Lamentablemente, esta mentalidad les deja totalmente desprevenidos para poder hacer frente a lo que ocurrirá al final del primer y exitoso ciclo de vida de su producto.

Como último recurso, la directiva ha decidido que hay que sacar algo nuevo a la venta, y es entonces cuando se dan cuenta del enorme retraso que existe entre la fase de diseño y la de producción de una nueva videoconsola. Uh oh

Al verdadero estilo de *E.T.*, Atari se apresuró en reaccionar y se lanzó al mercado demasiado pronto y demasiado tarde. La videoconsola Atari 5200 salió a la venta justo a tiempo para el mercado navideño de 1982. Se anunció como lo último en la tecnología de videojuegos, en realidad era una computadora común y corriente, re-empaquetada con un nuevo control de mando el cual tenía sus propios problemas. Casi todo el mundo estaba decepcionado. Los ingenieros exigían una mejor tecnología, y el departamento de marketing quería más títulos de videojuegos para su lanzamiento. Los consumidores se molestaron cuando se dieron cuenta sobre el nuevo término técnico: Compatibilidad con versiones anteriores. Nadie podía jugar los videojuegos de la videoconsola VCS en la nueva videoconsola 5200. ¡UH OH!

El departamento de ingeniería también se había dividido. Existía una gran tensión entre los programadores de la videoconsola 5200 y los programadores de la videoconsola VCS. Por lo tanto, los beneficios de los derechos de autor de la videoconsola 5200 son mucho menos que los de la videoconsola VCS. Los programadores están sufriendo las consecuencias por querer trabajar en un futuro mejor. Por supuesto que eso cambiará con el tiempo. Pues en un par de años las ventas de la videoconsola 5200 superarán la ventas de la videoconsola VCS, eso todo el mundo lo sabe. Al fin y al cabo, nadie va a dejar de jugar. ¿Cierto?

Cuando uno trabaja en la industria de los videojuegos siempre se encuentra con nuevos juguetes y sistemas que explorar. El verdadero reto consiste en saber cuándo te la juegan a ti.

LA SOBERBIA Y LA CICUTA

Atari no era un lugar de un ambiente acogedor, pero sí cultivaba un sin número de detalles. El año 1983 fue testigo de un gran despliegue de malos hábitos, egos y privilegios. No fue para todos, pero algunos se destacaron por sí mismos. Cuando el éxito radical entra por la ventana la autocomplacencia y el privilegio se acumulan como el polvo. Poco a poco, el polvo se va acumulando hasta cubrirlo todo, empañando los colores y distorsionando la belleza original. Eso se manifiesta de diferentes maneras para diferentes personas. No hay una prueba más grande que una tarde en el estacionamiento que había detrás del edificio de Atari.

Este es el mismo estacionamiento donde nuestros coches de carreras a control remoto chocaban y se estrellaban unos contra otros en un ritual violento, sacando nuestros miedos y frustraciones reprimidas. Era nuestro derbi de demolición de alta tecnología y nos sirvió mucho. Hoy nuestra frustración se hace presente con una voz diferente y esa voz está junto a mí, haciendo brillar la punta de rubí de un cigarrillo de marihuana.

Algunos de nosotros estamos amontonados, lanzando nubes de humo, pero hay una voz que se distingue de las demás, una voz que aún está bronceada por unas vacaciones de lujo con todos los gastos pagados en un resort y (esta vez no soy yo). Según tengo entendido, recientemente, los directivos recibieron una gran compensación por parte de la empresa con el propósito de tranquilizarlos. Se terminan de fumar un toque y se pasan el cigarrillo de marihuana cortésmente. Entonces, con esa voz simpática de quien debe compartir un mensaje en el acto, pero no quiere exhalar, le dicen: "Sabes, ya no tenemos porqué soportar más esto. No nos pueden seguir tratando así". De hecho recuerdo haber pensado: *OMG*, ¡esta gente está perdiendo la cabeza!

Es sorprendente lo fácil que puede ser adaptarse a mejores circunstancias, y luego creer que éstas deben mejorar cada vez más. Para hacer un trabajo de calidad se necesita tener mucha confianza y ego. Es una condición necesaria, pero no suficiente. En otras palabras, se puede tener mucha confianza y ego y aún así diseñar basura. Aunque sin ninguno de los dos no podré llegar a ninguna parte.

La arrogancia fue el mayor aliado de Atari y en última instancia, su peor veneno. Muy a menudo, su audaz espíritu innovador se convertía en una desfachatez sin medida.

Para decir verdad, esa voz solía estar insatisfecha. Cuando llegué a Atari por primera vez, no podía creer lo increíble que era el ambiente de libertad y apertura, sin embargo eran personas (como Jim el de la pinza de cocodrilo) quien se paseaba por todos lados diciendo. "Este lugar era maravilloso. No puedo creer lo que está pasando". Con el tiempo, yo también llegué a decirlo. La diferencia es que, evidentemente, era verdad cuando yo lo decía.

SE AVECINA LA TORMENTA

Atari alcanzó un gran récord, y poco a poco se fue convirtiendo en la empresa de más rápido crecimiento en la historia empresarial estadounidense. Cuando se trata de escalar la montaña del éxito, en Hollywood existe una frase que dice:

> "Sé amable con la gente que encuentras en tu camino hacia la cima porque te los encontrarás en el camino de descenso".
>
> WILSON MIZNER, AUTOR TEATRAL Y EMPRESARIO

Sin embargo, este no era el lema de Atari. El estilo de Atari era más o menos así: Cuando estés ganando la carrera hacia la cima más alta de la montaña, arroja tu basura sobre los otros alpinistas. Al fin y al cabo, éstos no son más que el botín de la victoria y así es como juegan los grandes.

Esta filosofía se practicó de una manera continua a través del tiempo y ayudó a Atari establecer otro importante récord. Atari también se convirtió en la empresa de más rápida descendencia de la historia empresarial estadounidense.

Tal y como viene se va. ¿Alguna vez han visto que las escaleras mecánicas suelen moverse de dos en dos? Por cada escalera mecánica que sube siempre hay otra al lado que está bajando. En muchas ocasiones parecía que nosotros estábamos parados sobre las dos escaleras al mismo tiempo, lo cual es una rara sensación. Al principio está bien, pero poco a poco se vuelve más incómodo y llega al punto que los dos pies se empiezan a separar.

Mientras las cosas seguían progresando para mí y para el videojuego de *E.T.*, en la empresa aún existían pequeños duendes circulando por sus pasillos empujándonos al desplome. A finales de 1982, el panorama empezó a ser menos halagüeño en las oficinas de los ejecutivos y comenzamos a ver señales de que los ejecutivos estaban leyendo algunas hojas de té bastante tóxicas.

Por supuesto, incluso sí las señales son claras, no significa que tengas que leerlas. Es como dijo Ayn Rand: "Puedes ignorar la realidad, pero no puedes ignorar las consecuencias de ignorar la realidad".

Todos estábamos como la gente que festejaba en Pompeya, maravillados por el humo que salía de la montaña. Ver cómo los dioses nos deleitan con hermosos atardeceres en estos días, deben de estar muy felices. ¡Que empiece la fiesta! Entre los presentes no había geólogos que les dijeran lo contrario a estos pompeyanos enfiestados.

CAPÍTILO 17
QUIEN DETENDRÁ LA LLUVIA

Por ahora, el desierto es hermoso, no hay más que un cielo inmenso y un horizonte claro e infinito. Solo estamos dejando pasar el tiempo, esperando a ver si las gigantescas máquinas amarillas encuentran algo que valga la pena.

Mirando hacia el oeste, en dirección al Parque Nacional de White Sands, todo parecía estar bien... hasta que miro un poco más de cerca. A través del viento brumoso y distorsionado por el calor que se eleva desde el suelo del desierto, lo que yo creía que era un horizonte despejado en realidad es un inmenso muro blanco que se dirige hacia nosotros. La arena blanca del parque de White Sands solo está alimentando la próxima avalancha medioambiental. Hasta ahora todo está bien, aunque todo es solo cuestión de tiempo...

Yo estoy aquí en el desierto, rodeado de todo tipo de personas, desde operadores de maquinaria pesada hasta vendedores de bocadillos ligeros, de dirigentes cívicos locales hasta jugadores de videojuegos clásicos ambulantes. Los más interesantes de todos son los antropólogos. Creo que la última vez que mire a un antropólogo fue cuando Margaret Mead aún estaba en la universidad. Ahora que lo recuerdo, me doy cuenta de que los antropólogos son una parte esencial del proceso de un descubrimiento.

Los antropólogos son los detectives de la historia que se ha perdido en las culturas antiguas. Nosotros los necesitamos en esta misión para que ellos busquen los restos de la cultura perdida de Atari, y quizás nos ayuden a descubrir las razones de su desaparición. Cuando se trata de cultura corporativa, Atari es un verdadero filón.

La cultura es lo que creó a Atari... y en última instancia fue lo que la llevó a la destrucción, arrastrando consigo misma toda la industria a lo largo del proceso.

Yo llegué a Atari en medio de la enorme migración cultural de Nolan

Bushnell hacia Ray Kassar. Fue una época interesante y nefasta.

Fue similar al muro de arena blanca que se acercaba a nosotros, la caída de los videojuegos ya se estaba acercando. Hubo dos cosas que lo hicieron inevitable: primera, la existencia cultural y segunda la falta del conocimiento.

UN ENFOQUE CULTURAL

Una vez que la empresa Warner asume el control, nombran a Ray Kassar presidente de la empresa. Poco a poco, pero de manera segura, las cosas empiezan a cambiar. Los cambios no son malos. Los avances producen cambios. Sin embargo, esta transición en particular es el cambio del régimen de Nolan (el cual favorece a las personas que diseñan cosas) por el régimen de Ray (el cual favorece a las personas que ganan dinero de las personas que diseñan cosas). Este es un cambio cultural bastante épico.

Hasta cierto punto, la historia se narra en su primer encuentro. El primer día que Ray Kassar llega a la empresa, él se presenta vestido como un verdadero ejecutivo (de traje y colonia), le presentan a Nolan Bushnell quien está vestido a la moda Atari (camiseta y pantalones de mezclilla). Es más, en el año 2011 en una entrevista de prensa Ray dijo que aquella camiseta que Nolan llevaba puesta expresaba de manera vulgar el deseo íntimo y físico de Nolan. Nolan lo niega rotundamente y jamás he escuchado que la opinión de Ray fuese corroborada por ningún otro veterano de Atari. Basando en los años que trabaje con Nolan, yo creo que él aspiraba a algo mejor e incluso si el sentimiento hubiese sido de índole amoroso, entonces esta camiseta lo pondría en un lugar mucho más explícito.

Esta transición es la historia de dos culturas que no podrían ser más diferentes. Es la transición de una administración consciente de la producción a una administración inconsciente de la producción.

La cultura de Nolan era una cultura dedicada a la creatividad. Estaba basada en las estrellas de rock y en la creación de mejores videojuegos. Era una cultura conectada con el origen del producto.

La cultura de Ray era una cultura de cumplir con las fechas de entrega.

Se trataba de licencias previamente vendidas y de sacar a tiempo los productos a la venta. Era una cultura indiferente, totalmente desconectada de la creación y del producto.

Nolan cultivaba a los programadores. Él era el tipo de persona que le daba prioridad al producto y de esa forma él administraba toda la empresa. Esto inspiró la creatividad en muchas personas. Los programadores lo adoran y lo seguirán a cualquier lugar que él se fuese, (y lo hicieron durante varias décadas con empresas posteriores a Atari). Esto es un fuerte contraste con la aparente indiferencia de Ray Kassar hacia los programadores y su falta de deseo para reconocer su valor. Creo que sería más preciso decir que él ignoraba su valor, aunque para muchos eso parecía muy malintencionado. Fue como la vez que él le dijo a David Crane y sus compañeros de que ellos no eran más que un montón de diseñadores de toallas de baño. Dicha actitud inspiró la enemistad entre aquellos que él más necesitaba para alimentar y mantener su éxito.

Atari necesita innovadores, pero los innovadores vienen con límites de fábrica. Las cuestiones de límites nos ayudan a pensar desde fuera de la caja, pero nos perjudican a la hora de mantener los brazos y las piernas dentro de un vehículo. Nolan tenía la habilidad de crear un espacio libre alrededor de la caja y así poder dar cabida a los innovadores. Por otro lado Ray y sus colegas están empeñados en regresar a los innovadores a la caja. Este truco nunca funciona.

Los programadores pueden ser gestionados, pero hay que tener cuidado de no manipularlos. La mayoría de los programadores tienen predilección por dos cosas: La venganza y el resentimiento. Los directivos que inspiran estas habilidades difícilmente permanecen en el puesto.

En última instancia, la actitud de Ray condujo al éxodo de los programadores más importantes, lo que provocó la formación de un competidor lo que condujo al descubrimiento de que Atari se había olvidado de asegurar los derechos legales de la videoconsola VCS lo que condujo a la revelación de los inmensos ingresos de los videojuegos lo que condujo a un frenesí de los financiadores lo que condujo a un exceso de formación de nuevas empresas lo que condujo a la saturación del mercado con videojuegos de mala calidad lo que condujo al colapso de la industria lo que condujo a esta frase mal formada. Quizás un poco más de dedicación y atención inicial hacia los programadores, hubiese dado mejores resultados a medio y largo plazo.

Siempre habrá señales en la autopista de la transición, el secreto consiste en saber reconocerlas. Como todos sabemos, estas señales son mucho más fáciles de leer en retrospectiva.

Uno de los factores principales de la transición cultural (y de la decadencia) es la sustitución de las lluvias de ideas por un intercambio de críticas y culpabilidades. Las lluvias de ideas que se realizaban fuera de la empresa también desaparecen, pero las extravagancias masivas del personal de ventas aún continúan.

Otra tradición que se marchita y eventualmente se muere son las fiestas vespertinas de los viernes. Estas fiestas no solo eran una forma de beber y de divertirse, también eran el principal recurso para la interacción interdepartamental. Un sinnúmero de grandes ideas surgieron de las charlas casuales entre colegas de trabajo que, en otras circunstancias no habrían coincidido con sus agendas. Estas fiestas eran un componente esencial del régimen de Nolan. Al desaparecer, el vínculo interdepartamental también desaparece con ellas. Una gran pérdida para muchos.

Atrás quedaron los días en los que los ingenieros hacían duelos en las máquinas de árcade para decidir quién haría la próxima versión de un videojuego para el hogar. Ese método de asignación refleja en sí la existencia de una cultura centrada exclusivamente en hacer un mejor videojuego.

Otro lugar donde la transición es dolorosamente obvia es en los requisitos para el lanzamiento de venta al mercado. ¿Cuándo estará terminado el videojuego? Anteriormente, para que un videojuego pudiera salir a la venta era necesario ser aprobado por el creador/jugador, mientras que ahora nada más predomina el calendario. Si el videojuego tiene suficiente potencial de venta y el departamento de control de calidad dice que está lo suficientemente exento de errores, entonces podrá ser lanzado a la venta. Éste es un cambio muy significativo.

Con frecuencia me preguntan: ¿Cuándo fue que las cosas se empezaron a desmoronar? Eso sucedió cuando el propósito pasó de hacer buenos videojuegos a cumplir las fechas de entrega. O si no se deshace, al menos está enganchado y deshilachado.

Otro factor que contribuyó de gran forma a la desaparición de Atari fue la transición de la meritocracia a la egocracia.

Toda empresa, independientemente de que tenga miles de empleados o solo uno, deberá cumplir tres funciones básicas. Primera; "el departamento de ingeniería" debe crear y mantener el producto, la segunda; "el departamento de ventas y marketing" debe anunciar, vender y distribuir el producto, y la tercera; "el departamento de gerencia" debe mantener en funcionamiento la productividad de la empresa.

A decir verdad, el mayor éxito se consigue cuando las tres cosas se practican de manera adecuada puesto que cada una de ellas se nutre de la otra. Por supuesto, la realidad no es lo mismo que la verdad. Todos compartimos una realidad, pero cada uno tiene su propia verdad.

En una meritocracia, todos compartimos la misma verdad: Aportemos nuestra mejor contribución, manteniendo nuestro compromiso con el de los demás.

Sin embargo en una egocracia, el departamento de ingeniería, el departamento de marketing y el departamento de administración cada uno tiene su propia verdad:

La verdad del departamento de ingeniería es: Sin nosotros nadie va a ninguna parte porque nosotros creamos el producto. Si nosotros preparamos un producto mejor, entonces ustedes tendrán mejores ventas, así que déjenos en paz y permítanos darles el gran producto que todos están esperando.

La verdad del departamento de marketing es: Nosotros podemos vender cualquier cosa. No importa lo que sea. Lo único que no podemos vender es algo que no existe, así que dejen de jugar con ello y ya entréguenlo. Lo venderemos a tope y todos saldremos ganando.

La verdad sobre el departamento de administración es: Esta gente del departamento de ingeniería y del departamento de marketing están completamente locos. Están tan seguros de sí mismos que no se dan cuenta de lo importante que somos. Sin nosotros, no pueden lograr nada. Solo tenemos que asegurarnos que su actitud no nos termine costando dinero, prestigio, productividad y en definitiva ganancias.

Cada uno de ellos cree que es la clave del éxito, siempre y cuando los demás no la estropeen. Esto es un comportamiento *BMOBS* (creer en su propio síndrome de estupidez) a su máxima expresión. Hoy en día como terapeuta, también veo este tipo de actitud en las relaciones de pareja. Es muy sorprendente ver cómo personas que necesitan trabajar juntas, puedan pasar tanto tiempo culpando a los demás. El culpar a alguien en una relación es como decir: "Tu lado del barco se está hundiendo".

Cuando la gente piensa que un departamento principal de una empresa es innecesario, es sin duda una muestra de patología empresarial. Una empresa bien gestionada toma en cuenta las aportaciones de todos sus trabajadores y mantiene a un personal al que vale la pena escuchar.

La administración en el Atari de Ray, estaba sorprendentemente alejada de nuestro producto. No se espera que un director ejecutivo sea una persona que se dedique por completo a la programación, pero para poder tomar buenas decisiones se espera que conozca lo que implica la creación de un producto y lo que lo distingue.

Consideremos lo siguiente: En una época en la que los videojuegos tardaban seis meses para diseñarse y producirse, el contrato de licencia cinematográfica más grande de la historia concedió solamente 36 *horas* para el diseño y menos de cinco semanas para la producción. Les llevó más tiempo el negociar los derechos de la licencia que el que les llevó para hacer el videojuego. Además, nunca consultaron a las personas que deberían entregar el videojuego hasta que ellos firmaron el contrato. Creo que esto les dará una idea de cómo funcionan las cosas en el Atari de Ray.

Yo también soy culpable. Cuando los adictos a las licencias finalmente fueron a comprar sus recetas, yo fui el único médico que dijo: "Por supuesto que sí". Otro triunfo más para los *BMOBS* (los que creen en su propio síndrome de estupidez).

No fue el videojuego de *E.T.* el que causó la caída de los videojuegos. Sin embargo, sí es sintomático de la forma de pensar que provocó la caída. Para mí significa que esta mentalidad se ha visto coronada por el éxito.

La transición cultural de la empresa Atari produjo un cambio drástico tanto en la percepción del mundo corporativo como en los resultados de la empresa. Durante el régimen de Nolan no se trataba de darle sentido a las cosas, sino de divertirse y finalmente terminó ganando mucho dinero. Bajo el régimen de Ray no se trataba de tener sentido, sino de ganar dinero y así fue al principio, aunque al final terminó en un desastre.

Mientras Nolan intentaba *aprender* cómo administrar este nuevo tipo de negocio. Sucesivamente Ray fue contratado con la idea de *saber* cómo administrar el negocio, independientemente de si lo hizo o no. Yo creo que él (y los administradores de la empresa Warner) consideraban que sí que lo sabía hacer.

Cuando pasamos de intentar aprender a asumir lo que sabemos, siempre hay un precio alto a pagar y este es el verdadero precio de *BMOBS* (Creen en su propio síndrome de estupidez). Esta es una actitud que nos aleja de la creatividad productiva y nos empuja hacia un juicio mal fundado.

El cambio cultural fue uno de los dos principales contribuyentes a la gran caída de los videojuegos. Su confluencia formó un poderoso río que a su vez inundó el valle y devastó toda la comunidad.

NADIE SABE NADA

William Goldman fue un guionista ganador de dos Oscar y un miembro perspicaz de la comunidad cinematográfica de Hollywood. Él es el autor de varias películas clásicas de todos los tiempos, aunque su frase más famosa no fue sobre una película, esta fue sobre la industria del cine. La regla fundamental de William Goldman en Hollywood era: Nadie sabe nada.

Cualquiera que tenga una relación de pareja entiende este concepto. Cuando tratamos de adivinar lo que les va a gustar a los demás, debemos de recordar que los aciertos son difíciles de predecir y los fallos pueden resultar *muy* caros.

Creo que la regla de Goldman también se aplica al ámbito de los videojuegos. De hecho, el nadie sabe nada es el otro gran problema tributario de la gran caída de los videojuegos.

Tal vez recuerdas que lo mencioné varias páginas atrás, cuando te comentaba sobre la causa de la caída de los videojuegos: Fue el primer ciclo de vida del producto.

Ahora vamos a desempacar.

La empresa Atari fue la primera empresa importante en el nuevo y brillante campo de la tecnología. Era la primera vez que un sistema de videojuegos salía de la atmósfera. Lo más importante a recordar sobre el territorio inexplorado es: Que estaba sin explorar. Las aventuras más atrevidas pueden regresar con grandes tesoros, eso es si regresan.

Al igual que cualquier nueva empresa, siempre hay preguntas esperando una respuesta. La más importante de ellas: ¿Qué preguntas debería hacer con respecto a esta nueva empresa? Todavía no sé lo que no sé. Ese es precisamente el reto de las nuevas empresas: es una carrera de fondo para ver si puedo aprender lo esencial antes de que mi ignorancia me acabe.

He aquí una pregunta: ¿Qué tipo de negocio es este? Atari se hacía pasar por una empresa de tecnología, pero es claro que su producto consistía en el entretenimiento. Lo cual es la especialidad de Warner, así que es lógico asumir que ellos entienden bien el negocio. Aunque no era tan sencillo.

Atari era una empresa híbrida. Era el nuevo tipo de empresa para la creación de un nuevo medio de entretenimiento interactivo. La videoconsola VCS fue la primera criatura que prosperó auténticamente en este nuevo mundo. ¿Con qué la alimentamos? ¿Cuándo le cambiamos de pañales? ¿Qué tan apestosos están los pañales? Los padres preocupados están buscando respuestas, debemos de recordar que este es el primer ciclo de vida de un producto de gran importancia dentro de una nueva industria, lo que significa que nadie sabe nada.

OK, sí sabemos una cosa: habrá problemas. De hecho, habrá tres tipos de problemas.

Yo me refiero a viejos problemas como la estructura empresarial, la fabricación del producto y la distribución del mismo. El departamento de marketing debe convencer a los consumidores de que se trata de un producto de lujo. Existirá la política, las luchas de poder y los conflictos de intereses. Tampoco hay nada nuevo en *BMOBS* (los que creen en sus propias estupideces).

También surgen nuevos problemas, como la gestión de todo un mundo nuevo. ¿Existen nuevos planes? Después, nos encontramos con el surgimiento de los obreros intelectuales. No se preocupen, eso se los explicaré en breve. (¡Whoa! Tranquilo, Bob.)

Luego está el tema del ápice, esto es lo último en la tecnología. Cuando está roto, nadie sabe cómo arreglarlo. Cuando funciona, nadie sabe qué hacer con el. Es la solución en busca de un problema.

Nadie conoce con exactitud la evolución del primer ciclo de vida de un producto. Sin embargo, mi madre sabe cómo debe de ser: "Los errores siempre se cometen en el primer intento".

Warner compra la empresa y empiezan a usar a Nolan Bushnell. Cuando llega el momento de instalar su propia directiva, eligen a Ray Kassar, una persona que no tiene el mínimo conocimiento en la tecnología ni en el entretenimiento. Sin embargo, él es experto en los juegos del poder empresarial.

Ray alcanzará su gloria y luego todo se derrumba y se quemará. ¿Hubiese Nolan creado la misma situación? Quizás no.

Nolan vendió la empresa antes de intentar llevarla a la cima. La vendió por menos de 30 millones de dólares, justo unos años antes de que alcanzará el billón de dólares. ¿Por qué lo hizo? Porque en ese momento él no podía sacar a la empresa Atari a la bolsa y no disponía del dinero necesario para lanzar su revolucionaria idea. Así es el dilema de los pioneros. La única posibilidad de asegurar un parto saludable era buscando ayuda. Entonces entra Warner Communications Inc. Desde luego, esto crea el efecto de "demasiados cocineros batiendo la misma olla".

A pesar de todo el parto fue un éxito y el niño pudo salir adelante. Era un bebé hermoso, el cual portaba un defecto congénito que, más que cualquier otra cosa, abrió paso a la gran caída de los videojuegos a principios de los años 80: Se olvidaron de bloquear la videoconsola.

Recordemos la analogía entre la música y los discos de vinilo. Tenemos el producto (el disco) y el reproductor (el tocadiscos). Los fabricantes hacen los tocadiscos, los productores crean la música. A los tocadiscos no les importa quién haya fabricado un disco. Si el disco se adapta al tocadiscos y la ranura sostiene la aguja, el disco suena. Al principio, los fabricantes fabricaban ambas cosas porque nadie más sabía cómo fabricar un disco. Con el tiempo, la gente aprendió cómo fabricar discos por su cuenta. En poco tiempo, muchos productores se dedicaron a hacer sus propios discos y a venderlos. Esto no les convenía a los fabricantes, puesto que reducía las ganancias por la venta de música. Sin embargo, como los tocadiscos no podían elegir los discos que iban a tocar o no, la industria musical creció de tal manera que permitió la integración tanto de los fabricantes como de los productores.

El primer sistema de videojuegos doméstico tomó el mismo camino, tenemos un disco (cartucho) y un sistema de entretenimiento (consola). La diferencia es: Una consola de videojuegos *puede* decidir qué cartuchos va a poder ejecutar o no *si* la programas para hacerlo. A eso se le llama bloquear la consola. Todas las consolas de videojuegos modernas lo hacen, lo cual permite a los fabricantes como (Sony, Microsoft, Nintendo) controlar (y cobrar) *todos* los lanzamientos de videojuegos a sus propias consolas. Por cierto, una "videoconsola moderna" significa que es posterior a la videoconsola VCS. Si Atari hubiera "bloqueado" la videoconsola VCS, el exceso de basura que obstruyo los desagües se hubiese podido evitar. Sin embargo, no lo hicieron.

En aquel entonces quizás no parecía necesario por dos simples razones. En primer lugar, la tecnología de los videojuegos era mucho más compleja que la de los tocadiscos. En segundo lugar, porque no había muchos sistemas por lo que el potencial de ganancias era bastante limitado... ¡hasta que la videoconsola VCS despegó!

Aún así, haría falta alguien con conocimientos de ex-empleado para entender cómo administrar la empresa. Así como los empresarios financieros tendrán que familiarizarse con el enorme y lucrativo potencial. Puede ser que los ex-empleados también lo sepan.

¿Dónde podremos encontrar a un ex-atariano con experiencia en la tecnología? Ray se encargará de ello muy pronto. También cuando otros competidores/productores empiezan a hacer videojuegos para la videoconsola VCS, Ray les responde dándoles una paliza con sus abogados. Una vez que el humo se disipa, resulta que cualquier payaso que pueda hacer un videojuego en cartucho tiene la libertad de venderlo en la videoconsola desbloqueada y todos los payasos hacen lo mismo. En un mundo sin reglas, la calidad del videojuego se hunde de forma abismal.

Atari es sinónimo de innovación. Las innovaciones y avances de nuestra tecnología atraen a las personas por su imaginación y las compensan en la realidad. Nosotros nos beneficiamos mucho de ellas, pero por desgracia, nuestras actualizaciones legales beneficiaron a la competencia y nos acabaron matando a nosotros. Esto no fue una estupidez, es solo que nadie lo sabía. Ese ha sido el precio a pagar por el primer ciclo de vida del producto.

Atari cometió muchos errores, bloquear la videoconsola habría absuelto muchos pecados. Sin embargo, no hubiese cubierto lo siguiente...

En las empresas existen dos tipos de personas que las impulsan al éxito: Tenemos a los pioneros, que crean explosiones que dan lugar a nuevos productos de éxito o a cráteres. Por otro lado, tenemos a los encargados del mantenimiento de las empresas que crean estabilidad y permiten un funcionamiento fluido y productivo.

No hay nada mejor o peor entre los primeros y los segundos. Ambos aportan valor y ambos cometen errores, pero sus habilidades y sus puntos de vista no coinciden. Los dos pueden ser eficaces siempre y cuando se mantengan en la misma fase de la empresa.

Desgraciadamente para Atari, en la fase en que la innovación era necesaria para poder prolongar la vida de la videoconsola VCS y crear una nueva generación de videoconsolas, Warner pasó de ser un innovador a un encargado del mantenimiento empresarial. ¿Quién lo iba a pensar?

Todo esto es muy teórico. Veamos cómo se desarrolló...

Cuando Warner se hace cargo, ellos van en busca de un nuevo líder para llevar a hervir esta salsa que se está cocinando a fuego lento. Entra Ray Kassar.

Ray procede de una importante empresa textil multinacional, con un perfil de gestión empresarial tradicional. Eso le gusta a Warner puesto que los grandes ejecutivos corporativos prefieren que otros grandes ejecutivos corporativos manejan sus empresas. Eso tiene sentido. Por desgracia resulta, que el concepto de gestión textil no encaja en la industria del entretenimiento tecnológico. Esto es algo absurdo, aunque está hecho de manera sensata. La clásica directiva comete el clásico error.

Warner nombra a Ray Kassar como director ejecutivo, y poco después las cosas empiezan a despegar. Decenas de millones de dólares se convierten en cientos de millones de dólares. Ahora todo el mundo es un verdadero genio. Ray es un genio por crear esta obsequiosa recompensa en forma monetaria. Los ejecutivos de Warner son unos genios por comprar Atari y por poner a Ray al frente. Esos son los hechos, pero ¿qué pasó realmente? Hay dos maneras sencillas de verlo:

Una de ellas es: Ray es un excelente director ejecutivo que se encontró en el taller un avión que funcionaba muy bien. Valiéndose de algunas piezas de repuesto que encontró tiradas por ahí, él transformó el avión en un cohete y lo lanzó al espacio.

La otra es: Nolan construyó un cohete de gran potencia. Lo colocó en la plataforma de lanzamiento, lo calentó y lo dejó listo para despegar... y luego se lo vendió a Warner. Ellos cambian de directiva y Ray Kassar llega y contempla el despegue del cohete.

¿Qué fue lo que pasó? ¿Qué más da? Aparentemente, nosotros tomamos muy buenas decisiones y nos va muy bien. Obviamente, ¡somos lo máximo! Es como dice el dicho: El éxito tiene mil padres, pero el fracaso es huérfano.

Existe una gran diferencia en cuanto a cuál sea la verdadera razón. Reflexionemos sobre esto:

El entretenimiento tecnológico es la frontera salvaje en el mundo de los negocios. Los ejecutivos de la empresa Warner intentan utilizar un razonamiento convencional en una situación muy poco convencional. Ellos hacen lo que para ellos ha funcionado en el pasado ya que las personas se guían por sus cualidades, especialmente cuando se les paga mucho dinero para obtener buenos resultados. Eso tiene sentido.

Sin embargo, ustedes ya saben lo que pasa cuando uno espera que las cosas tengan sentido en Atari...

No hay duda de que la caída se acerca. ¿Qué les hace falta?

Atari no es una empresa típica, pero Ray sí es el típico director ejecutivo.

Un organigrama es el modelo clásico del director de una empresa, el cual proporciona su visión sobre el valor de los empleados. Desde la revolución industrial, los trabajadores de la línea de ensamblaje han ocupado el lugar más bajo del organigrama.

Las empresas modernas de software han modificado este concepto, y los contextos técnicos modernos le dan un giro de 180 grados. En el organigrama también se introduce un nuevo tipo de persona: El obrero intelectual. Los obreros intelectuales se encuentran en la parte más baja del organigrama, pero tienen un control sustancial sobre el producto. A menudo son más inteligentes o más perspicaces que sus superiores en el organigrama, lo que puede crear conflictos de ego y luchas de poder con directivos inseguros.

Nolan Bushnell sabía esto, lo cual lo convertía en la persona indicada para manejar este tipo de organización. Luego se vende a Warner, quienes no entendían nada sobre el manejo y por eso contrataron a Ray.

Ray veía a los programadores como la parte inferior del organigrama y así les trataba... al principio. Ray estaba seguro de sus habilidades, al igual como la mayoría de nosotros, no estaba consciente de sus puntos débiles. Él no sabía lo que no sabía. Por ejemplo, él no sabía que no sabía que los programadores son expertos en resentimiento y venganza. Así es como sabes que él no lo sabía:

Fijémonos en el incidente del diseño de las toallas. Cuando David Crane y sus compañeros (que pronto se conocería como Activision) empezaron a surgir, Atari tomó una decisión empresarial. Los directivos no creyeron prudente tomar un número de programadores que ganaban alrededor de 30 mil dólares anuales y subirles a 60 o 70 mil dólares anuales y agregarles algunos bonos. Recordemos esto: En promedio, un programador de videojuegos puede generar millones de dólares en ganancias anuales.

Esto es obviamente una decisión financiera bastante insensata, pero eso no se trataba de cuestiones económicas. Se trataba de una cuestión de egocentrismo. Aquí es donde la arrogancia levanta su horrible rostro en la historia de Atari. Nos encontramos frente a un típico director ejecutivo que se enfrenta a una situación de amotinamiento. Dice; no se puede tener trabajadores de línea de ensamblaje que nos digan cómo manejar el negocio y al mismo tiempo nos extorsionen monetariamente, simplemente estos se reemplazan y todo continúa hacia delante. En Atari no existía el concepto de los programadores de videojuegos como artesanos o artistas, ellos eran simplemente herramientas de producción y reemplazables como tales.

Ray no se dio cuenta de lo que tenía, y por lo tanto trazó una línea recta. Cuando la gallina de los huevos de oro se acercó a Ray a pedir más comida, Ray le dijo: "No. ¡Fuera de aquí! ¿Quién crees que eres?"

Fácilmente le pudo haber dicho, "Sabes qué, nosotros te vamos a preparar un aumento del salario con el que estarás contento. Por ahora, ve a crear más videojuegos". Aunque quizás él no podría decir eso.

Es posible que para esta persona, en este momento era imposible decirlo. Él era incapaz de ver que gastar un poco de dinero en los programadores podría ahorrar muchísimo dinero en la competencia en un futuro no muy lejano. No lo sabía, y en este caso su ignorancia le costó un precio muy caro.

La formación de Activision es la versión intelectual de una huelga. Solo que en lugar de una huelga tradicional en la que la gente no va a trabajar, ellos se van a la huelga por su propia cuenta y comienzan su propia empresa. Iniciar una nueva empresa de software es más sencillo que iniciar un proceso de fabricación tradicional. Este hecho hace que las empresas tecnológicas mal administradas tengan una mayor vulnerabilidad a la competencia de sus antiguos empleados.

Al principio, todo parecía que Ray sabía cómo hacer que se abrieran las puertas del éxito. Aunque cuando uno abre las compuertas es necesario recordar que debemos proteger la ciudad. Ray carecía de las herramientas necesarias para ello.

Ray dejó que el gato se escapara de la bolsa y los competidores brotaron como mala hierba (algunos de hecho haciendo un buen producto). La solución de Ray consistía en comprarlos o demandarlos. Ray se esforzó desesperadamente por solucionar los problemas (o al menos mitigar parte de la presión), pero ya era demasiado tarde. Las grietas continuaban apareciendo y las lucrativas ganancias se continuaban escapando. Esa ha sido una de las grandes ironías de Atari: Ray Kassar se convirtió en la persona encargada de tapar los agujeros del dique.

La tormenta se acerca y aquellos que la ven se hacen esta simple pregunta: ¿Quién detendrá la lluvia?

COMPASIÓN POR EL DEMONIO

Tengo la fortuna de poder narrar esta historia como terapeuta porque me ayuda a sentir empatía con todos los protagonistas, entre ellos Ray. Si yo la hubiese narrado como un ex-empleado de Atari o como ingeniero, esta no sería la imagen completa.

La curiosidad y el juzgar son dos cuestiones que suelen surgir en la terapia. Por lo tanto, el saber cómo manejarlas me permite interpretar mi mundo con mejor exactitud.

Un ejemplo: ¿Cómo crees que yo me siento con respecto a Ray Kassar?

Hasta ahora, yo he contado sobre mi convivencia con Ray y he compartido mis opiniones sobre algunos de sus actos, aunque creo que no he hablado sobre mis sentimientos hacia él.

A estas alturas, quizás pienses que él no me cae muy bien. Eso es juzgar. Esto está basado en (la historia hasta ahora), pero es solo una asunción. Por otro lado, prodías preguntarme cuál es mi opinión sobre Ray Kassar. Eso es curiosidad. El hacer preguntas nos permite obtener mejor información. Aunque, si me lo preguntaran en este momento, es muy probable que no conteste a tu pregunta a no ser que tú estuvieras aquí conmigo. Dado que esto es muy poco probable, por ahora pretendamos que sí lo estás para que yo pueda contarte.

Ray Kassar siempre me cayó bien, en todo caso yo disfruté del Ray que conocía. Esto no es ni para defenderlo ni para condenarlo. A mí alguien me puede caer bien y al mismo tiempo desaprobar o criticar sus acciones.

Por ahora, me gustaría señalar algunos aspectos sobre Ray y el porqué de las circunstancias de las cosas.

Esta no es la historia que cuenta que Ray era un idiota. Ray no era un idiota. Ray era un ejecutivo de negocios con experiencia, que no estaba familiarizado con el producto/industria para el que había sido contratado. Cuando uno no entiende una situación, es muy fácil hacer lo incorrecto por las razones correctas y siempre es difícil entender situaciones nunca antes vistas.

Nolan estaba un poco más preparado para gestionar este tipo de tareas, aunque él tampoco comprendía del todo los detalles del proceso de las videoconsolas. Esa es parte del precio a pagar por ser el primero. Nolan se equivocó totalmente sobre el aspecto legal de las cosas, pero nadie se dará cuenta de esto hasta más tarde, mucho después que él vende Atari. Las reacciones de Ray serían más inmediatas.

Ray no tiene experiencia en la gestión del entretenimiento o de la alta tecnología y Warner lo pone a cargo de una empresa de tecnología de entretenimiento de vanguardia en una industria totalmente nueva. En resumen, Ray es la persona equivocada en el lugar correcto. Sin embargo, los primeros resultados son un éxito rotundo.

Todo sale a pedir de boca y los ejecutivos de Warner le dan a Ray enormes bonos. Ray acepta sus bonos y se cree la idea de que él es un excelente director ejecutivo. Un director que ha hecho maravillas para Atari. Un clásico de *BMOBS* (Creer en sus propias estupideces).

¿Qué harías si accidentalmente lanzará un cohete al espacio que dará como resultado los elogios y las recompensas de los demás? ¿Los rechazarías? ¿Admitirías que no fue obra tuya? Se necesita mucho valor para no aceptar un bono de un millón de dólares. Lo más probable es que nosotros haríamos lo mismo que hizo Ray.

Por otro lado, cuando las cosas empezaron a romperse en Atari, fue dolorosamente claro que Ray no sabía cómo arreglarlas.

Nolan sabía cómo tratar a los programadores de manera que ellos se motivaran en el trabajo en equipo y en la productividad. Ray lo hacía de una manera que generaba resentimiento. Esta actitud terminó costando una fortuna y algunas deserciones fundamentales que se convirtieron en problemas colosales. Yo no creo que para Ray esto haya sido una cuestión de dinero, esto era más bien una necesidad para que las personas respetaran su estructura y reconocieran cual era su lugar. Aunque él había llegado con honestidad, para ese tipo de mentalidad, Ray estaba en la industria equivocada. La trágica malinterpretación de la situación le llevó a tomar una serie de decisiones erróneas y en última instancia, a la caída.

Ray Kassar no era un ángel y definitivamente él cavó su propia tumba. Sin embargo, le tengo empatía. Él fue considerado el gran genio que logró que Atari volase increíblemente alto, para después darse cuenta de que no tenía ninguna respuesta cuando el sol empezó a derretir sus propias alas.

EL DECLIVE Y LA CAÍDA DE ATARI

A principios de 1982, Atari se sentía como una fundación sólida que duraría para siempre. Fue el verano de 1982 cuando las grietas empezaron a aparecer y a finales del otoño ya había huecos enormes. Durante el año 1983 quedó muy claro que nadie sabía cómo arreglarlos. Los cimientos de la fundación comenzaron a desmoronarse, destruyendo así el sueño. Todo cayó tan rápido al vacío que fue sorprendente e impactante.

El cambio cultural, Nadie sabe nada y los *BMOBS* (Creer en sus propias estupideces) todos y cada uno de ellos se aliaron para enviar a la empresa más exitosa de la historia de Estados Unidos (y de su industria) a una espiral de muerte épica. Sin embargo, todo esto es muy teórico. He aquí mi opinión de cómo realmente sucedió...

Un importante exponente de la fuga de la fundación de la empresa es la venta de acciones por parte de Ray Kassar y de otro alto ejecutivo de Atari, que al parecer se deshicieron de una importante cifra de acciones de Warner (siendo Warner la empresa matriz de Atari). Hubo gente que sí se enteró de esta venta. No tanto la gente de Atari, sino más bien gente que trabajaban para la Comisión de Valores y Bolsa. Ellos lo notaron debido al momento en que se hizo la transacción. Las acciones se venden justo antes de que Warner anuncia sus resultados financieros, y las estadísticas son malas. Muy malas.

Aunque las implicaciones de una situación como ésta son múltiples, he aquí la principal: Esa acción despierta sospechas en el consejo directivo de la empresa Warner. No tanto por la venta de acciones (eso es solo especulación, que es más o menos su razón de ser). Lo que despierta sospechas es la entrega de los malos resultados financieros, el único y verdadero paso en falso de la empresa. Estos resultados precipitan el inicio de una rápida investigación sobre el asunto. Después de todo, Ray es uno de ellos y él es un ejecutivo veterano de un enorme grupo empresarial tradicional. Ellos lo nombraron en su puesto y tuvieron un enorme éxito. Seguramente él sabrá cómo arreglar las cosas, ¿verdad?

Bueno, después de la discusión y la reflexión todo indica lo opuesto. Al parecer, los miembros del consejo de la empresa Warner no están familiarizados con la definición de "último en la tecnología". Sin embargo, están íntimamente familiarizados con el significado de una caída del precio de las acciones. Por lo tanto esta situación provoca el despido de Ray en la primavera de 1983. Un fuerte golpe y un presagio de... ¿qué?

Poco a poco las cosas comienzan a desmoronarse. La publicación prematura de las malas estadísticas de Atari a finales del año 1982 (rebajan el precio del IOP de la empresa Imagic) y eso modifica por completo el estado de ánimo de la industria. ¿Cómo estará el estado de ánimo del departamento de ingeniería de Atari? ¿Estará lloviendo en nuestro maravilloso desfile? Definitivamente no. Bueno, pues digamos que podemos ver que las nubes ya se comienzan a formar, sin embargo yo sigo centrado en el lado bueno de las cosas. Nunca subestimes el poder del rechazo.

La directiva de la Warner, sin embargo, no puede permitirse el lujo de negarlo. Ellos necesitan actuar rápidamente. ¿Cómo podrán arreglar esta situación? En los primeros meses del verano del año 1983, los directivos de Warner deciden contratar a Jim Morgan, otro ejecutivo veterano de un gigantesco corporativo tradicional.

Por alguna razón, la gente de Warner parece no captar la idea de que los directivos tradicionales de las grandes empresas monolíticas no sean los más adecuados para dirigir una empresa tecnológica dinámica en un medio recién creado como es la televisión interactiva.

Quizás solo puedan ver más allá de ellos mismos. Ellos son grandes ejecutivos corporativos que han logrado todo, y tal vez este sea el único tipo de persona en la que ellos pueden confiar para hacerse cargo de la empresa. Por supuesto que solo estoy especulando. Yo se que necesitaría de alguien con experiencia en los negocios, la tecnología y la psicología para entender este tipo de situación.

A su favor, Jim Morgan plantea un nuevo plan para solucionar el problema. Siempre fiel a la mentalidad empresarial de principios de los 80, trae con él la mentalidad corporativa rompehielos: Si una empresa no está ganando dinero, es porque estamos pagando demasiado en salarios. Tras analizar las cuestiones durante un par de meses, empieza a reducir la nómina de la empresa. A principios de 1984, Atari pasa de tener más de 10,000 empleados a solo 2,000. Sin embargo, su cargo dura poco y él desaparece al no poder frenar la oleada de números rojos de la empresa.

Después de haber recurrido a "expertos" importantes, Warner por fin se da cuenta de que los grandes ejecutivos de las grandes empresas están mal equipados para salvar a esta patata caliente de la alta tecnología llamada Atari.

¿Y ahora qué? Atari, el buque insignia del éxito de Warner, está perdiendo dinero y está arrastrando a todo el imperio. Sus dos mejores intentos de salvar la situación por medio de gestiones no han hecho más que sondear lo último en la tecnología: La estructura de la empresa se había roto y nadie sabía cómo arreglarla. Bueno, hay un viejo dicho empresarial que acabo de inventar: "Si no puedes salvarlos, véndelos". Ya desesperados, Warner sale en busca de un comprador.

Se encuentran a Jack Tramiel. Jack no es el típico ejecutivo corporativo. Él es una persona interesante con una trayectoria extraordinaria. Después de sobrevivir del campo de concentración Auschwitz en Polonia, Jack abandonó su Polonia natal y emigró a los Estados Unidos. Él inició un pequeño negocio de venta de máquinas de escribir que se convirtió en una empresa multimillonaria, Commodore Computers. Luego, siguiendo la tradición de muchos empresarios exitosos, la empresa que él había fundado y cultivado de un simple sueño había crecido hasta el punto que ya no le entusiasmaba. Las disputas y los desacuerdos lo habían llevado a convertirla de una pasión a un simple trabajo. Ha llegado el momento de encontrar un nuevo reto, así que Jack renuncia a Commodore. Ahora está contemplando su próximo giro corporativo, y Atari parece estar listo para el despegue.

Warner está feliz de haber encontrado a Jack. Atari se compone de tres divisiones fundamentales: Videojuegos para el hogar, Computadoras para el hogar y Videojuegos para árcade. Los videojuegos de árcade son los únicos videojuegos que continúan ganando dinero de forma constante. Los otros dos están destrozando todo el panorama financiero de la empresa Warner, lo cual no es poco. Warner vende a los Tramiel las divisiones de videojuegos y la de las computadoras para el hogar a cambio de un poco más que una posición accionaria en la nueva empresa de Jack, eso lo hacen con el fin de eliminarlos de los registros financieros.

Es importante señalar que Jack Tramiel no es un experto en empresas, más bien él es un hombre dedicado en los negocios. También encarna la tradición de los empresarios de éxito: él sabe cómo hay que hacer las cosas, y se asegura de que continúen en esa dirección. Lo primero que hizo al llegar a la empresa fue convocar una ronda de entrevistas con los programadores actuales. También me dejó dos cosas muy claras: Una de ellas es cómo sería el nuevo ambiente de trabajo y la otra es de cómo *debería* de ser mi vida en casa. Fue una entrevista un poco interesante, por no decir otra cosa.

Sentado en la oficina ya conocida y con una nueva cara detrás de un escritorio, Jack me hace una serie de preguntas. Ninguna de ellas tiene que ver con la tecnología ya que eso no es lo que le gusta a él, pero tampoco tiene que ver del todo con los negocios. Me pregunta que si estoy casado. Le digo que sí y que mi esposa trabaja. En ese momento me dice que estoy fuera de órbita. Que mi esposa debería de quedarse en la casa, esperando con mis pantuflas para cuando yo regrese del trabajo. De hecho, eso es lo que me dice. Tiempo atrás yo había escuchado hablar de sus raíces y puedo apreciar de dónde viene. Él es una persona con valores diferentes, pero con una determinación similar. Jack es una persona botada a la antigua con respecto a los negocios, y aún más con respecto a la familia.

Al poco tiempo, los Tramiel llevaron a Atari de 2,000 personas a las 200. Yo sigo aquí. Ya no estoy tan entusiasmado de estar aquí como lo estaba antes, pero aún estoy aquí.

Tengo el presentimiento de que Jack y sus tres hijos llegaron a la empresa con una misión: la misión de crear un producto tan bueno que dejara a Commodore fuera del mercado. Creo que el videojuego que desean hacer sería "¡La venganza de Jack!" Sin duda no es "la creación de un nuevo videojuego", eso está muy claro. Al presentarme su plan, me doy cuenta de que no existe lugar para mí.

Consideré la entrevista detenidamente. Yo respeto a Jack inmensamente por ser un triunfador, un patriarca y un sobreviviente del holocausto. Sin embargo sé que no podría trabajar para él, definitivamente esa no es la manera en la que yo estaba acostumbrado a trabajar. Atari creó en mí un monstruo con el que todos mis futuros jefes tendrían que lidiar de una forma u otra.

Desde un tiempo atrás sobrepase el punto de esto "no es como era antes". Eso, en sí mismo, no está tan mal. Por otra parte, Atari era tan grande que podría caer en picado y seguiría estando muy por encima de las alternativas. Lo que me es difícil ver, es cómo la esperanza se convierte en desesperación. El ver cómo las lluvias de ideas se convierten en tormentas de culpa. El ver cómo mi tren de aderezo salta las vías y se precipita por las laderas del cañón. Una empresa majestuosa está perdiendo su figura y en última instancia, su razón. Cuando llegan los Tramiel, con ellos se extingue cualquier sueño persistente de volver a la cultura clásica de Atari.

Siento la derrota. Cascarones huecos de nuestro antiguo yo, todos vagamos por los pasillos sin rumbo, esperando que caiga la otra zapatilla mágica. Sabemos que algo totalmente diferente está por llegar, pero no sabemos qué será. De una cosa sí estamos seguros: este es el fin de una era. A lo largo de los años, no era extraño pensar ocasionalmente que el día de mañana podríamos no tener trabajo, pero era una cosa totalmente diferente pensar sobre la posibilidad de que no existiera un Atari.

A su tiempo, llega la noticia y ha llegado el momento de decidir: ¿Nos quedaremos en el nuevo mundo de Atari o aceptaremos el paquete de despidos? Por los detalles del contrato, está claro que el departamento de programación no es una opción estable. Es obvio que Jack está planeando hacer una computadora para el hogar, puesto que esas son las únicas posiciones disponibles. Anteriormente yo había trabajado en sistemas de operación y califico para quedarme. Aunque me doy cuenta de que unirme a este nuevo Atari sería esencialmente volver a trabajar en Hewlett-Packard y no puedo hacerlo. Elijo el paquete de despido y me voy a las laderas.

SAYONARATARI (ADIÓS ATARI)

Al contemplar las grandes áreas de Nuevo México debo reconocer que el desierto es un lugar hermoso. Naturalmente, dicha belleza se basa en una contingencia. Yo disfruto de la belleza siempre y cuando sepa que puedo dar la vuelta y entrar en un lugar con aire acondicionado donde haya comida y agua. Si no fuera así, contemplar este desierto desolado e interminable me inspiraría una reacción totalmente diferente.

Cuando pienso que me encuentro atrapado en un lugar carente de todo lo que necesito para triunfar, me viene a la mente uno de los momentos más tristes de mi vida. El día que me marché de Atari...

Ese día recojo mi taza de café negra con el logotipo dorado de Atari estampado en los dos lados y la colocó cuidadosamente en una caja de cartón. Esta taza me servirá para poner mis bolígrafos durante varias décadas. Aunque esto es solo el principio de una larga relación así que aquí estoy, poniendo esta icónica insignia en una caja de cartón cliché. Se ve muy bien, acomodada en el centro de mi látigo enrollado de Los cazadores del arca perdida. También está mi diploma del *Romper Room* (la fiesta infantil), cuidando de sus compañeros del recinto de aquel cartón sin techo. Este diploma siempre diligente ha sido testigo de todo. Aunque está recién limpiado, puedo ver algunas partículas de polvo blanco y fragmentos verdes borrosos atrapados entre el cristal y el borde del marco; Son los restos de las lluvias de ideas pasadas, de sueños compartidos y de proyectos realizados. Son tantos momentos hermosos, ¿cómo es que pueden caber todos dentro de una caja?

Repaso la oficina por última vez y la repaso haciendo un inventario minucioso de los muchos recuerdos, mientras busco si hay algún rezago que haya pasado desapercibido. ¿Cuántos millones de personas se han visto influidas por los muchos eventos celebrados en este lugar? Le doy las gracias a mi escritorio, levantó la caja y me dirijo hacia la puerta. Soy un muerto andando.

Caminando hacia la puerta, no escuchó ni mis pasos pues la maldita caja no se calla. Su sonido penetra en mi negación y hace sonar el gran final de mi muy breve estancia en el ámbito de la fantasía y de la verdadera satisfacción.

Se que habrán otros empleos, otras oportunidades, incluso otras empresas de videojuegos. Nunca habrá otro Atari. Las exageraciones de la infancia no siempre resultan de la misma forma en el mundo de los adultos. Es tan cierto en el mundo de los negocios como lo es en la vida.

La mayor parte de la gente se pasa el tiempo trabajando esperando poder irse de vacaciones. Yo me pasé el tiempo de vacaciones deseando volver a trabajar. Para mí, Atari era *así* de emocionante, así de gratificante y así de divertido. Por consiguiente, cuando esta se desmorona mi dolor es *así* de insoportable.

Mientras camino con "la caja" por el estacionamiento en esta fría tarde de otoño, me doy cuenta de que mañana no regresaré. Atari, mi sueño hecho realidad, se ha hecho pedazos y siento que los fragmentos se siguen quebrando a cada paso que doy. Después de más de mil regresos-mañana, hoy he perdido el único lugar al que realmente he pertenecido.

Eso hace que el frío del aire de la noche se sienta mucho más frío.

CAPÍUTLO 18
UN ACTO DIFÍCIL A SEGUIR

El intenso calor del sol del desierto se ve salpicado por las ocasionales borrascas de arena y esto no es de agrado para los periodistas. Los trozos de basura que vuelan causan daños en los aparatos de filmación y en los peinados elegantes de los periodistas. Todo el lugar está plagado de equipos de prensa. Cada uno de ellos es como una pequeña colmena de actividad, cuidadosamente colocada fuera del alcance de los demás. Es un circo periodístico.

Cada equipo de prensa cuenta con tres características importantes: Un camarógrafo, un productor principal (que lleva la voz cantante, literalmente) y el personal de cámara (fácilmente identificable por el vestuario y el peinado). Yo soy una de las personas que aparecen en la mayor parte de las tomas de filmación, así que a lo largo del día me iré alternando entre los diferentes equipos de prensa. Creo que haré alrededor de quince entrevistas antes de la puesta del ardiente sol.

Algunas veces, los acontecimientos dan forma a los medios de comunicación y a veces, los medios de comunicación dan forma a los acontecimientos, pero en este momento un grupo de prensa me está queriendo dar forma a mí o lo están intentando. Entre ellos está una rubia bronceada que es muy guapa, aunque me imagino lo que está debajo de las capas de colorete y la base de maquillaje. Ella se me acerca y me toma del brazo como gesto de acercamiento personal. Su sonrisa implica que me está preparando para la entrevista, pero su postura deja claro que me está posicionando para la cámara. Lo entiendo, ella quiere que yo esté de frente al sol para poder tener una mejor toma. Una buena decisión de su parte.

El único problema es que también le estoy dando la cara al viento. Ahora estamos en una pausa, pero la próxima tormenta de arena no puede estar muy lejos. Sospecho que ambos lo sabemos. Fingiendo ignorancia, le sugiero que cambiemos de lugar, para que el sol no me pegue en los ojos. Ella apela a mi vanidad y me explica que así saldré mejor en la cámara.

Yo me resisto y ella insiste. Me doy la vuelta por última vez, dando la espalda hacia el sol y la cámara (y el viento) y le aclaro que si quiere la entrevista, quizás ellas deba ponerse delante de mí. Ella mira al productor, intercambian cabeceos y ambos regresan a mi posición. Una buena decisión de mi parte.

Poco después de empezar, una fuerte tormenta de arena se abalanza sobre nosotros. Mi espalda la tolera con elegancia, la pobre reportera recibe un lamentable baño de arena en su rostro. No es la arena en los poros de su nariz, su boca y sus ojos los que inspira empatía, sino la forma en que su maquillaje retiene la arena en su rostro como si fuera un tipo pegamento. Esto le da a su cara cuidadosamente maquillada, un aspecto congelado, un extraño contraste con el calor del desierto. Me siento mal por ella, pero me alegro de no haber sido yo (y ni siquiera llevo puesto pintalabios).

Mirando del lado positivo: Después de todo este tiempo, parece que por fin he aprendido a ver venir los problemas... y también a agacharme.

LA VIDA DESPUÉS DE ATARI

Ay, pobre Atari. Te conocía tan bien. Yo había mendigado, desafiado y tropezado en un camino que cumplió la promesa que me había hecho a los 15 años. Ahora ese camino ha desaparecido, sin embargo la promesa permanece. Necesito encontrar la próxima fuente de motivación, si tan solo supiera cómo.

El trabajar en Atari significaba no tener que dar nunca explicaciones sobre lo que uno hacía. La gente conocía Atari y se entusiasmaba al respecto. Atari no solo era un empleo, también era una identidad con una autoimagen que me convertía en alguien interesante para los demás. También me convertí en alguien interesante para mí mismo.

Hay quienes dicen que perder el empleo perfecto es peor que no nunca encontrarlo. No estoy de acuerdo en eso. Si un rayo cae una vez, creo que siempre puede volver a caer. Eso me reconforta. Sin embargo, el pronóstico actual no muestra ni una sola nube de agua en el futuro previsible. Eso me entristece.

Creo que debería tomarme un tiempo libre, al igual que la industria de los videojuegos. Tengo suficiente dinero para tomar unas vacaciones, pero nada con respecto a los fondos de jubilación. Entonces decido invertir en un largo descanso, pasando mis días leyendo, mirando televisión, escuchando música, jugando y reconstruyéndome a mi mismo.

Las semanas se convierten en meses y los meses se convierten en un año. Siento que la presión aumenta.

El renacimiento de la industria de los videojuegos se apoyará en los hombros de Atari, pero eso es fácil de hacer. Una vez que el mundo haya terminado de hundir a Atari en el cemento, sus hombros estarán a la misma altura de la acera.

¿Dónde estaré yo? ¿Qué debo hacer? Todas esas malditas preguntas vuelven a aparecer en mi mente. Mi niño interior de 15 años me recuerda de nuestra promesa y está llamando a mi creador. Llegó la hora de retomar mi búsqueda para crear una vida que valga la pena vivir. Sin embargo, esta vez, al retomar el tema de cuáles serían los próximos pasos a seguir, siento una espina de miedo clavada en mi corazón... y un fuerte dolor en la cola.

UNA BREVE COMPRESIÓN DEL TIEMPO

Aunque mi videojuego *E.T.* ya es conocido como un videojuego muy malo, todavía tardará más de una década para convertirse en el peor videojuego de todos los tiempos. Sobre todo porque una distinción de esta magnitud requiere de dos cosas: Internet y tiempo.

Mientras tanto necesito hacer algo, así que me pongo a hacer de todo.

Mi primera parada fue en bienes raíces. Yo quería probar algo completamente diferente, y por diversas razones en este momento los bienes raíces parecen adaptarse a mis necesidades a corto y largo plazo.

Logró obtener la licencia de vendedor de bienes raíces del Estado de California y empiezo a trabajar en una pequeña oficina de bienes raíces comerciales. No me gusta. Entonces, no tardé en obtener la licencia de agente de bienes raíces y empecé a trabajar en una empresa enorme. Resulta que odio trabajar en el sector. El sector de bienes y raíces no es lugar para un programador de computadoras en el Valle del Silicón.

Me regreso a la industria de la tecnología, y me integro en una empresa de media escala que fabrica sistemas de computación para una compañía enorme. El trabajo no me inspira, pero trabajando ahí conozco a mucha gente maravillosa que sí me inspiran. Uno de ellos es un señor que escribió un libro sobre el *Ultimate Frisbee* (disco volador). Cada vez que veo el libro en el estante yo me digo a mi mismo: Algún día me gustaría escribir mi propio libro.

Otra inspiración mucho más cercana es la de un compañero programador que por las noches va a estudiar derecho. Me comparte su experiencia, la cual me fascina. Yo también estoy interesado en estudiar derecho y necesito encontrar algo más interesante, así que me presento para los exámenes *LSAT* (admisión de escuela de derecho) y obtuve una puntuación entre el 10% de los mejores solicitantes. Con eso ya podré ingresar a la Facultad de Derecho.

Justo cuando estoy a punto de solicitar el ingreso en la Facultad de Derecho, un cazatalentos me presenta una gran oportunidad. Me plantea que hay una nueva empresa en el campo de la fabricación de alta precisión, que se dedican a trabajar con sistemas de diseño muy complejos y con robots industriales. Eso suena muy bien. También ofrecen acciones a los fundadores, el toque de sirena del Valle del Silicón. Adiós a la Facultad de Derecho.

Entonces me lanzo de lleno en la aventura de iniciar una empresa, lo que significa largas horas, mucha tensión y mucho estrés. A cambio, nos haremos muy ricos. Excelente.

Dos años más tarde, la burbuja estalla y es muy claro que éste no es el billete ganador. Este ha sido un viaje muy emocionante, ya se terminó y debo continuar mi camino.

Con el tiempo empiezo a deambular sobre la industria tecnológica, aunque siento que la tecnología está perdiendo su poder de encanto sobre mi. A partir de este momento, mi vida se divide en dos. Atari me enseñó que no puedo sentirme feliz a menos que mi lado técnico y mi lado artístico estén trabajando juntos. Eso no lo puedo encontrar en un solo empleo, así que empiezo a trabajar en dos: Un empleo relacionado con la tecnología para alimentar mi cuerpo y un proyecto creativo para alimentar mi alma. Lo que espero es que exista un proyecto creativo lo suficientemente importante como para poder sustentarme y dejar los trabajos tecnológicos.

Para mi primer proyecto, he decidido escribir un libro. A mí me gustan mucho los juegos de apuestas, así que escribiré un libro sobre el juego de mesa llamado *Pan*. Éste es solo un libro para practicar y ver en qué consiste la escritura de libros. Entonces mi segundo libro, el que realmente quiero escribir, será el mejor de todos. En mi opinión, *Conquistando la Universidad* es, en verdad, un excelente libro. Incluso, decido tomar un tiempo libre de mi trabajo de la ingeniería para promocionarlo y, con suerte, lograr un buen resultado. Este libro es lo suficientemente bueno como para que yo continúe trabajando en la ingeniería.

Al igual que muchas personas, a mí me es más fácil establecer metas que poder alcanzarlas. Aunque disfruto del tiempo que dedico a la promoción de mi libro, el dinero que me queda es cada vez más escaso. Continuaré con mis proyectos creativos; experimentando con la fotografía, escribiendo columnas en revistas, participando en seminarios, etc. Ahora no puedo darme el lujo de continuar con mi estilo de vida de desempleado, así que vuelvo al cúbico. Por lo que la doble vida continúa.

ÉRASE UNA VEZ ATARI

Yo siempre estoy buscando ideas para mi próximo proyecto creativo, aunque aún no haya terminado el anterior. El origen de mis aspiraciones suele estar en los compañeros de trabajo. Durante el tiempo que estuve trabajando en una empresa de robótica industrial, Paul mi compañero de cubículo me dijo de un programa de estudios de producción de vídeo que se imparte en un campus local de la Universidad de California. Paul sabe cuánto disfruto de los medios de comunicación y de la televisión. Si ingresara al programa, entonces además de mi trabajo de ingeniería, también podría hacer vídeos divertidos para las fiestas de la empresa.

Lo reviso y decido que obtener una credencial en producción de vídeo podría ser algo bastante útil, así que lo hago. En resumen, yo terminé el programa de dieciocho meses en solo nueve e incluso conseguí que mi último proyecto se emitiera en el canal de televisión PBS (una primicia para la escuela). Después de crear unos cuantos materiales promocionales para el departamento de marketing, me siento preparado para empezar un proyecto al que había estado dando vueltas durante un tiempo.

A lo largo de los años, he visto muchos libros y artículos sobre la empresa Atari. Los relatos eran muy inexactos, en gran parte porque nunca fueron contados por la gente de Atari. Esto me molesta y lo peor es que: Aunque exageran para causar impacto, sus historias y sucesos no son tan espectaculares como los verdaderos sucesos de Atari.

Hasta cierto punto, también me molesta ver cómo se mal informa al público sobre algo tan importante a nivel histórico. Cuando la verdad es tan increíble, ¿por qué falsearla? Mi ofensa por esto se siente como una basura. Desde un punto de vista más honesto, Atari ha sido la fase más interesante de mi vida y por supuesto que, aún no he terminado con ella. Así que decidí hacer algo al respecto.

Me convertí en productor de vídeo para poder narrar mejor mi historia de Atari... a mí mismo.

Es verdad que esa experiencia necesitaba cocerse a fuego lento. Después de doce años, finalmente había llegado el momento de adornarla y servirla.

Así pues, en el año 1996 doy comienzo a un proyecto que no se completará hasta el año 2003. Durante este tiempo me reencuentro con amigos y colegas para preparar la producción del único medio de difusión exclusivo para personas que crearon videojuegos en Atari.

Lo tengo que hacer yo. Mis compañeros se sienten muy cómodos conmigo y yo sé las preguntas que hay que hacer. Además ellos saben que pueden confiar en mí porque yo soy tan culpable como ellos, e incluso más.

Me tomó siete años completar una serie documental que habla sobre la experiencia cotidiana como creador de videojuegos en Atari. Lo hago para informar y también para sanar. Yo necesito dar sentido a mi experiencia en Atari antes de perder el sentido de la misma.

Una de las tareas más difíciles fue decidir el título del documental. Rechacé un sinnúmero de ideas. Al final, en un momento de eureka aparece el ganador y lo identificó al instante. Se lo consultó a Jerome y él aceptó con entusiasmo. Se llamaría "Érase una vez Atari ".

Filmé el documental con una cámara de vídeo digital, pagando mucho dinero por los derechos de autor. A lo largo de los años, yo invertí mucho tiempo y dinero en mejorar mi tecnología de vídeo y de vez en cuando producir un episodio. En el año 2003 logré finalmente grabar cuatro episodios en un DVD, completando así la serie documental de Érase una vez ATARI.

Ya no he vuelto a hablar con Steven Spielberg desde que se marchó del edificio tras perfeccionar el videojuego de *E.T.* Durante los créditos de cierre de cada episodio del documental aparece un mensaje en la pantalla, que dice: "¡Hey Steven, llámame!". Aún no ha llamado. Me acuerdo perfectamente de las veces que me reuní con Steven, también me pregunto si él se acordara de mí.

NUNCA PODRÁS VOLVER A CASA

"Juega a un videojuego y podrás desperdiciar un fin de semana.
Aprende a hacer videojuegos y podrás desperdi-

ciar toda una vida profesional".

INSTRUCTOR DE PESCA ANÓNIMO

Para mi no hay nada mejor como un nuevo milenio para hacerme reexaminar mi vida. Tras abandonar la industria de los videojuegos, siento que no estoy a la altura de mis hermanos (y hermanas) del mundo de la tecnología. Echo de menos la entusiasmaste peculiaridad de Atari. También echo de menos poder cumplir con mis funciones creativas y digestivas con un solo trabajo. En el año 1999, tendré que enfrentarme a la realidad de que necesito una nueva dosis. Llegó el momento de regresar a los videojuegos.

Al mirar a mi alrededor, me doy cuenta lo mucho que las cosas han cambiado en 15 años. Ahora existen muchas más empresas y me pregunto cómo será un lugar de trabajo. Me sorprende lo vasta que se ha vuelto la industria y a la vez tan estrecha.

Durante una entrevista de trabajo, me encuentro sentado en la oficina del jefe de programación de videojuegos. Los dos estábamos hablando sobre la estrategia de la empresa y los planes para llegar a ella. Algo que jamás olvidaré...

"Mira Howard, nuestra estrategia es bastante sencilla. Nosotros estamos dedicados a mantener nuestra línea actual de títulos deportivos y eso es únicamente lo que hacemos. El mantener la línea de artículos deportivos nos da una ganancia del 10-15% cada año, lo cual es lo que nosotros queremos". Luego se inclina para provocar una reacción: "¡Y lo que nosotros estamos buscando es dar el gran golpe!".

Me aguanto de soltar la carcajada. Creo que este tipo tiene un gran sentido del humor y sería divertido trabajar con él. Yo esperaba una sonrisa o algún gesto que indicara que él estaba bromeando... pero nada.

Me armo de valor y pregunto: "Si te entiendo correctamente, ¿me estás diciendo que quieres seguir haciendo exactamente lo que has estado haciendo y que estás buscando el éxito de la *ruptura*?" (juego de palabras intencionado, pero perdido).

"Exactamente. Ahora dime qué papel te gustaría jugar en todo esto".

Físicamente no me retiro en ese momento, pero su ridículo tono de Einstein me indica que la entrevista había terminado. Está claro que el diseño de videojuegos ha avanzado mucho desde la época de Atari, pero quizás no me interese su sentido de dirección.

HOLA 3DO

Eventualmente me pongo en contacto con mi red de Atari y descubrí que muchos ex-atarianos están trabajando en una empresa llamada 3DO. Esta es una empresa fundada por Trip Hawkins después de haber renunciado a Electronics Arts, empresa que también él había fundado. Trip es una figura muy destacada en la historia de los videojuegos, además de tener un carácter impresionante. Ellos me hacen una oferta de empleo y yo la acepto.

[NOTA para los inquisidores del origen del nombre de la empresa: quizás se pregunten de dónde viene el nombre de 3DO. Según la tradición de la empresa, 3DO es el próximo fenómeno. Antes había radio, después vino el vídeo y ahora está 3DO].

Me he reunido con Tod & Rob, Bob Smith y una multitud de celebridades de los videojuegos. Entre otros también hay nuevos y destacados colaboradores que buscan dejar su huella. Creo que la empresa 3DO, es la colección más impresionante de talentos en el ámbito de los videojuegos jamás antes reunida bajo un mismo techo. En resumen, es una pena que no hayamos sacado más provecho de ella.

Estoy muy emocionado por volver a reunirme con la tripulación y volver a retomar mi aventura con los videojuegos. El Atari de Nolan me abrió los ojos a la posibilidad de una auténtica satisfacción de trabajo y 3DO de Trip me ofreció la promesa de recuperarla. A medida que empiezo a instalarme, me siento fascinado por las similitudes y las diferencias de antaño.

Por ejemplo, podríamos decir que: En esta industria uno siempre encuentra a alguien trabajando en su videojuego. De día o de noche, los fines de semana y en días feriados, igual como en Atari. Sin embargo, no es lo mismo. En Atari esto era una disfunción voluntaria, en 3DO es algo obligatorio. Esto queda muy claro en la oferta de empleo.

La oferta de empleo de 3DO dice que si un proyecto entra en "pleno desarrollo", la empresa puede cancelar cualquier plan de vacaciones que uno tenga, y que ellos solo reembolsarán el dinero de los boletos de avión y nada más. Pensemos en esto... la empresa de la que realmente se necesitaría de un descanso tiene el poder de obligarnos a quedarnos a trabajar, y en gran parte a nuestro propio costo. Si eso es lo que nos están diciendo de antemano, imagínense las cosas que no nos quieren decir en la contrató.

Al igual que muchos otros, lo firmé con gusto porque se trata de un sueño: El sueño de crear una pieza innovadora de entretenimiento interactivo, algo sorprendente que divierta y cautive a millones de personas mientras los dueños de la empresa se hacen ricos. Esa es la magia de los videojuegos. En ese aspecto, 3DO y Atari son muy similares.

Hay una cosa que 3DO tiene que Atari nunca tuvo: Eso es en que 3DO trabajan personas que crecieron con los videojuegos. Mientras yo anhelaba ser un astronauta o un vaquero, ellos soñaban con ser diseñadores/programadores de videojuegos. Ahora ellos están buscando el trabajo ideal que siempre soñaron, mientras que yo continúo buscando las elipses que dejé al final de mi época en Atari.

Ya sea construyendo un futuro imaginario o el regreso a un pasado perdido, todo es cuestión de sueños. Los sueños pueden ser mini delirios, pero son el tipo de delirio que nos hacen sonreír, son sueños que vale la pena perseguir.

También encontré similitudes entre Nolan y Trip. Ambos dirigen empresas y gente; algunas veces hacia las cimas del éxito y otras veces hasta el suelo. Ambos juegan a ser villanos y superhéroes y lo hacen creyendo que las cosas van a funcionar. Puede que esto suene un poco delirante, pero es un tipo de fantasía que la gente quiere comprar y terminan disfrutando de la vuelta que justifica la repentina sacudida del gran final. ¿Cómo es posible que la gente les siga hasta el final de sus cuentas bancarias y hasta el más allá? Ese es el poder del carisma. Nolan y Trip son dos personas apasionadas y convincentes que saben vender la seductora idea de hacer realidad los sueños y muchas personas con talento se unen a ellos en esta jornada. Lo hacen sin importar si el destino final fuese la riqueza o el desempleo y la gran mayoría de ellos se mantienen sentados durante todo el trayecto. Esas personas están convencidas que si se unen a ellos su éxito estará asegurado. Ese es el aura que los dos proyectan y es un medicamento muy fuerte

Además, cuando uno se encuentra en un lugar de alucinaciones y se deja llevar por ellas, puede resultar una experiencia maravillosa y pueden ocurrir cosas extraordinarias.

En 3DO, me doy cuenta de que el proceso de desarrollo de los videojuegos en algunos aspectos no había cambiado mucho, la gente aún dedica una gran cantidad de tiempo y energía creando videojuegos, aunque eso se siente más como una obligación que como una inspiración. Cuando llegué a 3DO ya no me drogaba, sin embargo todavía hay personas que lo hacen en el trabajo. Tal vez siento que el trabajo ya no es tan maravilloso como para seguirse drogando o quizás el ambiente había cambiado mucho más de lo que yo pensaba.

Es posible que en esta ocasión la diferencia más radical es que hacer videojuegos ya no es una obra de autor. En Atari, el videojuego era todo tuyo, el éxito era todo tuyo y el fracaso era todo tuyo. A mi me gustaba mucho que fuera así.

Ahora es un equipo enorme en un gigantesco proyecto de colaboración. La colaboración en el desarrollo de un proyecto no es mala, pero el concepto de autoría está muy diluido. Esto dificulta poder encontrar la pasión y la satisfacción por la que llegué hasta aquí. Mi intento de recuperar la plenitud de la satisfacción en el trabajo ha fallado y eso es muy triste.

La industria ha madurado y la magia se ha terminado y a mi nada me importa... excepto por una cosa: Yo amo a la gente. Cada una de estas personas forman parte de una gran colección de personajes excéntricos y el ambiente no deja de ser disfuncional y delirante, lo cual tiene su encanto. He ahí otro campo de preparación para convertirme en terapeuta, lástima que todavía no esté cosechando ese beneficio.

Por otro lado, algunas cosas nunca cambian y una de ellas es la capacidad que Tod Frye tiene para darle vida a las reuniones. Casi todos los viernes por la tarde, 3DO organiza una reunión para todos los empleados. Ésta sería la última reunión de la empresa antes de Navidad, lo que quiere decir que 3DO otorgará un pequeño regalo para cada uno de sus empleados y esta vez son navajas suizas en miniatura. Son muy pequeñas y solo tienen un par de hojas, pero están personalizadas. Cada una lleva impreso el nombre del empleado.

Así pues, se entregan los regalos y nuestro director general Trip Hawkins nos habla sobre ellos. El señala lo especial que es que llevan nuestros nombres. En ese momento se escucha a Tod gritar: "Tienen los nombres impresos para que cuando se encuentren una clavada en la espalda, sepan a quién regresarla". La gente se suelta a carcajadas, en gran parte por reconocer la verdad de la situación. Este es el típico Tod, señalando el humor y la brutalidad del desarrollo de los videojuegos.

La mayoría de las empresas delirantes terminan por perder el equilibrio y por caerse. 3DO no es la excepción. A finales de la primavera del año 2003, 3DO cierra sus puertas sin previo aviso, dejando la gestión del saldo pendiente en manos de un proceso judicial (que duraría años y consumiría gran parte del patrimonio).

La continuación de mi jornada por los videojuegos termina en un calamitoso choque de realidad. Mi negatividad se ve perforada y una vez más vuelvo a estar a la deriva.

CAPÍTULO 19
MÁS DULCE LA 2ª VEZ

¡¿QUIERES SER QUÉ?!

En un extraño momento, me doy cuenta de lo absurdo que es estar metido en medio de un basurero en el desierto. Aunque debo admitir que posee cierta poesía.

Después de la desaparición de 3DO quise alejarme de la industria tecnológica, y durante un tiempo me dediqué al cine. Terminé mi serie Érase una vez ATARI, realicé varias piezas promocionales y también complete un documental que fue galardonado. Lo disfruté, pero no lo pude mantener y debido a que mi cuerpo seguía siendo adicto a la comida, creí que era el momento de regresar a la tecnología.

Esta vez la tecnología no respondió. Después de un montón de currículos y un montón de entrevistas de trabajo telefónicas, no pasaba nada. Sentía que el haber estado fuera algunos años me había dejado totalmente obsoleto. Una reliquia. Desde luego nada que ver con mis criterios, pero por ellos. Para mí estaba bien haber dejado la tecnología, pero ¿la idea de que la tecnología hubiese terminado conmigo? ¿De ser desechado? Eso fue devastador y hace que el estar sentado en este basurero se sienta incómodo en la nariz.

Felizmente, eso también era una llamada a la reflexión. Mi cambio de la tecnología a la psicología no fue un capricho, el cambio ofrecía algunos beneficios. Uno de ellos es el hecho de que la tecnología siempre está cambiando y es un dolor de cabeza mantenerse al día. Aunque las personas son capaces de cambiar considerablemente, la humanidad es bastante consistente. Los juguetes evolucionan, pero los juegos siguen siendo los mismos. Para mi estar al día con la humanidad será menos trabajo y más divertido.

Aunque más que conveniencia, es una alquimia. La tecnología es un campo obsesionado por la juventud y cada vez más se me percibe como oxidado, y envejecido. Mi cambio a la terapia es un acto de alquimia profesional, ¡estoy convirtiendo el óxido en oro!

Fue muy interesante contarles a mis amigos y colegas mi plan de cambiar de profesión. Aún recuerdo sus miradas confusas y sus expresiones de asombro.

Mucha gente (tanto dentro como fuera de la industria de la tecnología) se quedan sorprendidos con la idea. Me preguntan: ¿Cómo podría un programador ser terapeuta? Entonces les digo que en mi opinión no me parece un salto tan grande. Después de todo, los programadores y los terapeutas son analistas en sistemas. Simplemente paso a un hardware mucho más sofisticado: El cerebro humano.

Para muchos, la pregunta es: ¿por qué hacerlo? Cuando uno vive en el Valle del Silicón y es un experto de la tecnología, es difícil imaginar cómo alguien puede considerar la posibilidad de dedicarse a otra profesión.

Incluso mi amigo Jerome era incapaz de aceptarlo. Jerome y yo fuimos buenos amigos durante muchos años. Si no hubiera muerto, aún lo seguiríamos siendo. Jerome es también el actual poseedor del récord de la persona con la que más he hablado en mi vida. Durante años, nuestro tema principal fue su ansiedad y frustración cuando él trabajaba para una empresa nueva. La mayoría de las noches me llamaba y hablábamos horas sobre el tema. Así que, cuando le conté mi plan, su respuesta me pareció muy extraña: "¿Tú, terapeuta? No entiendo".

Le mencioné acerca de los años que habíamos pasado hablando sobre sus problemas laborales.

"¿Recuerdas esas conversaciones?"

"Sí".

"¿Cómo te sentías después?"

"Mucho mejor".

"Por eso quiero ser terapeuta. Me gustaría hacer lo mismo por otras personas y esta vez, que me paguen por hacerlo".

No sé si para él eso haya sido suficiente, porque con Jerome no siempre se logra concluir una conversación. Lo que sí se consigue es una próxima pregunta. Nunca la olvidare: "¿Cuándo decidiste todo esto?"

Esa fue una buena. Honestamente, creo que nunca le conteste. Sin duda la decisión fue mucho antes de esta conversación. Llegó a un punto en el que apliqué a las universidades, pero eso no es todo. Los finales y los comienzos, las búsquedas siempre me han interesado.

Mirando las arenas del desierto, veo que una fuente interminable de silicio está tratando de averiguar cuándo fue que decidí dejar la tecnología computacional y convertirme en terapeuta. Resulta que la respuesta no estaba donde yo esperaba encontrarla. Recuerdo el momento exacto...

A finales del 2006, un día estaba caminando por el parque del vecindario cuando de repente sentí algo muy extraño. No podía respirar. Me falta el aire. Me siento mareado y muy débil, entonces busco una banca y me siento. Las manos me hormiguean y aunque hace frío estoy sudando a mares. A pesar de todo esto, no puedo dejar de ver una piedra de un color raro que está en la acera junto a mis pies. Se me viene a la mente que quizás esta piedra está disfrutando de un día normal sin ningún problema de respiración. Normalmente me sentiría con ganas de patearla al césped, pero ahora lo único que puedo pensar es: ¿No sería bonito intercambiar vidas con esta piedra? Seguro que me sentiría mucho mejor. Estoy seguro de que la presión en mi pecho se sanaría.

Estoy sufriendo un ataque de pánico. Esto no es bueno. Sobre todo si lo combinas con el hecho de que últimamente he estado caminando y llorando espontáneamente a causa de una tristeza aguda que no puedo identificar. Se que se trata de experiencias nuevas en mi vida y son muy alarmantes.

Me encuentro en medio de la tercera y la más fuerte depresión de mi vida. Han pasado varios años desde la última. En la actualidad estoy desempleado y no puedo encontrar un empleo en el ramo de la computación para ayudar y salvar mi vida. Mi vida no está funcionando.

Ninguna de mis soluciones parece estar a mi alcance, que es probablemente la razón por la cual estoy deprimido y con mucho pánico. Sé lo que debo hacer, pero no sé cómo hacerlo. En realidad, es más preciso decir que sé lo que quiero hacer, pero no concibo hacerlo... y no lo sabré hasta dentro de un par de meses. Lo sabré cuando haya tenido "la conversación" con una mujer a la que aún no había conocido.

Por ahora, estoy hundido en una fuerte depresión, con una ansiedad hasta el cuello. Es muy posible que ésta sea también mi última y gran depresión, porque esto es realmente la oscuridad de la noche antes de un brillante amanecer. Por desgracia, eso aún no lo sé. Una vez más, el bienestar se sacrifica a la ignorancia. Por ahora, lo único que sé es que estoy aquí sentado en esta banca, más humano que una piedra, tratando de recuperar la respiración. Todo se ve muy oscuro y sin un amanecer en el horizonte.

Llevo casi treinta años viviendo en el grandioso Valle del Silicón. Es difícil decir si lo he disfrutado o solo he sobrevivido, aunque ha sido un viaje muy largo jamás lo cambiaría por nada. Dicho eso, sí me dieran la oportunidad de editarlo, éste sería el momento que quisiera borrar. Estoy sufriendo una variante de la típica maldición del Valle del Silicón. ¿Estás familiarizado con el valle?

El Valle del Silicón es un lugar extraordinario, gracias a un fenómeno que yo denomino como la "fiebre del oro intelectual" del siglo XX. Todo comenzó con la idea de que cualquier persona que tuviera una visión y las agallas para llevarla a cabo podría venir a vivir en el valle, encontrar capitales de riesgo y hacerse millonario (o al menos multimillonario). Se corrió la voz y se abrieron las compuertas. Hackers, visionarios, ideólogos y personas influyentes de todos los rincones del mundo se apresuraron a venir a este lugar.

Esto hace que el Valle del Silicón tenga la quimera de una enorme diversidad. Solo basta con mirar a nuestro alrededor para ver gente de todo el mundo. La verdad es: Este es uno de los lugares con menos diversidad en el mundo. Este valle es un frenesí de personas talentosas, agresivamente motivadas que están unidas en una pequeña pirámide para buscar su futuro, excluyendo a todos los que tienen menos fuerza, medios o potencial. Algunos triunfan enormemente y obtienen mucha publicidad. Muchos otros se estrellan por completo y desaparecen. Sin embargo, la mayoría lo hacen lo mejor que pueden para mantener la esperanza de hacerlo mucho mejor, persiguiendo perpetuamente un sueño que está más allá de su alcance.

El Valle del Silicón es el lugar donde los mejores, los más brillantes y los más ambiciosos del mundo terminan siendo solo unos mediocres.

El bulevar de los sueños rotos atraviesa justo el centro del Valle del Silicón y la hora pico es interminable. Es muy cansado tratar de caminar por la calle, cuando uno está hundido en las esperanzas frustradas y en las expectativas aplastadas.

En este valle la gente deja su vida a un lado para tratar de alcanzar el éxito y se entregan en cuerpo y alma a la creación de una empresa. Está ahí frente a ellos, lo ven, lo desean, pero no pueden alcanzarlo. El encanto es tan grande que lo intentan una y otra vez. Algunos ganan. La mayoría no. Lo consume todo y es brutal.

He aquí lo que me inquieta: Yo ya no quiero jugar. La tecnología ya no me entusiasma, y la verdad es que no sé qué otra cosa hacer. A pesar de mi gran esfuerzo, aún soy adicto a la comida y a dormir en mi propia cama. En este momento solo veo un camino seguro para lograr mi objetivo: Un empleo en el mundo de la alta tecnología. Lamentablemente, no quiero hacerlo.

Por otro lado, como no estoy tirando mi vida en el pozo de la riqueza potencial, tengo tiempo libre para poder salir y relacionarme con gente nueva. Poco a poco, empiezo a convivir más con una mujer muy interesante, una sanadora muy hábil. Un día, mientras conversábamos, le conté mi situación.

Ella me pregunta: "¿Qué quieres hacer?".

"Yo necesito encontrar un empleo en el ramo de la tecnología, como siempre lo he hecho".

"No, no. Olvídate de lo que *necesitas*. Si pudieras hacer cualquier otra cosa, sin restricciones, ¿qué querrías hacer?"

"Oh, quiero ser terapeuta".

Ahí está. Sin titubeos y sin dudas. Mi respuesta es tan inmediata como la respiración (excepto durante los ataques de pánico, por supuesto). Este es el momento en el que me doy cuenta de que, de forma innata, quiero ser psicoterapeuta.

Desde siempre, la gente me ha contado sus problemas y me han pedido mi opinión. Amigos, conocidos y desconocidos por igual, todos se sienten cómodos al compartir sus vidas conmigo. Al fin y al cabo, solo soy esa persona. La mayoría de los casos parecen más felices por eso y yo también lo disfruto. Son incontables las veces que la gente me ha dicho que yo debería ser (o han asumido que ya lo era) terapeuta.

He tenido novias que me han dicho: "Ahora que estamos saliendo, ya no necesito terapia", lo cual me resultaba incómodo. Otras me han dicho que yo necesitaba terapia y no estoy en desacuerdo con ellas, pero eso también era incómodo. Como es lógico, ninguna de esas relaciones funcionó.

Cuando tenía diecisiete años, yo quería ser psicólogo. Mientras estábamos en la preparatoria, mi amigo Marc y yo planeábamos crear nuestra propia teoría sobre la personalidad. Al salir de la preparatoria los dos tomamos caminos totalmente diferentes. Ninguno de los dos ejerció la psicología, pero el deseo nunca desapareció. ¿La prueba? Treinta y siete años después, me convertí en psicoterapeuta licenciado. Marc solo esperó dieciséis años y se casó con una. Él siempre fue más eficiente.

La sanadora continúa: "¿Por qué no te haces terapeuta?".

"¿Qué? Yo no puedo llegar a ser terapeuta. No tengo ni el tiempo ni el dinero para hacerlo. Tengo una vida por delante; necesito pagar deudas y cubrir mis gastos. Mi mejor opción es hacer un trabajo sin sentido, que me destroce el alma en una industria que ya no me interesa, ni me apasiona".

Tras una breve sonrisa, me sugiere: "¿Por qué no te informas y averiguas qué se necesita para ser terapeuta? Quizá no es tan difícil como crees. Por lo menos puedes empezar a informarte".

La programación puede haber perdido su encanto, pero los trabajos tecnológicos no han perdido su poder para alimentarme. Es un dilema, una conspiración cognitiva que me impide acercarme a lo que quiero (y quizás necesito) ser.

Por otro lado, ¿por qué no hacerlo? No tengo otra cosa que hacer, y me parece una sugerencia razonable. En mi empleo anterior como director de software, me enfoque más en resolver los problemas personales de mis ingenieros que en ayudarles con la tecnología. Fue entonces cuando me di cuenta que la mayoría de los programadores no necesitaban ayuda para motivarse, puesto que adoraban su trabajo. Sin embargo, les vendría bien recibir ayuda para lidiar con los problemas que les distraen de la programación. Yo ya era un terapeuta en el trabajo (al menos lo que yo creía que era un terapeuta) y parecía tener soltura para ello. He aquí algo importante: lo disfrutaba mucho más que el resto de mi trabajo. ¿Me atrevería a hacer lo que me gusta hacer? ¿Podría acaso ignorar todos los aspectos prácticos de esta cuestión? La última vez que hice algo así fue... cuando me fui a Atari. Hmm. He decidido echarle un vistazo.

Esto es lo que aprendí: Para poder convertirme en un Terapeuta de Familia y Matrimonio licenciado en el estado de California (LMFT), solo necesito pasar un par de exámenes. No hay problema. Aunque antes de poder presentarme a estos exámenes, debo tener una licenciatura de un programa aprobado por el consejo de administración y completar *tres mil* horas de experiencia y capacitación supervisada. Este es un problema.

Ya tengo una licenciatura, pero no es la correcta. Voy a necesitar otra. ¿Y tres mil horas? Esas son muchas horas. Dentro de cinco meses cumplo cincuenta años. Le digo a la sanadora que creo que es un poco tarde en mi vida para comenzar este tipo de jornada. Tal y como suelen hacer las curanderas, la señora me cuenta una interesante historia sobre la vida de sus padres. Al parecer, su padre estaba considerando iniciar la universidad a la avanzada edad de los 24 años. Él trabajaba, así que tendría que asistir a las clases por la noche y después de considerar el tiempo, le dijo a su esposa (su madre): "¡Si regreso a la universidad habré cumplido 29 años antes de graduarme!". Su esposa le respondió: "¿Qué edad tendrás si no lo haces? Se matriculó. Padres inteligentes. Sanadora inteligente.

Una vez que empiezo el proceso, me sorprende la facilidad con la que las cosas se van acomodando. Eso me recuerda a otra sanadora y mentora importante en mi vida, la Dra. Gayle Pierce. Ella siempre me decía que si doy un paso hacia la vida, la vida dará dos pasos hacia mí.

Mi gran depresión ha durado mucho tiempo y ya necesito un triunfo. Aunque no pueda regresar a la tecnología, algo que sí puedo hacer es regresar a la universidad. Por lo tanto, voy a inscribirme en una universidad de posgrado y a buscar algo de aceptación en mi vida. Encuentro una universidad, la Universidad John F. Kennedy, cuyos horarios se adaptan a mis necesidades y me parece bien, pero es muy costosa. Luego me fijé en la Universidad de Santa Clara. Sus horarios son menos flexibles y su entorno es menos agradable, aunque es más prestigiosa y más económica. Además, esta es una universidad en la que he dado clases como lector invitado, por lo que conozco y aprecio a varios de los miembros de la facultad. Me postularé allí. La Universidad de Santa Clara no requiere ninguna entrevista y con mi historial académico esto será pan comido.

Tras la solicitud, se me ocurre una pregunta: ¿Cómo voy a pagar todo esto? El dinero ya está escaso y la tecnología no me llama, tal vez pueda dedicarme a otra cosa mientras obtengo las credenciales necesarias. Entonces decidí consultar a un consejero profesional para que me asesore sobre las cuestiones referentes a la carrera. Después de entrevistarme durante una hora y media, me ofrece empleo y lo acepto. Eso fue fácil. No paga mucho, pero ya estoy trabajando en el sector. ¿Qué les parece? Al cabo de un mes, de repente aparece uno de esos escurridizos empleos tecnológicos... y además paga bastante bien. Bingo! Me pregunto cómo estará la piedra.

Las cosas solas se van acomodando. Hasta tal punto que, apenas puedo acreditarme el mérito de convertirme en un terapeuta. El universo está interviniendo para allanar mi camino de una forma significativa. Evidentemente, no ha estado exento de obstáculos. Mientras que un universo me acoge, otro me rechaza.

La Universidad de Santa Clara me envía una carta informando que han decidido NO aceptarme en el programa. Esto me afecta profundamente. Revierte el reciente ascenso y daña aún más mi ya atribulada confianza. Un punto a favor de la oscuridad.

Sin embargo, esta vez no intentó mendigar mi entrada al igual que hice con Atari. Al contrario, decido desafiar su decisión. Mi búsqueda por descubrir qué fue lo que había fallado terminó revelando cómo mi estancia allí hubiese terminado siendo una pesadilla. ¡Buen trabajo, universo! El rechazo me escuece, una vez más me tropiezo y caigo para terminar esquivando una bala.

Finalmente decidí estudiar en la Universidad John F. Kennedy y a las pocas semanas me inscribí. Tal y como sospechaba desde un principio, la Universidad JFK es el lugar perfecto. Es un poco más cara, pero es justo el programa que necesito.

Todo está saliendo perfecto. Estoy asistiendo a la universidad y el trabajo está cubriendo mis gastos, la vida sin duda está dando dos pasos hacia mí. Aunque parecía imposible encontrar algo en el sector tecnológico, una vez que me propuse seriamente en convertirme en terapeuta, el trabajo tecnológico me encontró a mí. Dos años después, me estoy acercando a la graduación y necesito más tiempo para concentrarme en acumular mis 3.000 horas. Al mismo tiempo que intento balancear el trabajo y las prácticas de terapia, me despiden de mi trabajo. Esto no solo resuelve mi problema, sino que también me permite competir por el codiciado premio al despido más oportuno.

Todo en mi vida se está alineando para que me convierta en terapeuta... excepto yo. Más allá de hacer el examen y conseguir las horas, necesito trabajar un poco en mi mismo. Menos mal que apareció ese trabajo. Además de financiar mis estudios, también cubre mi terapia personal.

Como habrás notado, hasta ahora gran parte de mi vida ha consistido en hacer cosas. Nunca he sido afanado de hacer cosas, pero si voy a ser un terapeuta, eso tiene que cambiar.

Mi estilo también necesita un cambio. Siempre es más fácil ser la excepción que ser el excepcional. Aunque creo que soy capaz de ambas cosas. Soy flojo y a menudo me conformo con ser la excepción. Esta vez, estoy ignorando mi cínico interior y estoy haciendo un verdadero compromiso de crecimiento. El convertirme en terapeuta me hace exigirme más a mí mismo y sinceramente estoy tratando de cumplirlo.

¿QUÉ TIENE DE BUENO LA TERAPIA?

Yo pensaba que hacerme terapeuta me haría sentirme feliz, al final resultó ser la mejor decisión de mi vida profesional.

Para mí, la terapia es una mezcla brillante de arte y ciencia, que plantea retos tanto técnicos como creativos. Atari me enseñó que necesito de ambas cosas, pero la terapia es el único trabajo que he encontrado que combina las dos en una manera más elegante que Atari. Busqué *en muchos* lugares. Fue muy duro perder veinticinco años buscando y no poder encontrarlo. Mirando todo por el lado positivo, cuando menos no me tomo treinta.

Otra cosa bonita sobre la terapia: Es que hace que cada parte de la trayectoria en mi vida sea relevante. El programador, el cinematógrafo, el economista, el escritor, el profesor, el fotógrafo, el agente inmobiliario, el estudiante, el director, el ejecutivo y el artista, todos y cada uno de ellos aportan un valor importante para cada uno de mis clientes. Mi historial esotérico ha ayudado a la comprensión de una amplia variedad de predicamentos y perspectivas. Esto ayuda a mis clientes a pasar menos tiempo explicando y más tiempo relacionándose y sanando. Siempre he luchado por encontrar oportunidades profesionales que pongan en juego mi experiencia. Ejercer la terapia lo hace de una manera hermosa.

[NOTA para los que se han quedado atascados en su profesión: Uno de los verdaderos impedimentos para cambiar de profesión es volver a empezar desde abajo. La perspectiva de alejarse de la experiencia y el prestigio adquiridos con tanto esfuerzo, puede ser suficiente para impedir que alguien cambie su rumbo en un momento en el que tal vez debería hacerlo. El miedo es poderoso, pero la miseria puede aflojar las garras del miedo. Para mí ha sido más fácil cambiar de profesión porque disfruto la parte fuerte de la curva de aprendizaje, pero sobre todo fue una intensa insatisfacción con el lugar donde estaba.]

En lo personal, yo he estado deprimido, ansioso e inseguro. He tenido muchos conflictos y problemas, y he aprendido a lidiar con ellos. Sé lo que es carecer de límites, y luego desarrollarlos y mantenerlos. Sé lo que es divorciarse y lo que es crear una relación sana. He tenido grandes éxitos y enormes fracasos. No fue un camino fácil, pasando por tal letanía de circunstancias en la vida, mi profesión y el bienestar, aunque estoy muy agradecido por el viaje. Todo esto me permite ayudar a los demás a poder entender el nivel emocional en el que se encuentran y ayudarles a planear sus próximos pasos con más seguridad.

Estoy tremendamente apasionado por la terapia. Tardé tres décadas para volver a sentir eso, pero la espera ha valido la pena. Estoy realizando labores de verdadera importancia, impactando positivamente en la vida de las personas. La psicoterapia es desafiante, íntima, agotadora, gratificante, incluso a veces aterradora. Es, sin duda, el trabajo más significativo que jamás haya realizado.

Eso es lo bonito de la psicoterapia.

EL FENÓMENO DEL PEOR VIDEOJUEGO DE TODOS LOS TIEMPOS

E.T. ha sido considerado como el peor videojuego de todos los tiempos. Todos, desde un principio sabíamos que el videojuego tenía problemas y que en 1982 fue el causante de destruir muchos sueños navideños. Algunas personas me han sugerido que me convierta en psicoterapeuta para ayudar a superar el trauma y la depresión creada por su lanzamiento a un público que no estaba preparado para ello. ¿Por qué el peor videojuego de todos los tiempos? Eso es todo un logro. Les aseguro que esa no era mi intención.

De hecho, en la época en que se hizo el videojuego de *E.T.* eso ni siquiera era una posibilidad. Todo eso sucedió a principios de los años 80. Entonces todavía no existía el Internet, ni descargas de datos, ni tampoco información instantánea de los jugadores. Ese fue el comienzo de los videojuegos. No existían veteranos, solamente novatos. No puede existir el peor videojuego de todos los tiempos hasta que no exista un "de todos los tiempos".

A lo largo de los años 80, *E.T.* no fue el centro de atención del por qué se derrumbó la industria. La atención se enfocó en el simple hecho de que se había derrumbado, así demostrando que los videojuegos eran una moda pasajera y no perspectiva seria. Esta opinión circuló entre muchos inversionistas, lo que hizo una enorme diferencia en la percepción de muchas otras personas.

El surgimiento de *E.T.* como la faceta del colapso de la industria no se puso en marcha hasta casi los 90. Las cosas realmente empezaron a suceder cuando la aparición de el Internet y su insaciable hambre de contenido. Resulta que las referencias son una gran fuente de contenido en las redes. Donde quiera se ve que hay un 5-mejor de esto y un 10 de lo peor de lo otro y los videojuegos encajan perfectamente. Con frecuencia veía a La venganza de Yars en la lista de los mejores videojuegos mientras que *E.T.* ocupaba el lugar de los peores.

Tardó más de diez años en alcanzar el nivel de popularidad de "todos los tiempos". Una vez allí, el Internet nos aseguró que mi videojuego *E.T.* había sido el responsable de perpetrar actos indescriptibles en la incipiente industria. Nace el fenómeno del peor videojuego de todos los tiempos.

Luego llegó la cultura del hostigamiento. El videojuego de *E.T.* recibió aún más atención cuando se convirtió en un pararrayos para los hostigadores. Si alguien me dice que no le gusta algo, yo no tengo motivos para dudar de ello. Sin embargo, cuando la gente se empeña en decirme que *E.T.* es un videojuego malísimo, entonces les pregunto: ¿Lo has jugado alguna vez? Es sorprendente con qué frecuencia la respuesta es no.

Tras la llegada del 2000, las convenciones de videojuegos clásicos comenzaron a surgir por todas partes y a crecer. Me han invitado a participar en paneles y a dar conferencias. Fue divertido conocer a los jugadores de videojuegos y revivir los tiempos de Atari. Fue bonito reencontrarse con viejos amigos y colegas. También empecé a escribir artículos para revistas de videojuegos.

Con el tiempo, los mitos urbanos de los videojuegos de *E.T.* enterrados en el desierto cobraron fuerza. Se publicaron artículos, anuncios, canciones, vídeos y todo tipo de especulaciones sobre la existencia de un tesoro enterrado y la posibilidad de encontrar un mapa. La gente opinó al respecto, los "descubrimientos" falsos recorrieron las redes sociales, pero el interés persistió.

Al final, toda esta atención y especulación se tradujo en un presupuesto y un equipo de filmación. Por esta razón estoy en Nuevo México, contemplando las montañas al oriente, un sinfín de arena al occidente, y un camión de comida frente a mí. Espero que no sea un espejismo.

CAPÍTULO 20
EL INICIO DE LA OBRA

Los enormes y ruidosos monstruos amarillos están en plena labor. Sin dejarse intimidar por el sofocante sol de la tarde, no hay nada que les impide sacar palada tras palada los restos de los viejos escombros. Acomodados en montones sobre el suelo del desierto, el área dentro de la maya de plástico se ve como un gigantesco mensaje en braille. Y hasta ahora, no dice: ¡AQUÍ ESTÁN!

Al contemplar esta enorme colección de basura, todos estamos esperando ver si ocurre algo inesperado. Esto es igual que en Atari, es una expectativa sin una recompensa segura. Es una fórmula fiable... para las dificultades.

Siempre estuve seguro de que aquí no habría nada. Sin embargo, recuerdo que un día dije que los cartuchos aquí estaban enterrados. Necesitaba hacerlo. Estaba en el libreto y eso fue hace aproximadamente dos años...

¿QUÉ ES UN NERD DE LOS VIDEOJUEGOS Y POR QUÉ ESTÁ MOLESTO?

Todo comenzó con otra llamada, esta vez en forma de correo electrónico. En el 2011, la productora CineMassacre Films se puso en contacto conmigo con un libreto que tenían con una versión completamente nueva sobre la historia de *E.T. The Angry Video Game Nerd* (AVGN) (El nerd furioso de los videojuegos) estaba haciendo una película. James Rolfe es el productor y protagonista de la película AVGN. James es un productor de cine consagrado y ha inventado un personaje llamado *The Angry Video Game Nerd* (El nerd furioso de los videojuegos). El Nerd, como es conocido, protagoniza una serie de vídeos en la web donde examina los peores videojuegos de las antiguas videoconsolas. Juega con los videojuegos, y al mismo tiempo lanza insultos increíblemente coloridos y divertidos mientras sufre intensamente de la experiencia del videojuego.

Invariablemente, el dolor de jugar el videojuego se vuelve tan grande, que el nerd se enfurece y destruye el cartucho haciendo alarde de su escandalosa función. Es bastante divertido. A lo largo de la serie, el nerd ha ganado un gran número de seguidores. Dado a que se enfoca en los peores videojuegos clásicos, su grupo de fans quisieron que evaluará el videojuego de *E.T.* Por años le rogaron y él se negaba rotundamente. ¿Será que el videojuego de *E.T.* es tan malo que ni siquiera un nerd se atreve a tocarlo?

Resulta que esto era parte de un plan a largo plazo. Después de varios años de conseguir un gran número de seguidores en la web, el nerd abrió una plataforma a través de Indiegogo y recaudó fondos para hacer una película de AVGN. ¡Logró recaudar más de 325,000 dólares! Bastante impresionante para ser un nerd.

Al leer el libreto, tuve algunas oposiciones sobre mi personaje, así que hice algo jamás antes visto en la historia de la actuación cinematográfica y pedí un papel más pequeño. Me lo dieron. Les sugerí que añadieran un toque de falsedad, inventando que otro personaje actuará por mí en lugar que yo lo hiciera directamente. La idea les gustó y terminaron reescribiendo la historia. Los bendije y se fueron.

Al final escribí una crónica sobre ello. ¿Les gustaría leerla? Gracias a la autorización de la editorial Image Publishing, aquí la tienen:

"¡Ja! Nunca *lo* olvidaré ". Esta es una frase que suele asociarse con los bares, los mensajes de texto nocturnos en estado de embriaguez o a los momentos públicos bienintencionados que terminan en una forma fatal. A todos nos pasa una o dos veces. Noches notables del desenfreno, destellos asombrosos de estupidez y la confusión ocasional entre el pensar y decir las cosas. Esa es la materia de la que están hechos los momentos que nunca olvidaré. Oh, de hecho, hay otra categoría donde suele encajar muy bien: los videojuegos.

Lo curioso de los momentos "Nunca lo olvidaré" es la forma en que se evaporan en el éter de una manera mucho más rápida de lo que jamás hubiéramos imaginado. El mío, sin embargo, no fue así. Yo hice el videojuego de *E.T.* para la videoconsola VCS de Atari. Independientemente de lo que se pueda decir sobre dicho videojuego y las turbias circunstancias que lo rodearon (la mayor parte se ha dicho en múltiples ocasiones en los últimos 30 años), hay un hecho sobresaliente que me queda muy claro: Nunca lo olvidaré.

¿Por qué lo sé? Muy sencillo. Porque ellos me enviaron el libreto.

A través de los años ha habido muchas ilusiones y discusiones sobre el gran basurero de Alamogordo, Nuevo México y el supuesto sustrato de cartuchos de los videojuegos de *E.T.* Ha habido informes, canciones, investigaciones, artículos, vídeos de YouTube, análisis infrarrojos, tradición/mitología popular y literalmente cientos de entrevistas sobre este tema. El periódico de New York Times, Snopes, Wall Street Journal, Wikipedia, IGN e innumerables foros y blogs que opinan al respecto. Toda esta actividad se resume en una pregunta: "¿Es cierto? ¿Es cierto que hay millones de cartuchos de videojuegos enterrados allí en el desierto?" Llevo casi tres décadas hablando, oyendo, leyendo, viendo y bromeando sobre este tema. Así, justo cuando piensas que no puede haber nada nuevo que decir sobre el fiasco del videojuego de *E.T.*, alguien aparece con algo nuevo que contar.

Esta vez, ese alguien es James Rolfe, de Producciones CineMassacre, creadores de la serie de vídeos "*Angry Video Game Nerd*"(El nerd furioso de los videojuegos). James y sus compañeros están preparando una película sobre la controversia de los cartuchos del videojuego de *E.T.* que están enterrados en el desierto y como ya les había mencionado antes, ellos me enviaron el libreto.

¿Por qué me enviaron el libreto? Pues resulta que yo participo EN la película. Entonces pensaron que como soy una persona de verdad y yo estoy en la película y yo soy realmente yo y ellos querían usarme como yo en la película y yo aún no sabía que yo era yo quien estaba en la película aunque yo sabía que yo era yo pero no sabía que yo participara en la película, será mejor que me hagan saber que yo participara en la película como yo y dejarme decidir si después de saber que era yo quien estaba en la película que yo no tendría ningún problema en ser yo como yo mismo en la película ahora que sabía que habría una película conmigo en ella. Tal vez esto les parezca mucha palabrería, pero así son las películas.

Leí el libreto. No pienso emitir ninguna alerta *spoiler* al respecto porque no estoy emitiendo ninguno, pero sí tengo algo que decir: Esta ha sido la versión más actualizada que he escuchado sobre el tema en los últimos 30 años y he escuchado MUCHAS. Ahora después de todos estos años alguien me sorprende con un libreto que redefine mi relación con el videojuego de *E.T.* ¡Excelente!

Esto me reconforta, puesto que nunca dejaré atrás el videojuego de *E.T.* No me arrepiento. Disfruté mucho su infamia. Todavía me divierte saber que yo hice el peor videojuego de todos los tiempos y se siente bien haber sido lo suficientemente poderoso como para haber quebrantado una industria de un billón de dólares con solo 8 mil bytes de memoria de 6502 código de ensamblador. Con frecuencia la gente me pregunta: ¿Cómo puedes estar tan contento sabiendo que has hecho el peor videojuego de todos los tiempos? Les digo que eso es solo pragmatismo. Nunca lo olvidaré, por lo cual es mejor vivirlo.

[NOTA para el lector referencial: Esta columna fue escrita en el mes de diciembre del 2011. Apareció por primera vez en la edición número 116 de la revista GamesTM del Reino Unido. Este artículo fue reimprimido en los Estados Unidos con la autorización de las buenas personas de la editorial Image Publishing.]

Unos meses después, en la primavera del 2012, viajé al sur de California y fui al desierto donde se estaba filmando el reportaje. Me quedé muy impresionado. Fue un trabajo muy profesional. No estudié muy bien mi guión porque ya lo había vivido durante muchos años. Preparamos todo y cuando llegó el momento del primer plano, dije la frase: "¡La leyenda de los cartuchos enterrados es VERDAD!" Esta fue la primera y única vez que afirmó que los cartuchos de los videojuegos realmente se encontraban enterrados en el desierto. Me estaba refiriendo a otro desierto y solo estaba leyendo líneas desde un guión, pero lo dije con tal convicción que logró hacer el montaje final de la película *Angry Video Game Nerd* (El nerd furioso de los videojuegos).

Ahora estoy aquí en el lugar de los hechos esperando descubrir cómo mi testimonio ficticio se convertirá en un pronóstico verdadero.

¿POR QUÉ TANTO ALBOROTO?

El 26 de abril del 2014 no solo es el día de la excavación en Alamogordo, también es el 78º cumpleaños de mi madre. ¿No les parece perfecto? Sin ella, yo no estaría aquí. Por supuesto, que con ella tampoco estaría aquí. Ella no quería que me fuera a trabajar a Atari. Cuando le dije que dejaba Hewlett-Packard para irme a hacer videojuegos, me dijo que estaba tirando mi vida por la ventana. Me dijo que no era su hijo, porque ninguno de sus hijos haría semejante estupidez. Sin embargo, se dio cuenta después de que lograra varias ventas millonarias y le construyera una adición en su casa, me dijo que menos mal que le había hecho caso y que me había metido a trabajar la computación. Tal vez esto arroje algo de luz sobre cómo mi pasado me preparó para convertirme en terapeuta y antes de eso como paciente. Después de todo, si no fuera por las familias, no existirían los terapeutas.

Ahora *estoy* aquí. Firmando autógrafos, dando entrevistas y disfrutando de un tiempo maravilloso con mucha gente interesante, talentosa y encantadora y todo porque hace tres décadas hice algo que cautivó sus vidas.

Después de todo, parece que soy el ganador de la lotería kármica.

Aunque, también tengo hambre. Sherri, mi esposa y compañera de viaje, también tiene hambre. Después de haber pasado seis horas en todo este alboroto, nuestra glucosa está empezando a bajar. Entonces decidimos que ella debería protegerse del sol e ir a relajarse a la caravana mientras yo consigo algo de comida y después me reúno con ella. Estoy esperando mi orden del camión de la comida, cuando veo que el enjambre comienza a amontonarse. Una multitud de gente está empujando el cerco que rodea el lugar de la excavación. Por fin me dan la comida y me dirijo a la caravana cuando de repente dos asistentes de producción se acercan a mi con pánico: "¡Vamos, tenemos que irnos!".

"Primero necesito llevarle esta comida a Sherri". Uno de los asistentes me arrebata la comida de las manos y el otro se pone detrás de mí y empieza a empujarme, ¡con fuerza! Antes de que yo pueda decir "perdón", la multitud de gente se pará detrás de mí y me acorralan contra el cerco. Estoy frente a la zona de excavación que está llena de montones de basura. Zak Penn, un director de cine muy reconocido, me mira desde adentro del cerco. Él está de pie con un micrófono en una mano y un cesto en la otra. Se acerca el micrófono a la boca y dice: "Hemos encontrado algo...".

Su voz es de triunfo y su cara de alivio. Zak mete la mano en el cesto y saca una caja de cartón parcialmente aplastada, totalmente discernible. "... *E.T.* el videojuego. Intacto. Dentro de su caja".

Entre la multitud surge un coro de gritos y silbidos. Las manos de Zak cubiertas con guantes gruesos revuelven el cartón mientras él saca el contenido, es un cartucho del videojuego de *E.T.* que está aplastado y roto. Zak me lo entrega para que lo autentifique.

Por muchos años me mantuve distanciado de esta historia con el fin de protegerme, pero ahora ya no hay distancia. Tengo en mis manos un antiguo trozo de silicona y plástico. Puedo sentir la textura áspera de su exterior agrietado que me raspa contra la palma desnuda de mi mano. En ese momento me doy cuenta de que Zak lleva puesto un equipo de protección desde la cabeza hasta los pies, y me viene uno de esos momentos de Marie Curie. Gracias por los microbios, Zak.

Luego verifico el cartucho y se lo doy de regreso a Zak. ¡Él lo sostiene en un desván y la multitud enloquece!. La gente está gritando y aplaudiendo, chocan las manos y se abrazan. ¡El aire está lleno de emociones y de alegría (y también de polvo)! De repente, un centenar de cámaras y micrófonos apuntan sobre mi cara: "Hola Howard, ¿cómo te sientes?"

Mi intención es presentarme, pero una increíble ola de emociones se apodera de mí. Todo se paraliza misteriosamente y siento que las emociones se agolpan en mi interior. Para mí, la importancia de hacer videojuegos es entretener y divertir a la gente, así como poder brindarles un descanso del trabajo diario creando momentos inolvidables. Y ahora, en medio del desierto de Nuevo México, la obra que hice hace 32 años está haciendo exactamente eso para cientos de personas. Mientras bebo la alegría que provoca mi videojuego, mi corazón se llena de gozo y las lágrimas se acumulan en mis ojos.

Esto es algo que creé hace tiempo con un esfuerzo enorme, seguido de una larga historia de conflictos y críticas... ¡Vive! Traté de hablar, pero la alegría y la gratitud me abrumaron.

RESULTA QUE PUEDES IRTE A CASA

Después de un fin de semana en el que literalmente se había desenterrado mi pasado, finalmente estoy sentado en el aeropuerto de El Paso, Texas esperando el vuelo de regreso a casa. Acabo de colgar el teléfono para desearle a mi madre por su cumpleaños atrasado. Yo estaba tan ocupado con todo lo que involucra la excavación que me olvidé por completo.

Después de todo este tiempo tuve la oportunidad de regresar a visitar las reliquias de una antigua jornada, justo cuando estoy avanzando hacia una nueva. Los finales y comienzos. Después de Atari, mi vida profesional fue por años un verdadero caos y múltiples empleos. Todos y cada uno de ellos tuvieron sus momentos, pero la psicoterapia es mi verdadera vocación. Siempre pensé que algún día lo conseguiría, pero décadas vagando por el desierto profesional pusieron a prueba mi fe.

El teléfono suena y es Barn, Barn fue mi compañero de habitación en la universidad, un gran amigo desde entonces. Me llama desde un hospital de Florida donde enfrentaba la última fase de una década de lucha contra el cáncer de mieloma múltiple.

Volé para estar con él hace unas semanas y desde entonces hemos hablado algunas cuantas veces. Ya que cada uno de nosotros está en su propio mundo, ahora nos queda claro que esta es la última vez que hablamos. La última llamada es breve, fue una conversación que jamás habíamos tenido en treinta y nueve años de conocernos. Le digo que lo quiero mucho. Resulta que él también me quiere.

¿QUÉ CÓMO ME SIENTO CON TODO EL ASUNTO DEL VIDEOJUEGO DE *E.T.*?

Por muy imposible que parezca, los videojuegos estaban ahí. Nada tenía sentido, *pero cuando uno espera que las cosas tengan sentido, es entonces cuando perdemos el toque con Atari.*

Todo se trataba de una gloriosa afirmación que demostraba el nivel de insensatez de Atari, y eso es lo que hacía que Atari fuera una empresa realmente increíble. El ambiente de la empresa era un hervidero de un vivero de miseria que no podría durar ni tampoco ser reemplazado. El Atari que yo había conocido y amado se evaporó en 1984, y al poco tiempo yo tuve que partir. ¿A dónde se va después de una experiencia semejante? Al parecer, uno termina atrapado en una tormenta de arena entre un basurero del desierto.

Gran parte de mi experiencia ha sido que la gente espera que me sienta mal o sea insensible respecto al videojuego de *E.T.* ¿Acaso no me molesta haber hecho el peor videojuego de todos los tiempos? ¿Qué se siente haber generado un fracaso aplastante en la industria de los videojuegos? La gente no logra entender cómo es posible que yo pueda tener una opinión positiva sobre todo el proyecto. Sinceramente, el videojuego de *E.T.* nunca me ha parecido un fracaso y me complace explicarles el por qué. (Una nota: no es que esté en total negatividad) (por lo menos esta vez no). El fracaso ocupa un lugar noble en mi mente. Me ofrece la oportunidad de encontrar las grietas en mi punto de vista y repararlas.

El fracaso puede ser algo positivo si se usa con prudencia.

Por otro lado, el fracaso duele. Puede que lo valore, pero no lo disfruto. Entonces, ¿cómo me siento al haber hecho uno de los peores fracasos de mi generación? Bueno, en general...

Me siento muy bien al respecto. He logrado hacer algo que la mayoría de gente pensó que era imposible. Tuve la oportunidad de afrontar un gran reto personal y ofrecer uno de los videojuegos más vendidos para la videoconsola VCS de Atari en un plazo demasiado corto, sin duda.

El videojuego de *E.T.* completó la variedad de mi trabajo. Uno de mis videojuegos ocupa un lugar en el Museo de Arte Moderno de la ciudad de Nueva York y otro está enterrado en el desierto del estado de Nuevo México. Siempre he preferido la amplitud antes que la profundidad. Como diseñador de videojuegos, *E.T.* me enseño que soy capaz de hacer cualquier tipo de videojuego cuando me lo propongo.

Además, el videojuego que diseñe hace más de 30 años sigue siendo un tema de interés para los medios de comunicación. ¿Cuántos creadores de videojuegos podrían decir lo mismo?

En mi vida he tenido muchos triunfos, pero soy más reconocido por uno de mis fracasos. Uno de mis mayores triunfos ha sido no dejarme sentir como un fracaso.

Cada fracaso ofrece una oportunidad: la oportunidad de enfocarse en la vergüenza o enfocarse en las enseñanzas. Por un tiempo probé la vergüenza, pero me decanté por las enseñanzas. Aprendí que para sobrevivir al fracaso se necesita fortaleza, y la fortaleza se cultiva mejor reflexionando sobre las preguntas exactas.

¿Acaso fue el videojuego de *E.T.* un fracaso?

Supongo que todo depende de a quién se le pregunte. El personal del departamento de ventas dice que incluso después de las devoluciones se vendieron más de 1,5 millones de copias. Eso está bien. Sin embargo, el departamento de contabilidad señaló que Atari compró 4 millones de copias y que pagó una gran cantidad de dinero para obtener la licencia, por lo que el producto perdió mucho dinero. Eso no es bueno.

En mi opinión, se sintió como todo un éxito en los primeros meses. El proyecto se completó a tiempo y los comentarios de ventas fueron excelentes. Hay que recordar que en aquel entonces no existía el Internet. Al poco tiempo, quedó claro que a la gente no le gustaba y las devoluciones abrumaron el paisaje. El fracaso es duro, pero cuando un triunfo inicial da un giro de 180 grados y se convierte en un fracaso, eso aún es peor. Después de muchos años de recibir numerosas críticas y mensajes de los fans sobre el videojuego, la cuestión del éxito frente al fracaso se siente más como una lucha continua.

Si hoy le pudiéramos preguntar a Jerome, él sería mucho más concluyente sobre el tema. Jerome era todo un experto en medios de comunicación. Uno de los temas que más le gustan del mundo de los medios de comunicación son las referencias a otros medios. La mayoría de la gente hubiera apreciado unos cuantos años más de vida, pero en el caso de Jerome él se habría quedado boquiabierto. Puesto que en el 2019, nuestro videojuego de *E.T.* apareció en el episodio de Noche de Brujas del programa de Los Simpson. A Jerome y a mí nos gustaba mucho ver los Simpsons. PERO mucho. Sobre todo las primeras temporadas, las más divertidas. Por ejemplo...

Cuando Sherri y yo estuvimos de luna de miel en París. Los dos estábamos en la habitación descansando y en la televisión salió un episodio de los Simpsons, en francés. Empecé a traducir el diálogo línea por línea. Se quedó impresionada.

"¿Cómo sabes lo que están diciendo?"

"Lo estudié por años".

"¿Tú estudiaste francés?"

"No. Yo estudié a los Simpsons".

Durante toda esa etapa escolar, Jerome fue mi compañero de clase. El poder ver nuestro trabajo inmortalizado en un episodio de los Simpsons constituirá para él un éxito irrefutable. Tampoco me hizo ningún daño.

¿Qué si creo que *E.T.* es el peor videojuego de todos los tiempos?

Ni un segundo. De hecho, hay gente a la que le encanta el videojuego.

¿Qué prefiero que la gente lo llame así? ¡Definitivamente! Yo también hice el videojuego de La venganza de Yars, el cual es frecuentemente considerado uno de los mejores videojuegos de todos los tiempos. Así que mientras *E.T.* sea uno de los peores, ¡entonces cuento con el margen más amplio de cualquier diseñador de videojuegos de la historia! (el sentido del humor es esencial para mantener la fuerza)

¿Cual es la diferencia entre haber hecho uno de los mejores y uno de peores videojuegos de todos los tiempos?

Creo que ambos son videojuegos innovadores con conceptos de diseño sólidos y una excelente mecánica básica. La principal diferencia entre los dos videojuegos es que uno se hizo en siete meses y el otro en solo cinco semanas. Entonces, ¿supongo que, dado el tiempo suficiente, yo hubiera podido hacer un gran videojuego? Sí, es cierto y creo que mi historial lo confirma.

***E.T.* fue mi tercer videojuego consecutivo que logró vender un millón de copias. ¿Habría este videojuego podido vender un millón de copias sin derechos de licencia?**

¡Imposible! Por otra parte, sin derechos de licencia jamás habría habido un plazo de solo cinco semanas. Yo habría tenido más tiempo de convertirlo en una producción de HSW (Howard Scott Warshaw) en toda la extensión de la palabra. A los dos meses, La venganza de Yars llegó a ser un videojuego fatal, pero cinco meses más lo convirtieron en un éxito revolucionario y de gran calidad. Si hubiera habido más tiempo para hacer *E.T.*, ¿quién sabe lo que podría haber logrado?

¿Es Steven Spielberg un extraterrestre?

Esa teoría me agrada y por mucho tiempo me aferré a ella. La ventaja: Él me secuestró profesionalmente y *ese* encuentro cambió mi vida para siempre. La desventaja: Cuando él dirigió el relanzamiento de la película "La guerra de los mundos", eso casi acabó con mi concepto.

Jerome y yo pasamos horas y horas charlando entre nosotros. Nuestra pasión por los medios de comunicación ocupó la mayor parte de ese tiempo y cualquiera que se haya reunido con nosotros a ver una película lo sabe. Las horas de críticas y barullo posteriores a la película siempre fueron la prueba de ello.

La producción de medios de comunicación siempre fue fundamental para ambos, así que consideremos la cuestión del éxito o el fracaso desde esa perspectiva. Creo que el principal propósito de los medios de comunicación es de entretener, informar y generar un discurso social (o, para los que lo odian, DIS-cutir). Aquí estamos, discutiendo casi cuatro décadas después.

¿Cuál es mi opinión sobre la creación del peor videojuego de todos los tiempos?

Es un gran logro, pero no necesariamente un servicio público.

CAPÍTULO 21
EL IMPACTO

Hay muchos productos que empiezan como una moda pasajera. Algunos dan el salto a la innovación como estilo de vida y se convierten en una parte imborrable de nuestro día a día.

Una de las cosas más destacables de trabajar en Atari era ese sentimiento persistente de que creíamos estar cambiando el mundo. Nosotros nos veíamos revolucionando el panorama del entretenimiento y el significado de la televisión, sin embargo el tiempo demostraría que comprendemos muy pocas de las innumerables formas en que los videojuegos acaban moldeando nuestras vidas.

Los videojuegos que hacíamos y los videojuegos que jugábamos en Atari no eran más que un microcosmos. El impacto de los videojuegos en nuestra sociedad y en el mundo, ese es el panorama completo.

LOS VIDEOJUEGOS CAMBIARON EL MUNDO

Los videojuegos no solo cambiaron la forma en que los adolescentes pasan su tiempo libre. Los videojuegos también crecieron hasta impregnar todas las facetas de nuestras vidas.

La contribución de Atari, tanto sus éxitos como sus fracasos, se convirtió en la guía que todo el mundo utilizó para el desarrollo de la tecnología.

En primer lugar, los videojuegos hicieron que la televisión se volviera interactiva. !¡Eso es un gran paso! Cambia la televisión y cambiarás el mundo. Gracias a los videojuegos uno ya no es un zombi sentado en el sofá solamente mirando la pantalla. Uno es ahora el zombi que controla y que grita constantemente a la pantalla.

Para mí, la interactividad es algo muy importante y no solo en los videojuegos. Mi estilo terapéutico es sumamente interactivo, y con mis clientes utilizo mucho el ir y venir. Esto se debe a que la terapia está basada en el método interactivo original: La conversación.

Los videojuegos también resultaron ser un gran éxito para la computación del hogar. Atari logró que millones de computadoras entrarán en los hogares en una época en la que la empresa IBM apenas superaba la cifra de 10,000 computadoras para uso en casa. Todo el mundo buscaba una respuesta a la pregunta: ¿Para qué se necesita tener una computadora en casa? Aparentemente, la respuesta era: ¡Para poder jugar videojuegos!

La tecnología de los videojuegos cambió la economía de la simulación en el mundo de la computación, lo que permitió que el diseño, la capacitación, la construcción, el transporte y el entretenimiento, entre otros, se transformarán de manera radical.

Los videojuegos han convertido la realidad virtual, la realidad amplificada y la simulación ambiental (y muchas otras palabras de moda de la alta tecnología) en elementos cotidianos de nuestra vida diaria. Tiempo atrás se necesitaban inmensos presupuestos gubernamentales y del Departamento de Defensa para crear nuevas tecnologías. En la actualidad, gracias a las herramientas creadas para la producción de videojuegos, algunas personas pueden hacerlos en sus propias cocheras.

Parafraseando a Shakespeare: No hay que olvidarnos de los abogados. Los videojuegos en general y Atari en particular, han contribuido a la evolución de nuestro sistema jurídico. La industria creó escenarios y casos de prueba que condujeron a decisiones que establecieron nuevos paradigmas en las leyes sobre marcas, licencias, patentes y propiedad intelectual. Esto permitió redefinir la forma de crear tecnología y ofrecer contenidos. Algo importante a considerar.

Los videojuegos han cambiado la mano de obra y el ambiente de trabajo. Se calcula que en el 2020, los videojuegos emplearán a más de 240,000 personas y la industria continuará creciendo. Todas y cada una de estas personas se ganan la vida diseñando videojuegos, programando videojuegos, creando arte para los mismos e incluso algunos se ganan la vida jugando (los que llamamos evaluadores).

Además de los 240,000 empleados de la industria de los videojuegos, cada vez hay más personas que se ganan la vida por su *habilidad* de jugar con los videojuegos. Las oportunidades de ganar dinero en este campo continúan creciendo. Los grandes jugadores viajan a los lugares más populares de videojuegos para ganar créditos y luego venderlos a aspirantes a campeones con más dinero del que tienen. Aparecen los mercados secundarios, aumentando el valor del dólar en el mercado de los videojuegos. Pensemos en eso: Los falsos mundos están creando economías de la vida real. ¡Es muy impresionante que todo eso haya surgido de un tufo!

Luego está el aspecto de la arena. Ahora los videojuegos se han convertido en un deporte para los espectadores. Al igual como suele ocurrir con cualquier otra actividad, la gente que se dedica a ello suele disfrutar viendo a otros que lo hacen extremadamente bien. El público está creciendo, por lo que las posibilidades de publicidad están creciendo, por lo que el dinero de los premios está creciendo, por lo que la posibilidad de ganarse la vida como competidor profesional de videojuegos también está creciendo. ¿Podrías ganar eso? De ser así, tal vez puedas dejar tu empleo diario.

¿Podrán los videojuegos ser un arte? Este es un tema del que no estoy debatiendo ahora. Sin embargo, no hay duda de que los videojuegos son un medio propio. Creo que cualquier medio puede ser un anfitrión potencial del arte, y me enorgullece decir que el Museo de Arte Moderno de la ciudad de Nueva York está totalmente de acuerdo. Esto lo demostraron en el 2013, cuando eligieron La venganza de Yars como parte de una exposición de arte moderno dedicada a los videojuegos. Esto no solo me convierte en un artista de exposición del MoMa (museo del arte moderno) si no que también borra algo importante de mi lista de deseos.

Los videojuegos no son todo diversión y entretenimiento. Como nuevo medio, también influyen en otros aspectos de la vida. En algunos casos, los videojuegos pueden convertirse en la salida de las adicciones. En este caso se unen a la vida de las apuestas, sexo, hábitos alimenticios y otras actividades similares, algo que suelo tratar en mi práctica terapéutica y en mis cursos de capacitación.

Esto nos lleva a otra importante tarea familiar invadida por los videojuegos: La crianza de los hijos. Los padres que se preocupan por sus hijos pasan demasiado tiempo atormentándose: ¿Estaremos haciendo lo correcto? Los videojuegos han añadido una nueva y desconcertante faceta a esta antigua tradición. Esto se ve agravado por la investigación, los medios de comunicación e incluso más seminarios y cursos de formación. En lo que respecta a la crianza de los hijos, los videojuegos pueden hacer que un trabajo difícil sea aún más difícil.

La adicción y la crianza de los hijos son temas muy complicados, serios y también muy difíciles. Tengan la seguridad que a diario se invierte mucho tiempo, dinero y atención para afrontarlos.

Los videojuegos también aportan cosas muy interesantes. Desde sus comienzos, los videojuegos se han utilizado para rehabilitar a víctimas de accidentes cerebrovasculares, facilitando el desarrollo de la coordinación ocular. De hecho, los videojuegos ofrecen aplicaciones terapéuticas para una gran variedad de problemas médicos. Con el paso del tiempo, la gamificación de ciertas actividades cotidianas ha demostrado ser una motivación eficaz para el ejercicio, la dieta y las actividades de capacitación.

Los videojuegos me dan un sentido de dependencia. Es un mundo en el que mis habilidades y capacidades determinan el suceso, a gran diferencia de los caprichos de otros (especialmente de los jefes y los padres). Con los videojuegos se pueden lograr metas de una manera sólida. Algo que no siempre ocurre en la vida real.

Los videojuegos pueden aliviar el aburrimiento y proporcionar diversión constante. Además de poder captar mi atención por completo y ofrecerme un descanso de otras tensiones que puedan estar pasando sobre mí.

Mientras que algunas personas solo necesitan un descanso, otras necesitan una evasión total. Para las personas que se sienten atrapadas en situaciones de maltrato, los videojuegos pueden proporcionar un alivio temporal a esos sentimientos agudos de impotencia. Puede que no parezca gran cosa, pero el alivio temporal en un momento desesperado puede salvar vidas.

EL LEGADO DE ATARI

La gran caída de los videojuegos es una historia de arrogancia malograda. El lugar perfecto, en un momento turbulento. En este caso se trata de expertos en diferentes campos de la industria que se unen en una realidad que nadie jamás haya visto antes y esperan hacerla funcionar como si llevasen toda la vida trabajando en ella. Nosotros nos creímos lo de *BMOBS* (los que creen en sus propias estupideces). Nos creímos a ciencia cierta, profunda y fundamentalmente de nuestra propia mierda.

La empresa Warner contrató a Ray Kassar para resolver un problema el cual ellos no entendían puesto que nadie sabía nada. Quizás debieron haber contratado a William Goldman. En retrospectiva es más fácil ver cómo los altos ejecutivos de Warner consideraron a Ray como una buena opción para el puesto.

Esa es la historia de Atari...., un montón de gente inteligente tomando decisiones sensatas mientras todos nos tomamos de la mano y nos tiramos a un precipicio.

No obstante, una de las razones principales por las que Atari cambió el mundo fue por el legado. En Atari todo el mundo tenía tres conceptos fundamentales:

1. Las cosas pueden despegar en cualquier momento.
2. Las cosas pueden desmoronarse en cualquier momento.
3. Un solo producto puede cambiar el mundo.

Cada Atarían llevó consigo este ADN a su próxima empresa. Son 10,000 semillas esparciendo la cultura Atari por todo el Valle del Silicón y el mundo. Cada una de ellas buscando germinar la siguiente ronda de relámpagos del ámbito económico. Algunos tuvieron éxito.

Me pregunto cuánto de la burbuja de las punto-com (de su boom y de su quiebra) fue fruto de estas 10,000 semillas. ¿Y cuántas son las personas que cayeron en la madriguera del conejo persiguiendo a un ex soñador de Atari?

Atari contribuyó a forjar el contrato esencial del Valle del Silicón. Este contrato establece que si estás dispuesto a arruinar toda tu vida por el Éxito (tus relaciones de pareja, tu familia, tus amistades, y a ti mismo) podrías obtener una muy buena recompensa... quizás.

LAS IRONÍAS DE *E.T.* Y ATARI

Para alguien como yo que adora la ironía, Atari proporcionó un generoso banquete.

Primero están las ironías del propio proyecto *E.T.* En este caso, una de las licencias cinematográficas más caras de todos los tiempos recibió la agenda más corta de todos los tiempos.

Una de las películas más populares de todos los tiempos dio lugar a uno de los peores videojuegos de todos los tiempos.

Para poder completar el proyecto, yo tuve que aislarme de la principal fuente de inspiración, mis compañeros de trabajo.

El videojuego tuvo problemas con los pozos y terminó en un pozo. Ciertamente, esto podría ser mejor clasificado en la categoría de Justicia Poética...

El peor videojuego fue el producto de mayor éxito en los medios de comunicación. Después de todo, aún estamos hablando de él. Todo esto encaja con el hecho de que el videojuego al que menos tiempo le había dedicado es el que más atención había recibido.

Luego están las ironías de Atari como parte de mi vida. Como el hecho de haber evitado tener contacto con las computadoras hasta el último de los casos, y después haberlas convertido en mi profesión. Al menos, en mi primera profesión.

Mi llegada a Atari fue toda una ironía porque estuvo a punto de no serlo. Para la entrevista de trabajo llevaba puesta una chaqueta deportiva y me comportaba de forma muy profesional (es decir, de manera rígida y artificial). Eso no era lo que ellos buscaban. Mi esfuerzo por disfrazarme para conseguir el puesto casi me deja fuera del trabajo perfecto al que yo aspiraba.

Una de las grandes ironías de Atari llegó muchos años después de haberme marchado. Durante la carrera de psicoterapeuta, de vez en cuando había seminarios y cursos de capacitación en los fines de semana los cuales no se podía faltar. También, había convenciones de videojuegos clásicos lo cual tenía grandes oportunidades de relajarme y disfrutar de mis amigos y de la comunidad de los videojuegos. Disfruté mucho de esas escapadas. Hubo una ocasión en la que la fecha de un evento coincidió con una clase de Psicofarmacología que yo necesitaba tomar, fue toda una anomalía el que las drogas me alejaran de un evento relacionado con Atari.

Es muy irónico que la creación de videojuegos sea un trabajo tan arduo. El crear un entretenimiento sólido es extremadamente difícil y muy agotador.

También está la ironía de este libro: Nunca pensé que me tomaría años hacerlo. A lo largo del camino fui fijando plazos arbitrales. ¿Cómo es posible escribir sobre una agenda ridículamente corta sin una fecha límite? Afortunadamente, siempre la ignoré. Estoy muy satisfecho con el resultado porque me he permitido el tiempo necesario para llegar hasta aquí. Me divierte pensar que tal vez haya minimizado el proyecto de un libro sobre el proyecto de videojuego de *E.T.* al imponer un plazo más corto.

La gran ironía de todo esto es que un videojuego no violento haya destruido a una industria multimillonaria.

LA PRESENTACIÓN DE LA PELÍCULA EN SAN DIEGO

Tres meses después de Alamogordo, Sherri y yo viajamos a la ciudad de San Diego para asistir a la convención de *Comic-Con*. Todo esto me emociona porque siempre había querido asistir a este evento. También es estresante porque asistiré a la primera presentación de la película de Atari: Se acabó el juego. Finalmente podremos ver y conocer el resultado de todas las entrevistas realizadas y de la jornada en Alamogordo. Después de pensar en lo intensas y reveladoras que fueron estas entrevistas, me pone un poco nervioso pensar lo que puede aparecer en la pantalla.

La increíble variedad de disfraces e inventos nos deja boquiabiertos mientras paseamos por la convención. Siempre me ha impresionado la creatividad y el ingenio que los aficionados aportan a las actividades que les gustan.

El día de hoy no solo soy un participante, sino también un panelista. Entre las ventajas de ser panelista está la de poder pasar el rato detrás de los bastidores, algo que siempre he disfrutado. A medida que nos acercamos al área donde se encuentra la gente de producción de la película, son más los transeúntes que nos reconocen del día de la excavación (y según parece, también de las imágenes de la película).

Al pasar hacen comentarios como: "Oh, te va a gustar mucho" o " Vas a estar muy contento con los resultados". Todo esto me recuerda a los pasillos de Atari donde la gente me decía, "no te culpamos" y "no es tu culpa". Al pensar en todo lo que había precedido de eso, se añade un toque de ansiedad a mi expectativa cinematográfica.

Llega el atardecer, tal y como lo hacemos en la escena. Es un edificio nuevo y muy bonito, con una decoración preciosa y unas instalaciones impecables. Un ujier nos saluda, nos da la bienvenida y las palomitas de maíz y nos hace señas para que lo sigamos. Por primera vez desde el estreno de *E.T.* en Londres voy acompañado a un asiento reservado en una sala de cine. Ya sentado me doy la vuelta para ver si Spielberg está tres filas atrás que nosotros, pero no está. Con Nolan Bushnell a mi izquierda y Sherri a mi derecha, siento que es el mejor asiento de la sala.

El centro geométrico de la sala de cine tampoco está mal. Los cojines son cómodos y las palomitas de maíz están perfectas. Estoy cómodamente instalado y listo para ver una película. En mi vida he hecho esto miles de veces, pero esta vez no es lo normal.

El director de la película está aquí para presentarla, eso solo ha ocurrido unas cuantas veces. Yo participo *en* la película, algo que nunca había pasado antes. Me refiero a que solo había sido en sueños y fantasías, pero este momento es mucho más real. Es muy extraño. Es un sentimiento muy diferente.

Zak se pone de pie junto a la pantalla y habla de algunas cosas de las que mi mente está demasiado preocupada como para captarlas. Tomó la mano de Sherri para consolarme y vuelvo la mirada hacia ella para asegurarme que no sea la de Nolan. Y ruedan la película....

En la pantalla aparecen fragmentos y flashes de mi viaje. Esta es una historia tan calamitosa que Hollywood tuvo que hacer la película. Es una película completa con el análisis y los comentarios de los principales protagonistas, de personajes de la industria y de mí mismo. Todo esto se siente ....raro.

Tras el tumulto de sesenta y seis minutos, Atari: Se acabó el juego, por fin llega a su fin. Mi primera reacción: Me gusta mucho. Sobre todo, lo más importante es que estoy orgulloso de formar parte de ella. Aunque eso es solo la punta de mi iceberg emocional.

Zak vuelve con un micrófono y añade algunos comentarios interesantes sobre la producción de la película. Supongo que son interesantes puesto que Zak es una persona muy interesante, pero no consigo concentrarme. Esta película ha provocado en mí una avalancha de sentimientos y de emociones.

He repasado esta historia muchas veces en los últimos treinta años. He dado cientos de entrevistas, he hablado de ella en foros, en conferencias e incluso en ocasiones sobre el tema. Me he reído, he llorado, la he estudiado a fondo. Ya debería haber terminado con esto. ¿Verdad?

Sherri me ayuda a salir de mi melancolía. Zak está llamando a algunos espectadores del público que aparecen en la película. A continuación Zak presenta a Joe Lewandowski, el principal responsable de identificar el lugar correcto para la excavación, y todo el mundo aplaude. Luego hace la presentación de Nolan Bushnell, el principal responsable de Atari y el público aplaude aún más.

Si ya lo superé, ¿por qué es esto tan intenso para mi?

A continuación, Zak me presenta como el principal responsable del peor videojuego de todos los tiempos y el público se pone de pie para aplaudir.

También me pongo de pie y miro a mi alrededor. Todas las personas de la sala están de pie, mirándome y aplaudiendo. Me siento anegado. El tiempo se dilata. Estoy agobiado por una mezcla de emociones desconocidas, intentando darle sentido a todo esto y mi mente se deambula....

En realidad, no llegué a Atari por los videojuegos, yo llegué a Atari por el trabajo y el ambiente. Sin embargo, los videojuegos aportaron mucho más.

En el fondo siempre fui un artista, pero tenía miedo de reconocerlo. Atari me regaló la posibilidad de descubrir mis propios conceptos y el poder de ampliarlos.

Atari me enseñó que por muy oscura que parezca la vida, en tan solo dos años ésta puede dar un giro de 180 grados. Este hecho me inspira.

Con el tiempo, Atari me llevó a convertirme en terapeuta. Lo que sentí cuando Zak me entregó el cartucho el día de la excavación fue una intensa alegría que solo me fue posible gracias a mi tarea de convertirme en terapeuta. Atari fue los mejores cuatro años de mis primeros 50. Después las cosas mejoraron por completo.

Atari me enseñó el lugar al que pertenezco. Me ayudó a encontrar mi camino hacia la felicidad y eventualmente a identificar los pozos...

No lo *vi* venir. Mientras la ola continúa, aún trato de entender lo que está pasando. ¿Por qué este sentimiento? No es orgullo, ni satisfacción, ni siquiera felicidad. ¿Será la redención? El agua salada de mis ojos parece decir que sí. Poco a poco los aplausos se disipan, pero este sentimiento permanece en lo más profundo.

LA MORALEJA DE LA PELÍCULA DE LA VIDA

En mi opinión, Atari: Se acabó el juego, es una gran película. Su perspectiva revela una serie de cosas que han estado ocultas durante muchos años. Me gusta mucho porque es una historia que narra las torpezas y errores humanos que me hace sentir en paz conmigo mismo. Y cada vez que me acuerdo, no puedo evitar sentir un nudo en la garganta.

Como de tantas cosas en la vida, resulta que la leyenda del entierro de los cartuchos es cierta, pero no exacta. Nunca se trató de enterrar millones de cartuchos de videojuegos de *E.T.* La mayor parte del botín recuperado eran hits de los productos más vendidos como; *Defenders*, *Centipede* y *La venganza de Yars*. También había videoconsolas y dispositivos electrónicos. Sin duda este era un basurero de almacén de electrónicos, no un cementerio de *E.T.* Después de todo, quizá no tenía sentido enterrar millones de videojuegos de *E.T.* solo para ocultar su vergüenza corporativa. Entonces, ¿qué sentido tiene crear una leyenda en torno a ella?

Y hablando de vergüenza...

Siempre he creído que el humor puede ser una muy buena herramienta y me ha servido para muchas cosas. Los martillos también me son útiles, aunque de vez en cuando me golpee el dedo pulgar. A veces uso el humor para esconderme de mí mismo. Al estar en la sala de cine, rodeado de toda la euforia y el alboroto, sentí una gran revelación. En ese momento comprendí que por años me había escondido a mí mismo.

En el transcurso de la celebración me di cuenta de que por muchos años había cargado con un inmenso dolor. Me pesaba el hecho de pensar que por mucho tiempo había trabajado intensamente para crear semejante desastre. Todo el humor y la autoría habían construido una gruesa coraza protectora. En un momento decisivo, esa coraza se hizo pedazos y desapareció. Para mi sorpresa, lo que llegó de golpe no fue ningún dolor, lo que sentí fue una ola cálida de compasión y aprecio. Por primera vez en mucho tiempo, reconozco toda la vergüenza que por años he cargado, y mis peores temores no se han hecho realidad. A cambio, sentí un profundo alivio.

Las lágrimas son un lenguaje emocional, que expresan las verdades cuando las palabras no pueden hacerlo. Jamás podré describir el sentimiento de sentirse tan comprendido y absuelto. Sin embargo en ese momento, mis lágrimas hablaron con gran elocuencia.

CAPÍTULO 22
EL RESPLANDOR

Ha caído la tarde en el desierto y el ruido de la maquinaria ha cesado dejando consigo un rastro de reliquias históricas en un montón de desechos inservibles. Los antropólogos están aquí para ayudar a determinar qué es cada una de ellas.

La tormenta cesó por completo, dando paso a la calma. Me encuentro parado sobre la periferia del basurero de la ciudad de Alamogordo, Nuevo México y estoy platicando tranquilamente con Zak mientras el equipo de filmación capta unas últimas tomas. Un vasto horizonte se extiende ante nosotros, realzado por una hermosa puesta de sol. Hay que reconocer que el desierto de Nuevo México también sabe cómo adornarse.

Se me ocurre cuán apropiado es que este día increíblemente turbulento, caótico y al final productivo termine con una sensación de tranquilidad y satisfacción. Así fue mi experiencia en Atari. Después de mi larga estancia en Atari, ahora me paso los días ayudando a otros a asentar las caóticas tormentas que atraviesan sus mentes. Finalmente encontré una profunda paz interior, en un trabajo que es realmente mío.

Mientras el cielo del atardecer colorea su camino hacia el anochecer, me viene a la mente el final de un libro que siempre he querido citar:

> "A medida que el sol desciende lentamente hacia el oriente, nos damos cuenta de que la Tierra está girando en la dirección equivocada".

Yo estoy mirando hacia el occidente y me siento más tranquilo, así que eso no servirá de nada. Prefiero compartirles mis sentimientos desde el fondo de mi corazón, que está abierto de par en par.

Atari era un verdadero caleidoscopio de sueños, una cornucopia de extravagancias. Además de haber sido una experiencia increíblemente divertida, gratificante y valiosa, fue una de las oportunidades de aprendizaje más valiosas de mi vida. A pesar de todo, aún continúo aprendiendo de las enseñanzas de mi estancia en Atari. Atari fue un lugar verdaderamente increíble. Finalmente cuando todo terminó, no solo dejé Atari, también tuve que recuperarme del mismo. Puesto que si uno estaba dentro de Atari, sintonizado y comprometido con lo que se estaba haciendo, todo aquello se convertía en una experiencia que cambiaría la vida. Sin duda lo fue para mí y aún siento la magia.

La vida tiene una manera extraña de cerrar los círculos. Después de tres décadas la industria de los videojuegos ha vuelto a crear videojuegos más simples para las pantallas de televisión. Yo también ya cerré ese círculo. En aquel entonces entretenía a los técnicos y a los nerds. Ahora les ayudo a mejorar sus vidas.

Durante todo este tiempo he tratado de honrar mi compromiso de quince años para crear una vida que valga la pena vivir. Ahora como psicoterapeuta amo mi vida, porque siento que estoy hecho para ello. Lo mismo que sentí en Atari. Soy muy afortunado de poder decir esto dos veces en mi vida.

Me propuse marcar la diferencia produciendo cosas para deleitar, enriquecer y generar un discurso social. Espero haberlo conseguido.

Después de haber trabajado un tiempo en Atari, hablaba con un agente de bienes y raíces sobre la búsqueda de una casa y como ejercicio de familiarización, el agente me preguntó: "¿Qué es lo que te gustaría que se escribiera en tu lápida?"

Mi respuesta inmediata fue, por supuesto, "Aún no ha llegado".

Tras reflexionar un poco, se me ocurrió algo más auténtico respecto a la ilusión de mi vida: "Howard fue un artista, su medio era la vida".

Desde el día en que nací, mi vida se convirtió en una búsqueda para descubrir algunos aspectos de ella: *¿Quién soy? ¿Hacia dónde voy? ¿Qué es lo que realmente quiero? ¿Qué es lo que voy a hacer?* A pesar de que en mis primeros 23 años de vida logré realizar muchas cosas, estas preguntas me persiguieron .... hasta que finalmente llegué a la Avenida Borregas, Número 1272 en Sunnyvale California. Atari fue una gran riqueza para mi vida, pero el regalo más preciado que recibí fueron las oportunidades. Atari no fue la cuna que me vio nacer, pero sí la cuna que me vio crecer.

PRÓLOGO

Yo conozco a Howard a raíz de muchas de sus interacciones. Cual gato con nueve vidas, he compartido con él muchas de ellas. E independientemente de lo que intentará hacer, ya fuera como director de documentales, guionista, ingeniero en computación (de nuevo) y finalmente, un terapeuta, durante los 20 años que hemos sido amigos siempre le preguntaba: "¿Dónde está el libro de Atari?".

Pues aquí está y valió la pena esperar. Me encanta. Como persona poco experta en tecnología o como diría Howard, "no nerd", este libro es exactamente lo que esperaba que fuera: es una narración sencilla, divertida, graciosa y muy detallada sobre el nacimiento de los videojuegos escrita nada menos que por alguien que estuvo allí y que realmente recuerda lo sucedido. Howard es la persona más inteligente y perspicaz que jamás haya conocido, y aunque me esfuerzo mucho para no reírme de nada de lo que dice porque sé que en el fondo eso le irrita, en esta ocasión lo demuestra con lujo de detalle.

Buen trabajo, Howard. Lo lograste. Por fin hay un libro de videojuegos. Si quieren saber de dónde salieron esos increíbles videojuegos a los que juegan ahora. Esos videojuegos salieron gracias a Howard.

Bob Saenz
Guionista y autor

AUTOR

Howard Scott Warshaw es la persona más célebre de la que nunca se haya oído hablar. Es un artista, especialista en tecnología, creador y terapeuta, pero ante todo es un gran comunicador. Con maestrías en Psicología y en Ingeniería en Computación, entre sus logros profesionales se encuentran el ser pionero de los videojuegos, artista del MoMa, célebre programador de software, galardonado productor de cine, autor, educador y columnista. En la actualidad, Howard emplea su conjunto de habilidades eclécticas al servicio de los demás en su calidad de psicoterapeuta en el Valle del Silicón en California, donde se especializa al tratar los problemas de los líderes de la alta tecnología y los hiperinteligentes. Le encanta fomentar nuevas habilidades así como encontrar soluciones creativas para aplicarlas. Howard es una persona de gran complejidad que se resume en cinco palabras: Pasión con una perspectiva equilibrada.

También por Howard:

Inspired Therapist- (El terapeuta inspirado)
Conquering College- (La conquista de la Universidad)
The Complete Book of Pan- (El libro completo de Pan)
Once Upon Atari DVD Documentary Series- (La serie de documentales en DVD de Érase una vez Atari)

REFERENCIAS:

Angry Video Game Nerd (AVGN)	el nerd furioso de los videojuegos
Arcade	árcade
Biofeedback	biorretroalimentación
Blow off	crear
BMOBS	creen en sus propias estupideces
Cogito Ergo Sum	pienso, luego soy
Coin-up	máquinas de monedas
Computer code	código informático
Crash	caída
Crash	destrucción
Credit	reconocimiento/merito
Development station	del área de mi oficina
Design	diseño
Dev Station	oficina
Developers'	programadores
Dog & pony days'	el espectáculo del circo
Streaming	emisión directa
Et violà	y ahí tienes
Gameplay	dinámica del videojuego
Gameplay	videojuego
Good Do-Bee	a buena abejita
Goof off	divertirse
Goofing off	divertirse a lo máximo
Goofy	bobo
Greed	codicia
Holy Shit	Santo Dios

Incognito Ergo Summa	me disfrazo y por lo tanto soy maravilloso
IT Consulultans	consultores de computación.
Learjet	avión privado
Loop	ciclo
Maui Wowie	sativa
Medium	medio
Metaphor	teoría
MOO	Los Amos de lo obvio
Pun-dits	bromistas
Pun-itentiary	torturación
roach clip	Pinzas de cigarrillo
Romper Room	fiesta infantil
State of the art	último en la tecnología
Summa cum laude	con honores
Takes	versión
Techno-tainment	entretenimiento tecnológico
TIS	Este
Tuning and rumination	la afinación y el tiempo de reflexión
Video Vignette	viñeta de vídeo
VOB	víctimas de la biología